50 인 의   인 물 로   보 는

고대 그리스의 역사

50 인 의   인 물 로   보 는

고대 그리스의 역사

데이비드 스튜타드 지음 | 박지훈 옮김

시그마북스
Sigma Books

50인의 인물로 보는
고대 그리스의 역사

발행일 2015년 9월 1일 초판 1쇄 발행
지은이 데이비드 스튜타드
옮긴이 박지훈
발행인 강학경
발행처 시그마북스
마케팅 정제용, 신경혜
에디터 권경자, 양정희, 최윤정
디자인 홍선희, 최미영, 최지애

등록번호 제10-965호
주소 서울특별시 영등포구 양평로 22길 21 선유도코오롱디지털타워 A404호
전자우편 sigma@spress.co.kr
홈페이지 http://www.sigmabooks.co.kr
전화 (02) 2062-5288~9
팩시밀리 (02) 323-4197
ISBN 978-89-8445-678-5 (03920)

A History of Ancient Greece in Fifty Lives by David Stuttard

이 도서의 국립중앙도서관 출판예정도서목록(CIP)은 서지정보유통지원시스템 홈페이지(http://seoji.nl.go.kr)와
국가자료공동목록시스템(http://www.nl.go.kr/kolisnet)에서 이용하실 수 있습니다. (CIP제어번호: CIP2015004509)

* **시그마북스**는 (주)**시그마프레스**의 자매회사로 일반 단행본 전문 출판사입니다.

Contents

Introduction

역사, 고대 그리스 세계의 정체성

오늘의 우리가 생각하는 '고대 그리스'는 세 개의 대륙을 무대로 활동한 여러 세대의 이야기다. 스페인과 인도를 비롯하여 두 국가 사이에 자리 잡은 대부분의 국가들이 그리스의 영토에 속하던 때도 있었다. 로마가 부상한 이후에도 이렇게 넓은 영토를 한 사람 또는 한 국가가 다스린 적은 없었다. 물론 이러한 계획을 시도한 인물이 없었던 것은 아니다. 이처럼 아시아와 유럽 각지로 뻗어나가 이질적인 문화를 담게 된 그리스가 하나의 정체성을 갖게 된 비결은 언어가 동일하다는 데 있었다. 그들은 하나의 언어를 통해 공통된 믿음과 가치를 표현했다.

그리스 초기의 문학 작품 《일리아드》와 《오디세이아》는 이러한 믿음과 가치를 담고 있다. 이 두 서사시는 모든 그리스가 공통된 적에 맞서기 위해 단합하는 현실과 동떨어진 이야기를 상상했다. 그러나 이러한 시에서조차 자기중심적인 영웅들이 '최고를 차지하기 위해' 경쟁하면서 그리스의 단합을 깨뜨릴 수도 있는 긴장감을 유발했다. 이러한 이야기들 대부분은 공상에 불과했으나, 개별적인 인물의 묘사는 현실을 반영하고 있었다. 고대 그리스 또한 강력한 인물이 역사를 지배했고 개인 또는 도시국가의 영광을 위해 분투하며 지식의 외연과 세상에 대한 이해를 넓혔다. 또한 '영원을 소지하기 위해'(투키디데스의 표현을 빌리면) 생각을 글로 남기는 사람들도 있었다.

그리스인들이 인생을 살았던 방식을 살피면 그들의 역사와 사회를 보다 넓은 시각으로 파악할 수 있다. 이 책은 고대 그리스의 인물 50인의 이야기를 다루었다. 이들 각자가 활동한 기간을 합치면 알파벳이 처음 등장한 때부터 로마 제국이 그리스를 흡수할 때까지 도합 600년이라는 세월을 아우른다. 이 책이 선택한 위인들은 그리스인들의 다양한 경험을 대변할 뿐 아니라 초기 서양사에 가장 지대한 영향력을 미친 인재들이다. 통치자 또는 장군으로 기억되는 **페리클레스**나 **알렉산드로스 III세**, **엠페도클레스**나 **플라톤**과 같은 철학자, **헤로도토스**나 **소포클레스**와 같은 작가, 예술가 **아펠레스**, 과학자 **아르키메데스** 등은 자손들이 세상을 보는 방식을 형성하는 한편, 우리가 사는 세상의 근간을 쌓았다.

그러나 이 모든 것은 해당 인물이 활동했던 세대의 결과물이었다. **피타고라스**의 세상이

우리들의 눈에 생소한 것처럼, 아르키메데스의 세상은 피타고라스에게 생소했다. **클레이스테네스**가 제시한 정치적 해결책을 **프톨레미 1세**가 차용하기는 어려웠다. **레오니다스**가 페르시아로부터 멸망의 위협을 느낀 반면에 **필로포이멘**은 로마로부터 그러한 위협을 느꼈다. 각 인물들이 활동했던 당시를 기준으로 그들의 삶을 파악해야 그들이 세상에 미친 영향을 온전히 이해할 수 있다. 따라서 이 책은 50인의 삶을 단순히 모으기보다는 이러한 인물들이 어떻게 그리스의 역사라는 하나의 맥락으로 엮이는지를 보여주고, 그리스 역사에 대한 새로운 시각을 제공하려 한다.

객관적 진실로 통하는 고대의 자료들 가운데 상당수는 극적인 효과를 가미하거나 모르는 사실을 보충하기 위한 가공된 이야기다. 사랑에 울다 죽어간 **사포**, 파란만장했던 엠페도클레스의 세상을 초월한 죽음, 수학 문제 풀이에 빠져 어이 없이 죽음을 맞이한 아르키메데스의 이야기가 그 실례다. 그러나 이러한 각색을 쓸모없는 것으로 치부할 수는 없다. 뻔한 거짓말이라도 흥미를 유발할 수 있기 때문이다. 그리스의 작가들은 독자들이(최소한 일부라도) 자신들의 이야기를 믿기 기대했고, 그렇지 않았다면 굳이 자신들이 가공한 이야기를 문자화시키지 않았을 것이다. 한편 이러한 가공된 이야기들은 숨겨진 진실, 더 큰 진실을 드러내며 고대 그리스인들의 묻힐 뻔한 경험 하나하나에 소중한 빛을 비춘다. 따라서 이 책은 필요할 때마다 지어낸 이야기라는 점을 알리면서 미심쩍은 출처에 대한 주석과 에피소드를 과감히 밝히기로 한다. 또한 이러한 이야기들은 매우 큰 재미를 선사한다.

실제로 고대 문헌에서 나온 자료들 대부분은 신빙성을 의심할 수 있다. 고고학적 가공물은 객관적 증거(물론 우리의 해석이 결부될 수도 있다)를 확보하기 위해 과거를 더듬어 분석할 수 있으나, 문자화된 자료들은 애당초 주관이 담길 수밖에 없다. 또한 이러한 문서가 소실되지 않은 경위를 알지 못하면 이 문서의 진정한 의의를 파악하기 어렵다. 헤로도토스와 투키디데스(《일리아드》와 《오디세이아》와 마찬가지로)의 연구가 자손들에게 높이 평가되고, 그들의 과거를 보는 시각에 영향을 미쳤다는 사실이 정확성을 담보해주는 것은 아니다. 원문이 사라진 많은 작품들이 부분부분 전래된 탓에 신빙성을 가늠하기가 더욱 어려워졌다. 후세의 역사학자와 논자들의 글에서 이러한 작품이 종종 인용되면서 이들의 판단력과 진실성에 의문이 들기도 한다. 비석에 새긴 문구조차 액면 그대로 믿어서는 곤란하다. '스핀'은 오늘날에만 국한된 현상이 아니다. 추모비는 하나의 선전 수단이 될 수 있고, 사적인 편지는 (이집트의 모래 속에 파묻혀 있던 원본이건, 플라톤의 편지처럼 조심스럽게 보관되고 전래되어온 출처 미상의 문서이건) 작가들이 원하는 그들만의 진실을 표방하기 때문이다.

이와 동시에 전반적인 그리스 문학은 할 수 있는 이야기의 절반밖에 담지 못한다는 점을

기원전 5세기 후반 제작된 암포라 표면의 그림. 그리스 궁수와 중장 보병(확실하지는 않지만, 알몸으로 묘사된 것은 영웅적 이미지를 강조하기 위한 것으로 추정된다)이 바지를 입은(그리스인들은 이를 야만인들Barbarian의 풍습이라 생각했다) 페르시아 기병과 대치하고 있다.

서기 2세기 또는 3세기에 제작된 로마의 모자이크. 전설 속 아가멤논의 자녀 오레스테스와 이피게네이아를 묘사한 이 모자이크에서 폭넓게 깃든 그리스 신화의 영향을 가늠할 수 있다.

기억할 필요가 있다. 그리스 문학의 대부분을 남성들이 집필하고 그리스 사회가 남성중심의 사회였던 탓에 고대 그리스의 역사학은 남성들의 삶에 초점을 맞추었고, 여성을 대상으로 한 전기 또한 찾아볼 수 없었다.

문헌 자료에 의지할 수밖에 없다 보니 이 책에서 선택한 전기 또한 이러한 현실을 반영한다. 실제로 이 책에서 소개하는 두 여성(사포와 **아스파시아**, 이 책은 이 두 여인 말고도 많은 여성들의 삶을 소개한다)에 대해 남아 있는 증거는 편견 일색이라 지어낸 이야기와 비방을 제거한다 해도 동상을 분리하고 나서 깨져버린 주형에 비유할 수 있다. 동상과 대응하는 기록을 추적하려 해도, 실체적 진실은 늘 우리들의 손을 요리조리 빠져나간다. 이 책에서 언급하는 모든 인물들의 이야기에 어느 정도는 해당되는 부분이다.

고대 그리스의 역사를 추적하고 이들의 폭넓고 다양한 문화를 보여주기 위해 세대에 따라 인물을 정리했다. 각 장은 '대표적 인물의' 삶을 가장 먼저 언급한다. 이 이야기에는 '부수적 인물들의' 전기를 이해하기 위해 필요한 역사적 배경이 상당 부분 들어 있다. 두 이야기를 함께 읽으면 대표적인 인물들의 이야기를 통해 기원전 700년에서 100년까지의 역사에 대한 얼개를 파악할 수 있고, 다른 인물들의 이야기를 통해 살을 붙일 수 있다. 한편 순서에 관계없이 각 인물들의 삶을 따로따로 읽어도 무방하다.

필연적으로 일부 사건들은 전기에서도 중복해 등장한다(예컨대 마라톤 전쟁이나 힙소스 전투). 그러나 가능한 범위에서 중복되는 내용은 피하려 노력했으며, 그 사건이 각 인물의 삶에 왜 중요했는지를 보여주는 데 초점을 맞췄다.

'위대한 인물들'에 초점을 맞추면서 이들이 어떻게 서로 관련을 맺고 있는지 또한 명확해진다. 6세기에 사모스의 동부 에게 섬을 다스린 **폴리크라테스**는 헤라에게 봉헌하는 방대한 사원을 지었다. 폴리크라테스의 내과의사 데모케데스(이 책에서 언급하는 다른 인물에 비해서는 상대적으로 중요도가 떨어진다)는 남부 이탈리아 크로톤(지금의 크로토네) 출신의 올림픽 복싱선수 **밀론**의 딸과 결혼했다. 한편, 그의 친구인 시인 아나크레온을 통해 폴리크라테스는 페리클레스의 아버지 크산티포스와 인연을 맺었다. 크산티포스는 스파르타의 **리산드로스**에게 패배한 **알키비아데스** 제독의 호위무사였다. 리산드로스는 사모스의 신으로 추앙받았고(4세기 초), 그 결과 사모스에서는 헤라 여신의 축제(폴리크라테스의 사원에서 개최되었다)를 리산드레이아라는 이름으로 개명하기에 이르렀다. 고대의 세상은 엘리트들이 만들어 나갔다. 이러한 사실이 마음에 들지 않더라도 이를 증명하는 여러 가지 증좌들이 이 책에서 소개된다.

이 책은 50인의 삶을 간략한 장으로 묶어 놓았다. 각 장은 각 인물의 전기에서 전부 아우르지 못하는 시대를 하나로 포섭하며, 역사학의 발전과 전기 자료의 확대라는 두 가지 중요 주제를 다룬다. 고대 그리스인들은 두 가지 분야를 모두 개척했고, 많은 그리스인들이 이 두 분야에 대한 인식의 폭을 넓혀가면서 삶을 지휘하고 역사를 형성할 수 있었다고 말할 수 있을 것이다.

물론 이 책이 다루는 인물들은 혼자가 아니었다. 이들은 비잔티온, 시라쿠사이, 알렉산드레이아에서 수많은 보통 사람들과 거리와 시장에서 부대끼며 살아갔다. 최전선에서 싸운 중무장한 병사, 아이를 낳은 여인, 부둣가에서 실랑이를 벌인 상인, 그물을 당기는 어부, 꽃을 키운 원예사, 광산, 공장, 들판에서 일한 일꾼들 또한 고대 그리스를 형성하는 데 일조했다. 이들 모두의 삶을 알 수는 없더라도 이들의 존재를 잊어서는 곤란하다. 이들 없이는 그 무엇도 가능하지 않았을 것이기 때문이다.

Chapter 1

신과
영웅들

'여신이여, 노래하소서…'
키클라데스에서 발견된 하프 연주자를 형상화한 이 대
리석상은 호머의 서사시가 등장하기 2000년 전인 기원
전 2700년 근방에 제작되었다.

기 원전 490년 마라톤 전투에서, 창과 방패의 물결 속에 피투성이가 된 아테나이의 보병
에피젤로스는 기적을 경험했다. 기다란 턱수염을 휘날리는 중무장한 거인 하나가 그
를 쓰러뜨리려 돌진했으나 마지막 순간에 검의 방향이 빗나가 목숨을 건질 수 있었다. 그러
나 이와 동시에 그는 영원히 시력을 잃고 말았다. 그가 목격한 거인은 반인반신(그의 주장에
불과할 수도 있다)이었고, 그 어떤 인간도 신성을 아무런 대가 없이 목격할 수는 없었기 때문
이다.

헤로도토스가 아니었다면 이 병사의 이야기는 역사 속에 묻히고 말았을 것이다. 그리스
와 페르시아와의 전쟁을 자세히 기술한 헤로도토스의 기록은 서양사학의 효시로 간주된다.
헤로도토스는 소아시아Asia Minor(지금의 터키)의 서부 해안에 자리 잡은 할리카르나소스에
서 태어났다. 기원전 5세기 중반에 활동한 헤로도토스는 기원전 490년, 479~480년에 페르
시아가 왜 그리스를 침략했고, 이러한 침략이 어떤 결과를 가져왔는지 연구했다. 그는 이
과정에서 많은 지역을 돌아다니며 이집트 성직자와 이오니아 탐험가에서부터 에피젤로스
와 같은 아테나이인 전사에 이르기까지 다양한 사람들의 이야기를 수집했다.

헤로도토스의 세계관은 당시 그리스인들의 신념 체계에 굳게 뿌리박혀 있었다. 그는 에
피젤로스와 마찬가지로 신이 인간의 세상에 개입할 수 있다고 믿었다. 그러나 기원전 5세
기 말, 아테나이의 **투키디데스**는 펠로폰네소스 전쟁을 이성적으로 설명하기에 이르렀다.
그는 초자연적인 요소를 제거한 시각으로 과거와 현재를 파악하면서 철저히 인간의 눈높이
에 따라 역사를 기술했다. 이 과정에서 투키디데스는 모종의 혁명을 시도하고 있었다. 그는
"사람들 대부분은 자신이 태어난 국가의 전통을 비롯해 살아오면서 접해 왔던 전통을 별다
른 비판 없이 받아들인다"라고 말했다.

에피젤로스가 태어나기 200년 전, 초기 선사시대의 그리스에서는 우리가 그들의 역사라
부르는(그러나 그리스인들은 이러한 시각에 동의하지 않는다) 이러한 전통의 것들을 하나씩 형성
하고 있었다. 물론 이러한 견해가 검증된 것은 아니다. 그러나 과거가 현재를 옭아매는 경
우만 아니라면(예컨대 상속권이나 토지의 소유권이 문제되는 경우) 사람들은 이전 세대로부터 전

해 오는 이야기를 두고 비판적인 태도를 취하거나 지나친 정확성을 요구할 이유가 없었다. 상상력을 가미해 가공한 이야기가 더 큰 재미를 선사하는 경우에는 특히 그랬다. 그리스인들은 확인 가능한 증거가 없더라도 오랜 과거의 이야기를 고전으로 구성하는 데 주저하지 않았고, 이러한 고전을 바탕으로 자신들의 문화적 정체성을 형성했다.

대부분의 사람들은 할아버지에서부터 시작된 삼대에 걸친(혹은 증조할아버지까지 네 세대일 수도 있다) 이야기를 바탕으로 자신들의 가족사를 구성한다. 그러나 할아버지가 들려주는 이야기는 오래될수록 당시의 상황을 명확히 재현하지 못한다. 이와 마찬가지로 고대 그리스인들 또한 수백 년에 걸쳐 구두로 이야기를 전하면서 기억이 흐릿해졌다. 따라서 기원전 6세기 중반, 에피젤로스가 태어난 무렵의 그리스인들은 그로부터 600년 전에 조상들의 입에 오르내리던 이야기를 친숙하게 받아들였다. 고고학자들은 지금도 이러한 이야기의 증거를 발견하는 중이다. 이러한 논리에 따르면 헤라클레스, 테세우스, 이아손과 같은 영웅들로 말미암아 유명해진 가장 초창기의 이야기들은 기원전 13세기 근방에, 헤로도토스와 투키디데스가 역사의 일부로 간주했던 트로이아 전쟁은 기원전 12세기 근방에 일어난 것으로 생각될 수 있다. 서기 3세기의 지식인 에라토스테네스는 트로이아가 멸망한 해를 기원전 1184년으로 추정했다.

당시의 구술시는 미케나이의 아가멤논 왕이 다스리는 그리스 귀족 사회가 트로이아 왕자 파리스의 유혹에 끌려 스파르타를 버린 헬레네를 되찾기 위해 단합하는 이야기를 들려준다. 이러한 이야기의 대부분은 신화에서 비롯된 것으로 알려져 있다. 그러나 1870년대에 독일의 고고학자 하인리히 슐리만은 이러한 전설이 사실이며, 서사시의 주인공들이 실존인물이라고 믿었다. 그는 자신의 믿음을 증명하기 위해 트로이아와 미케나이 지역의 발굴을 시도했다. 그는 트로이아에서 발견된 보석상자가 헬레네의 것이라 주장했고, 미케나이의 고분을 발굴하자마자 그리스의 왕에게 다음과 같은 전보를 보냈다. "내 앞에 아가멤논의 얼굴이 있습니다."

19세기 후반과 20세기 초에 후기 청동기 시대(약 기원전 1600년~1100년)의 유적지를 발굴하면서 당시 기록을 담은 점토판문서가 발견되었다. 선상문자비Linear B라 불리는 초기 그리스어로 쓰인 문서를 1950년대까지 해독한 결과, 역사의 기록에 매진한 고도로 구조화된 사회가 존재했고 이들이 '바다의 백성The Sea People'의 공격에 시달렸다는 사실을 알 수 있었다. 또한 기원전 12세기에 수많은 궁전이 불에 타면서 미케나이 문명이 순식간에 몰락했다는 증거가 드러났다. 미케나이 문명의 몰락이 바다의 백성 탓인지는 확실하지 않으나, 이러한 사실과 상관없이 학자들은 바다의 백성이 누구였는지를 두고 열띤 논쟁을 벌이는 중이다. 고대 그리스인들은 도리에이스인들의 침입Dorian Invasion(이는 떠돌이 전사, 스파르타인의 조상 및 그들의 친족들이 유입되었다는 사실을 의미한다)에 대한 기록을 남겼으나, 고고학자들은 그리스 본토에 새로운 문화가 상륙했다는 증거를 제시하지 못하고 있다. 이른바 암흑시대라 불리는 분열된 사회는 기원전 6세기를 지배했던 농경사회의 면모를 띤 귀족사회로 나날이 대체되고 있었다.

　미케나이 문명의 몰락과 더불어 글쓰기와 기록의 관습이 사라졌으나, 기원전 8세기 중반에 이르러 포이니케인(페니키아인)들의 문자를 바탕으로 탄생한 알파벳이 도입되었다. 알파벳이 미친 영향은 가히 혁명적이었다. 이 문자가 도입되면서 역사를 기록할 뿐 아니라 구술시를 보존하고 다듬어 그리스의 과거에 대한 기억에 광채를 입힐 수 있었다. 호머와 헤시오도스가 남긴 최초의 서사시에서 드러나듯, 문학은 사라진 조상들의 공백을 채워 그리스인들의 정체성을 강화할 수 있었다.

헤시오도스와 호머: 신들이 탄생하고 인간의 시대가 시작하다

그리스인들은 보통 사람들과 마찬가지로 과거를 통해 현재를 설명하려 했다. 기원전 18세기에 헤시오도스가 집필한 1000문장에 달하는 '교훈적 서사시' 《신통기》에서는 이와 관련한 가장 오래된 실례를 엿볼 수 있다. 헤시오도스에 대한 정보는 이 문헌에서 드러나는 것이 전부다. 그러나 농업을 통한 문명의 의식을 탐구한 《노동과 하루하루Works and Days》에서도 그의 자취를 엿볼 수 있으며, 이 책을 통해 그가 보이오티아의 농부였다는 사실을 알 수 있다. 고대의 '전기 작가'들은 이러한 문헌상의 증거들을 가감 없이 발췌했고, 그 덕분에 헤시오도스의 배경이 출중하지 못했다는 정보가 널리 수용되기에 이르렀다. 아마도 헤시오도스는 '지혜의 시'라 불리는 근동의 전통을 추종한 기교파 시인으로, 떠돌이 시인들이 그의 작품을 외우고 다니며 엘리트 귀족들을 상대로 교육과 오락, 정보 제공을 담당했을 것이라 추정된다.

　《신통기》는 혼돈Chaos에서 시작된 세상 및 신들의 탄생과 기원을 묘사하며 선사시대의 신화를 투쟁의 역사로 소개한다. 권력욕에 사로잡힌 아들들이 아버지들의 뒤를 잇고자 투쟁했고, 우라노스에 이어 크로노스와 제우스가 차례로 올림포스의 왕좌를 차지한다. 이후 《신통기》는 언제, 어떻게 지구에 생소한 짐승들이 등장했고, 야만스런 거인들이 신들의 질서에 도전하기 시작했는지를 이야기한다. 현실과 더욱 밀착한 것처럼 보이는 《노동과 하루하루》 또한 신과 정령이 곳곳에 똬리를 튼 위험한 세상을 상상했다. 그가 상상한 세상에서는 솥에 국자를 담아놓거나 손을 씻지 않고 강을 걸어서 건너면 신의 진노를 살 수 있었다.

　과학이 등장하기 전에(이 당시는 추상적 사고를 표현하기 위한 단어 또한 존재하지 않고, 추상적 사고를 지각 가능한 객관적 실제와 연관시키지 못했다) 이러한 이야기들은 세상을 이해하는 방법을 알려주었으나, 문자로 기록되는 과정에서 크게 변질되었을 가능성이 높다. 《신통기》는 기술된 모든 내용을 믿지 말라는 경고로 시작한다. 헤시오도스는 헬리콘 산에서 양을 치던 중 뮤즈를 만났고, 그들이 자신을 향해 "과거와 미래를 축성할 수 있는 성스러운 목소리"를 불어넣었다고 주장한다. 그뿐 아니라 '그럴 듯한 거짓말을 만들어낼 수 있는 지식과 언제든

기원전 3세기 또는 기원전 2세기 후반, 알렉산드레이아에서 제작된 것으로 추정되는 대리석 스텔라로, '호머의 신격화'를 보여주고 있다. 숭배자들은 하단 왼쪽에 자리 잡은 신격화된 호머에게 다가와 경의를 표하고 있다. 그 위로는 뮤즈에게 둘러싸인 벼락을 쥔 제우스가 비스듬히 기대고 있다.

진실을 말할 수 있는 기술'을 지니고 있다고 그에게 말했다. 이 말을 믿고, 믿지 않는 것은 독자들의 마음이었다.

《노동과 하루하루》는 역사를 '세대'의 연속으로 소개하며 그리스의 황금시대가 몰락하게 된 과정을 추적했다. 질병도 없고 농사를 지을 필요도 없었던 황금시대를 지나 사람들이 부대끼기 시작한 은의 시대, 엄혹한 동의 시대가 차례로 도래했고, 신인시대를 거쳐 이르게 된 철의 시대에는 '사람들이 낮에는 눈물을 흘리며 일하고, 밤에는 시들고 죽어 갔다.' 헤시오도스의 분류에서는 신인시대가 특히 주목된다. 작가들의 눈에는 트로이아 전쟁과 같이 신화로 생각되는 이야기들이 진정한 역사를 반영하는 것처럼 보이기 때문이다. 헤시오도스의 발상은 기원전 5세기 이후에도 꾸준한 영향력을 행사했다. 그리 된 것은 그리스인들이 호머의 작품이라고 생각하는 두 서사시 《일리아드》와 《오디세이아》 덕분이었는지도 모른다.

호머의 서사시는 그 어떤 작품에 비해서도 그리스다운 것이 무엇인지를 명확히 보여주었다. 구전을 통해 전해 오던 그의 서사시는 그리스인들의 대대적인 디아스포라diaspora(다른 나라에 살며 일하기 위한 유대인들의 이동)가 시작될 무렵에 문자화될 수 있었다. 알파벳이 이 당시 탄생했기 때문인데, 이 무렵 그리스의 많은 도시들은 흑해의 비잔티온(기원전 657년), 이집트의 나우크라티스(기원전 7세기 후반), 리비아의 키레네(기원전 630년), 프랑스의 마살리아(마르세이유)(기원전 600년)에 이르기까지 식민지와 교역소를 설치했다. 여러 국가들이 생겨나면서 서사시는 그리스인들이 하나로 뭉쳐 있던 당시를 상상력 속에 보존하려 했다.

헤시오도스의 시와 마찬가지로 호머의 세상은 인간과 신으로 가득했고 트로이아 전쟁은 인간의 세상과 신의 세상에 동시에 펼쳐졌다. 신이 인간의 노력을 방해하거나 도와주면서 두 세상의 경계가 사라지는 경우도 종종 있었다. 호머의 두 작품은 주인공의 삶에 깊숙이 들어가 당시의 그리스인들이 사회와 역사 속에 놓인 자신들의 위상을 어떻게 보았는지, 이러한 이야기(자신들의 이야기를 포함해)들이 변형될 수 있다는 사실을 어떻게 받아들였는지를 보여준다.

호머와 전기의 시작

《일리아드》의 첫 문장('여신이시여, 펠레우스의 아들, 아킬레우스의 분노의 노래를 들어주소서')을 보면 이는 헤시오도스의 《신통기》와 같은 사료 연구가 아닌 영감에서 나온 발상이라는 사실을 알 수 있다. 그러나 뒤로 갈수록 아킬레우스라는 영웅에 대한 가상의 일대기로 심리학을 깊이 연구한 결과물이라는 것이 명백히 드러난다. 후세의 자신에 대한 평가에 집착했던 아킬레우스는 자신을 영웅의 계보 속에 놓고 있었다. 텐트에 틀어박혀 친구 파트로클로스와 시간을 보내던 그는 자신을 깔아뭉갠 아가멤논에 대한 분노를 삭이며 수금과 노래로 자신을 위로했다. 그는 '인간의 유명한 업적'을 시인처럼 노래했다.

트로이아 전쟁의 장면들이 기원전 1세기 후반, 서기 1세기 초반에 제작된 카피톨리니의 일리아카 석판에 나타나 있다. 그리스 함대가 트로이아의 성벽(왼쪽) 앞에 진을 치고 있으며, 말을 탄 전사들, 말을 타지 않은 전사들, 배에 탄 전사들이 전투를 벌이고 있다.

그리스-로마 시대의 다른 귀족들과 마찬가지로 아킬레우스에게는 명성이 전부였다. 바다의 여신이었던 그의 어머니 테티스는 그에게 두 가지 운명 가운데 하나를 선택해야 한다고 말했다. 아킬레우스는 오래오래 살 수 있으나 아무에게도 기억되지 않는 삶과, 젊은 나이에 죽지만 '영원불멸의 명성'을 얻게 되는 삶 중에 하나를 선택해야 했다. 후자를 선택한 아킬레우스는 후세의 야심찬 젊은이들의 영감으로 자리매김했다. 그리스의 석학 플루타르코스가 서기 1세기 후반과 2세기 초에 쓴 글에 따르면 **알렉산드로스 III세**가 트로이아를 방문했을 때 트로이아의 왕자 파리스(파리스 또한 알렉산드로스라는 이름으로 알려져 있다)의 수금을 볼 기회가 생겼다. 그는 파리스가 부른 모든 노래는 '여성을 유혹하기 위한 바람둥이의 발라드'였다는 이유로 거절의 의사를 표시한 다음, '후세에 남을 업적'을 위해 노래한 아킬레우스의 수금을 보고 싶다고 말했다.

《오디세이아》의 영웅 오디세우스는 그리스의 역사를 형성한 또 다른 갈래를 보여준다. '계략의 사나이' 오디세우스는 단명한 아킬레우스와 정반대의 인물로 묘사된다. 그의 가장

미케나이에서 발견된 기원전 1500년경의 제의를 위한 황금 마스크. 고고학자 슐리만은 이와 비슷한 마스크를 벗겨내 거의 손상되지 않은 얼굴을 보았다고 주장했다. 당시 그가 보낸 전보는 유명하다. '아가멤논의 얼굴이 내 앞에 있어요.'

큰 소원은 끝까지 살아남아 고향에 돌아간 다음, 가족들과 오래오래 사는 것이 소원이었다. 그러나 오디세우스 또한 나름대로 사람들의 평판을 얻을 수 있었다. 집으로 돌아오는 기나긴 여정 속에서 그는 자신의 이름을 점차 세상에 퍼뜨릴 수 있었다. 그가 머나먼 신비의 섬 스케리에에 도착했을 때, 시인들은 그가 트로이아에서 세운 업적을 노래하고 있었다. 하지만 오디세우스는 자신의 여행기를 말할 기회가 생길 때마다 다양한 화법을 취해 진실을 각색하거나 완전히 가공하는 등 (그는 크레테의 왕자 행세를 한 적도 있었다) 눈앞에 있는 청중들의 마음을 사로잡기 위해 철저한 계산을 감행했다.

오디세우스는 가공의 인물이었으나, '사실'에 아랑곳없이 칭찬에 집착했던 그의 성격은 실제 인물의 삶을 기술한 작가들에게도 영향을 끼쳤다. 왜냐하면 전기 자체가 그 뿌리를 찬가Encomium에 두고 있었기 때문이다. 현재까지 전해지는 최초의 위인전들이(기원전 4세기 이소크라테스와 **크세노폰**이 저술한) 그 대표적 실례이며, 고유한 의미에서의 위인전이라 보기 어려운 크세노폰의 《키루스의 교육Education of Cyrus》 또한 사실보다는 공상이 주류를 이룬다. **소크라테스**의 사형 집행 이후 등장한 가공된 이야기들처럼 그들은 다루고 싶은 주제를 최대한 포장하려 든다.

전기는 기원전 5세기부터 집필되기 시작했으나 현재까지 전해 오는 전기의 대부분은 로마 제국 시대 이후의 것들이다. 당시 많은 위인전을 집필한 플루타르코스는 그리스와 로마의 유명인들을 역사적 관점과 신화적 관점에서 비교해 두 문화의 유대를 강화했다. 플루타르코스(그는 가스펠 작가들이 예수 그리스도의 삶을 탐구하고 있을 때 성장했다)에게 위인전이란 철학적 진실을 탐구하는 수단이었다. 그는 악이나 선을 구체화할 주제와 더불어 도덕적 관점을 예시하기 쉬운 주석과 에피소드를 선택했다.

서기 3세기에 활동한 디오게네스 라에르티오스의 《고대 철학자들의 생애와 사상Lives and Opinions of Eminent Philosophers》에서는 역사, 사회, 철학의 맥락에 놓인 인물들을 엄격히 탐구하기보다 상상 속의 일화로 엮어낸 흔적을 엿볼 수 있다. 마찬가지로 서기 10세기 바실레이아(비잔틴)의 백과사전 《수다Suda》에서는 어떤 일화가 좋은 이야기겠다 싶으면 아무리 신빙성이 떨어지더라도 무조건 싣고 보았다. 이 백과사전의 작가들은 지금에 비해 훨씬 폭넓은 자료를 확보할 수 있었을 것이다. 지어낸 이야기가 무엇인지 확실히 드러나는 경우도 있으나(**사포**나 **엠페도클레스**의 삶이 그 실례다), 진실을 발견하기가 어려운 경우도 있다(예컨대, 페리클레스의 아테나이에서 **아스파시아**가 어떤 지위를 담당했는지의 문제 등이다). 고대의 전기 작가들은 서사시의 시인들에 비해 창의력이 뒤떨어지지 않았다. 그들은 굳이 영감을 얻기 위해 뮤즈를 자극할 필요가 없었다. 우리는 이러한 부분을 간과해서는 안 된다.

로고그라포이와 역사학의 태동

고대 그리스인들은 기억을 엮어내기 좋아했다. 실제로 존재했으나 그다지 심각지는 않았던 일련의 분쟁들(이러한 분쟁들의 존재는 고고학적으로 증명된다)이 조합되어 트로이아 전쟁의 이야기가 등장했을 것이라 추정된다. 10년에 걸친 파란만장한 전쟁 이야기는(현실은 이와 달랐을 것이다) 실존 인물, 사회 구조, 쓰이던 물품들에 대한 아득한 기억을 바탕으로 자세한 내용을 구성했다. 이와 동시에 특정 신화나 역사적 일화가 지리적으로 멀리 떨어진 곳에 상반되는 내용으로 소개되는 경우도 있었다. 이는 재미있는 이야기를 원하는 사람들에게는 아무런 문제가 되지 않았다. 그러나 이러한 이야기를 확실한 정보에 입각한 역사로 인식하게 되면서 새로운 접근이 필요해졌다.

그리스에서 알파벳은 기록 보존과 법령을 비롯한 문서의 발간에 사용되었다. 정치 개혁가 솔론의 법률(기원전 7세기 후반과 6세기 초반에 활동했으며, 잘 알려져 있지는 않으나 역사적으로 간과할 수 없는 인물이다)은 커다란 나무 판자첩에 쓰여 아테나이의 프리타네이온(시청)에 전시되었다. 마침내 이 판자첩은 기원전 5세기에 이르러 완성된 체계를 갖추게 된다. 그리스-로마 시대의 역사가들이 이 자료를 어느 범위까지 사용했는지는 알 수 없다. 그러나 기원전 6세기에는 과학화된 인식을 반영하듯 골동품 연구가 또는 로고그라포이들이 계보학에서부터 도시국가의 연감에 이르기까지 각종 연대기를 연구하고 기록하기 시작했다. 대부분이 건조한 기록에 그치고 있으나 역사와 인간에 대한 연구에 혁명을 이루었다는 것은 부인할 수 없는 사실이다. 오늘날 일부밖에 남아 있지 않다는 것이 안타까울 뿐이다.

가장 혁신적인 로고그라포스(로고그라포이의 단수형)는 밀레토스의 헤카타이오스였다. 기원전 550년 근방에 태어난 그는 잡다한 신화와 당시의 역사를 합리적으로 구성하는 데 목표를 두고 학구적이고도 질서정연한 《계보학Genealogiai》이라는 개요서를 편찬했다. 그는 이 책에서 "나는 내가 진실이라고 믿는 바를 기술하고자 한다. 그리스에서 나도는 수많은 이야기들이 바보같아 보이기 때문이다"라고 말했다. 그는 연구를 위해 이집트를 여행하면서 영감을 얻었는지도 모른다. 헤로도토스의 기록에 따르면 테바이의 성직자들은 이집트에서 345세대 이전의 성직자들의 계보를 발견했다. 이집트를 방문하기 전까지 헤카타이오스는 인류가 탄생한 시점을 16세대 이전이라고 생각했다. 이집트인들 덕분에 그는 과거에 대한 자신의 생각(또한 그리스인들의 생각)을 근본적으로 바꿀 필요가 있음을 깨달았다.

동시대에 활동한 아르고스의 아쿠실라우스가 세상의 창조를 '과학적인 정보'에 입각해 설명한 것과 달리, 헤카타이오스는 《계보학》에서 신의 역할에 여전히 의미를 부여했다. 아쿠실라우스는 그가 살던 곳에서 발굴한 고대 동판을 연구했다. 그는 이러한 연구에 입각한 설명이 더욱 정확하다고 주장했으나 실은 헤시오도스의 《신통기》를 산문으로 기술한 정도에 그쳤다. 기원전 6세기, 이처럼 갓 싹튼 학문이 과거와 현재를 잇는 매개를 담당했으나 항상 과학적 근거에 바탕을 둔 것은 아니었다. 560년 스파르타는 영웅 오레스테스의 뼈를 발견해 다시 묻지 않으면 테게아와의 전투에서 승리할 수 없을 것이라는 계시를 받았다. 다행히도 테게아를 방문한 스파르타인 한 사람으로부터 최근에 3미터에 이르는 유골 하나가 발굴되었고, 이를 고대의 관에 담아 땅에 묻었다는 정보를 듣게 되었다. 오레스테스가 아니고서는 이런 거구를 가질 수가 없었다. 유골을 다시 발굴해 스파르타로 송환하고 나서 스파르타는 테게아를 무찌를 수 있었다. 오늘날 우리는 오레스테스 이야기를 사실이 아닌 신화로 생각하나, 최근에 슐리만이 미케나이에서 오레스테스의 아버지인 아가멤논의 얼굴을 보았다고 주장한 것을 생각하면 당시 스파르타인들이 지나치게 순수했다고 비난하기도 무색할 듯 싶다.

역사를 재평가하면서 그리스인들은 예전과는 다른, 때로 정반대의 방향으로 이끌렸다. 헤카타이오스와 같은 사람들은(부연하면 테게아에서의 활동하던 스파르타 출신 고고학자들) 신화의 진실을 밝히기 위해 몇백 년간 누적된 가공된 이야기들을 제거하려 노력했다. 그러나 증거의 부족을 절감한 사람들이 자세한 내용을 더욱 두루뭉술하게 가공해 보충하면서 그들의 역사에 대한 잘못된 시각을 조장하기에 이르렀다.

그럼에도 기원전 6세기 이후로는 이 책에서 소개하는 첫 번째 위인 **페이시스트라토스**의 인생을 재구성할 정도의 역사적, 고고학적, 금석학적 증거를 확보할 수 있었다. 사실 그리스 역사의 맥락에서 페이시스트라토스의 이야기가 흥미로운 이유는 그 스스로 과거를 재평가하고, 심지어 자신과 아테나이의 정치적 목적을 위해 냉소적인 가공을 감행했기 때문이다. 그러나 그의 인생을 볼 때 그가 우리 세상보다 호머의 세상에 더욱 가까웠다는 사실을 기억해야 한다. 페이시스트라토스 또한 전설의 아킬레우스와 마찬가지로[에피젤로스는 시력을 잃었더라도 반인반신을 만나 자신의 이름이 알려지게 된 것이 자랑스러웠다. 여기에서 'Enviable(부러운)'이라는 단어가 비롯되었다] '불멸의 영예'를 지향할 충분한 이유가 있었고 그의 성취가 '후세에 남을 업적'에 포함되리라고 확신했다.

Chapter 2

폭군의
시대

§ 페이시스트라토스(기원전 605년경~기원전 528년), 아테나이의 폭군

페이시스트라토스는 자신에게 생소한 덕목을 가장하는 타고난 배우였다. 그는 실제로 그러한 덕목을 갖춘 사람들에 비해 더욱 큰 갈채를 받았다.

— 플루타르코스, 《솔론의 인생Life of Solon》, 29

기원전 6세기 중반 부타드, 알크마이오니다이, 페이시스트라토스로 대표되는 강력한 세 가문이 아테나이의 정치를 지배했다. 이 가운데 페이시스트라토스 가문의 부유한 지주들은 해변에 자리 잡은 브라우론의 대피소에서부터 북부 마라톤 평원에 이르기까지 동부 아티케 전체를 아우르는 넓은 토지를 소유하고 있었다. 완만한 경사를 이룬 해변의 단단한 모래는 귀족들의 전차 경주에 딱 맞는 환경을 제공했다. 가문에서는 특권과 부를 자신들의 것이라 생각했다. 이러한 자신감의 뿌리는 500년 전 아테나이의 마지막 왕 코드로스뿐 아니라 트로이아 전쟁에 등장한 필로스의 왕 네스토르에게까지로 소급된다. 역사(또는 신화)는 자극적인 선전의 원동력이었다.

그러나 선전은 한 가지 방식으로 국한되지 않았다. 당시의 이야기에 따르면 페이시스트라토스 가문의 히포크라테스는 기원전 608년, 혹은 604년에 올림픽 경기에서 신들로부터 불편한 계시를 받았다. 그가 제물을 바치려는 순간, 불을 때우지 않았는데도 가마솥이 끓어 넘쳤다. 상대방은 히포크라테스가 아들을 갖지 못할 것이라는 계시라고 주장했으나 히포크라테스는 아무런 신경도 쓰지 않았다. 곧 그의 아내는 페이시스트라토스를 낳았다.

페이시스트라토스의 어린 시절은 베일에 가려 있다. 눈부신 미남이었던 그는 입법가 솔론의 사촌(또한 애인이었을 것이라 추정된다)이었다. 페이시스트라토스의 권력에 대한 욕망을 처음 알아챈 이도 솔론이었다. 기원전 560년대, 아테나이는 인접한 메가라와 전쟁에 돌입했다. 페이시스트라토스는 전쟁을 승리로 이끌며 만방에 명성을 떨쳤고, 기원진 561년에 아테나이의 참주에 오르고자 했다. 이 과정에서 그는 아테나이의 다른 왕조들의 지도자와 분쟁을 겪었다. 그가 부타드 가문의 리쿠르고스와 알크마이오니다이 가문의 메가클레스의

귀족정치와 참주정치

기원전 6세기 말까지 모든 그리스의 도시국가들은 강력한 가문이 다스렸다. 호머와 헤시오도스의 '신인 시대'에는 왕들(바실레우스Basileus)이 권력을 행사했다. 이후 이들은 참주tyrannoi라는 이름으로 불려진다. 바실레우스나 참주 개개인의 스타일이 당시의 통치 방식을 결정했으나, 통치가 지속되면서 원로 의회와 협력할 필요가 발생했을 것이라 짐작할 수 있다. 참주가 어원인 영단어 'Tyrant'는 독재자라는 부정적인 의미를 담고 있으나, 당시의 바실레우스나 참주는 자비롭고 공정한 편이었다. 귀족들을 주된 대상으로 쓰인 헤시오도스의 《신통기》의 초반부에서는 바실레우스의 훌륭한 통치 방식을 엿볼 수 있다.

"모든 시민들이 그에게 기대를 품고 있다. 그의 판단은 정직하고 적법하다. 믿음직한 견해를 부드러운 말에 담아 격렬한 싸움에 종지부를 찍는다."

반대파 귀족들이 최고 권력을 탈취하려 들 때 문제가 발생했다. 드물지 않게 이러한 일이 일어났고, 지지기반이 가장 넓은 통치자들이 가장 성공적인 지도자로 남을 수 있었다. 그러나 시민들의 마음을 사려 들면서 점점 많은 권력을 의회에 양도하기 시작했고, 강력해진 의회는 민주주의의 탄생에 이바지했다.

목소리를 제압한 과정은 상당히 흥미롭다.

그는 자신이 타던 노새에 상처를 입히고 자신의 몸마저 자해한 다음 피에 흠뻑 젖은 전차를 몰고 아테나이의 한복판으로 들어갔다. 그는 광장에 서서 정적의 암살 기도를 간신히 피했다는 거짓을 퍼트렸다. 솔론은 페이시스트라토스의 허위사실 유포를 문제삼았으나, 아테나이인들의 분노를 막기에는 역부족이었다. 시민들은 그에게 호위무사를 붙여 아크로폴리스로 인도했다. 평평한 돌이 깔린 아크로폴리스는 지배자가 차지하는 권력의 왕좌를 수백 년간 상징해 왔다. 페이시스트라토스는 그의 목적을 달성했으나 자신의 의지를 무력으로 강제할 생각은 없어보였다. 아니, 불가능한 일이었는지도 모른다. 민주주의를 신봉하던 이들도 훗날 그의 통치가 정당하고, 적법하고, 훌륭했다고 마지못해 인정했다. 그러나 그의 정적들마저 감복시키지는 못했다. 리쿠르고스와 메가클레스는 페이시스트라토스에 대항하기 위해 서로에 대한 적대감을 잠시 접고 힘을 모으는 쉽지 않은 단합을 감행했다. 기원전 556년, 그들은 페이시스트라토스를 제압하고 아테나이에서 추방했다. 그러나 그들의 위태로운 동맹은 오래 가지 못했고, 이듬해 메가클레스는 페이시스트라토스와 비밀리에 합작해 그를 아테나이로 불러들였다.

가문의 연합을 위해 메가클레스는 페이시스트라토스를 자신의 사위로 삼으려 했다. 페이시스트라토스는 아내와 이혼하며 이 제안을 받아들였다. 그는 피아라는 이름의 여인에게 도움을 요청해 귀환을 계획했다. 큰 키에 아름다운 외모를 자랑했던 그녀는 페이시스트라토스가 다스리던 지역 출신이었다. 그가 처음 권력을 잡게 된 시나리오가 극적이었다면, 그 다음으로 권력을 잡게 된 시나리오는 파란만장한 수준이었다. 페이시스트라토스가 전차를 타고 아테나이에 입성하자, 온 도시를 채운 지지자들이 아테나 여신이 그를 고향까지 호위해 왔다고 외쳤다. 그러나 그녀는 아테나 여신이 아닌 완전 무장을 갖춘 피아였다. 그녀는 페이시스트라토스 옆에 서서 여신의 자태를 뽐내며 신의 권위를 발산했다. 아테나이인들이 이러한 계략을 믿었든, 터무니없는 허풍으로 생각했던 결과는 똑같았다. 페이시스트라토스는 다시 한 번 참주에 등극할 수 있었다.

그러나 그의 지위는 점점 불안해졌다. 이내 메가클레스는 페이시스트라토스가 부인에게 변태적인 행위를 강요한다는 악의적인 소문을 퍼트렸다. 사람들은 고소해하며 소문을 퍼뜨렸고 이 소문의 위협을 이기지 못한 그는 다시 한 번 추방당했다. 그러나 그는 다시 돌아오리라는 결의를 다졌고, 추방 중에도 존경과 두려움의 대상으로 남아 있었다. 그는 오랜 동맹국들을 불러 모아 힘을 다졌다. 테바이, 아르고스와 낙소스 섬은 용병과 자금을 제공했고, 기원전 546년에는 그의 아들 **히피아스**와 히파르코스를 대동한 채 대군을 이끌고 아티케로 돌아왔다. 마라톤에 도착한 그들은 페이시스트라토스의 오랜 영토를 가로질러 아테나이를 향해 나아갔다. 불의의 습격을 당한 메가클레스는 병사들을 이끌고 당당히 그들과 맞섰다. 자만심에 찬 메가클레스가 아테나이의 막사 그늘에서 낮잠을 즐기고 있을 때, 페이시스트라토스는 공격을 명령했다. 메가클레스의 군대는 궤멸되었고 페이시스트라토스는 아테나이에 재입성할 수 있었다. 기원전 528년, 평화롭게 생을 마칠 때까지 그는 18년간 아테나이의 명실상부한 참주로 자리매김했다. 후세 사람들은 이를 황금시대로 기억했다.

상대방의 마음을 누그러뜨리는 성품과 시민들을 계몽하려는 따뜻한 노력 덕분에 그는 친절하고,

페이시스트라토스의 도시국가(아테나이)를 보살피던 아테나 여신상이 금속 박판으로 둘러싸여 화려한 광채를 내뿜고 있다. 이 작품은 기원전 530년경에 제작된 것으로 추정된다. 고향으로 돌아온 페이시스트라토스는 아테나 여신으로 분장시킨 여성 한 명을 대동했다.

자애롭고, 너그러운 지도자로 각인되었다. 참주보다는 시민의 일원에 가까웠던 그는 당시 분화된 도시국가들에서 다수결의 의사에 따라 통치하는 장점을 경험을 통해 확실히 알고 있었다. 따라서 그는 시민들을 입법, 복지 정책, 뇌물로 구워삶았다. 아테나이의 식량 공급의 중요성을 깨닫고 나서 그는 라이벌 왕조인 밀티아데스의 일원이 되기를 수락하며 흑해에서 출발하는 곡물 호송대를 호위하는 대가로 케르소네소스에 있는 새로운 식민지의 참주를 맡았다. 이와 동시에 그는 다르다넬리아의 반대편에 자리 잡은 시게이온에 자신의 둘째 아들 헤게시스트라토스를 참주로 앉혀 항로와 밀티아데스를 한꺼번에 감시했다.

페이시스트라토스는 넉넉히 돈을 빌려 아티케의 농업경제를 부흥시키고 순회재판관단을 지명해 농부들이 도심의 아테나이인들과 같은 권리를 누릴 수 있도록 보장했다. 도시에서의 삶의 질을 높이고 고용을 촉진하기 위해 그는 야심 어린 건축 계획을 실행으로 옮겼다. 먼지 자욱한 아고라에 물을 공급할 수 있는 송수로, 아크로폴리스의 프로필라이아propylaea(성문)와 아테나이의 일리소스 강 근처에 있는 제우스 사원 등이 그의 계획에 담겨 있었다. 이러한 계획은 순수한 이타적인 동기에서 비롯된 것이 아니었다. 시민들이 더 많은 물품을 생산하고 농부들이 더 많은 작물을 수확하면서 평민들의 불만이 줄어들었고, 페이시스트라토스는 늘어난 이익의 10퍼센트를 세금으로 거두면서 부를 축적할 수 있었다. 그럼에도 그는 법질서를 유지하기 위해 엄청난 노력을 들였다. 그는 스키타이 궁수대를 고용해 경찰력으로 활용했고, 살인혐의를 인정했다. 마지막 순간에 기소담당자가 주장을 거두지 않았다면 재판을 받을 수도 있었을 것이다. 그러나 아테나이를 바꾸고 번영의 길로 인도한 것은 그의 넓은 시야였다. 그는 아테나이의 미래를 위해 과거를 새로운 틀에 담으려 했다. 대부분의 그리스인들은 과거에 대한 지식을 부모 세대로부터 들은 전통이나 서사시에 의지했다. 사실은 꼬이기 시작하고, 현실은 신화 속에 모습을 감췄다. 지위를 과시하고 싶은 수많은 귀족 가문들이 전설 속 영웅들과 혈연관계라고 주장했다. 페

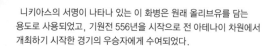

니키아스의 서명이 나타나 있는 이 화병은 원래 올리브유를 담는 용도로 사용되었고, 기원전 556년을 시작으로 전 아테나이 차원에서 개최하기 시작한 경기의 우승자에게 수여되었다.

그리스의 폴리스

폴리스('도시의 상태'라고 번역된다)는 그리스인들의 삶 한복판에 자리 잡았다. 이 책에서 다루는 시대에 융성한 폴리스는 농토의 중심에 도시 하나가 자리 잡은 구조를 취하고 있었다. 예컨대 아티케 지역의 중심은 수도 아테나이가 차지하고 있었다. 더욱 중요한 것은 폴리스가 다수 시민 polites을 대변했다는 점이다. 아티케의 경우에는 아테나이인들이 그 역할을 담당했다. 폴리스의 도심에는 사원과 같은 공용 시설이 있었다. 여기에서 시민들은 아고라나 시장과 같은 공동체를 위해 신에게 제의를 바쳤다. 사람들은 물건을 사고팔기 위해 시장에 모였고, 폴리스의 삶에서 핵심을 차지하는 정치를 논의하기 위해 광장에 모였다. 시간이 지날수록 대규모의 시민 행사를 치르기 위해 많은 폴리스들은 극장이나 경기장 같은 다른 시설을 건립했다.

전성기의 그리스에는 1천 개 이상의 폴리스가 존재했고, 어떤 폴리스는 인구가 100명을 조금 넘는 수준인 반면, 어떤 폴리스는 1만 명을 훌쩍 넘었다. 식민지를 두기 시작하면서 폴리스의 수가 늘어났으나, 멀리 떨어진 곳에 건설한 식민지라도 이를 건립한 메트로폴리스('어머니의 도시')와 긴밀한 연관관계를 유지헸다. 왜냐하면 각 폴리스는 각기 다른 특성과 정부 기관을 지니는 탓에 폴리스 간에 라이벌 구도를 형성했기 때문이다. 이러한 구도의 가장 바람직한 양상은 올림픽이나 범그리스적 경기를 통해 드러났고, 가장 최악의 양상은 그리스 도시들이 벌이는 전쟁을 통해 드러났다.

이시스트라토스는 아테나이를 위해 이와 동일한 작업을 시도하고 있었다.

가장 유명한 서사시는 《일리아드》와 《오디세이아》였다. 동부 에게 해에서 비롯된 이 두 서사시는 처음에는 그리스 전역에 구두로 전해졌다(또한 통일되지 않고 다양한 형태로 전래되었다). 이 서사시의 내용은 한편으로 그리스인들의 과거에 대한 시각을 좌우했다. 이를 깨달은 페이시스트라토스는 문자화된 '인증된 버전'을 기획했고, 이것이 바로 오늘날 우리가 읽고 있는 작품의 원본이다. 이 과정에서 그는 두 작품의 내용을 아테나이에 이로운 방향으로 변형했다. 작품 곳곳에 도시국가의 내력과 대외적인 명성을 드높일 수 있는 문장들이 삽입되었다.

페이시스트라토스는 아테나이의 지위를 높이는 데 여러 가지 방법을 활용했다. 그는 올림픽과 경쟁하기 위해 세 가지 행사를 기획했다. 이 세 가지 행사는 델포이의 피티아와 코린토스의 이스트미아 경기(두 대회는 기원전 582년 전에 등장했다), 네메아 경기(기원전 573년에 첫 대회가 개최되었다)로 요약된다. 기원전 556년에 페이시스트라토스는 그레이터 파나테나이코 경기(아테나이인이라면 참가할 수 있었다)를 추가로 기획했다. 이 경기는 4년 주기로 열렸고

엘레우시스의 종교의식

엘레우시스는 살라미스 만에 자리 잡은 아테나이로부터 북서쪽 21킬로미터 정도에 위치했다. 고대 그리스에서 가장 영적인 집단에 속한다고 생각되던 종교 집단이 이곳을 본거지로 삼았다. 페르세포네가 지하의 왕 하데스에게 납치되었다가 어머니인 대지의 여신 데메테르에게 돌아간 곳이 바로 여기라고 전해진다. 9월마다 아테나이에서 엘레우시스까지 걸어가는 행사 및 그레이터 미스터리라는 종교 의식이 행해졌다. 이 의식에 참가하려면 여러 가지 절차가 필요했다(Mystes란 '시작하다'라는 의미다). 그러나 의식의 실체를 누설하는 즉시 죽음의 벌을 면치 못했기에 증거가 많이 남아 있지 않은 것이 안타까울 뿐이다. 희귀한 자료(기독교 원로들이 보유한 자료 등)들을 검토해보면 숭배의 자격을 갖춘 자들은 사람을 죽인 적이 없는 그리스인들로 국한되었다. 또한 옥수수 이삭을 떨궈내는 의식이 치러졌는데, 직전의 추수를 통해 수확한 옥수수는 미래의 씨앗을 담고 있었기 때문이다. 이처럼 이 의식은 대자연의 순환을 찬양하고 내세의 삶에 대한 희망을 품도록 도와주었다. 빵과 포도주의 신으로 통하는 데메테르와 디오니소스에 초점을 맞춘 것을 감안하면, 여기에서 기독교 성찬식의 맹아를 찾을 수도 있다. 엘레우시스의 종교 의식은 그리스 전역에서 숭배자들을 끌어들였고, 훗날 로마 제국에서도 많은 사람들을 끌어모았다. 이 당시에는 숭배자가 될 수 있는 자격이 상당 부분 완화되어 어머니를 죽인 네로 황제도 참석이 허락되었다. 사원은 기독교 신자인 테오도시우스 황제에 의해 서기 392년 폐쇄되었고, 4년 후 알라리크 고스의 손에 철거당했다.

그리스어를 사용하는 국가라면 어디든 참가할 수 있었다. 뛰어난 명성을 자랑한 에레크테우스 왕 시절부터 이 경기를 매년 개최하기 시작했다. 스포츠 행사, 제의, 고대의 올리브 나무로 조각한(크소아논) 아테나 여신상에 옷을 바치는 행사를 포함하게 되었다. 이 옷은 하늘로부터 떨어져 아테나이의 정신을 구현했다. 화려한 의식으로 장식된 이 경기는 시민들의 삶에 중요한 역할을 담당했다. 다른 네 경기와는 다른 지나친 애국주의가 특징이었다.

이와 더불어 페이시스트라토스는 아테나이의 영역을 확장했다. 그는 아테나이가 디오니소스를 위한 새로운 축제를 준비할 때, 엘레우시스에서 성스러운 종교의식을 거행해 이 의식을 아테나이의 영역으로 끌어들였다. 세월이 흐르면서 이 행사는 고대 영웅들을 기념하는 합창에 맞춘 무도 행사를 포함하게 되었다. 당시 테스피스라 불리는 가수는 노래에 등장한 인물을 맡기 위해 합창단을 그만 두면서 최초의 배우로 기록되었다. 서양의 연극이 처음 탄생한 것이다. 아름다운 피아를 아테나 여신으로 꾸몄던 페이시스트라토스는 연극의 가능성을 누구보다도 잘 알고 있었다. 기원전 534년, 그는 디오니시아 시티를 건립해 예술 축제, 종교 행사, 스포츠 경기의 장으로 삼았다. 여기에서 세련미를 갖추게 된 연극들은 아테나이인

몸뚱이 세 개에 뱀꼬리가 달린 신을 묘사한 이 조각품에는 당시의 도료 흔적이 그대로 남아 있다. 이 조각품은 기원전 6세기 중반 페이시스트라토스가 아크로폴리스에 지은 사원의 페디먼트를 장식했다.

의 자화상을 구축할 뿐 아니라, 그 자화상을 더 넓은 세상으로 확산하는 역할을 담당했다.

대외 정책에서도 페이시스트라토스는 좋은 외교 관계를 유지하기 위해 각고의 노력을 쏟았다. 추방 중에도 그는 아르고스, 테살리아, 마케도니아 및 에레트리아의 에우보이아와 긴밀한 유대를 강화했다. 이들 뿐 아니라 이들의 적과도 좋은 관계를 유지하는 외교적 수완을 보여주었다. 그렇다고 그가 편 정책이 수동적인 것은 아니었다. 그는 밀티아데스의 케르소네소스 합병을 철저히 금지했고, 아테나이를 이끌고 메가라와 전쟁을 벌이는 한편, 동맹을 맺은 리그다미스를 낙소스의 참주 대행으로 추대했다. 나아가 그는 자신의 영향력을 델로스 섬으로까지 확장했다.

페이시스트라토스는 신탁의 명을 들어 수백 년 된 대피소 인근의 묘지를 파헤친 다음, 파헤친 유골을 섬의 끄트머리에 다시 묻어 섬을 정화했다. 장례 절차치고는 매우 간단했으나 여기에 담긴 의미는 심오했다. 델로스는 그리스인들이 머무르기 원하는 선망의 지역으로 본토의 델포이나 올림피아에 비견될 수 있었다. 페이시스트라토스는 섬을 정화하도록 신으로부터 간택되었다고 선언하며 자신의 지위를 뽐냈고, 범그리스적 시대에 아테나이가 핵심을 담당해야 한다고 주장했다.

페이시스트라토스는 대중들을 잘 알고 있었다. 델로스에서 동쪽을 향한 배는 이오니아의 반짝이는 도시에 도달할 수 있었고, 이를 통해 아테나이의 참주들은 결속을 다지고 있었다. 소아시아의 해변에 자리 잡은 그리스 식민지들은 페르시아 등의 국가와 교역한 덕에 막대한 부를 쌓을 수 있었다. 또 다른 참주 사모스의 폴리크라테스는 부에 힘입어 야망을 키울 수 있었다. 페이시스트라토스가 그리스 본토에서 힘을 모으고 있을 무렵, 폴리크라테스는 자신의 제국을 바다를 무대로 키우고 있었다.

§ 폴리크라테스(?~기원전 522년), 사모스의 참주

> 내 노래가 끝날 때까지, 폴리크라테스, 당신은 당신의 아름다움에 대한 영원불멸의 명성을 즐기십시오.
>
> — 이비코스, 폴리크라테스에 대한 찬사에서Oxyrhynchus Papyri(1790년)

기원전 546년, **페이시스트라토스**가 세 번째이자 마지막으로 아테나이의 참주에 오르면서 소아시아의 중심에서 여러 가지 사건들이 발생했고, 그 여파로 그리스 전체가 풍전등화의 위기에 처했다. 그로부터 1년 전, 리디아의 왕 크로이소스가 키루스와의 전투에서 패배하면서 리디아는 페르시아 제국에 복속되었고 이 과정에서 이오니아 또한 페르시아의 영토로 흡수되었다.

그리스 본토로부터 바다 쪽으로 1.6킬로미터 떨어진 사모스 섬은 중심부에 산이 우뚝 서 있었고 그 주변으로는 비옥한 포도밭이 펼쳐져 있었다. 섬사람들은 두려움에 떨며 상황을 지켜보았으나 그들에게까지 페르시아의 공격이 미치지는 못했다. 오히려 혁명은 내부에서 일어났다. 기원전 540년경, 매년 개최된 헤라 축제에서 아이아케스 참주의 세 아들은 쿠데타를 계획했다. 이 과정에서 맏형 폴리크라테스는 자신의 형제 한 명을 죽이고 나머지 형제를 추방한 다음 자신을 사모스의 참주로 선언했다. 이로써 그들의 형제애는 부모에 대한 효심만큼이나 굳건해 보였다.

낙소스에서 페이시스트라토스의 꼭두각시 역할을 맡았던 폴리크라테스는 리그다미스의 도움 아래 자신의 영향력을 확대해 나갔다. 그는 해상 제국을 건설하고 싶어 했을 뿐 아니라 이오니아를 수중에 넣고 싶어 했다. 이 목표를 달성하기 위해 폴리크라테스는 이집트의 파라오 아마시스와 동맹을 체결했다. 아마시스가 도와준 덕에 그는 자주색 전함 100척을 건조할 수 있었다. 전함 한 척당 궁수부대 및 50명의 사공을 태울 수 있었고, 매년 한 척의 운영 비용으로 7톤의 은이 소요되었다. 아마시스는 폴리크라테스의 전함을 페르시아에 대한 불워크로 삼으려 했고, 폴리크라테스의 전함은 곧 인접한 그리스 섬들을 상대로 공격을 감행했다. 폴리크라테스가 레스보스를 병합하는 데는 오랜 시간이 걸리지 않았다. 기원전 530년에는 폴리크라테스가 페르시아의 새로운 왕 캄비세스를 위해 아마시스를 버리는 극적인 반전이 일어났다. 손해를 볼 인물이 아니었던 폴리크라테스는 미녀를 신부로 얻었을 것이라 추정된다. 또한 그는 이러한 기회를 통해 해군을 혁신할 수 있었다. 남쪽을 향해 이집트

한때 모든 그리스의 사원 중에 가장 큰
규모를 자랑하던 폴리크라테스의 헤라
신전은 기원전 6세기 중반, 폴리크라테
스가 아버지의 신성과 권력에 대항해 쿠
데타를 벌인 장소에 건립되었다.

독일 저널, 「당시와 지금Then and Now」(1832)에 실린 헤로도토스의 이야기를 묘사한 이 그림은 폴리크라테스가 신의 질투를 피하기 위해 바다에 반지를 던지나, 물고기의 배 속에서 이 반지를 발견한 어부가 그에게 다시 돌려주는 장면을 그리고 있다.

로 방향을 잡았던 함대 가운데 40척의 최신 전함을 주목할 수 있었다. 세 줄로 배치된 사공들(3단 노선)로부터 트리에레스라는 이름이 붙은 이 전함은 날렵하고 빠를 뿐더러 강력한 위력을 지닌 '충각'을 탑재했다.

안타깝게도 폴리크라테스의 계획은 수포로 돌아갔다. 페르시아와 등을 돌리고 아마시스가 패배하면서 이집트의 지원 또한 끊겼다. 그의 적들은 이 기회를 놓치지 않았다. 아테나이와 마찬가지로 사모스에는 그와 대적하는 라이벌 귀족 가문들이 난립했고, 이들 중 상당수는(철학자 **피타고라스**도 이들 중 한 명이었다) 도망치거나 추방당했다. 기원전 525년, 그들은 그리스 본토에 사람을 보내 도움을 요청했다. 스파르타는 처음으로 대외 정책을 펼치기 위해 상당수의 군사를 파견했으나 어마어마한 지원과 40일간의 포위 작전에도 반란군은 사모스를 수중에 넣는 데 실패하고 반란은 수포로 돌아갔다.

3년 후, 페르시아 제국이 혼란을 겪으면서 그리스는 새로운 국면을 맞이하게 된다. 캄비세스 대왕이 아그바타나에서 죽어갈 때, 저 먼 서쪽 영토에서 사트랍(총독)을 맡고 있었던 오로이테스는 오랜 숙원을 풀 기회를 마련했다. 그러나 폴리크라테스는 그를 대단한 존재로 생각하지 않았다. 그는 자객을 보낼 수도 있다는 말로 위협하며 폴리크라테스로서는 거절하기 힘든 제안을 던졌다. 오로이테스는 도피처를 제공받는 대가로 막대한 재물을 약속했고, 이 재물은 폴리크라테스가 왕위에 오르기에 부족함이 없을 정도였다. 폴리크라테스는 많은 수행원을 거느리고 총독의 왕궁에 다다랐다. 그러나 폴리크라테스의 운명은 거기까지였다. 끔찍히 난자당한 그의 몸뚱이는 말뚝에 박혀 아나톨레의 작렬하는 태양과 빗발에 썩어 들어갔다.

캄비세스는 가까스로 죽음을 이겨냈다. 왕관을 놓고 싸우던 그의 계승자(성직자 마고스의 지지를 받았다)는 음모를 꾸민 일곱 명의 칼에 찔려 세상을 떠났다. 그들은 들쭉날쭉한 자그로스 산맥으로 둘러싸인 니사이안 평원에서 해돋이를 바라보며 한 젊은이를 새로운 왕으로 추대했다. 왕위에 등극한 다리우스 I세는 그리스를 포위하고 그리스의 위태로운 자유를 위협하기에 이른다(캄비세스에서 다리우스로 왕위가 이양되는 과정은 미스터리로 남아 있다).

폴리크라테스가 죽고 나서 얼마 되지 않아 사모스는 페르시아인들의 수중에 들어갔다. 그러나 그가 살아 있을 당시 사모스 섬은 많은 이익을 누릴 수 있었다. 아테나이의 페이시

크로톤의 데모케데스

의학이 걸음마 단계였던 당시에는 유능한 의사를 찾아보기 힘들었다. 기원전 6세기 남부 이탈리아 크로톤은 최고의 의사들을 배출한 것으로 유명했다. 이 가운데 데모케데스라는 인물을 주목할 수 있다. 아버지를 따라 집을 떠나온 그는 아이기나와 아테나이에서 실습을 쌓은 다음, 좋은 조건에 이끌려 사모스로 건너갔다. 폴리크라테스가 죽은 다음, 그는 오로이테스에게 감금되었으나 이후 다리우스에게 불려가 이집트 정골술사가 고치지 못한 삔 다리를 치료해 주었다. 치료를 성공적으로 마친 그는 다리우스로부터 후한 보상을 받았고, 이집트 정골술사들은 그의 치료 덕분에 쇠꼬챙이에 찔려 죽는 형벌을 면할 수 있었다. 그는 페르시아의 수도 수사에서 가장 큰 집을 하사받았고 다리우스와 늘 만찬을 즐겼다. 그는 이러한 환대에도 고향이 그리웠다. 그는 아토사 여왕의 가슴에 난 종기마저 제거했고, 이에 대한 포상으로 배와 선원을 하사받아 페르시아가 그리스를 침공하기에 앞서 그리스 본토를 정찰할 기회를 가질 수 있었다. 데모케데스는 남부 이탈리아를 여정에 포함시킨 다음, 타라스에서 동료선원들의 눈을 피해 크로톤으로 돌아왔다. 이곳 아고라에서 그는 페르시아인들에게 납치당할 위기를 겪었으나, 크로톤의 시민들이 막아준 덕에 위기를 모면할 수 있었다. 데모케데스의 용기에 반한 올림픽 레슬링 선수 밀론은 자신의 딸을 그와 결혼시켰다.

스트라토스와 마찬가지로 그는 자신의 막대한 재산을 공공정책과 종교 행사를 위해 기꺼이 사용했다. 폴리크라테스는 성벽 밖으로 8킬로미터 떨어진 곳(그가 아버지에게 반기를 들었던 장소이기도 했다)에 헤라에게 바치는 거대한 사원을 지었다. 이 사원은 그리스에서 가장 큰 규모를 자랑했다. 그는 레네이아 섬을 수중에 넣고 나서 이 섬과 좁은 해협 너머에 있는 델로스를 쇠사슬로 연결해 아폴로 신에게 바쳤다(이는 어느 한 지점의 성스러운 '에너지'를 다른 지점에 옮기는 방법으로 통용되고 있었다).

사모스로 돌아온 폴리크라테스는 남달리 우수한 토목 공사 두 건을 완수했다. 하나는 적선의 접근을 막기 위해 항구의 초입부에 설치한 깊이 37미터, 너비 366미터에 이르는 방파제였다. 다른 하나는 깨끗한 물을 공급하기 위해 산 밑에 만든 1천36미터 길이의 터널이었다. 양쪽 끝에서 중앙 쪽으로 동시에 파고 들어가기 시작한 결과, 설계를 맡은 메가라의 에우팔리노스는 자신의 계산에 공사의 성패를 걸어야 했다. 그의 계산은 놀라울 정도로 정확했다. 2미터가량의 수평 오차를 메꿔야 했으나 수직 오차는 거의 없었다. 양쪽 터널 입구의 오차는 4센티미터에 불과했다.

다른 참주들과 마찬가지로 폴리크라테스는 과학과 예술을 아낌없이 후원했다. 그의 왕궁은 국제적인 유명 인사들로 넘쳐 났다. 특히 이 가운데 남부 이탈리아 식민지 출신인 두 명의 그리스인을 주목할 수 있다. 한 명은 당대 최고의 내과의사였던 크로톤의 데모케데스였고, 다른 한 명은 레기온 출신 서사 시인 이비코스였다. 이비코스의 동료인 테오스의 아나크레온 또한 폴리크라테스의 사랑을 받았던 시인이었다. 그의 낭독에 정신이 팔린 폴리크라테스는 오로이테스를 제대로 맞이하지 못해 원한을 살 정도로 그에게 푹 빠져 있었다. 아나크레온은 그토록 뛰어난 명성을 자랑했고 오죽하면 폴리크라테스가 죽고 난 이후 페이시스트라토스의 아들 히파르코스는 그를 안전하게 아테나이로 데려오기 위해 전함을 파견하는 애정마저 보여주었다. 훗날 아크로폴리스에서 그의 조각상을 목격한 여행자 한 명은 아나크레온을 '레스보스의 사포 이후 노래에 헌신한 최초의 시인'으로 회상하며 따뜻한 애정을 보였다.

§ **사포**(기원전 630년 또는 612년 사이~기원전 570년경), 서사 시인

> 당신이 어디에 있건, 우리는 당신을 환영합니다. 신과 비견될 존재인 당신. 우리는 당신의 노래와 불멸의 딸들을 아직까지 간직하고 있습니다.
> ─ 디오스쿠리데스, 사포 예찬(《그리스 문집Greek Anthology》, 7, 407)

서양문학사에서 최초의 여류 시인으로 자리매김한 사포는 역사학이 시작되기 이전에 활동했다. 당시의 연대기 작가들의 관심사는 오직 도시국가와 남자 영웅들에 쏠려 있었다. 그

로렌스 알마 타데마 경의 낭만시 〈사포와 알카이오스Sappho and Alcaeus〉(1881)는 그리스 서정시의 정신을 일깨웠다. 여기에서 사포는 수행단에게 둘러싸여 그녀의 '달콤한 미소'를 노래하는 시인을 그윽한 눈길로 쳐다보고 있다.

결과, 그녀에 대한 대부분의 정보는 그녀가 쓴 시를 통해 알려지기에 이른다. 그녀의 시가 그녀 자신에 대한 이야기를 어느 정도까지 담았는지 확실하지 않으므로 이러한 증거는 매우 조심스럽게 접근할 필요가 있다. 그러나 고대와 현대를 막론하고 전기 작가 지망생들은 이에 아랑곳없이 그녀의 다양한 이야기를 재구성하려 노력했다.

사포는 기원전 7세기 후반 레스보스의 에레소스에서 태어나 섬의 수도인 미틸레네에서 대부분의 인생을 보냈을 것이라 추정된다. 그녀는 상인의 가문에서 태어났고 그녀가 속한 가문은 이집트에 내에 있던 그리스 식민지 나우크라티스에 포도주를 수출해 어느 정도의 부를 축적할 수 있었다[헤로도토스에 따르면 그녀는 첫째 오빠였던 카락소스가 나우크라티스 출신 첩(혹은 창녀)으로 알려진 도리차와 만나는 것을 강력히 반대했다]. 레스보스는 다른 지역과 마찬가지로 부유층들 간의 경쟁이 심한 편이었고, 그녀 또한 어릴 적부터 성인이 된 시점까지 연이은 쿠데타를 경험했다. 그 결과 참주를 맡은 미실로스는 정적들을 추방하고 일원화된 통치체제를 구축했다. 사포의 가족들 또한 추방당했을 가능성을 배제할 수 없으며 카락소스, 에리기오스, 라리코스와 함께 저 먼 서쪽 시칠리아에서 여생을 보냈을 수도 있다. 훗날 그녀의 조각상은 시라쿠사이의 프리타네이온에 세워졌다.

기원전 6세기 초, 레스보스의 정치적 상황은 추방했던 사람들을 받아들일 수 있을 정도로 개선되었다. 비윤리적 행위를 금지하고 개인의 소비를 제한하려는 새로운 법안에도 불구하고 사포의 오빠 라리코스는 미틸레네의 프라타네이온에서 술을 관장하는 관원Cup-bearer의 지위를 되찾을 수 있었고, 레스보스에서의 삶 또한 더욱 안정을 찾았다. 사포는 기원전 585년, 레스보스의 자애로운 참주 피타코스가 자리에서 물러날 때까지 살았다. 그러나 그녀의 죽음에 대한 원인을 두고 처음 돌아다니던 이야기들은 그녀에 대한 다른 이야기들과 마찬가지로 환상적이었다. 그녀는 어부 파온을 짝사랑해 샤이닝 록Shining Rock에서 바다를 향해 뛰어내렸다. 그러나 파온이 아프로디테를 실어 날랐던 전설의 미남 사공이었다는 점과 샤이닝 록이 호머의 《오디세이아》에서 지하세계로 가는 랜드마크임을 감안하면 전기 작가들이 가장 시시한 일화에조차 사포의 시를 각색했다는 사실을 알 수 있다.

학자들은 그녀의 인생을 완전무결한 숙녀로 포장하기 위해 갖은 노력을 기울였다. 그녀 자신의 작품에서 드러나는 불편한 증좌에도 불구하고, 그녀가 자신의 딸 클레이스에게 보내는 편지의 명백한 문구를 인용하는 한편 그녀가 안드로스 출신의 케리클레스와 결혼했다는 확실하지 않은 이야기마저 끌어들이려 했다.

조각조각 남아 있는 사포의 시는 고대 초반의 여성들의 삶과 그들 사이의 관계를 꽤 자세히 보여주는 귀한 자료다. 그녀의 시 대부분은 다음과 같은 짤막한 시처럼 우울한 분위기를 담고 있다. "달이 지고, 플레이아데스 성단은 낮게 깔렸다. 자정이 지나고 기나긴 밤이 흘러갔다. 나는 침대에 홀로 누워 있다." 다른 시들은 감각적인 이미지로 가득 차 있다. 유향의 진한 내음, 처빌의 향기, 은색 달빛을 받아 빛나는 이슬, 쟁기날에 잘려 산비탈에서 수액을 뿜어내고 있는 히아신스 꽃잎을 감상할 수 있다. 모든 작품에서는 고등 교육을 받고 여행 경험이 많은 여성들의 삶을 엿볼 수 있다. 이들 가운데 일부는 사포의 제자가 썼을 것이라 추정된다. 사포와 여제자들 사이의 정확한 관계를 알기란 어렵다. 그러나 사포는 '지혜의 시인'(헤시오도스와 같은)으로 자리매김했을 뿐 아니라 작곡, 노래, 리라 연주를 비롯해 여성들의 활동에 대한 교육을 맡았을 것이라고 생각된다. 또한 공동체의 유대를 생각하며 찬송가와 결혼 축하 노래를 불렀을 것이라고 추정된다.

비록 사포의 시 상당수가 여성들만의 격리된 공간을 배경으로 삼고 있으나, 그렇다고 여성들의 세계에만 초점을 맞춘 작품이라고 말하기는 어렵다. 그녀는 리디아를 수시로 찾아가고, 리디아의 수도 사르데이스의 사치품을 맘껏 수입하는 국제적인 사회를 묘사하고, 호머의 이야기에 담긴 싸움의 이미지를 뒤바꿔 더욱 가정적인 이미지로 각색하고, 트로이아의 헬레네를 결혼과 모성의 족쇄에 과감히 도전한 자유로운 영혼으로 추앙했다. 그녀의 작품은 자유분방한 독창성 및 과감한 비유와 새로운 운율이 특징이며, 음악 또한 새로운 음계를 시도했다. 그녀는 또한 펙티스pectis(줄이 여러 개 달린 커다란 리라)와 플렉트럼(고대 그리스의 리라나 근대의 만돌린, 찌터 등의 현악기를 연주하는 데 사용하는 뿔, 거북껍데기, 나무, 상아, 금속 등으로 된 용구─옮긴이)을 사용하기 시작했다.

사포의 천재성은 쉽게 드러난다. 동시대를 살았던 솔론은 그녀의 노래를 모르는 채로 죽기는 싫다면서 노래 하나를 당장 배우고 싶다고 졸랐던 것으로 알려져 있다. 훗날 **플라톤**은 그녀를 열 번째 뮤즈로 칭송했다. 창의적인 시, 과거 세대와 당시의 인간관계에 대한 날카로운 관찰에도 불구하고 사포의 이름이 많이 알려지지 않은 이유는 사포가 여성이었기 때문이다. 영단어 '레즈비언Lesbian'과 '사픽Sapphic'에서 그녀의 자취를 엿볼 수 있다. 실제로 그녀의 시 가운데 상당수는 다른 여성에 대한 연모의 마음이 담겨 있다. 플루트보다 아름다운 목소리와 금보다 빛나는 머리칼을 가진 소녀를 묘사한 시도 있고, 연인의 목에 화환을 걸어주고 몰약이 발린 머리 향기를 맡으며 부드러운 이불과 폭신한 쿠션이 놓인 침대에 누워 사랑을 나누는 시도 있다.

여성들만의 공간에서는 동성애를 허용했을지 몰라도 많은 남성들은 사포의 개방적인 사고방식을 불편하게 생각했다. 그녀와 같은 시대에 활동한 레스보스 출신의 시인 알카이오스는 '보라색 머리, 달콤한 미소를 지닌 순수한 사포'라는 문장을 남겼다. 혹자는 그가 사포의 애인이었다고 주장한다. 그러나 훗날 그녀를 작고 까만 볼품없는 외모의 여인으로 기억하는 호사가도 등장했다. 동료 남성 시인들이 사포와 그녀의 레즈비언 무리를 어떤 시각으로 보았는지는 **폴리크라테스**의 총애를 받았던 아나크레온이 가장 잘 요약하고 있다.

금발의 에로스가 자줏빛 공을 다시 한 번 던져 화려한 샌들을 신은 소녀와의 유희로 나를 유혹한다. 그러나 그녀는 내 회색 머리를 비웃을 뿐이다. 레스보스 출신이 아니랄까 봐. 그녀의 시선은 다른 소녀를 향해 있다.

고대 그리스 남성의 동성애

남성의 동성애는 그리스 사회에서 중요한 역할을 담당했다. 아테나이에서는 젊은 남성eromenos이 나이 많은 남성erastes을 연인으로 삼아 교육을 받고 사회에 입문해야 했다. 기원전 4세기 테바이의 특수군, 히에로스 로코스Sacred band(신성대)는 남성 연인들로만 부대를 구성했다. 호머의 서사시나 현존하는 아테나이 비극에서 남성의 동성애를 다루고 있지는 않으나 철학과 예술, 기타 문학 장르 곳곳에서 이에 관한 내용을 찾아볼 수 있다. 화가가 연인eromenos의 이름을 적은 화병, 호모와 레즈비언들의 정사 장면을 그린 화병도 발견된다. 그리스 문학의 남성중심주의 탓에 여성의 동성애에 대해서는 알려진 바가 거의 없다. 사포나 그녀와 동시대에 활동했던 스파르타의 시인 알크만(사포보다 나이가 많았다)의 시가 당시 여성의 동성애를 알 수 있는 유일한 자료다.

§ 피타고라스(기원전 570년경~기원전 485년경), 철학자, 신비주의자, 수학자

> 수학을 처음 연구한 이들은 피타고라스와 그의 후손들이다. 그들이 개발한 공식, 그들이 만물
> 의 근본이라고 확신했던 원리가 곧 수학이다.
>
> ― 아리스토텔레스, 《형이상학Metaphysics》, 1.685

기원전 6세기 정치적 격변을 맞아 그리스인들은 눈을 저 먼 지평선으로 돌려 방대한 우주의 영원한 미스터리를 발굴하고자 노력했다. 그들 가운데 피타고라스라는 인물을 주목할 수 있다. 그는 신비주의자이자 수학자로 그의 삶을 엿볼 수 있는 확실한 증거가 부족한 탓에 후세에 미친 영향력을 가늠하기 힘들다. 그에 대한 자료가 신빙성이 떨어지는 것은 사실이나 이러한 자료를 통해 후세의 그리스인들이 그와 그가 살던 시대를 어떻게 생각했는지를 충분히 짐작할 수 있다.

피타고라스가 자신의 황금 허벅지를 올림픽 경기에서 보여주었다는 이야기는 무시해도 무방하다. 그러나 그의 아버지 므네사르코스가 지중해를 무대로 교역하던 사모스 상인이었다는 이야기는 그가 비교적 부유한 집안에 속해 상당한 수준의 교육을 받았을 것이라는 사실을 시사한다. 일식을 예언한 과학자 겸 철학자 탈레스, 구형의 지구가 우주를 부유한다고 주장한 천문학자 아낙시만드로스, 지구의 탄생과 영혼의 불멸을 믿은 신비주의자 페레키데스를 비롯한 저명한 스승들이 그를 가르친 것으로 생각된다. 피타고라스는 동부 지중해를 여기 저기 돌아다니며 칼다이아의 천문학자, 이집트의 성직자와 페르시아의 마고스를 만나 지식을 쌓았다. 그의 아버지가 해외무역까지 손을 뻗친 것을 감안하면 충분히 근거가 있는 이야기라고 생각할 수 있지만, 확실한 증거는 부족하므로 피타고라스가 전생을 여행했다는 이야기와 마찬가지로 공상에 불과한 이야기일 수도 있다.

기원전 530년, 국제 정세의 여파에 휘말린 피타고라스가 사모스에서의 정치적 부담을 벗어나고자 이탈리아로 탈출했다는 이야기는 널리 인정된다. 그해 폴리크라테스는 아마시스를 배신하고 페르시아의 편에 섰는데, 여기서 피타고라스를 이집트 파라오에 소개시킨 장본인이 폴리크라테스라는 이야기가 전해진다. 당장 전쟁이 일어날지도 모르고 폴리크라테스의 충성심이 의심되는 상황에서 피타고라스는 다른 곳으로 도피할 수밖에 없었을 것이다.

그리스의 식민지였던 크로톤(기원전 710년에 식민지로 편입되었다) 사람들은 훗날 피타고라스가 그들의 헌법을 기안했다고 주장한다. 피타고라스는 이곳을 제2의 고향으로 삼아 열띤 활동을 펼쳤다. 처음으로 자신을 '필로소포스(지혜를 사랑하는 이)'라고 지칭하기 시작한 그는 어느새 300명의 추종자를 끌어 모았다. 후세의 급진사상가 모임은 보통 여성을 포함했으

서기 1세기 그리스 흉상을 본뜬 로마의 흉상은 피타고라스를 턱수염을 기른 전형적인
그리스 철학자로 상상하면서도 동양식 터번을 두른 모습으로 묘사한다.

나, 당시 피타고라스의 추종자들 가운데 여성이 포함된 것은 상당히 이례적이었다. 피타고라스는 추종자들과 같이 생활하며 수도원 생활의 원형을 구현하는 동시에 '사회the Society'라는 이름의 학교를 결성했다. 입학 이후 5년이 지나면 학생들은 금욕적인 생활 양식으로 대표되는 내부의 '배우는 자'와 외부의 '듣는 자'로 분류되었다.

그러나 크로톤은 그리스 전역을 뒤집어 놓은 정치적 격변에서 자유롭지 못했고, 일부 시민들은 피타고라스와 그의 추종자들을 위험한 귀족 계층으로 바라보았다. 킬론('사회'에 가입하지 못한 데 앙심을 품었다)이 이끌던 민주파는 올림픽 레슬링 선수 **밀론**의 집에 불을 질렀고, 이 집에 모여 있던 피타고라스 학파들은 화염 속에 목숨을 잃었다. 피타고라스 또한 여기에서 죽었다는 설도 있으나, 인근의 메타폰티온으로 도망쳐 뮤즈의 사원에서 음식을 끊고 살다가 죽었다는 이야기도 유력하다. 그는 최소 80세(100세라고 주장하는 사람들도 있다)까지 살았다고 생각되지만 혹자는 그가 아크라가스를 위해 시라쿠사이에 대항해 싸우다가 시칠리아에서 사망했다고 주장하기도 한다. 이러한 설명을 들으면 상상의 끝이 어디인지 모르겠다는 생각이 든다.

피타고라스 하면 수학 공식이 떠오른다. 그러나 그가 죽은 이후 500년이 흘러서야 이 공식에 그의 이름을 붙이게 되었다. 피타고라스의 정리는 직각삼각형의 직각을 낀 두 변의 제곱의 합은 빗변의 길이의 제곱과 같다는 원리로 요약된다. 바빌로니아 수학자들이 천년이 넘게 알아왔던 이 원리는 만물의 이면에 놓인 성스러운 기하학을 여실히 대변하고 있었다. 그는 순수 수학을 통해 신의 명령을 엿볼 수 있으며 숫자를 이해하면 우주를 이해할 수 있다고 믿었다.

피타고라스가 발견한 수학 이론 가운데 테트락티스tetractys(맨 위에 점 하나, 둘째 줄에 점 두 개, 셋째 줄에 점 세 개, 넷째 줄에 점 네 개를 차례로 배열한 정삼각형에서 점들의 개수를 전부 합하면 관념적으로 완벽한 10이라는 숫자가 도출된다)의 의미는 각별하다. 그는 또한 리라의 줄의 비율을 조절해 다른 음계를 만든 것으로도 유명하다.

삼라만상의 원리에 스민 피타고라스의 의문은 영적 세계와 신성에 대한 깊은 관심의 발로였다. 윤회(죽은 이의 몸에서 빠져 나온 영혼이 다른 육체에 들어간다는 것)를 믿었던 그는 자신의 전생을 알 수 있고 자신이 전생에 어부, 창녀, 트로이아 전쟁의 영웅, 헤르메스의 아들 아이탈리데스였으며, 개 짖는 소리에서 친구의 목소리가 들린다고 주장하기도 했다. 현세의 행위를 통해 영혼이 정화될 때까지 윤회가 계속된다는 원리는 엘레우시스의 제전과 일맥상통했고, 피타고라스의 다른 가르침과 마찬가지로 **소크라테스**, **플라톤**, **아리스토텔레스**와 같은 후세의 철학자들에게 많은 영향을 끼쳤다. 플라톤이 피타고라스의 저서 세 권을 구입했다는 이야기도 들리나 대부분은 피타고라스가 책을 쓴 적이 없다고 말한다.

현자나 주술사에 어울리는 피타고라스는 깔끔한 백색 로브 차림으로 모호한 언어를 선택해 가르침을 내리고 특정 음식을 터부시했다고 생각된다. 아마도 그가 채식주의자로 유명

메갈레 헬라스Megálē Hellás

기원전 8~7세기, 그리스 본토 사람들은 바다로 나가 식민지를 개척하기 시작했다. 이들 가운데 상당수는 땅이 비옥한 남부 이탈리아나 시칠리아에 집중되어 있었다. 로마인들은 그리스에 동화된 이러한 식민지들을 메갈레 헬라스 또는 '그레이트 그리스Great Greece'라는 이름으로 불렀다. 기원전 6세기 이처럼 새로이 등장한 폴리스들 가운데 일부 또한 세력을 확장해 그들 자신의 식민지를 만들었다. 그 결과 그리스 문화는 시라쿠사이, 헤게스타, 아크라가스, 겔라와 같은 도시에까지 융성할 수 있었다. 메갈레 헬라스의 여러 도시는 대도심인 메트로폴리스에서 떨어져 있었지만, 대도심으로부터 소외되지 않기 위해 안간힘을 쓰며 대표단을 각종 경기에 출전시키고 본토의 성소에 온갖 공물을 바쳤다. 또한 시칠리아의 참주는 그리스의 유명 예술가, 작가, 철학자를 후원해 명성을 드높였다. 이처럼 서부에 둥지를 튼 그리스인들은 번영을 구가하며 이탈리아 본토를 향해 남하하기 시작했다. 이 과정에서 그들은 에트루리아인 및 포이니케인들의 식민지(지금의 튀니지)였던 카르케돈(카르타고)과 충돌하기 시작했다. 시칠리아 서안 지중해 쪽으로 남하하던 그리스인들은 카르케돈의 함대를 넘어서지 못했다.

했던 이유는 윤회에 대한 믿음 때문일 것이다(그는 콩을 싫어했던 것으로 알려져 있다. 콩을 먹으면 속이 부글대기 때문에 그가 콩을 싫어했다고 주장하는 사람들도 있다). 이상한 것은 그가 운동선수들을 위한 특별 식단을 짜면서 이러한 고집을 버렸다는 점이다. 그는 처음으로 그들에게 붉은 고기를 처방했고 그의 동료 밀론은 이를 매우 고마워했다.

§ 밀론(기원전 555년경~?), 레슬러, 장군

> 밀론은 올림픽에서 일곱 번이나 우승했다. 그리고 단 한 번도 무릎을 꿇지 않았다.
> ― 시모니데스, 밀론 예찬《그리스 문집Greek Anthology》, 16.24)

신체적 능력과 정치권력이 불가분적으로 연관되고 신화와 현실의 경계가 모호한 당시, 밀론은 올림픽 영웅이라는 국제적 명성을 이용해 서양 최초의 유명인사 중 한 명으로 자리매김했다. 그가 태어난 남부 이탈리아 크로톤은 아카이아의 식민지로서 엄청난 수의 올림픽 영웅과 내과의사를 배출했다.

소년부 레슬링에서 우승을 차지한 이후(기원전 540년경) 20년간 밀론은 무적의 올림픽 영웅으로 군림했다. 너무 빨리 전성기를 맞은 소년 우승자들은 금세 몰락하기 마련이었으나 밀론만은 이러한 공식을 보기 좋게 비웃으며 성년부 경기에서도 다섯 번 연속 우승컵을 거머쥐었다(기원전 536년경~기원전 520년경). 그는 오직 올림픽 경기에서만 우승하지 못했고 피티아 경기에서는 일곱 번, 네메아 경기에서는 아홉 번, 이스트미아 경기에서는 열 번을 우승했다. 연전연승하던 그는 올림픽 경기에서 첫 패배를 기록했다. 나이가 들면서 경기력이 떨어졌기 때문이 아니라, 새로운 기술을 개발한 상대방이 접근전을 펼쳤기 때문이었다. 그러나 시민들은 이러한 패배에도 불구하고 그에 대한 성원을 멈추지 않았다. 새로운 챔피언 티마시테오스 또한 크로톤 출신이었다.

패배한 후에도 밀론은 의지를 굽히지 않았다. 크로톤의 지도자로 자리매김한 그는 기원전 510년, 인접한 시바리스(아카이아의 또 다른 식민지)의 침략을 받았을 때 재론의 여지없이 선봉에 섰다. 또한 밀론은 그에 앞서 아테나이를 다스렸던 **페이시스트라토스**와 마찬가지로 연기의 효과를 누구보다도 잘 이해하고 있었다. 연기를 선전도구로 활용한 밀론은 올림픽 우승을 상징하는 월계관을 쓰고 사자 가죽을 두른 다음, 기름을 바른 불끈대는 근육을 과시하고 곤봉을 휘두르면서 전쟁을 위해 소집한 군대 앞으로 행진해 나아갔다. 모든 그리스의 영웅 가운데 가장 힘이 센 헤라클레스의 재림이었다. 이러한 기세에 눌린 시바리스인들은 잔뜩 겁을 먹고 자멸했다.

승리를 거둔 크로톤은 정치적 격변에 휩싸였다. 밀론은 크로톤에서 엄청난 권력을 휘두르던 뻔뻔한 피타고라스 학파 귀족들과 인연을 맺었다. 실제로 밀론은 **피타고라스**의 목숨을 구한 적이 있었다. 두 사람이 함께 만찬을 즐기고 있을 때 기둥이 무너지는 사고가 발생했으나, 밀론은 두 손으로 지붕을 버텨 피타고라스를 안전히 대피시켰다. 피타고라스 학파의 고압적인 태도에 분노한 대중들은 폭도로 변해 밀론의 집을 불태웠다. 집 안에 있던 많은 사람들이 불에 타 죽었으나 밀론은 간신히 탈출할 수 있었다. 전설에 따르면 그는 영웅적인 (부주의했을지는 몰라도) 죽음을 맞이했다고 알려져 있다. 길을 걷던 밀론은 쐐기로 틈을 벌려 건조 중인 나무줄기를 발견했다. 밀론은 맨손으로 나무를 두 동강낼 수 있다고 자신하며 손을 틈 속으로 밀어넣었다. 그러나 쐐기가 튕겨나가며 손이 끼었고 밀론은 크로톤의 외곽을 무리지어 돌아다니던 늑대의 밥이 되고 말았다.

밀론은 위험하고, 불안정하고, 황량한 식민지 땅에서 굶주린 늑대에게 유린당한 개척자의 이미지로 포장되었다. 이러한 이미지는 그의 인생 역정과 매우 잘 어울린다. 그가 자신의 조각상을 한 손으로 들고 올림피아의 성소로 옮겼던 이야기도 전해진다. 머리에 끈을 바짝 묶고 숨을 꾹 참으면 이마에 혈관이 불끈대 끈이 풀려나갔다고 전해진다. 그리고 석류를 쥐는 힘이 어찌나 세었던지 아무도 그의 손에서 석류를 빼앗을 수 없었다. 그러나 그토록 세게 쥐면서도 과육을 으스러뜨리지는 않는 기술 또한 대단했다. 또한 그는 매일 9킬로그램의 고기와 빵을 먹고 9리터의 와인을 마셨다고 전해진다. 이러한 이야기들이 사실이라고 장담

두 근육질 레슬러가 서로를 바닥에 메치기 위해 안간힘을 쓰고 있는 모습을 막대를 휘두르는 심판이 신중히 바라보고 있다. 기원전 520년경 제작된 아티케의 암포라에 그려진 그림이다.

할 수는 없으나 일부라도 이러한 이야기들을 믿었던 것에서 현세의 영웅을 신격화한 과정을 엿볼 수 있다. 이러한 과정에 밀론이 일조한 것은 부인할 수 없는 사실이다.

실제로 밀론은 포장된 이미지에 비해 부드러운 면이 있었다. 동맹을 성사시키고, 피타고라스의 딸 미아와 결혼하고, 페르시아 황제 다리우스를 피해 크로톤으로 도망간 내과의사 데모케데스와 자신의 딸을 결혼시켰다. 실제로 다리우스가 데모케데스를 다시 잡아오지 못했던 이유는 밀론이 껄끄러운 탓도 있었을 것이다. 분명 밀론은 데모케데스가 후퇴하는 포이니케인들을 조롱하며 '다리우스에게 내가 밀론의 딸과 결혼한나는 이야기를 전하라'고 외쳤을 때 우쭐한 기분을 느꼈을 것이다. 다리우스 또한 밀론의 명성을 익히 알고 있었기 때문이다.

올림픽 경기

기원전 776년에 창설된 올림픽 경기는 올림포스 신 제우스를 기념하기 위한 종교행사로 4년마다 개최되었다. 처음에는 스타드stade(길이를 뜻함)(약 183미터)를 달리는 단거리 육상 한 종목으로만 구성되었고, 엘리스 폴리스에서만 개최되는 지역 행사에 불과했으나 훗날 더욱 많은 종목들이 추가되고 더욱 많은 도시국가들이 참가하면서 기원전 6세기에는 범그리스적인 행사로 자리 잡기에 이르렀다. 선수와 관중의 자격은 살인죄를 저지르지 않고 그리스어를 말할 수 있는 남성으로 제한되었다(올림피아에서는 올림픽 말고도 제우스의 아내 헤라 여신에게 바치는 경기가 존재했다. 이 경기에는 남성뿐 아니라 여성도 참가했다). 관중들이 모여들면서 올림픽 경기는 몇 안 되는 범그리스적인 행사로 진화했고, 그리스어권의 강력한 인물들이 정치와 사업을 위해 모여들어 그리스의 정체성을 확인하는 장으로 자리 잡았다. 다른 범그리스적인 경기들 또한 기원전 6세기 중반까지 소개되며 '연맹전'을 구성했으나, 여전히 올림픽은 최고의 행사로 자리매김했다. 우승자가 받는 상은 월계관이 전부였으나 금의환향한 영웅들은 하나같이 드높은 명성과 막대한 부를 거머쥘 수 있었다.

다리우스를 괴롭힌 것은 밀론만이 아니었다. 페르시아가 아테나이의 마지막 참주 히피아스와 불편한 관계에 접어들면서 다리우스는 아테나이라는 이름만 들어도 화가 치솟았을 것이다.

§ 히피아스(?~기원전 490년), 아테나이의 참주

히피아스는 정치적 감각과 영민함을 타고난 인물이었다.
— 아리스토텔레스, 《아테나이 헌법Athenian Constitution》, 18

기원전 528년, **페이시스트라토스**가 세상을 떠나고 나서 히피아스가 아테나이의 참주에 올랐다. 스스럼없는 성품으로 유명했던 그는 동생 히파르코스와 함께 그리스를 다스리며 아버지의 정책을 따라 정부의 역할과 시민들의 삶을 개선하려 노력했다. 그는 일리소스 강 근처에서 페이시스트라토스가 세웠던 제우스 신전을 엄청난 규모로 개축하기 시작했다. 그가 이토록 엄청난 규모로 제우스 신전을 개축했던 이유는 **폴리크라테스**가 세운 사모스의 헤라 신전과 에페소스의 아르테미스 신전을 능가하는 건축물을 세우고 싶었기 때문이다. 헤라 신전과 아르테미스 신전은 당시 존재했던 최대의 건축물이었다. 이 밖에도 그는 아크로폴리스에 아테나 폴리아스(도시의 보호물)를 세워 여신의 크소아논을 모셨다.

정치적으로 히피아스는 페이시스트라토스의 정책을 좇아 아테나이의 영향력을 대외적으로 확장하는 한편, 대내적인 안정 또한 추구하려 했다. 이에 그는 에포니모스 아르콘(수석 행정관을 의미한다. 이 직위를 맡은 자의 이름은 각 해를 지칭하는 용어로 사용되었다)의 지위를 경쟁 가문들에게 적절히 배분했다. 그러나 이러한 노력만으로는 아테나이의 안정을 유지하기에 역부족이었다. 그 결과 긴장이 고조되면서 기원전 514년에는 폭력 사태가 일어났다.

히피아스의 동생 히파르코스는 예술가들을 적극 후원한 것으로 알려져 있다. 그는 하르모디오스라는 젊은 귀족에게 성적 의도를 갖고 접근한 적이 있었다. 그러나 하르모디오스는 그를 피했고, 앙심을 품은 히파르코스는 공개적으로 하르모디오스의 누이를 모욕했다. 가족의 명예가 땅에 추락할 위기에 놓이자 하르모디오스와 그의 연인 아리스토게이톤은 파나테나이코 축제가 진행되는 동안 히파르코스를 칼로 찔러 살해했다. 자객들은 금세 발각되어 처형되었다. 그러나 이 사건의 여파는 엄청났다. 후세 사람들은 이 사건을 아테나이의 민주정치를 쟁취하기 위한 최초의 저항으로 찬양하는 한편, 두 자객을 '폭군 살해자 tyrannicides'로 기념하며 노래를 통해 칭송하고 아고라에 조각상을 세웠다. 아고라에 신이 아닌 인간의 조각상이 들어선 것은 이 두 사람이 처음이자 마지막이었다.

히피아스에게 히파르코스의 죽음은 하나의 분수령이었다. 그는 날이 갈수록 편집증이 심해졌고, 철권통치로 자신의 불안감을 해소하려 들었다. 알크마이오니다이 가문으로 대표되는 적들은 아폴로 사원의 재건축을 후원해 델포이 사제들의 환심을 사는 데 성공했다. 이 사제들을 통해 스파르타의 지원을 확보하면서 히피아스는 테살리아의 왕과의 동맹을 강화할 수 있었다. 기원전 510년, 마지막 결전의 시간이 다가왔다. 스파르타와 알크마이오니다이 연합군의 해상 공격은 실패로 돌아갔으나, 스파르타가 상륙 작전을 펼치는 순간 히피아스는 아크로폴리스로 피신했다. 그는 기나긴 포위를 견뎌내었을지 모르나 아티케 밖으로 탈출시키려던 그의 아이들이 적에게 붙잡힌 다음부터는 항복 이외에 다른 선택을 하기 힘들었다. 닷새 후, 히피아스는 아테나이에서 추방되었다.

그는 동쪽으로 방향을 잡았다. 몇 달 후 히피아스는 페르시아의 귀한 손님으로 극진한 환대를 받았고, 다리우스의 지원을 받아 집에 돌아갈 계획을 세우기 시작했다. 스파르타인들은 자신들이 도와 아테나이에 자리 잡은 민주정체가 스파르타의 정치 철학과 이념적으로 대립한다는 사실을 조속히 깨달았기 때문이다. 기원전 508년, 그들은 아티케를 침공해 아크로폴리스를 장악했다. 그들은 비록 금세 추방되었으나 곧 대대적인 전쟁이 기다리고 있었다. 전쟁을 준비하던 아테나이 시민들은 농맹을 찾아 나섰나. 그들은 사르데이스에서 페르시아 측과 접선해 아티케의 땅 한 상자와 물 한 동이를 흔쾌히 바치며 조약을 체결했다. 그러나 이는 너무나 근시안적인 결정이었다. 이는 곧 페르시아에 항복한다는 의사 표시나 다름없었기 때문이다. 아테나이는 단박에 다리우스 제국의 휘하로 들어갔고(아주 보잘것없는 제후국이 되었을 뿐이다), 히피아스는 가장 유력한 총독 후보로 부상했다.

아테나이는 새로운 소식을 듣고 두려움에 떨었다. 시민들은 조약의 조건이 합의되지 않은 것처럼 가장했다. 이 시점에 정치인들은 또 다른 예상치 못한 극적인 반전을 시도했다.

기원전 499년, 이오니아의 그리스인들은 페르시아에 바치는 세금에 날로 불만이 고조되었다. 더 나은 민주주의를 갈망했던 이들은 마침내 반란을 일으켰고, 이듬해 아테나이와 에레트리아의 에우보이아 폴리스는 이들을 돕기 위해 군대를 파견했다. 전쟁의 화마 속에 사르데이스의 거리가 불타올랐고, 이곳에 자리 잡은 키벨레의 사원 또한 불길을 피하지 못했다. 마침내 그들은 페르시아의 요새를 무너뜨렸다. 그들은 그리스의 자유라는 대의를 세상에 펼쳤다는 자부심을 품고 고향으로 돌아왔다. 그러나 실상은 그리스의 자유를 심각한 위험에 빠뜨린 꼴이었다.

4년 후 이오니아 반란은 무자비하게 탄압당했다. 그리스 본토의 어떠한 반란도 용납하지 않겠다고 마음먹은 다리우스는 그리스를 완전히 페르시아에 복속시켜야겠다는 결심을 굳혔다. 기원전 492년, 그의 첫 번째 출정은 시작하자마자 무위로 돌아갔다. 폭풍우에 휘말린 함대는 암초투성이인 아토스의 반도에 좌초했다. 그러나 2년 후, 다리우스의 두 번째 함대가 에레트리아와 아테나이로 진격했다. 왕관을 되찾고 싶었던 히피아스 또한 이 대열에 합류했다. 낙소스에 들린 페르시아인들은 사르데이스의 키벨레 사원을 파괴한 것에 대한 복수로 낙소스의 사원을 불태웠다. 그러나 이 와중에도 히피아스의 아버지가 정화했던 델로스 섬은 오롯이 남겨두었다. 그들은 며칠 만에 에레트리아를 함락시켰다. 에레트리아의 사원은 화염에 휩싸였고 포로가 된 시민들은 고향을 떠나야 했다. 훗날 이 지역에는 키시아(현대의 바스라)라는 이름의 유전이 자리 잡게 된다.

결국 히피아스는 아티케에 갇히게 되었고 페르시아 군대는 그가 오래전부터 보유하던 마라톤의 땅에 캠프를 차렸다. 승리가 눈앞에 있는 것 같았다. 그러나 신탁과 계시를 해석하는 데 그 누구보다도 뛰어났던 히피아스는 전날 밤 꿈에 동요되었다. 페르시아인들은 아크론 수니온Cape Sunium을 돌아 아테나이를 향해 항해를 시작했고, 그리스군은 수적으로 한참 열세였으나 이에 아랑곳하지 않고 기습을 감행했다. 페르시아 함대는 수적 우위에도 후퇴할 수밖에 없었고, 난파선에서 벗어나 갯벌에 오르거나 잔인하게 살해당해 핏빛 파도에 휩쓸린 병사들도 부지기수였다. 대부분은 함선으로 돌아갔으나 아테나이를 공격할 용기는 더 이상 남아 있지 않았다. 그들은 돌풍이 몰아치는 가을의 바다를 뚫고 항해를 계속했다. 노인의 모습밖에 남아 있지 않은 히피아스는 밀티아데스가 페르시아로부터 직접 빼앗은 렘노스 섬에서 최후를 맞이했다. 다시 한 번 아테나이를 다스리고픈 그의 소망은 물거품으로 돌아갔다.

페르시아인들은 고향을 향한 여정에서 페이라이에우스 근처를 몇 시간가량 항해했다.

폭군을 살해한 하르모디오스(오른쪽)와
아리스토게이톤(왼쪽). 크세르크세스가
기원전 480년 이들의 조각상을 약탈하자
이를 본뜬 조각상이 제작되었다. 사진은
로마에서 만든 조각상이다.

배에 탄 히피아스는 갑판에서 아크로폴리스를 마지막으로 바라보았다.

도시와 아테나이의 산맥은 그가 기억하는 모습 그대로였다. 그러나 그가 배에서 내렸다면 도시의 일상이 180도 바뀐 것을 발견했을 것이다. 히피아스의 추방 이후 20년간 그의 고향은 또 다른 혁명을 경험했다. 혁명의 주인공은 과거 히피아스가 고위직을 하사했던 클레이스테네스였다.

§ 클레이스테네스(기원전 570년~기원전 507년경), 민주주의의 개혁자

클레이스테네스는 시민의 지도자이자 챔피언이었다.
— 아리스토텔레스, 《아테나이 헌법》, 20

클레이스테네스는 민주주의에 어울리지 않는 인물이었다. 알크마이오니다이 가문을 이끌었던 그는 여러 세대에 걸친 귀족의 삶을 이어받아 파란만장한 족보의 한 획을 그을 수도 있었다. 리디아의 왕 크로이소스의 도움 덕분에 알크마이오니다이 가문은 엄청난 부를 축적할 수 있었으나, 참주정에 대항하면서 저주받은 가문이라는 씻을 수 없는 낙인이 생겼다.

이러한 낙인의 장본인은 클레이스테네스의 할아버지 메가클레스였다. 기원전 632년, 올림픽 우승자이자 선동가로 명성을 날렸던 킬론은 아테나이의 올림픽 영웅들과 함께 아크로폴리스를 점령하고 스스로를 참주로 선포했다. 킬론에 대항할 자는 원로 총독이었던 메가클레스밖에 없었다. 메가클레스는 맹렬한 기세로 아크로폴리스를 포위했으나 8월의 더위로 상황은 암울해졌다. 킬론은 간신히 탈출할 수 있었고 그의 추종자들은 아테나이의 제단 앞에 엎드려 평화를 갈구했다. 그들은 굶주림에 시달리는 한편, 탈수에 시달렸다. 메가클레스는 그들을 해치지 않겠다고 약속했다. 그러나 혼수상태에 빠진 반란자들이 아크로폴리스에서부터 들고 일어나 종교와 윤리를 위협하기 시작하자, 메가클레스는 약속을 어기고 그들을 공격해 살해했다. 겁에 질린 아테나이에서는 유령이 거리를 떠돈다는 소문이 떠돌았다. 예언자들은 제물이 공해와 오염의 전조라고 주장했다. 마침내 메가클레스는 가족들과 지지자를 이끌고 국외로 도망쳤다. 아티케는 알크마이오니다이 가문의 시신조차 용납하려 들지 않았고, 유골을 파헤쳐 국경 밖으로 버리는 극단적인 조치마저 허용했다.

솔론의 개혁으로 분열이 봉합되기 시작했다. 땅을 보유한 귀족들의 영향력이 강화되고 빈곤층의 권리가 확대되면서 파벌들의 경쟁이 누그러졌다. 그러나 알크마이오니다이 가문은 추방에 굴하지 않고 여전히 영향력을 행사한 끝에 기원전 594년에 고향으로 돌아올 수 있었다. 기원전 5세기 중반 무렵, 가장(家長) 역할을 수행하던 또 다른 메가클레스는 페이시스트라토스와의 권력 투쟁에 휘말렸다. 그 결과 기원전 546년에 다시 한 번 추방되는 고초를 겪었다. 당시 알크마이오니다이 가문은 수많은 난관을 겪었으나 메가클레스가 시키온의 참주의 딸 아가리스테와 혼인을 맺으면서 대외적인 명성을 드높일 수 있었다. 메가클레스는 여러 아들을 두었고 장남의 이름을 장인과 똑같이 클레이스테네스라 지었다.

클레이스테네스의 유년기에 대한 자료는 거의 찾아보기 어려우나, 히파르코스의 죽음 후에 닥친 혼란스러운 현실을 딛고 기원전 510년 아티케를 휩쓴 '해방군'을 자신의 편으로 만드는 데 성공했다. 또한 히피아스를 타도하면서 순식간에 가장 강력한 정치가로 부상했다. 그러나 전체주의가 힘을 잃어가면서 사회는 불안해졌다. 곧 클레이스테네스는 이사고라스라는 인물과 대립하기 시작했다. 이사고라스는 아테나이에 본거지를 둔 히피아스의 우군이었다. 클레이스테네스의 적들이 스파르타의 도움을 얻기 위해 알크마이오니다이 가문에 대한 저주를 퍼부은 결과, 클레이스테네스 무리들은 그리스를 떠나야 했다. 그러나 이내 상황은 반전되었다. 이사고라스는 권력의 정당성을 확보하기 위해 헌법의 개정을 시도했고, 이에 반발한 아테나이인들은 그와 스파르타 패들을 쫓아내고 클라이스테네스를 다시 불러들였다. 시민들은 지도자를 선택하고 버리기를 반복하며 자신들의 영향력을 과시했다. 클레이스테네스 또한 이러한 경고의 목소리를 무시할 수 없었다.

아티케를 상당 기간 떠나 있으면서도 클레이스테네스는 자신의 고향을 깊이 이해하고 과거로부터 많은 것을 깨닫고 있었다. 솔론과 마찬가지로 그는 사회적 갈등을 피하려면 강력한 가문이 지배하고 있는 아테나이의 정치 구조를 재편해야 한다고 생각했다(그러나 솔론은 과거로부터의 탈피에 한계를 보여주었다). 이러한 목표를 세운 그는 아테나이인들의 정체성부터 개조하기 시작했다.

전통적으로 아테나이인들은 네 부족 가운데 하나에 속해 있었고 각 부족은 강력한 가족적 유대로 결속했다. 클레이스테네스는 새로운 열 개 부족 가운데 한 부족에 시민들을 배정해 이러한 결속을 깨뜨렸고 농촌과 어촌, 도심의 시민을 포함한 각 부족은 지리적 기준에 따라 나뉘어 아티케의 정치적 정체성을 형성했다. 실제로 아티케에서는 폭동을 두려워할 정도로 농업, 어업, 제조업의 이해관계가 얽히고설켜 있었다. 이처럼 사회 구조를 재편하는 일은 많은 논란을 수반했고, 클레이스테네스는 사회 구조 재편에 정당성을 부여하고 영웅의 과거와 결부시키기 위해 각 부족에 아테나이 영웅들의 이름을 붙였다. 그는 아폴로의 계시를 받기 위해 100명의 이름을 나열한 리스트를 델포이의 신탁에 송부했다. 페이시스트라토스와 마찬가지로 클레이스테네스는 역사로 자리 잡은 신화가 얼마나 큰 선전효과를 지니고 있는지 잘 알고 있었다.

한편 그는 아테나이의 헌법을 개정해 판사와 의원을 배출할 수 있는 사회적 계층의 범위를 확장했고, 선발 또한 제비뽑기에 의지했다. 또한 각 부족은 법원과 의회에서 동일한 수의 자리를 배징받았다. 시민 의회Ecclesia에 상정할 의제를 결정하던 불레(입법 기구)는 각 부족에서 50명씩 총 500명의 의원으로 구성되었다. 그러나 1년에 한 번 아테나이의 장군을 선택하는 문제만은 제비뽑기에 의지하지 않았다. 이들의 지위는 아주 높았고 야심에 찬 아테

기원전 6세기 아테나이의 알크마이오니다이
가문이 호화롭게 재건한 델포이의 아폴로 사원은
온 국가들이 흠숭하는 신탁의 자리이자 그리스
세계에서 가장 성스러운 부지 가운데 하나였다.

나이인이라면 이 지위를 통해 상당한 정치적 권력을 행사할 수 있었다. 어쨌건 여기에서도 클레이스테네스의 개혁이 초래한 영향을 느낄 수 있었다. 각 부족은 10명의 스트라테고이(장군) 가운데 한 명을 선택했고, 폴레마르코스(전쟁 지도자)는 이들의 지휘를 맡았다. 가장 부유한 계층만이 장군의 자리를 차지할 수 있었던 탓에 장군의 직위는 귀족들이 경쟁을 벌이는 최후의 보루로 남게 되었다. 그러나 클레이스테네스는 아무도 지나친 권력을 누리지 못하도록 '도편추방제'라는 또 다른 대비책을 마련했다.

개혁 시대 이후의 클레이스테네스의 이야기는 베일에 가려 있다. 아마도 그는 곧바로 사망했거나 신세가 몰락했는지도 모른다. 기원전 507년, 아테나이가 페르시아에 흙과 물을 바치게 된 이유는 그와 알크마이오니다이 가문의 음모 때문이라는 소문이 있었다. 그가 몰락한 이유는 이러한 의심을 샀기 때문이다. 훗날 클레이스테네스는 아테나이 민주주의('인민의 통치')의 아버지로 불렸으나, 그 스스로 개정 헌법에서 사용을 고집했던 용어는 '이소노미아(법 앞에 평등하다)'였다. 이 용어는 민주주의라는 단어에 비해 정확한 개념을 표방한다. 여전히 구왕조는 무소불위의 권력을 휘둘렀으나 최소한 시민들의 승낙을 받아야 했다. 이는 클레이스테네스의 조카의 아들 **페리클레스**가 철칙으로 삼았던 제약사항이었다.

어쨌건 시민이 국가를 다스릴 수 있다는 관념은 시민들을 설레게 만들었다. 특히 참주의 통치에서 벗어나지 못하고 있던 시민들은 참주가 고향 사람이건, 외국 사람이건 민주주의의 철학을 더욱 환영할 수밖에 없었다. 따라서 페르시아에 대한 반란을 계획하던 이오니아의 그리스인들이 가장 동경했던 이들 또한 아테나이인들이었다. 이들을 가장 적극적으로 이끈 지도자로는 히스티아이오스를 꼽을 수 있다. 그는 가장 부유한 도시국가였던 밀레토스의 참주였다.

§ **히스티아이오스**(?~기원전 494년경), 밀레토스의 참주

> 히스티아이오스는 모든 이오니아의 도시가 참주정에 비해 민주정을 선호할 것이라 주장했다.
> — 헤로도토스, 《역사Histories》, 4.137

페르시아 제국은 에게 해 서쪽으로 진출하면서 번영을 구가한 해안과 도서의 그리스 도시들을 집어삼키기 시작했다. 그들은 조공을 요구하는 한편, 군사를 징집하고 페르시아가 파견한 총독에게 복종할 것을 요구했다. 이러한 도시들 가운데 밀레토스는 수출입항으로 최고의 부를 자랑했다. 밀레토스를 대표한 인물은 히스티아이오스였다.

히스티아이오스의 어린 시절은 베일에 가려 있다. 밀레토스의 참주를 역임한 그는 기원전 513년에 처음으로 사람들의 주목을 받기 시작했다. 그는 그리스 파병대 하나를 맡아 보스포로스 해협에 파견되어 교각을 방어하는 역할을 맡았다. 그가 방어를 담당했던 교각은

아시아와 유럽을 잇는 전략적 요충지였다. 몇 년 전, 페르시아 제국은 스키타이의 공격에 시달리고 있었다. 당시 스키타이인들은 고향 땅 남부에서부터 흑해 너머까지 야욕을 펼치며 페르시아를 괴롭혔다. 다리우스는 당시의 수모를 갚아주고자 그가 다스리는 영토 전역에서 병사를 소집해 대규모 군대를 조직했다. 소문에 따르면 당시 다리우스의 군대는 기마대를 비롯해 70만 명에 달했다고 한다. 다리우스는 각 지역에 임무를 할당했고 이오니아, 아이올리아, 다르다넬리아에는 부교를 건축하고 방어하라는 명령을 내렸다(사모스의 기술자가 진두지휘를 담당했다). 다리우스가 그리스인들에 대한 전폭적인 신뢰를 보여준 이유는 부교가 없다면 그의 군대가 흑해 북부의 적진에 발이 묶여 겨울에 스키타이인들의 공격을 받을 수 있기 때문이었다. 그러나 그의 자신감은 보기 좋게 배신당했다.

스키타이인의 사절에 고무된 그리스인들은 전략 회의를 소집했다. **밀티아데스**(히피아스는 그를 파견해 반도를 다스렸다. 이후 히피아스의 영토는 페르시아에 복속되었다)는 부교를 파괴해야 한다고 주장했다. 다리우스의 발을 묶으면 그들은 독립을 되찾을 수 있었기 때문이다. 그러나 히스티아이오스는 신중론을 펼쳤다. 그의 논지는 간단했다. 소아시아의 참주 또한 자신과 마찬가지로 다리우스의 지명을 받았는데 그의 도움이 없다면 소아시아의 시민들이 봉기해 그들을 물러나게 만들 것이라는 논리였다. 히스티아이오스의 주장을 받아들인 그리스인들은 스키타이인들을 평화롭게 떠나보내기 위해 부교의 북단을 해체했으나, 다리우스가 돌아올 무렵에는 서둘러 복구를 완료했다. 이로써 그들은 충성심을 증명해 보였다. 혹은 중대한 결정을 앞에 두고 완전히 용기를 잃은 것일 수도 있다.

다리우스는 스키타이인들을 무사히 쫓아버린 공로를 세운 히스티아이오스에게 은광산과 통나무가 풍부한 북부 그리스(지금의 암피폴리스 근처) 스트리몬 강 인근의 땅을 하사해 식민지를 세우려 했다. 그러나 히스티아이오스는 마케도니아를 페르시아의 땅으로 복속하라는 명령을 받은 페르시아의 장군 메가바조스와 분란을 겪었다. 그리고 기원전 510년, 메가바조스는 다리우스에게 히스티아이오스가 왕위를 차지하기 위한 세력을 구축하고 있다고 보고했다. 다리우스는 신속히 행동을 취했다. 그는 히스티아이오스에게 페르시아의 수도 수사로 와서 자신을 보필하라고 명령했다. 히스티아이오스는 동쪽을 향해 3개월을 여행한 끝에 수사에 도착했다. 그는 데모케데스와 마찬가지로 아무리 호사를 누려도 사실상 감금당한 것이나 마찬가지였다. 그는 이러한 상황을 참지 못하고 10년에 걸쳐 탈출할 계획을 꾸몄다.

기원전 499년, 히스티아이오스는 계획을 실행에 옮겼다. 그는 이오니아가 페르시아에 반기를 들 경우, 다리우스가 자신을 파견해 문제를 해결하리라 예상했다. 밀레토스의 새로운 통치자 아리스타고라스는 그의 조카였다. 그는 아리스타고라스에게 반란을 종용하는 전갈을 보내기로 마음먹었다. 그러나 다리우스의 눈과 귀는 어디에든 있었다. 작전이 발각되지 않도록 그는 믿을 만한 노예의 머리를 깎고 두피에 전갈을 문신한 다음, 머리카락이 자란 후 밀레토스로 파견했다. 우연의 일치일까, 아리스타고라스 또한 반란을 계획하고 있었다. 그는 낙소스에서 페르시아인들을 습격했으나 실패로 돌아갔다. 그는 다리우스로부터 폐위를 당할지도 모르는 위기에 처했다. 아무것도 잃을 것이 없었던 그는 스스로를 참주로 선언하고 밀레토스의 독립을 선포하면서 이오니아의 반란을 적극 선동했다. 그는 스파르타의 도움을 받는 데 실패했으나 아테나이인들의 도움을 얻는 데는 성공했다. 기원전 498년, 이들은 사르데이스를 공격해 도시와 사원을 불태웠다. 이러한 소식을 들은 다리우스는 예상대로 히스티아이오스를 파견해 반란을 진압하려 했다.

그러나 히스티아이오스의 작전은 탄로나고 말았다. 사르데이스의 총독 아르타페르네스는 반란을 공모한 죄목으로 그를 기소했고 '아리스타고라스가 신고 있던 신발을 꿰매라'는 벌을 내렸다. 모든 희망이 물거품이 된 그는 간신히 키오스 섬으로 탈출해 반란군의 주둔지에 몸을 숨겼다. 그러나 그는 여기에서도 안전을 보장받지 못했다. 섬의 주민들은 그를 체포하고 감옥에 가뒀다. 그가 풀려나려면 다리우스에 대한 증오심을 보여주어야 했다. 이 상황에서 히스티아이오스는 필사적으로 이오니아를 움직이려 했다. 그는 자신이 포이니케와 포로 주민을 교환하려는 페르시아의 계획을 수포로 돌렸다는 막무가내식 주장을 펼치며 사르데이스의 동맹군에게 편지를 보냈다. 이 편지는 동맹군에게 들어가기 전에 적의 손에 들어가 아르타페르네스에게 정보로 활용되었다. 그는 밀레토스에서 더 이상 환영받지 못했고, 키오스로부터 함대를 지원받는 데도 실패했다. 결국 그는 레스보스의 주민들을 간신히 설득해 트리에레스 8척을 얻어냈고, 북쪽 비잔티온 쪽으로 항해하면서 흑해 상의 선박을 습

기원전 4세기 남부 이탈리아에서 발견된 화병의 그림.
아테나 여신이 그리스의 화신을 제우스에게 바치는 모습과
페르시아 황제가 신하들로부터 조공을 받는 모습이 묘사되어 있다.

기원전 4세기 알렉산드로스 III세가 건립한 사르데이스의 아르테미스 사원. 기원전 498년, 사고로 불탄 이후 로마인들에 의해 복원된 이 사원은 키벨레의 사원 옆에 자리 잡았다.

격했다.

기원전 494년, 그는 우울한 소식을 들었다. 페르시아인들은 밀레토스가 무너지면 이오니아마저도 무너질 것이라는 계산하에 밀레토스에 모든 에너지를 집중했다. 해안선과 평평한 라데 섬 사이에서 두 함대가 전투를 치렀다. 오합지졸의 이오니아인들은 600척의 페르시아 전함에 겁을 먹고 뱃머리를 돌려 도망쳤다. 밀레토스의 성벽은 페르시아 함대의 봉쇄와 공격을 오래 버티기 힘들었다. 남자는 살해당하고 여자와 아이들은 쇠사슬에 묶여 수사를 향한 괴롭고 긴 여정을 시작해야 했다. 사원 또한 약탈과 방화에서 자유롭지 못했다.

마지막 발악이랄까, 히스티아이오스의 함대는 키오스 섬을 공격해 주민들을 무차별 학살했다(키오스 섬의 군대는 라데 섬에서 반란군을 상대로 용감히 싸웠다). 그러나 식량을 찾아 본토를 향하는 와중에 페르시아 군대와 마주치면서 대부분이 죽고 히스티아이오스 자신도 포로로 잡혀 사르데이스의 아르타페르네스 총독 앞으로 송환되었다. 히스티아이오스의 달변을 여전히 두려워했던 아르타페르네스는 다리우스에게 다시는 도전하지 못하도록 그를 십자가에 매달았다. 아르타페르네스는 시체에서 머리를 잘라 방부 처리를 마친 다음 상자에 담아 수사로 보냈다. 다리우스는 자신을 배신한 친구의 죽음을 애도하며 머리를 씻어 땅에 묻어주었다. 그는 보스포로스 다리에서 보여준 그의 충성심을 감사하는 마음으로 기억했다. 이와 동시에 아테나이의 밀티아데스가 계획한 배신 또한 그의 기억 일부를 차지했다. 그러나 밀티아데스라는 인물로 말미암아 서방을 향한 페르시아의 행보가 처음으로 뒤바뀔 것이라는 현실은 모르고 있었다.

§ 밀티아데스(기원전 554년경~기원전 489년), 참주, 장군

최전선에 선 아테나이 병사들은 마라톤 전투에서 온 그리스를 위해 싸우며 금빛 전투복으로 치장한 페르시아인들의 사기를 꺾어놓았다.
— 시모니데스, 《마라톤 전사들에게 바치는 찬양Epitaph on the Dead at Marathon》

밀티아데스가 속한 필라이다이 가문의 선조는 고대 그리스의 영웅 아이아스까지 거슬러 올라간다. 이 가문은 특권을 뽐내며 엄청난 부를 자랑했다. 밀티아데스의 아버지는 올림픽 기마경기의 영웅이었고, **히피아스**와 히파르코스는 이를 과하게 질투해 그를 암살했다. 그러나 현실정치는 개인적인 원한으로 정치를 뒤흔드는 것을 허락하지 않았다. 기원전 550년대 중반, **페이시스트라토스**는 밀티아데스의 삼촌(밀티아데스와 이름이 같았다)을 시켜 케르소네소스까지 아테나이의 영향력을 확대하려 했다. 그는 선정을 펼치는 한편 리디아의 왕 크로이소스를 비롯해 많은 국가들과 강력한 외교적 유대를 구축했다. 기원전 516년, 그는 아이가 없이 세상을 떠났다. 이후 이름이 같은 그의 조카가 왕위를 계승했다. 그는 왕위를 계승하자마자 자신의 권위를 세울 방도를 찾기 시작했다. 그는 많은 유력인사들을 옥에 가두는 한편, 용병 500명을 소집해 군대를 조직하고 트라케의 왕 올로로스의 딸 에게시필레와 결혼하며 자신의 영향력을 확대해 나갔다. 그러나 그의 통치는 오래가지 못했다. 당시 페르시아 제국의 확장은 불가피한 시대적 흐름이었다. 페르시아라는 거대한 파도를 이길 수 없었던 밀티아데스 또한 다리우스 왕의 제후로 전락했다. 기원전 513년, 스키타이인과 대립하던 다리우스는 호위를 받아 보스포로스를 건너려는 생각에 밀티아데스를 소환했다. 그러나 스키타이의 꼬임에 빠진 밀티아데스는 다리를 파괴하면 그리스가 다리우스의 지배에서 벗어날 수 있다고 생각했다. 이는 그가 페르시아의 지배자들과 그들의 통치술에 얼마나 무지했는지를 보여주는 증거로 손색이 없다.

밀티아데스에게는 뼈저린 교훈이 되었을 테지만, 스키타이인들은 그의 조언을 무시했을 뿐 아니라 기원전 510년에는 그의 영토마저 점령했다. 그에게는 탈출 말고 다른 선택이 없었다. 그러나 기원전 496년, 페르시아가 스키타이인들을 몰아내면서 밀티아데스는 다시 케르소네소스로 돌아올 수 있었다. 그러나 그의 상황은 바람 앞의 등불이나 다름없었다. 다리우스는 보스포로스에서의 배신을 잊지 않았다. 또한 이오니아 반란을 제압한 이후 그는 조금이라도 반역의 조짐을 허락하려 들지 않았다. 기원전 493년, 페르시아의 전함이 테네도스 섬에 위험하리만치 근접했다는 사실을 안 밀티아데스는 가족과 재물을 다섯 척의 트리에레스에 나누어 싣고 바다로 탈출했다. 그러나 페르시아 척후선들의 눈에 띄어 추격을 당한 결과, 한 척이 포획되고 나머지 네 척만이 아테나이에 도착할 수 있었다. 아테나이에 발을 디딘 밀티아데스는 무사히 숨어 지내고 싶은 생각밖에 없었다.

그의 오판은 계속되었다. 아테나이인들은 페르시아의 전제정치에 들어간 밀레토스의 현실을 비관하고 있었다. 이러한 상황에서 한때 페르시아에 충성했던 도망자를 아무런 의심 없이 반기기는 어려웠다. 민주주의를 사랑하는 아테나이인들이 이오니아 반란을 지지했던 이유 중에는 밀티아데스와 같은 그리스 출신 참주를 제거하려는 의도도 있었다. 그 또한 억압적인 정책을 편 것에 대한 비난에서 자유로울 수 없었으나, 페르시아의 그리스 본토 공격이 임박한 상황에서 다리우스에게 당당히 반기를 들었던 인물을 비난하는 것은 사치에 불과했다. 밀티아데스는 그리스인들의 용서를 받았을 뿐 아니라 기원전 490년 8월에는 아테나이의 스트라테고이에 선출되었다. 당시 아테나이가 스트라테고이로 뽑은 인원은 총 10명에 불과했다.

그는 자신의 약속에 책임을 져야 할 상황을 맞게 되었다. 페르시아 함대가 마라톤에 상륙했다는 소식이 전해지자, 아테나이의 중장 보병은 1천 명에 불과한 플라타이아 병사와 함께 페르시아군을 맞을 준비를 하고 있었다. 눈앞에 펼쳐진 광경은 오싹할 정도였다. 총 20만 명으로 추정되는 보병들이 마라톤 평원을 뒤덮었다. 그러나 해변에서는 페이시스트라토스 가문이 이끄는 기마대가 1천 명의 기수를 내세워 전차몰이를 연습하고 있었다. 고작 1만 명에 지나지 않는 그리스인들이 훨씬 많은 수의 병력과 싸워야 하는 상황이었다. 그러나 밀티아데스는 동료들에게 끝까지 싸우자고 설득했고, 하루씩 돌아가며 부대를 지휘했던 동료들은 그에게 모든 지휘권을 일임했다.

초조한 기다림 끝에 운명의 시간이 도래했다. 페르시아군은 전함 위에서 무방비의 아테나이 진지를 덮치려 했다. 밀티아데스의 기마대는 말이 배에 올라타 있던 탓에 움직일 수 없는 상황이었다. 승리를 위해 희생이 불가피하다고 생각한 밀티아데스는 진격을 명령했다. 보병들이 페르시아군을 향해 돌격하자 적들은 서둘러 전선을 정비해 그리스군 전선의 중앙을 압박하려 들었다. 그러나 페르시아군은 백병전 끝에 완전히 기가 꺾여 함선으로 도망쳤다. 그러나 습지에 발이 묶인 병사들은 탈출에 실패해 6천 명이 넘는 인원이 목숨을 잃었다. 그러나 전사한 아테나이 병사들의 수는 192명에 불과했고, 이들은 모두 마라톤 평원의 전장에 묻혔다. 이들 모두는 그리스인들에게 자유의 수호자로 기억되었다. 그러나 위험은 여전히 남아 있었다. 아직 남아 있던 페르시아 함대가 아테나이를 공격하려 방향을 틀었다(알크마이오니다이 가문이 방패를 반사한 빛으로 아테나이를 공격하라는 신호를 보냈다는 주장은 알크마이오니

기원전 480년대 또는 470년대에 만들어진 아테나이의 와인잔 안쪽에 나타난 그림. 쓰러진 페르시아 전사에게 마지막
일격을 날리는 중장 보병의 방패 표면에 날개를 단 페가수스 말이 반짝인다.

기원전 490년 그리스가 마라톤에서 승리를 거둔 이후, 밀티아데스는 뺨 보호대 하단에 자신의 이름을 자랑스레 새긴 투구를 올림피아의 제우스에게 헌사했다.

다이 가문에 대한 악의적인 비방에 불과했다). 밀티아데스는 마라톤 전투에서의 승리만큼이나 영웅적인 행보를 감행했다. 그는 지친 병사를 이끌고 42킬로미터를 걸어 아테나이로 돌아와 팔레론 항에 도착했다. 페르시아군은 그를 보자마자 공격을 포기하고 고향으로 발걸음을 돌렸다.

밀티아데스는 올림픽 월계관이 마라톤 전투에서 세운 자신의 공로를 상징하기 바랐다. 이러한 요청이 관철되지는 못했으나 그는 그리스의 구원자로 환대받았다. 엄청난 찬사 속에서 그는 자신의 투구를 올림피아에 봉헌했고, 군사와 함대를 요청해 또 다른 전쟁을 준비했다. 이번에 그의 목표는 페르시아가 아닌 파로스 섬이었다. 그는 파로스 섬에 개인적인 원한을 품고 있었다. 하지만 이 계획은 재앙으로 돌아갔다. 밀티아데스는 섬을 취하지 못했을 뿐더러 무릎에 입은 중상이 괴저로 악화되었다. 밀티아데스의 성과를 질투하고 복수에 혈안이 된 알크마이오니다이 가문의 크산티포스는 시민들을 속였다는 죄목으로 그를 아테나이의 법정에 세웠다. 병약해진 그는 열이 펄펄 끓는 채로 병상에서 일어나지 못했다. 그의 친구들이 그를 끝까지 옹호했으나 아무런 소용이 없었다. 법정은 사형선고를 유보하는 대신 50탈란톤의 벌금을 부과했다. 여러 폴리스의 1년 총수입을 넘는 이 금액은 그를 파산시키기에 충분했다. 그러나 밀티아데스에게 이러한 선고는 무의미했다. 며칠 후 그는 상처

장 프랑스아 피에르 페이롱이 그린 〈밀티아데스의 제의The Funeral of Miltiades〉(1782)에서 사내들이 죽은 영웅의 시신을 정리하고 있다(이들 중 한 명은 마라톤으로부터 트로피를 운반한다). 반면 그의 아들 키몬은 여전히 자신의 자리에 묶여 있다.

의 후유증을 이기지 못하고 세상을 떠났다. 벌금은 아들 키몬에게 상속되었고, 벌금을 승계한 키몬은 알크마이오니다이 가문에 대한 원한을 품었을 뿐 아니라 가문의 명예와 재산을 되찾아야겠다고 절치부심했다. 이러한 기회는 곧 찾아왔다. 페르시아인들은 마라톤에서의 패배를 일보 전진을 위한 일보 후퇴로밖에 여기지 않았다. 10년이 지나 그들은 다시 아테나이에 마수를 뻗쳤다.

Chapter 3

위험에 빠진
그리스

§ **키몬**(기원전 510년경~기원전 450년), 정치가, 장군

나는 내 늘그막이 풍요롭기를 바랐다. 내 여생을 모든 그리스인들 가운데 최고라 말할 수 있
는 가장 훈훈한 성자, 키몬과 함께 보내는 영광을 누리고 싶었다. 그러나 그는 생을 마치고 내
곁을 떠났다.

— 크라티노스, 《아르킬로키Archilochi》(단편 I)

키몬은 기원전 510년에 태어난 것으로 추정된다. 기원전 510년은 파란만장한 한 해였다. 아
테나이에서는 **히피아스**가 탄핵을 당해 추방당했고, 케르소네소스에서는 스키타이인들이
침범하면서 밀티아데스가 자신의 영토에서 쫓겨나는 사태가 벌어졌다. 당시 밀티아데스는
장인 올로로스가 왕으로 있는 트라케로 도망쳤을 것이라 추정된다. 훗날 키몬의 적들은 그
가 제대로 된 교육을 받지 못했고, '진정한 아테나이인에 걸맞는 영리함과 언변'을 갖추지
못했다고 조롱했다.

기원전 493년, 페르시아가 강성하면서 밀티아데스는 그의 고향 아테나이로 피신했다. 그
는 아테나이에서 케르소네소스를 탄압한 혐의로 체포되었고, 이 사태를 경험한 키몬은 키
리오스(가문의 장)의 역할이 얼마나 중요한지를 깨달을 수 있었다. 밀티아데스가 무죄로 방
면되면서 잠시 평화가 찾아오는 것 같았으나, 이내 아테나이는 또 다른 위협에 맞서야 했
다. 기원전 490년, 페르시아는 아테나이가 이오니아 반란에 동조했다는 이유로 그리스 본
토를 침공했다. 그러나 밀티아데스는 마라톤 전투에서 아테나이의 승리를 이끌었다. 몇 달
후, 그는 파로스를 손아귀에 넣으려다 실패하면서 심한 부상을 입었다. 그는 정적 크산티포
스에게 기소당하는 낭패를 겪고 50탈란톤라는 어마어마한 벌금을 부과받았다. 며칠 후 밀
티아데스는 세상을 떠났고 키몬이 벌금을 상속받았다.

운이 좋게도 키몬은 부유한 친구들이 많았다. 이들 가운데 유능한 사업가였던 칼리아스
는 그의 벌금을 대신 납부하고 그 대가로 키몬의 누이 엘피니케와 혼인했다. 당시 흔치 않
았던 연애결혼이 논란 속에서 성사되자 분노하는 사람들이 등장했다. 신부를 얻으면서 대

가를 지급한다는 것은 당시의 관례에 어긋났다. 보통 신부가 신랑에게 지참금을 주는 것이 당시의 풍습이었다. 게다가 총명한 엘피니케는 남성의 영역인 정치에 스스럼없이 관여했고 그러다 보니 악의적인 소문에 쉽게 휘말렸다. '여성답지 못한' 행동을 이유로 들어 유능한 여성을 비방하는 것은 고대 아테나이Classical Athens(기원전 508년~기원전 322년 당시 전성기를 구가하던 아테나이를 의미함-옮긴이)에서 만연한 풍습이었다. 여성을 혐오하는 엘피니케의 적들은 남매간의 근친상간을 떠들어대는 동시에 화가 폴리그노토스와의 염문을 양산했다. 그들은 그녀가 폴리그노토스의 모델이 된 것을 악의적으로 비방했다. 한편 키몬은 이소디케와의 정략결혼을 추진했다. 그녀의 종조부는 키몬의 아버지를 기소한 크산티포스였다. 키몬은 알크마이오니다이 가문과 정치적 동맹을 맺으면서 정치적으로 유리한 위치에 서게 되었다. 비록 키몬은 여자를 몹시 밝히고 수없는 염문을 뿌리고 다녔으나, 이소디케와의 결혼생활만큼은 바람직했다. 아들 셋을 둔 그들 부부는 배우자에게 깊은 헌신을 보여주었고 키몬은 아내가 세상을 떠났을 때 견딜 수 없는 슬픔에 휩싸였다.

한편 국경 밖에서는 또 다른 위기가 드리우고 있었다. 기원전 486년, 다리우스가 사망한 다음 짧고 치열한 권력 투쟁 끝에 다리우스의 아들 크세르크세스가 왕좌를 차지했다. 잔인하고, 변덕스럽고, 악독한 성품을 지닌 그는 마라톤 전투의 패배에 절치부심하며 복수를 계획하고 있었다. 기원전 480년, 36세의 크세르크세스가 소집한 함대와 병력은 수학이 발달한 그리스에서도 헤아리기 불가능한 엄청난 규모를 자랑했다. 기술자들이 다르다넬리아 해협에 선교를 가설하는 동안, 크세르크세스는 트로이아를 방문했다. 트로이아는 그에게 많은 의미를 지닌 지역이었다. 아시아를 연고로 둔 크세르크세스에게 아시아의 국가였던 트로이아가 함락된 것은 마라톤에서 그리스에게 패배한 것만큼이나 치욕스러운 사건이었다. 복수심에 불탄 크세르크세스는 아테나이의 신전 앞에서 100마리의 흰색 황소를 도살하며 반드시 원수를 갚겠노라 결의를 다졌다. 며칠 만에 그의 군대는 마치 평지를 횡단하는 양 다리를 건너 유럽으로 진격했다. 운하를 파 낮게 드리운 지협을 만든 다음, 아토스 곶을 통해 곧바로 함대를 이동시켜 시간을 절약할 수 있었다. 그가 전달하려는 메시지는 분명했다. 그는 일부 그리스 도시가 바친 흙과 물을 거부하면서 무력으로 그들을 점령했다.

아직 그의 손아귀에 들어가지 않은 폴리스들은 향후 계획을 논의하기 위해 회의를 소집했다. 페르시아의 남하를 저지하고 주력군을 소집할 시간을 벌기 위해 우선 **레오니다스** 왕이 이끄는 300명의 스파르타 선발대를 좁게 만입된 테르모필라이로 급파하고, 이와 동시에 그리스 함대를 출전시켜 에우보이아 섬으로부터의 접근을 방어하려 했다. 그러나 스파르타 전사들은 한 명도 빠짐없이 전사했고 함대는 살라미스 만으로 후퇴했다. 페르시아의 기세를 꺾기란 불가능해 보였다. 아테나이에서도 의견이 갈리기 시작했다. 일부는 '나무벽'을 믿으면 승리할 수 있다는 신탁을 믿고 아크로폴리스 주변을 나무 울타리로 방어하자는 주장을 펼쳤다. 한편 선동에 능했던 **테미스토클레스**는 신탁의 의미가 강화된 해군력을 의미

창과 투구, 정강이받이, 거대한 방패로 무장한 중장 보병들의 위협적인 진형. 기원전 7세기 코린티아 화병에 나타난 그림.

한다고 주장하면서 도시를 벗어나 바다에서 싸워야 한다고 주장했다.

　해결책을 내놓은 것은 키몬이었다. 트리에레스보다는 말을 타고 싸우는 것이 익숙했던 귀족으로서, 그는 귀족 가문의 동료들을 불러 모아 '성스러운 길Sacred Way(고대 그리스에서 아테나이로부터 엘레우시스로 가는 길을 의미함–옮긴이)'에서부터 아크로폴리스까지의 행진을 주도했다. 아크로폴리스에 도착한 그는 자신이 타던 말의 굴레를 아테나 폴리아스 사원에 바치며 승리를 기원했다. 의식을 마친 그는 바다를 향해 걸어 내려갔다. 이내 그의 시민들은 페이라이에우스의 해안에 운집했다. 여성과 아이들은 안전하게 만 저편으로 피신하고, 남자들은 트리에레스에 탑승했다. 며칠 후 아테나이는 함락되고, 사원은 불에 타고, 참주 하르모디오스와 아리스토게이톤의 조각상은 대형 상자에 담겨 수사로 이송되었다. 그러나 살라미스에서는 그리스 함대가 대승을 거뒀고, 키몬은 용맹을 떨쳐 명성을 더욱 드높일 수 있었다. 그는 시민들뿐 아니라 귀족들에게도 엄청난 환대를 받았다. 영리한 귀족들은 그가 아테나이뿐만 아니라 자신들의 이익도 지켜주길 바랐다.

　이처럼 그리스 함대는 기원전 480년에 살라미스에서 페르시아 함대를 대파했다. 그러나

그리스 중장 보병(왼쪽)이 페르시아 기병에 맞서기 위해 쓰러진 적 위에서 몸을 구부리고 있다. 기원전 5세기, 아테나이의 아테나 니케 신전 프리즈에 나타난 장면.

그들의 승리는 여기에서 끝나지 않고 이듬해인 기원전 479년, 플라타이아에서 다시 한 번 압도적인 승리를 거두게 된다. 페르시아는 그리스를 포기하고 고향으로 돌아갔지만 침략의 흔적은 도처에 남아 있었다. 아티케와 아테나이 전역의 사원들이 불타 없어졌다. 그러나 다행히도 델포이는 무사했고, 델포이의 사제는 아폴로 신이 성소의 약탈을 막아주었다고 주장했다(사실 그들이 페르시아의 편을 들어서 무사했다고 보는 것이 더욱 정확하다).

　　앞으로 있을지도 모를 침략을 방어하고 크세르크세스의 지배를 벗어나지 못한 이오니아 도시를 해방시키기 위해 그리스의 폴리스들은 외세의 침략에 대항하자는 명분으로 연합해 페르시아에 전쟁을 선포했다. 스파르타의 장군 파우사니아스가 연합군의 총사령관을 맡았다. 그는 냉혹한 지도력의 소유자이자 오만함이 하늘을 찌르는 인물이었다. 그러나 크세르크세스의 딸과 결혼하기 위해 그리스를 배반하는 협상을 서슴지 않으면서 그의 운명 또한 내리막길을 걸었다. 결국 그는 스파르타로 소환되어 처형당했고 연합군(당시 스파르타는 연합군에서 제외되었다)은 키몬을 그의 자리에 앉혔다. 카리스마를 발휘하고 엄격한 규율을 실천하면서 그는 중대한 전투를 승리로 이끌었고 아테나이의 위상 또한 드높일 수 있었다. 그들은 트라케의 스트리몬 강에 인접한 에이온에서 페르시아를 쫓아낼 수 있었고, 이로써 광물자원이 풍부한 암피폴리스와 같은 새로운 식민지를 확보할 수 있었다. 이 밖에도 스키로스를 무너뜨려(그러나 실제로 이 지역이 페르시아 편에 선 것은 아니었다) 해적들을 소탕하면서 흑해로부터 아테나이까지 식량을 안전하게 수송할 수 있었다.

스키로스를 점령하면서 키몬은 또 다른 정치적 변화를 시도했다. 기원전 476년, 그는 이 섬이 전설의 왕 테세우스가 잠든 곳이라 생각하고 테세우스의 유골을 찾기 시작했다. 발굴 과정에서 신비로운 일이 일어났다. 독수리 한 마리가 땅에 내려와 발톱으로 흙을 파기 시작했고, 키몬의 고고학자들은 이 독수리를 어디를 파야 할지 알려주는 신의 계시로 받아들였다. 정말 이곳에는 관 하나가 묻혀 있었고 관 속에는 동검과 투구와 함께 묻힌 거인의 유골이 들어 있었다. 키몬은 화려한 호위대를 붙여 유골을 아테나이로 호송한 다음, 유골을 모실 새로운 신전을 건립했다. 테세이온(테세우스의 사원)이라는 이름이 붙은 이 사원은 당대 최고의 화가들이 벽화를 그렸다. 아테나이의 중심에 모신 유물함을 통해 야심찬 현세가 영웅적인 과거와 교감을 이루게 되었고, 신화의 역사와 전설의 이야기가 최소한 뼈의 흔적으로라도 남아 있게 된 것이다. 이는 새로운 야심찬 시대의 상징으로 부족함이 없었다.

이러한 활동을 통해 부를 축적한 그는 도시의 개혁에 착수했다. 그는 신성문의 북쪽에 자리 잡은 아카데모스의 숲을 분수, 냇물, 경주장, 녹음이 가득한 오솔길로 꾸몄다. 사람들로 북적대는 아고라에는 버드나무를 심어 그늘을 만들었고, 아크로폴리스를 확장해 남쪽 요새를 강화했다. 페이라이에우스 항 쪽으로 난 실퍽한 평원에는 자갈을 깔아 아테나이와 항구를 안전하게 연결하기 위한 기다란 성벽의 기초를 마련했다. **페이시스트라토스**와 마찬가지로 키몬은 공공정책에 투자하는 것이 시민의 편익을 증진시킬 뿐 아니라 자신의 명성을 드높이는 좋은 방편이라는 사실을 알고 있었다. 따라서 그는 자신의 인덕을 홍보하기 위해 가난한 자들을 자신의 집으로 불러 밥을 먹이고 옷가지를 나눠줄 뿐 아니라, 자신의 방대한 영토를 만인에게 개방해 맘껏 과일을 따 먹을 수 있도록 배려했다. 한편 당시의 예술품은 키몬의 아버지를 미화했다. 아고라 옆에 배치한 회랑에 그린 스토아 포이킬레(채색한 단청)에서는 밀티아데스가 마라톤 전투를 승리로 이끄는 그림을 볼 수 있었다. 또한 델포이에는 신과 영웅들에게 둘러싸인 밀티아데스의 조각상을 설치했다. 곧 아크로폴리스에서는 아테나 프로마코스(최전선에서 싸우는 아테나 여신)의 동상을 설치해 에우리메돈에서 승리한 키몬을 기념했다. 9미터 키의 아테나 여신은 창을 들고 있었고, 반짝이는 창끝은 몇 마일 바깥에서도 보일 정도였다. 이 동상은 페이라이에우스 항 쪽으로 항해하는 선박들의 이정표 및 아테나이의 영해임을 선포하는 표지로서의 역할을 담당했다.

플라타이아 전투가 끝난 지 1년이 지난 기원전 478년, 그리스 연합군은 신성한 델로스 섬에서 페르시아에 공동으로 맞서기 위해 아테나이를 중심으로 연합할 것을 맹세했다. 각국은 델로스 동맹의 일원으로서 재력에 따라 전함과 병사를 바치기로 약속했으나, 이 동맹은 시작부터 아테나이의 우월적 지위를 인정하고 있었다. 키몬은 동맹국들에게 물자와 병력보다는 돈을 바치라는 방향으로 배려하면서 아테나이의 함대는 그 어떤 폴리스보다 강력한 전력을 갖추게 되었다. 6년 후 낙소스는 동맹에서 탈퇴하려는 움직임을 보였고, 아테나이는 트리에레스로 낙소스의 항구를 봉쇄해 그들의 계획을 좌절시켰다. 당시에 짐작하기는 어려웠으나 동맹의 시작은 그리스 세계가 제국으로 발돋움하기 위한 신호와 다름없었다.

그럼에도 페르시아의 위협은 그치지 않았다. 기원전 467년(정확한 날짜는 알려지지 않았다)에 크세르크세스의 함대는 그리스에 대한 2차 공격을 준비했던 것으로 추정된다. 키몬은 트리에레스 200척을 지휘해 동쪽 바다로 서둘러 나아갔다. 곧이어 그는 우호 지역이던 크니도스에서 적진을 향해 남진했다. 페르시아 함대는 에우리메돈 강 입구에서 포이니케의 병력 지원을 기다리고 있었다. 시간이 관건이었다. 대부분의 그리스 함선은 뻥 뚫린 바다 위에서 싸워 왔으나 페르시아 함대는 강어귀 깊숙이 정박해 교전을 거부하고 있는 상황이었다. 따라서 키몬은 공격을 감행할 수밖에 없었다. 페르시아 함선들은 얕은 수심 탓에 강변에 좌초했고, 배 안에 있던 병사들은 겨우 강변으로 기어 나왔다. 키몬은 배에서 탈출한 페르시아 병사들을 뒤쫓아 격렬한 백병전을 벌였다. 많은 사상자가 발생했지만 최종 승자는 키몬이었다. 그는 여기에서 멈추지 않았다. 그는 함선을 끌고 포이니케인들을 목표로 삼아 남쪽 시에드라로 진격했다. 겁에 질린 포이니케인들은 저항할 엄두를 내지 못했다. 이 승리는 많은 사람들의 입에 오르내린 역사적인 사건이었다. 기원전 465년, 크세르크세스는 쿠데타로 세상을 떠났고, 그의 뒤를 이은 아르탁세르크세스는 대외적인 확장보다는 내부적 결속을 추구했다. 페르시아는 그리스 본토와 이오니아, 도시국가들을 더 이상 위협하지 않았다.

그러나 아테나이 내부의 권력 투쟁은 여전히 잦아들 줄 몰랐다. 기원전 463년, 그는 트라케와 타소스 섬을 정복하고 돌아오자마자 임무를 방기한 죄목으로 탄핵되었다. 적들조차 조롱하는 패착이지만 그가 마케도니아를 점령하지 않은 것이 문제였다. 키몬을 기소한 검사는 다름 아닌 크산티포스(키몬의 아버지 밀티아데스의 숙적)의 아들 **페리클레스**였다. 그는 단호한 법적 마인드와 전략적 두뇌를 갖춘 인물이었다. 키몬은 간신히 탄핵을 면할 수 있었으나(그의 누이 엘피니케가 힘을 썼다고 추정된다) 그의 명성을 돌이키기에는 역부족이었다. 2년 뒤 그에게는 또 다른 불운이 찾아왔다.

키몬은 자신의 장자 이름을 라케다이모니우스('스파르타인'을 의미한다)라 지을 정도로 스파르타에 대한 존경의 마음을 숨기지 못했다. 기원전 464년, 그는 펠로폰네소스를 뒤흔든 지진의 여파가 가시지 않았는데도 스파르타에서 계속되는 헤일로테스(헬롯)의 봉기를 진압해주러 급히 병력을 끌고 남하했다. 그러나 다른 아테나이인들은 시큰둥했다. 오히려 그들은 이 기회를 틈타 라이벌인 스파르타를 무너뜨리려 했다. 연합군을 결성했다가 부작용만 날 것을 우려한 스파르타인들은 키몬의 군대를 집으로 돌려보냈다. 키몬의 행보에 분노한 아테나이인들은 기원전 461년에 아테나이의 명예를 훼손했다는 죄목에 따라 그를 국외로 추방했다.

기원전 460년, 두 국가는 전쟁에 돌입했다. 기원전 457년, 스파르타의 중장 보병은 우호 관계에 있던 보이오티아를 통해 아티케의 국경으로 진격했다. 아테나이는 서둘러 대응했다. 두 도시국가는 테바이 인근의 타나그라에서 대치했다. 그러나 전투가 시작되기 전 키몬

스파르타와 헤일로테스

그리스에서 가장 비옥한 농토를 가졌던 스파르타인들은 편안한 삶을 즐겼을 것이라 추정된다. 그들은 헤일로테스 출신 노예들에 대한 의심의 시선을 거두지 못했다. 헤일로테스인들의 수가 스파르타인들의 수를 앞서기 시작하면서 스파르타인들은 그들을 통제하기 위해 고대 역사상 가장 억압적인 통치체제를 마련하기 시작했다. 봉기를 두려워한 스파르타인들은 남성들을 전쟁 기계로 훈련해 헤일로테스인들을 끊임없이 괴롭혔고, 크립테이아(쉽게 표현하면, '특전단'에 해당)라는 스파르타 젊은이들의 모임은 헤일로테스인들을 주기적으로 살해하는 만행을 펼치기도 했다. 스파르타 시민들은 혹독한 훈련을 받기 위해 막사 생활을 감수해야 했다. 그들은 아내를 보려 해도 허락을 받아 비밀스럽게 만나야 하는 신세였으나, 이와 반대로 헤일로테스인들은 가족과 함께 비교적 호화로운 생활을 누릴 수 있었다. 일부 헤일로테스인들은 스파르타 군대를 위해 싸우기도 했다. 기원전 424년, 가장 용맹한 헤일로테스인들은 자유의 몸이 되는 행운을 누렸다. 대상으로 선발된 2천 명은 화환을 쓰고 사원 앞에 둘러서서 자유의 기쁨을 만끽했으나, 곧 한 사람씩 불려나가 무참히 살해당하는 참변을 겪었다. 스파르타인들은 가장 용맹한 헤일로테스인들을 반역할 가능성이 제일 높은 부류로 생각해 일체의 기회를 주지 않으려 했다.

은 말을 타고 아테나이의 진영으로 달려들었다. 그는 자신의 뿌리 깊은 애국심을 호소하며 지금 추방당한 입장이지만 아테나이의 편에 싸울 수 있도록 허락해 달라고 간청했다. 그러나 아테나이 측에서는 청원을 거절하며 그를 멀리 쫓아버렸다. 그러나 100명에 달하는 키몬의 사병들은 그의 아테나이에 대한 충성심을 증명하기 위해 주둔지에 세워 놓은 그의 갑옷 옆에서 끝까지 싸우다 죽음을 맞이했다. 이 전쟁에서 아테나이는 스파르타에 완패했다. 그러나 키몬이 추방 기간을 마치고 고향으로 돌아온 기원전 451년, 스파르타와의 평화조약이 비준되면서 아테나이는 패배로 입은 손실을 금방 벌충할 수 있었다.

아테나이의 넘치는 힘을 스파르타가 아닌 다른 곳으로 돌리기 위해 키몬은 페르시아가 지배하는 키프로스와 이집트를 공격하자고 제안했다. 기원전 454년, 아테나이는 리비아 왕 이나로스가 페르시아의 지배에서 벗어날 수 있도록 원군을 파견했으나 나일 강에서 비참한 패배를 맛보았다. 이후 기원전 450년, 키프로스 인근에서 해상 작전을 성공적으로 수행하던 키몬은 사절단을 보내 이집트를 정찰하는 한편, 사막 저편에 있는 시와에 가서 제우스 아몬의 신탁을 받아오고자 했다. 시와에 도착한 사절단은 사제들로부터 키몬이 제우스와 함께 있다는 말을 들었다. 당황한 사절단이 키프로스에 돌아오자 사제들의 말대로 키몬은 세상을 떠난 지 오래였다. 키티온을 포위해 공격하던 중 치명적인 부상을 입은 그는 부하에게 부대가 안전하게 퇴각할 때까지 자신의 죽음을 알리지 말라고 부탁했다. 그의 시신은 아테

이 로마 흉상은 기원전 5세기 중반에 제작된
자신만만한 테미스토클레스의 흉상을 모방했다.
그의 바싹 자른 머리를 보면 그가 스스로를
말쑥한 머리의 귀족이 아닌 아테나이의 평민으로
생각했다는 증거가 명백히 드러난다.

나이로 송환되었고 그를 기리는 추모비 또한 세워졌다. 키티온에서는 역병과 기근이 닥쳤을 때 비석 옆에서 제의를 바치는 풍습이 있었다. 그는 키티온의 이러한 의식에서도 신성을 띤 반인반신의 존재이자 영웅으로 공경받았다.

훗날 그리스인들은 키몬이 죽은 이후 공식적인 평화조약이 델로스 동맹과 페르시아 간에 체결되었다고 기록한다. 동맹을 주도한 장본인은 키몬의 매형이자 오랜 우군이었던 칼리아스였다. 페르시아는 아테나이가 오랜 기간 이오니아의 지도자로서 입지를 다져온 것을 인정했다. 이는 30년 전 키몬이 아테나이와 아테나이인들에게 자신의 인생을 담보 잡힌 공로에 걸맞는 선물이었다. 그러나 키몬은 테미스토클레스의 새로운 함대에 합류하고 난 후 또 다른 인생을 맞게 되었다.

§ 테미스토클레스(기원전 524년~기원전 459년), 정치가, 장군

사실을 불편부당하고 세심하게 관찰하라. 그렇다면 테미스토클레스의 재능과 그가 이룬 성취가 인류 역사상 최고였다는 사실을 깨닫게 될 것이다.
— 디오도로스, 《역사의 도서관Library of History》, II. 58

테미스토클레스는 황소와도 같은 용모를 자랑했다. 두꺼운 목, 우람한 가슴, 바짝 자른 머리를 보면 머리를 기른 아테나이의 귀족들과는 달리 평민 계층에 속한다는 사실을 알 수 있었다. 그는 자수성가한 아버지 네오클레스와 외국인 어머니 밑에서 태어난 혼혈아임에도 아테나이의 김나시온gymnasium(고대 그리스의 체육장)에 자유롭게 출입할 방법을 찾았다. 열정에 찬 정치가들은 사람들과 교류하기 위해 반드시 김나시온에 출입해야 했다. 그는 지략을 발휘해 해결책을 찾았다. 그는 명문가 출신의 친구를 자신의 김나시온에 초대했다. 이로써 테미스토클레스는 장애물을 제거하고 문제를 재치 있게 해결할 수 있었다.

테미스토클레스는 어릴 적부터 큰 야망을 품었다. 어린 시절 그는 글쓰기와 연설로 시간을 보냈고 그의 가정교사는 이런 그가 좋은 쪽으로든 나쁜 쪽으로든 남다른 업적을 이룩할 것이라고 예상했다. 그러나 페이시스트라토스의 시대가 저물어 가면서 정치는 사느냐 죽느냐의 문제로 탈바꿈했고, 그의 아버지는 이러한 상황 탓에 테미스토클레스의 야망이 시들어갈 것을 우려했다. 네오클레스는 테미스토클레스에게 교훈을 주기 위해 그를 팔레론으로 데리고 갔다. 당시 아테나이의 항구 도시였던 팔레론에서는 수명이 다한 트리에레스가 해변에 널브러져 썩어가고 있었다. 그는 이러한 트리에레스에 비유해 아테나이가 정치인들을 어떻게 취급해 왔는지를 설명했다. 더 이상 쓸모가 없으면 헌신짝 버리듯 폐기한다는 것이 아들에게 전달하고 싶은 핵심이었다. 네미스토클레스는 이러한 충고를 귀담아듣지 않았으나 어느 정도 영감을 얻었던 것만은 분명했다.

테미스토클레스는 아테나이의 빈민층을 대표해 풀뿌리 대중 정치인으로서의 이미지를 구축했다. 그는 만나는 사람들의 이름을 모두 기억할 정도로 엄청난 기억력을 자랑했으나 점차 인기가 좋아지면서 귀족들, 특히 알크마이오니다이 가문의 꼭두각시인 아리스테이데스와 갈등을 겪게 되었다. 기원전 493년, 테미스토클레스는 30대의 젊은 나이로 집정관에 선출되었다. 당시 에포니모스 아르콘이라는 직명으로 불렸던 집정관은 강력한 권한을 행사할 수 있었다. 집정관에 선출된 그는 몇 년에 걸쳐 구상해온 계획을 실행에 옮겼다. 그는 아테나이를 해상 강국으로 개조하려 했다. 그는 아테나이가 해양강국으로 거듭나면 아테나이의 지주 계층뿐 아니라 수공업자와 상인들도 이득을 볼 수 있을 것이며, 트리에레스에 탑승할 선원을 뽑으면서 도시빈민층의 실업률을 타파할 수 있을 것이라 주장했다. 그는 이러한 소신을 실천하기 위해 페이라이에우스에 새로운 항만을 건설해 팔레론의 부두를 대체하려 했다. 이는 참주의 공공 건설 사업에 비견될 만한 대형 프로젝트였다.

그러나 기원전 490년에 페르시아인의 침략이 재개되었다. 아테나이는 농민 중장 보병들의 활약으로 마라톤에서 승리하면서 육상 보병을 중시하는 것처럼 보였다. 그러나 테미스토클레스는 여기에 구애받지 않았다. 기원전 483년, 아테나이 남동부 라우리온에서 풍부한 은광이 발견되자 그는 의회를 향해 극단적인 제안을 내놓았다. 그는 은광의 수익을 시민들에게 균등하게 분배해야 한다는 아리스테이데스의 주장을 반박하며 100척의 트리에레스를 건조해 인근의 아이기나 섬을 무찔러야 한다고 주장했다. 귀족들은 이러한 주장에 놀라움을 금치 못했다. 기존에 아테나이가 보유하던 70척을 합하면 3만 4천 명이 넘는 병력을 태워야 했다. 지금까지는 부유한 시민들이 출전하는 육상전이 주된 전쟁의 양상으로 자리 잡았다. 참전하는 시민들은 값비싼 마구나 갑옷을 구입할 수 있을 정도의 재력을 보유해야 했다. 그러나 새로운 전선은 도시 빈민층을 태워야 했고 이들이 전투 능력을 갖추게 된다면 정치적 기득권자들의 지위가 크게 위협받을 수도 있었다(또한 아테나이에서 거주하며 일하던 메틱의 수가 늘어나면서 그들은 또 다른 위험을 느꼈다). 의기투합한 시민들은 테미스토클레스의 제안을 받아들였고 아리스테이데스를 추방한 다음 전선의 수를 두 배 수인 200척까지 늘렸다.

기원전 480년, 크세르크세스는 3년을 기다리지 못하고 그리스 본토를 다시 침략했다. 그리스인들은 연합 함대를 이끌고 그들을 맞이했다. 스파르타 출신 제독은 테미스토클레스의 조언을 받아 함대를 지휘했다. 이들은 북쪽 에우보이아로 출전해 페르시아 함대를 지연시킬 생각이었다. 아르테미스 신전 부근에서 몇 차례 접전을 벌인 끝에 그리스 함대는 한 가닥 승리의 희망을 품을 수 있었다. 그러나 테르모필라이에서 **레오니다스**의 특공대가 패배하면서 함대는 눈물을 머금고 후퇴했다. 깊은 밤, 남쪽 바다를 향하던 테미스토클레스는 또 하나의 책략을 계획했다. 그는 페르시아의 명령에 불복하라는 메시지를 바위에 칠해 크세르크세스의 함선에 탄 이오니아인들의 태업을 유도했다. 그러나 아테나이는 곧 점령당했고 이러한 상황에서 철저한 재앙을 막을 수 있는 것은 오직 그리스의 트리에레스뿐이었다. 그

오늘날 재현된 올림피아스호(1987)와 마찬가지로 고대의 트리에레스는 날렵하고, 빠르고, 노가 많은 것이 특징이었다. 트리에레스의 뱃머리에는 치명적인 구리 타격기가 달려 있었다.

러나 병력의 절반은 아테나이인들인데다 함선 또한 급조되었고, 노를 젓는 병사들 또한 미숙했다. 살라미스 섬에 도착한 그리스 지휘관들은 의견이 분분했다. 대부분은 남쪽 펠로폰네소스로 당장 후퇴해야 한다고 주장했으나, 테미스토클레스만이 끝까지 싸워야 한다는 의견을 고집했다. 그러나 모두들 소속된 도시국가도 없는 주제에 나선다면서 그를 모욕했다. 그는 아테나이의 함대가 그리스 전체를 통틀어 가장 큰 도시국가라고 반박하며 연합군이 싸우지 않기로 결정한다면 아테나이의 선박을 이탈리아로 끌고 가서 새로운 식민지를 건설하겠노라고 공언했다. 논쟁을 이기기 힘들다는 사실을 깨달은 테미스토클레스는 계략을 써야겠다고 마음먹었다. 그는 아들의 가정 교사였던 페르시아 출신 노예 시키노스에게 밀서를 들려 크세르크세스에게 보냈다. 밀서에는 자신이 그리스를 배신할 것이며 야음을 틈타 함대를 끌고 투항할 테니 경계 태세를 갖추고 있으라는 내용이 담겨 있었다. 크세르크세스는 그를 철석같이 믿었다. 그는 부하들에게 살라미스 만에서 뻗어나간 해협을 순찰하라 명령했고 부하들은 적막 속에서 그리스인들을 기다렸다. 그러나 아무리 기다려도 그들은 오지 않았다. 다음 날 아침, 테미스토클레스는 동료들에게 그리스 함대가 포위당했고 도망칠 퇴로가 없다고 보고했다. 장군들은 희생이 필요한 불가피한 상황임을 인정하면서 포로로 잡혀 있던 크세르크세스의 조카 세 명을 사슬에 묶어 테미스토클레스 앞으로 끌고 왔다. 사제들은 그리스가 확실히 승리하려면 그들을 디오니소스 사르코파고스(인간을 잡아먹는 디오니소스)에게 제물로 바쳐야 한다고 예언했다. 다소 놀라면서도 경외심을 버리지 못한 테미스토클레스는 이들의 계시를 행동으로 옮겼다. 전투 태세를 갖춘 그리스인들은 트리에레스를 타고 좁은 해협으로 나아가 바람과 깊은 놀을 등에 업고 페르시아 함대를 격파했다. 테미스토클레스의 도박은 멋진 승리로 귀결되었다.

전쟁에서 패한 크세르크세스의 함대는 아시아 쪽으로 선수를 돌렸다. 그러나 테미스토클레스는 다르다넬리아 해협의 다리를 파괴해 페르시아군의 탈출을 봉쇄하려 들었다. 그러나 이를 반대하는 목소리도 나타났다. 추방당했다가 복귀한 아리스테이데스는 페르시아인들이 더 빨리 떠날 수 있도록 다리를 하나 더 지어야 한다고 조언했다. 두 사람이 전략을 두고 충돌한 적은 이번만이 아니었다. 페르시아인들이 떠나고 그리스 함대가 파가세스 만에 자리 잡은 에우보이아 섬의 북쪽 해변에 정박해 있을 때, 테미스토클레스는 연합 함대를 파괴하면 아테나이에게 엄청난 이익이 될 거라고 제안했다. 아리스테이데스는 이처럼 비열한 계략에 경악을 금치 못하며 반대 의사를 표시했다. 그 결과 테미스토클레스의 계획은 조용히 묻히고 말았다.

변덕이 심한 아테나이인들은 곧 테미스토클레스를 아테나이 함대의 장군에서 끌어내렸으나 다른 그리스 도시국가들은 그를 영웅으로 떠받들었다. 올림픽 경기에서 관중들은 하나같이 일어나 그의 등장을 환호했고, 스파르타인들은 그에게 마차를 선사했다. 그러나 그 정도 호의로는 테미스토클레스를 자신들의 편으로 만들 수 없었다. 기원전 479년, 페르시아가 플라타이아에서 패배했는데도 스파르타는 페르시아의 점령기에 파괴된 아테나이의 성벽을 재건하지 못하도록 훼방을 놓았다. 의회에서 논의된 책략이 영원한 비밀이 될 수 없다는 것을 안 테미스토클레스는 의회 내 소입법위원회에 해당하는 불레의 지원을 받아 협상을 위한 목적으로 스파르타를 방문했다. 사실 그는 시간을 벌 심산이었다. 그가 스파르타에 머무를 무렵 아테나이는 성벽 건설을 서둘러 진행했고 이를 안 스파르타는 뒤늦게 땅을 칠 수밖에 없었다. 아테나이를 보호한 테미스토클레스는 스파르타의 분노를 사게 되었다.

성벽으로 페이라이에우스를 두르는 데 성공한 아테나이는 고향으로 돌아온 테미스토클레스에게 공을 돌렸다. 도심에서 벗어나 플리아에 머물 무렵(여기에서 처음 포획한 페르시아 전함의 선수상을 아폴로 신전에 봉헌했다), 그는 가문의 텔레스테리온Telesterion(입문의 회관)을 재건하기 위해 자금을 모집했다. 이 건축물은 엘레우시스의 신화보다도 더 오래된 신화를 기념했고, 건물 안에서는 전설의 오르페우스가 썼다고 알려진 찬가가 흘러나왔다. 그가 자신의 집 근처에 아르

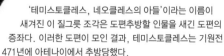

'테미스토클레스, 네오클레스의 아들'이라는 이름이 새겨진 이 질그릇 조각은 도편추방할 인물을 새긴 도편의 증좌다. 이러한 도편이 모인 결과, 테미스토클레스는 기원전 471년에 아테나이에서 추방당했다.

테미스 아리스토불레Artemis Aristoboule(좋은 조언자 아르테미스)를 위한 사원을 세우면서 아테나이의 여론은 그에게서 등을 돌렸다. 아테나이인들은 사원의 별칭을 해군을 육성하자는 테미스토클레스의 조언을 뽐내는 의미로 받아들였고, 그가 이러한 별칭을 붙인 것을 상당히 오만한 처사로 생각했다.

기원전 471년, 아테나이는 타락을 거듭해 천박한 시와 음주가무가 횡행하고 있었다. 테미스토클레스를 좋게 생각하는 시민들은 날로 줄어들었고, 스파르타에 우호적이던 **키몬**이 이끄는 귀족 계층은 끊임없이 그를 헐뜯었다.

결국 테미스토클레스는 도편추방당했다. 처음에 그는 아르고스에 있는 친구들 틈에서 추방을 견뎌볼 생각이었다. 그러나 그의 정적들이 그를 반역죄로 옭아매려 한다는 소문이 들렸다. 예전에 스파르타는 파우사니아스의 반역에 그를 연루시키려 했던 적이 있었다. 편지가 법정에 증거로 제출되었는데도 그는 무죄로 방면되었다. 그들은 이러한 음모를 다시 한 번 기획하고 있었다. 법정에서도 정적들의 압력을 딛고 그를 방면할 수는 없는 상황이었다. 이 사실을 깨달은 테미스토클레스는 탈출을 감행했다. 처음에는 고르기라(코르푸)로 도망쳤다가 곧 몰로소이의 산맥 쪽으로 방향을 틀어 아드메토스 왕이 제공하는 피난처에 몸을 숨겼다. 스파르타가 전면전을 경고하면서 테미스토클레스는 다시 한 번 도망칠 수밖에 없었다. 아테나이에서 배신자로 찍히고 모든 그리스인들의 공분을 사게 된 그는 간신히 용기를 내어 철천지 원수나 다름없는 페르시아에 운신할 틈을 찾았다.

테미스토클레스는 그리스에서 탈출하다가 낙소스 인근의 해상에서 발각되었다. 선장은 항구를 향해 전속력으로 항해했으나 아테나이의 트리에레스가 섬을 봉쇄하고 있었다. 그들의 눈에 띌 수도 있다고 생각한 테미스토클레스는 폭풍을 뚫고 항해하도록 선장을 매수해 에페소스에 무사히 도착할 수 있었다. 그는 덮개를 씌운 가마 속에 웅크리고 앉아 페르시아 귀부인으로 가장한 다음, 에게 해 인근의 구불구불한 언덕을 출발해 수사까지 무사히 도착할 수 있었다. 남아 있는 고대의 기록들 또한 일치하지 않는 부분이 많으나 기원전 465년에 왕위에 오른 아르탁세르크세스가 테미스토클레스를 받아들인 과정에 대해서는 통일된 의견을 보이고 있다. 그는 통역사를 통해 자신이 페르시아의 패배에 일부 일조한 것은 사실이지만 페르시아를 나름 배려했다고 아르탁세르크세스를 설득했다. 심지어 그는 페르시아의 퇴각을 위해 다르다넬리아 해협의 다리를 파괴하지 말자고 주장한 사람이 자신이라고 거짓말했다. 페르시아 황제는 그토록 위대한 인물을 내친 그리스 폴리스의 유약함을 비웃으면서 그에게 안식처를 제공했다. 또한 페르시아 말을 가르친 다음 책사로 활용하며 아낌없는 애정을 보여주었다.

아테나이에 있던 가족을 비롯해 재산까지 페르시아의 왕궁으로 들여오면서 그는 마고스의 비밀에 접근하는 영광을 누린 것은 물론 아르탁세르크세스 왕족의 사냥 행사에까지 합류하는 특권을 누렸다. 그는 마이안드로스 강에 자리 집은 마그네시아의 총독으로 지명되었고, 배신을 후회하지 않을 정도로 호화로운 삶을 누렸다. 그러나 고향에 대한 그의 애정은 변하지 않았다. 기원전 459년, 그는 세상을 떠나면서(아마도 그리스를 공격하라는 페르시아 황제의 명령을 이기지 못하고 자살했을 것이라 추정된다) 아티케에 몰래 묻어달라는 유언을 남겼다. 훗날 페이라이에우스 항 입구와 마그네시아의 아고라에 그의 묘비가 세워졌다.

그가 그리스를 배신한 것은 사실이다. 그러나 후세의 역사가들은 테미스토클레스에 대해 모든 그리스 정치가 중에 가장 영리했던 인물로 칭찬을 아끼지 않았다. 그의 배신으로 명성에 흠집이 나면서 살라미스에서 거둔 승리 또한 빛이 바랬다. 그러나 당시 사람들이 아무리 그와 살라미스 해전을 폄하한다 해도 테르모필라이의 영웅 레오니다스에 대한 기억은 털끝 하나 건드릴 생각이 없었다.

§ 레오니다스(기원전 540년경~기원전 480년), 스파르타의 왕

삶의 영예를 아는 사람이라면 내 것이 아닌 것을 소망하지 않을 것이다. 나는 그리스 전체를 다스리기보다는 스파르타를 위해 죽는 편이 낫다.
— 레오니다스, 플루타르코스, 《스파르타인들의 어록Sayings of the Spartans》, 225

고대에서도 지금과 마찬가지로 레오니다스는 전형적인 스파르타의 전사로 알려져 있다. 왕이자 영웅적인 전사였던 그는 죽음을 앞둔 상황에서도 전혀 망설이지 않고 폴리스를 위해 기꺼이 목숨을 바쳤다. 레오니다스의 삶을 이해하려면 그가 속했던 사회의 독특한 문화를 알 필요가 있다.

스파르타는 독특한 병영 사회를 유지하고 있었다. 호모이오이(동등자)라 불리는 지배층의 소년들은 일곱 살이 되면 집에서 나와 막사에서 살아야 했고, 혹독한 아고게라는 시설 속에서 전사로 훈육되었다. 많은 남성들은 오직 전사의 길을 가야 하는 운명 속에서 편집증적인 사이코패스로 전락했을 것이다. 8천 명밖에 되지 않는 스파르타의 호모이오이들은 그들보다 훨씬 많은 수의 헤일로테스 노예를 두려워했다. 그 결과 헤일로테스 노예들을 상대로 매년 전쟁을 선포하는 것이 하나의 의식으로 자리 잡았고, 이들에 대한 아고게의 잔혹한 탄압을 묵인했다. 이와 반대로 스파르타의 여성들은 그 어느 남성들에 비해서도 자유로웠고 양질의 교육과 체육 훈련을 받을 수 있었다. 스파르타인들은 체육 훈련을 받은 여성들은 더 강인한 아기를 생산할 수 있다고 믿었다.

스파르타의 헌법 또한 특이했다. 기원전 6세기, 30세 이상의 호모이오이들은 아펠라apella(의회)에서 동등한 투표권을 행사했다. 이러한 제도는 아테나이의 '민주적' 정치 체계보다도 먼저 도입되었다. 60세 이상의 시민들은 게루시아(상원)의 의원에 선출될 자격을 얻었다. 30명의 원로 의원으로 구성된 게루시아는 아펠라에 출석해 의안을 발의하거나 거부할 수 있었다. 나아가 다섯 명의 에포로스('감독관')들이 매년 선출되었고, 이들은 스파르타의 왕을 능가하는 외교적, 사법적 권한을 부여받았다. 또 하나의 특이한 점은 고대 에우리폰티드 가문과 아기아드 가문에서 각각 왕을 배출해 두 명의 왕이 공존했다는 점이다. 이들은 스파르타를 함께 통치하며 전시에 군대를 이끌었다.

레오니다스는 아기아드 가문 출신이었다. 그의 아버지였던 아낙산드리다스 왕은 오랜 기간 아이가 없었으나 아내와 이혼을 생각하지는 않았다. 왕이 후계자 없이 세상을 떠날까 우려한 에포로스들은 그에게 두 번째 결혼을 허락했다. 그는 두 번째 아내와의 사이에서 클레오메네스를 두었으나, 아들을 가진 지 얼마 되지 않아 첫 번째 아내 또한 두 명의 아들 도리에우스와 레오니다스를 생산했다. 왕자들은 다른 소년들과 떨어져 따로 교육을 받는 것이 관례였으나 레오니다스는 왕위를 계승할 가능성이 희박하다고 생각된 탓에 아고게에서 전형적인 스파르타 전사로 훈육되었다.

아낙산드리다스가 기원전 520년에 사망하면서 클레오메네스가 왕위를 계승했고, 왕위 계승과 더불어 아기아드 가문은 분열을 겪기 시작했다. 클레오메네스의 고집을 꺾기 힘들다고 생각한 도리에우스는 스파르타에서 뛰쳐나와 새로운 식민지를 건설하는 데 매진했다. 그는 10년간 지중해 전역을 휘젓고 다녔다. 이후 기원전 510년에는 크로톤을 도와 시바리스와 싸웠고, 몇 주 후에는 시칠리아의 헤게스타에서 카르케돈인들을 상대로 전쟁에 돌입했다. 같은 해 클레오메네스는 아테나이에서 **히피아스**를 추방하는 데 일조했다. 기원전 506년, 스파르타는 그와 데마라토스 왕을 아티케로 파견해 새로 들어선 민주 정부를 전복하려 들었다. 클레오메네스와 데마라토스가 서로 다투면서 임무는 취소되었고, 그 결과 스파르타의 정책은 한 사람이 주도하게 되었다. 두 사람의 감정은 돌이킬 수 없을 정도로 악화되었다. 기원전 491년, 데마라토스는 폐위되고 페르

기원전 5세기 초반, 스파르타의 아크로폴리스에서 발견된 미소를 띤 중장 보병은 레오니다스의 조각상이라는 주장이 제기되고 있다.

시아의 지하 감옥에 수감되었으나, 2년 뒤에 데마라토스의 지지자들이 반란을 일으키면서 상황은 반전되었다. 그들은 클레오메네스를 체포해 쇠사슬에 묶은 다음 정신병자라고 모욕했다. 얼마 후 클레오메네스는 시체로 발견되었다. 자살했다는 소문이 있었으나 자객의 손에 살해당한 것이 사건의 진실이었다.

스파르타가 위기에 봉착하면서 레오니다스가 아기아드 가문의 왕위를 승계했다. 그는 다양한 전투에서 전사로서의 기개를 보여주었다. 기원전 494년, 세페이아에서 아르고스를 상대로 싸웠고 성스러운 숲에서도 전투력을 발휘해 아르고스 병사 6천 명을 불에 태워 학살했다. 그는 자신의 권력을 공고히 하기 위해 클레오메네스의 딸 고르고와 결혼했다. 아주 발랄하고 지혜로운 여성이었던 고르고는 정치에도 식견을 발휘했다. 기원전 485년 근방에 페르시아 왕궁에 도피해 있던 데마라토스는 스파르타에 아무것도 적혀 있지 않은 밀랍판을 보냈다. 오직 고르고만이 무엇을 해야 할지 알고 있었다. 그녀는 밀랍을 벗겨낸 다음 밀랍 속에 숨어 있던 나무판을 발견할 수 있었다. 나무판에는 페르시아인들이 침략을 준비하고 있다는 전갈이 쓰여 있었다.

아는 것과 대비하는 것은 완전히 다른 문제였다. 그리스 연합군은 테르모필라이에서 크세르크세스의 진격을 막아 시간을 벌고자 했다. 테르모필라이는 산과 바다 사이에 위치한 좁다란 통로였고, 테살리아에서 그리스 중심부로 가려면 여기를 통해서 남쪽으로 가는 수밖에 없었다. 아폴로 신을 기념하는 카르네이아 축제가(10년 전, 신앙심이 깊은 스파르타인들은 이 축제 탓에 마라톤 전투에 참전하지 못했다) 임박했지만 스파르타인들은 비겁하다는 인상을 남기고 싶지는 않았다. 병력의 대부분을 카르네이아에 남겨둔 채, 레오니다스는 직접 선발한 300명의 스파르타 병사를 이끌고 북쪽을 향해 다른 그리스 파견대와 합류했다. 그는 죽더라도 대가 끊기지 않도록 아들이 있는 아버지로만 모든 병사를 선발했다. 다른 그리스 국가들 또한 올림픽 준비로 바빠 군사를 조달하지 못했다. 따라서 그들은 테르모필라이에 벽을 쌓고 상대의 공격을 기다리는 수밖에 없었다.

닷새 후 크세르크세스는 보병대에 총력 진군을 명령했다. 이는 실패를 염두에 둔 전략이었다. 좁은 지형은 그리스인들에게 유리했다. 페르시아군은 엄청난 손실을 입었다. 그리스에 배신자가 없었다면 이 길은 영영 뚫리지 못했을 수도 있다. 그러나 이 지역에 살던 주민 하나가 페르시아 군대를 이끌고 산을 건너면서 그리스 용사들은 협공에 포위되었다. 레오니다스는 부대를 향해 퇴각 명령을 내렸다. 모두 퇴각했으나 테스피아인들만큼은 끝까지 남겠다는 의지를 피력했다. 테바이인들 또한 남아 있었으나 레오니다스는 그들의 충성심을 의심해 연합군의 퇴각을 방해할지도 모른다고 생각했다. 페르시아군은 다시 한 번 총공격을 감행했다. 양군이 충돌하면서 창검이 난무했고 레오니다스는 선혈이 낭자한 전쟁터에서 장렬한 죽음을 맞이했다. 테스피아인들은 수치스럽게도 항복의 의사를 표시했고, 레오니다스의 부하들은 그의 시신을 작은 언덕에 숨긴 다음 최후의 1인까지 사수하려 들었다. 크세르크세스는 전쟁터를 몇 시간에 걸쳐 돌아본 다음, 모두가 볼 수 있도록 막대기 끝에 레오니다스의 머리를 매달라고 명령했다.

크세르크세스가 그리스를 정복했다면 테르모필라이는 별로 중요하지 않은 지역으로 기억되었을 것이다. 실제로 전투는 그리스의 저항 정신을 전형적으로 보여주며 스파르타의 명성을 비약적으로 향상시켰다. 레오니다스는 여러 가지 유명한 말을 남겼다. 다른 그리스 국가들은 이를 절제미가 깃든 전형적인 스파르타식 위트로 생각했다.

"크세르크세스가 그들에게 무기를 버리라고 말했을 때 그는 이렇게 대답했다. '이리 와서 가져가 보시오.'"

"누군가가 '페르시아인들이 우리 가까이 왔어요'라고 말했을 때 그는 이렇게 응수했다. '좋아, 그럼 그들 곁에도 우리가 있다는 이야기네.'"

"그는 부하들에게 하데스에서 저녁을 먹게 될 테니 이승에서의 아침 식사를 맘껏 즐기라고 지시했다."

40년 후 레오니다스의 유골은 스파르타에 다시 묻혔다. 사람들은 그를 기리기 위해 테르모필라이에 사자 석상을 세웠다(레오니다스라는 이름은 '사자의 아들'을 뜻한다). 석상 옆에는 시모니데스의 메시지를 새긴 비석이 서 있다. '이방인이여, 스파르타인들에게 다음과 같이 전해주시게. 우리가 여기에서 명령에 복종하고 있다고.' 레오니다스는 전쟁의 결말을 보지 못하고 사망했다. 그는 죽는 순간에도 페르시아의 공격이 그리스가 감당해야 할 전부가 아니라는 사실을 모르고 있었다. 그리스 세계 앞에는 더 대대적인 협공이 기다리고 있었다. 시칠리아 섬의 카르케돈인들이 전면 공격을 감행한 것이다. 레오니다스의 전투가 벌어지던 날(역사의 기록일 뿐이며, 실제 날짜는 다를 수도 있다), 테르모필라이 서쪽의 히메라에서는 시칠리아의 그리스인들이 무시무시한 위협과 맞서야 하는 상황이 도래했다.

§ **겔론**(?~기원전 478년), 시라쿠사이의 참주

> 페이시스트라토스와 마찬가지로, 겔론과 히에론은 부당하게 차지한 권력을 선하게 행사했다. 비록 그들은 적법하지 못한 절차에 따라 왕위에 올랐으나, 후덕하고 자애로웠다.
> —플루타르코스, 《신의 뒤늦은 복수On God's Delayed Vengeance》, 6

기원전 500년, 그리스 식민지들은 곡창지대인 시칠리아 전역에 퍼져 있었다. 그리스인들 대부분은 위험한 산맥의 안쪽에 둥지를 틀 수밖에 없었고, 최서부와 북서부 해안만이 그리스인들의 손길이 닿지 않았다. 여기에서 북부아프리카의 포이니케 식민지 카르케돈은 과감히 해상 무역을 펼쳐 서부 지중해의 내부분을 장악하고 그들만의 도시를 건설해 나갔다. 카르케돈과 그리스 모두 시칠리아 쪽으로 확장을 거듭하면서 두 국가는 불가피하게 충돌했

다. 기원전 480년, 양국 사이에 고조되던 긴장은 더 이상 버틸 수 없는 지경에 이르렀고 두 국가는 전면전에 돌입했다. 크세르크세스가 그리스 본토를 향해 진격할 무렵, 카르케돈의 함대는 시칠리아를 향해 북진하고 있었다. 여기에 모인 그리스인들은 겔론의 명령을 받고 있었다.

겔론이 속한 가문은 에게 해 동쪽에 자리 잡은 텔로스 섬이 원류지였다. 그들은 기원전 688년, 작은 섬에서 나와 남부 시칠리아의 겔라에 새로운 보금자리를 마련하고 데메테르와 페르세포네의 존경받는 사제가 되어 영향력을 행사하고 도시를 둘러싼 정치적 분쟁을 헤쳐 나갔다. 이오니아와 그리스 본토의 폴리스가 민주주의를 도입했으나 보수적인 정치색을 지닌 시칠리아는 여전히 참주가 다스리고 있었다. 히포크라테스는 살해당한 형제의 뒤를 이어 겔라의 권력자로 등극하면서 기마대의 전장에서 잔뼈가 굵은 겔론을 기마대의 지휘관으로 지명했다. 장군 겔론은 행운의 사나이로 사람들에게 널리 알려져 있었다(겔론은 어린 시절 자신의 필기판을 물고 달아난 여우를 쫓아간 덕에 살아남을 수 있었다. 그가 여우를 쫓으려 학교 바깥으로 달려 나간 순간, 지진이 일어나 학교 안에 있던 모든 사람들이 목숨을 잃었다). 히포크라테스의 선택은 현명했다. 이후 시라쿠사이를 제외한 여러 도시국가들이 겔라 제국에 복속되었다.

그러나 기원전 491년, 권력의 균형이 무너지기 시작했다. 히포크라테스가 전쟁터에서 사망하자 겔라인들은 민주주의를 쟁취하기 위해 봉기했고, 일련의 소용돌이 끝에 겔론이 왕좌를 차지했다. 질서가 잡힌 다음 그는 시라쿠사이로 시선을 돌렸다. 시라쿠사이의 지주 계층은 도시 빈민층과 노예들이 연합해 일으킨 반란을 제압하기 위해 그의 도움이 필요했다. 겔론은 훈련된 전사들을 이끌고 시라쿠사이로 향했다.

성벽 위에 서 있던 시민들은 그를 보자마자 싸우지도 않고 항복했다. 시칠리아라는 보석 같은 도시를 얻게 된 것은 빛나는 성과였다. 겔론은 시라쿠사이를 수도로 삼고, 겔라에는 동생 **히에론**을 남겨두었다. 다시 한 번 겔론은 그의 무자비한 행보를 보여주었다. 시라쿠사이를 경제의 중심지로 만들겠다고 결심한 그는 기원전 483년에 카마리나의 시민 전부와 겔라의 인구 절반, 메가라 히블라이아의 귀족 계층 전부를 시라쿠사이로 이주시켰다. 그는 또한 레온티노이의 빈민층과 마찬가지로 메가라 히블라이아의 빈민층을 노예로 팔았다. 그는 대중들 옆에 사는 것을 탐탁지 않아 했다.

기원전 480년 초여름, 그리스의 사절단이 시라쿠사이에 찾아와 페르시아군에 맞설 수 있도록 도움을 청했다. 그러나 겔론은 시큰둥했다. 그는 자신이 그리스를 위해 카르케돈과 싸울 때, 기원전 510년에 헤게스타에서 죽은 **레오니다스**의 형 도리에우스를 위한 복수전을 펼칠 때 그리스인들은 무엇을 하고 있었느냐고 반문했다. 이러한 앙금에도 그는 육군과 해군의 지휘권을 자신에게 일임한다면 그리스를 돕겠노라 약속했다. 사절단은 난색을 표하며 본국으로 돌아가 겔론이 페르시아 편을 들려 한다는 소문을 유포했다. 사실 겔론은 시칠리아 밖으로 병력을 끌고 나갈 여유가 없었다. 카르케돈의 병력이 집결 중인 상황을 알고 있었기 때문이다.

시칠리아 북쪽 해안에는 히메라라는 도시국가가 자리 잡고 있었다. 포이니케의 솔로에이스에 근접한 히메라에서는 참주가 폐위되는 사건이 발생했다. 카르케돈으로 도망친 히메라의 참주는 하밀카르 왕을 꼬드겨 시칠리아를 상대로 전쟁을 선포했다. 이 전쟁에는 200척의 전함, 3천 척의 수송선, 30만 명의 병력이 동원되었다. 타이밍은 완벽했다. 당시 사람들은 그들이 크세르크세스가 그리스를 침략한 시점에 맞춰 병력을 움직였다고 확신했다. 그러나 폭풍우가 몰아쳐 기마대와 말을 수송하던 배가 모두 침몰했다. 살아남은 병력은 해변에 무사히 안착해 포이니케 파노르모스에 처음 도착한 다음, 히메라를 향해 출발했다. 여기에서 그들은 정박한 전함과 캠프 주변에 방책을 쌓은 다음 전투를 준비했다.

적이 도달했다는 소식을 들은 겔론은 히메라를 향해 출전했다. 겔론의 병력은 6대 1의 열세를 보였으나 카르케돈인들은 폭풍우 속에서 기병대를 완전히 잃은 상태였다. 곧 겔론의 기병 5천 명은 보급품을 찾는 침략자들을 괴롭히기 시작했다. 며칠이 지나도 두 진영은 눈치만 보며 선제공격을 감행하지 못하고 있었다. 하밀카르는 포이니케의 바다의 신 얌에게 제물을 바치는 날 셀리누스에서 출발한 기마대를 맞을 예정이었다. 이 사실은 안 겔론은 더없이 완벽한 기회라고 생각했다.

하밀카르가 의식을 준비하는 새벽, 기마대 한 무리가 카르케돈의 바다 쪽 방벽으로 다가

아크라가스의 남쪽 바위 능선을 장식하는 일곱 사원 중 하나인 콩코르드 사원은 기원전 480년, 겔론이 히메라에서 카르케돈인들을 상대로 승리를 거둔 분위기를 틈타 기원전 5세기 중반에 건립되었다.

왔다. 성문이 열리자 그들은 요란한 말발굽 소리와 함께 성문 안으로 들어왔다. 그들은 셀리누스에서 파견한 기마병이 아닌 겔론의 병력이었다. 그들은 하밀카르를 도륙하고 그의 전함에 불을 지르면서 시칠리아의 그리스 연합군에게 진격 명령을 내렸다.

깜짝 놀란 카르케돈인들은 허둥지둥 쏟아져 나와 전투를 벌였다. 하밀카르가 죽었다는 소식이 전해지고 느릿느릿 피어오른 연기의 의미를 깨달으면서 카르케돈의 전선은 무너지기 시작했다. 곧 그들은 참혹한 패배를 당하며 15만 명이 전사하고 많은 병사들이 포로로 잡혔다. 초상집 분위기가 된 카르케돈은 사절단을 파견해 겔론과 평화조약을 맺자고 제안했다(훗날의 주장에 따르면 이 조약에는 바알에게 아이들을 바치는 제의를 중단하자는 약속 또한 포함되었다). 그들은 또한 200탈란톤의 은과 겔론의 아내 다마레테를 위한 황금 왕관을 선물로 바쳤다. 이로써 향후 70년간 카르케돈인들은 시칠리아에 다시 돌아오지 못했다.

전투에서 얻은 전리품과 조약 체결의 대가로 받은 돈으로 시칠리아 사람들은 승리의 기쁨을 만끽했고 무엇보다도 아크라가스에서 전쟁 포로들을 활용해 사원과 하수도 시설, 웅장한 콜림베트라를 건설했다. 콜림베트라는 지름 1천280미터, 깊이 9미터에 이르는 동그란

연못이었다. 그들은 연못을 물고기로 채웠고 여기에 보금자리를 만든 백조들을 동경했다. 데메테르와 페르세포네의 사제라는 역할에 부끄럽지 않게 겔론은 여신에게 바치는 사원을 짓는 한편, 델포이에 황금 삼발이를 보냈다. 살라미스에시의 승선보를 들은 그는 완전 무장한 병사들의 행진 대열에 망토만 걸친 알몸으로 나타났다. 그는 자신만만한 태도로 자신이 시라쿠사이를 위해 한 일을 나열하며 자신을 죽이고 싶은 사람이 있으면 지금 나와 보라고 호언했다. 군대는 그에게 대대적인 환호를 보내며 그를 구원자로 지칭했다. 겔론은 이 무렵 화려한 인생의 정점을 구가했다. 그는 2년을 더 살지 못하고 평화롭게 침대 위에서 세상을 떠났다. 전쟁과 정치 양면에서 탁월한 능력을 발휘한 겔론은 그리스인의 시칠리아를 수호하고 시라쿠사이를 가장 강력한 폴리스로 세울 수 있었다. 곧 이 도시국가는 그의 계승자이자 형제인 히에론 덕분에 그리스 예술의 핵심 기지로 자리 잡을 수 있었다.

§ **히에론**(?~기원전 467년), 시라쿠사이의 참주

> 히에론, 그대는 모든 인류에게 꽃처럼 만발한 번영을 드러내 보였구려. 침묵은 당신과 같은 행운의 사나이에게 어울리지 않는다오. 우리 모두 당신의 업적을 기억하고 아름다운 나이팅게일의 목소리로 당신이 내린 축복을 찬양할 것이오.
>
> — 바킬리데스, 《승리의 송가Epinicean Odes》, 3

기원전 478년, 히에론이 형 **겔론**의 자리를 대신하는 것에는 논란의 여지가 없었다. 겔론은 어린 아들을 남겨두고 세상을 떠났고 그의 보호자는 곧 섭정이 가능했다. 겔론의 또 다른 형제이자 지명도가 높았던 폴리젤로스가 미망인이 된 형수 다마레테와 성급히 결혼하면서 시라쿠사이의 정치현실은 혼란에 빠졌다. 히에론은 무장봉기의 가능성을 봉쇄하기 위해 서둘러 용병을 끌어 모았고, 폴리젤로스를 해외로 파견해 영영 돌아오지 못하게 만들 생각이었다. 그러나 폴리젤로스는 아크라가스로 도망쳐 참주 테론과 함께 전쟁을 준비했다. 그러나 히에론은 테론에게 우호적인 행동을 감행했다. 그는 자신의 편을 들며 히메라에 머물던 테론의 적들을 아크라가스로 송환했고, 송환된 자들은 형장의 이슬로 사라졌다. 이 일을 계기로 형제들이 화해하면서 평화가 찾아왔고 시라쿠사이와 시칠리아에서 히에론의 입지는 더욱 확고해졌다.

히에론은 권력을 굳건히 하기 위해 통상적인 전략 결혼 이상의 방법을 시도했다. 그는 낙소스와 카타네 폴리스의 주민들을 인근의 레온티노이에 강제로 이주시키고 낙소스와 카타네는 시라쿠사이인 5천 명과 펠로폰네소스 출신 그리스인 5천 명을 채워 넣었다. 또한 카타네를 아이트네라는 이름으로 개명했다. 자신의 영향력을 확대하기 위해 그는 비밀경찰 조직을 설립해 자신의 부하들을 감시했다. 이는 서구 역사상 최초의 정보기관으로 기록되었다.

그는 대내적으로는 미움을 샀을지 몰라도, 대외적으로는 많은 칭찬을 받았다. 기원전 524년 에우보이아의 식민지 키메(기원전 8세기에 세워졌다)는 에트루리아인들이 이끄는 이탈리아 연합군을 격파했다. 그러나 기원전 474년에 그들은 과거의 패배를 갚으려 군사를 일으켰다. 남부 이탈리아의 그리스인들이 중장 보병을 몰고 키메를 침략하자, 키메의 참주는 히에론에게 도움을 요청했다. 히에론은 부탁을 거절하지 못하고 자신의 트리에레스 함대를 파견한 결과 대대적인 승리를 거둘 수 있었다. 에트루리아인들은 처참히 패배했고 남부 이탈리아 바다를 장악한 히에론은 해방의 화신으로 환대받았다. 히에론은 자신의 영웅적인 면모를 열정적으로 과시했다. 그는 키메에서 썼던 구리 투구를 올림피아에 봉헌했다.

그의 말 페레니코스는 기원전 482년과 478년에 개최된 피티아 경기와 기원전 476년에 개최된 올림픽 경기에서 우승했다. 그 자신도 기원전 470년, 기원전 468년에 각각 델포이와 올림피아에서 기마 경주에 출전해 우승한 적이 있었다. 히에론은 이러한 승리를 기념하기 위해 호화로운 조각상을 세우는 한편, 그리스 최고의 작가와 연기자들을 시라쿠사이와 아이트네로 끌어들였다. 그들 대부분은 '찬송 가수'들이었다. 핀다로스나 시모니데스, 시모니데스의 조카 바킬리데스와 같은 직업적인 시인들은 범그리스적 경기에서 승리자들을 찬양했다. 핀다로스는 히에론을 위해 승리의 송가 네 곡을 작곡했다. 바킬리데스 또한 세 곡을 작곡했다. 바킬리데스의 시 가운데 하나는 기억에 남을 만한 이미지를 담고 있었다. 이 이미지는 히에론 자신을 묘사하고 있었다.

히에론의 형제 폴리젤로스는 기원전 478년 또는 기원전 474년에 델포이에서 거둔 기마대의 승리를 기념하기 위해 그의 말과 전차의 동상뿐 아니라 승리를 거둔 기마병이 손에 고삐를 들고 있는 동상을 세웠다.

에트루리아인

이탈리아의 에트루리아(그리스인들은 티레니아라고 불렀다) 문명은 기원전 8세기~기원전 3세기에 융성했다. 원래 북부 라티온뿐 아니라 현대의 투스카니와 움브리아까지를 아울렀던 에트루리아 문명은 캄파니아에서 포Po 강 북서부에까지 영향력을 미쳤다. 에트루리아의 문화는 많은 부분이 소실되었다. 로마 황제 클라우디스가 편찬했던 그들의 역사와 문화를 다룬 책 또한 전해지지 않는다. 남아 있는 기록이 미미한 탓에 우리는 회화에 의지해 이들의 자취를 더듬을 수밖에 없다. 먹고 마시는 사람들을 그린 화려한 무덤 벽화뿐 아니라 적을 고문하고 처형한 것을 기념하기 위해 문양을 새긴 석관을 보면 로마인들이 에트루리아인들로부터 영향을 받아 검투사 시합을 애호했다는 사실을 짐작할 수 있다.

그리스인들이 마살리아로부터 사르디니아에 이르는 서부 지중해 지역을 식민지로 삼기 시작하면서 에트루리아는 카르케돈과 동맹을 맺고 그들에 대항했다. 기원전 540년 무렵, 현재 코르시카 근방에서 벌어진 알레리아 해전은 그리스인들이 승리한 것처럼 보였다. 그러나 그리스는 이 전쟁을 계기로 더 이상의 대외적 확장이 어려워졌다. 기원전 474년, 시라쿠사이와 연합한 남부 이탈리아의 그리스인들은 키메 인근에서 에트루리아 함대를 격파했다. 이탈리아를 지배하던 에트루리아인들은 북서쪽에서 침범한 갈릭 족으로 말미암아 더욱 힘이 약화되었다.

세상을 관장하는 번개의 신 제우스의 메시지를 전하는 독수리는 한계가 없는 힘을 자신하며 번개같이 빠른 황갈색 날개를 움직여 끝없는 창공을 가른다. 작은 새들은 끽끽대며 두려움 속에 흩어진다.

무대 희극의 개척자인 에피카르모스는 히에론의 초대를 받고 시라쿠사이로 이사했다. 2만 4천 명의 관중을 수용하는 새로운 석조 극장이 건설되었고, 아테나이의 비극배우 아이스킬로스가 《페르시아인Persians》을 다시 공연했다. 아이트네에서 아이스킬로스는 당시 조악하게 재건된 도시국가를 기념하기 위해 특별히 집필한 《아이트네의 여성들Women of Aetna》을 공연했다. 또한 히에론은 철학자들을 환대했다. 이 가운데 크세노파네스는 논란이 많았던 인물로 우주와 신은 하나뿐이며 신이 인간의 모습을 띠고 있다고 말한 사람들을 비웃었다.

히에론의 지난날은 질병과 불안한 마음으로 점철되어 있었다. 아크라가스의 참주 테론이 기원전 472년에 사망하면서 잔인하고 즉흥적인 트라시데오스는 시라쿠사이를 공격할 군대를 양성했다. 그러나 그는 적에 대해 오판하는 실수를 저질렀다. 그가 진격하기도 전에 히에론은 성문에 서서 선공을 감행했고, 트라시데오스는 600명의 중장 보병을 잃고 참패했다. 그는 탈출을 감행했으나 재판에 회부되어 형장의 이슬로 사라졌다. 시칠리아에서 민주주의 혁명이 일어났을 때, 시라쿠사이의 비밀경찰이 나서 이를 탄압했다. 그러나 히에론은 운이 다하고 있었다. 기원전 476년, 담석증에 시달리던 그는 엄청난 고통 속에서 세상을 떠났다. 그의 형제 트라시불로스가 그의 자리를 물려받았다. 그는 카리스마도 부족하고 히에론과 젤론과는 달리 잔인무도한 면을 찾아볼 수 없었다. 마침내 그는 11개월 만에 왕위를 박탈당했고 시라쿠사이에는 민주주의가 찾아왔다.

§ **핀다로스**(기원전 522년경~기원전 442년경), 서정시인

> 핀다로스와 맞먹으려 대든다면 밀랍으로 붙인 날개를 단 이카루스와 마찬가지로 반짝이는 바다에 추락하는 운명을 맞게 될 것이다. 산비탈을 타고 쏟아지는 홍수의 급류, 멈출 수 없는 폭풍우의 쇄도에 뒤따른 끓어오르는 우렁찬 천둥소리, 이것이 바로 핀다로스의 시다.
> — 호레이스, 《송가Odes》, 4.2

핀다로스의 승리의 송가는 전통적인 가치를 칭송하고 있다. 영웅의 과거에 뿌리를 둔 그의 작품은 보수적 색채를 풍기며, 그리스 세계를 덮친 정치적, 종교적 혁명에 무심한 것처럼 보인다. 시를 통해 그의 삶을 파악하다 보니 그의 삶에서 이따금 공상의 냄새가 풍기는 것도 사실이다.

그는 기원전 522년, 테바이 근처에 자리 잡은 키노스케팔론이라는 마을에서 태어났다. 아테나이의 아이게우스 왕 가문에서 태어난 그는 귀족적인 성품이 뼛속 깊이 배어 있었다. 그의 아버지에 대해서는 거의 알려진 바가 없으나 핀다로스는 고대 그리스의 작가들과 마찬가지로 문학을 즐겼던 왕조의 한 축을 담당했을 것으로 추정된다. 그의 딸 에우메티스와 프로토마케 또한 시인이었다. 그리스인들이 그의 '꿀 같은 목소리'는 어린 시절 벌에 입을 쏘인 탓이라고 말했는데 이는 재미있는 사실이다(그들이 한 이야기에는 다른 작가들에 관한 이야기 또한 들어 있다).

젊은 시절 추방당한 페이시스트라토스가 애호하던 헤르미오네의 라소스와 함께 활동하면서 핀다로스의 명성은 재빨리 퍼져 나갔다. 아마도 범그리스적인 경기나 서정시 대회에서 모든 그리스 도시국가의 시민들에게 자신의 작품을 선보일 기회를 가졌기 때문일 것이다. 동시대에 활동했던 시모니데스나 바킬리데스와 반목했던 사실은 유명하다. 기원전 498년, 스물네 살이 된 핀다로스는 테살리아의 부유한 알레우아다이 가문의 의뢰를 받고 델포이에서 열린 피티아 경기의 디아울로스(366미터) 소년부 종목에서 우승한 히포클레아스를 기념하기 위해 승리의 송가를 작곡했다. 우승자가 속한 폴리스 사람들은 우승자 기념행사에서 춤과 함께 이러한 서사시들을 합창했다. 이 작품들은 상당 부분 핀다로스의 후기 작품

장 오귀스트 도미니크 앵그르가 서기 19세기 중반에 그린 〈핀다로스와 익티노스Pindar and Ictinus〉에서 월계관을 쓴 핀다로스가 오른손에 리라를 들고 있다.

들이 지닌 특징을 담고 있었다. 실제로 그의 작품에서는 귀족 가문에 대한 깊은 존경심, 충격적인 상상의 향연, 공상에 가까운 영웅 신화에서의 승리가 담긴 신화를 엿볼 수 있었다. 승리에 대한 송가는 그에 대한 불멸의(또한 국제적인) 명성과 이를 가능케 한 가문의 명예를 기념했다.

핀다로스가 무슨 음악을 작곡했는지는 알 수 없다. 그러나 그가 작사/작곡한 노래는 워낙 많은 인기를 얻어 그리스 전역의 명망 있는 가문들이 그에게 작곡을 의뢰했다. 그에게 작곡을 의뢰한 가문들은 그리스 본토(아테나이와 코린토스), 동부 에게(로도스와 테네도스), 이탈리아 남부(로크리스), 시칠리아(시라쿠사이, 아이트네, 카마리나), 북아프리카(키레네) 등에 걸쳐 있었다. 그는 그의 시가 전파된 그리스 전역을 돌아다니며 직접 공연하는 동시에 각 지역의 합창단을 교육시켰다. 그러나 시구를 자세히 살펴보면 그가 시라쿠사이의 **히에론** 왕궁과 아크라가스의 테론의 왕궁에 살았다는 사실이 드러난다. 그는 수입이 짭짤한 의뢰를 받기 위해 소규모 행사뿐 아니라 올림픽을 비롯한 범그리스적 행사를 주기적으로 찾아 다녔을 것으로 추정된다.

기원전 490년, 기원전 479년/480년에 있었던 페르시아의 침공에도 핀다로스는 목숨을 부지할 수 있었다. 크세르크세스의 공격 당시 그가 피신했던 테바이나 아이기나와 같은 지역은 전쟁 초기에 페르시아의 편에 섰기 때문이다. 다양한 가문으로부터 의뢰를 받았던 것을 감안하면 핀다로스는 정치적으로 중립을 지킬 필요가 있었다. 그리스인 전체를 대상으로 한 경기는 범그리스주의라는 이념을 제시했고, 그는 이러한 이념을 포용하며 아테나이의 아름다움을 '제비꽃 화환으로 둘러싸인'이라고 묘사하는 동시에 스파르타의 은덕 또한 아낌없이 찬양했다. 그러나 테바이는 숙명의 라이벌 아테나이를 칭송했다는 이유로 그에게 혹독한 벌금을 물렸다. 이 소식을 들은 아테나이인들은 핀다로스에게 두 배의 보상금을 하사하고 그를 테바이의 프록세노스(명예영사)로 임명했다. 하나의 공동체가 되고 싶은 그리스 국가의 이상을 반영하듯, 그는 기원전 470년에 피티아 경기 기마 경주에서 승리한 히에론을 위해 서정시를 기술했다. 그는 이 시를 통해 카르케돈, 히메라의 에트루리아인과 싸워 승리한 그리스를 찬양했고, 살라미스와 플라타이아에서 페르시아인들을 격파한 그들의 승리 또한 기념했다.

핀다로스는 에피니키온의 송가 네 권으로 가장 잘 알려져 있으나(각 권마다 그리스 전체를 대상으로 열린 경기들을 찬양했다) 그가 작성한 결과물은 이것 말고도 다양했다. 훗날 알렉산드레이아의 학자들은 '아낙네들을 위한 노래'를 세 권의 책으로 엮어냈다. 히포르케마(아폴로 또는 디오니소스를 찬양해서 부른 경쾌한 합창), 프로소디온(행렬찬송), 디티람보스(디오니소스에게 바치는 찬가)는 각 두 권, 비가(悲歌), 일반찬송, 파이안(아폴로에 바치는 승리의 찬가)는 각 한 권으로 엮었다. 파이안을 신경 쓴 탓인지 핀다로스는 델포이에서 아폴로의 사제를 맡았다. 서기 2세기의 여행가 파우사니아스는 델포이를 방문해 테옥세니아의 축제에서 핀다로스가 앉아 노래하던 철제 의자를 목격했다. 후세의 다른 작가는 델포이의 사제들이 밤에 신전의 문을 닫으며 이렇게 말했다고 한다. '핀다로스가 신들과 함께 만찬을 즐기기를 기원하옵나이다(또한 그는 판 신이 근처의 산에서 핀다로스의 노래를 감상했다고 기록한다).'

전해지는 말에 따르면 기원전 442년, 80세가 된 핀다로스는 아르고스의 축제에서 저승의 여신인 페르세포네를 보았다고 한다. 그는 여신을 위해 찬송가를 작곡했고 여신은 그에게 자신만을 칭송할 수 있도록 해주겠다고 약속했다. 열흘 후 그는 사망했고 그의 딸들은 유해를 그의 고향땅 테바이로 옮겼다. 기원전 464년, 올림픽 복싱 경기에서 우승한 로도스의 디아고라스를 기념하기 위한 그의 장문의 찬가는 매우 유명하며, 린도스의 로도스 시티에 자리잡은 아테나이 사원에 금으로 새겨지게 된다. 기원전 335년 마케도니아의 **알렉산드로스**

III세가 테바이를 초토화시켰을 때조차 핀다로스의 집만큼만은 고이 모셔두었다.

핀다로스는 호머의 영웅과 다를 바 없는 불멸의 명성을 자랑했다. 그는 자신의 시에서 애써 감정을 담아 우승자들의 영광스러운 순간을 묘사한다. 그는 이렇게 노래한다. '유한한 존재여! 중요한 인간과 그렇지 않은 인간의 차이가 존재할까? 그림자가 품는 꿈, 그것이 곧 인간이다.' 그러나 이와 동시에 '신이 주신 찬란한 빛이 인간에게 내릴 때 영광의 불꽃은 그들 안에, 은총은 그들의 삶 속에 존재한다'고 주장한다. 그에게 있어 '신의 언어'는 인간을 불멸의 경지로 인도하는 수단이었다. '인간이 무언가를 탁월한 언어로 표현한다면 그의 언어는 사라지지 않고 퍼져 나가 모든 비옥한 땅과 바다를 덮을 것이고 그의 업적은 꺼질 수 없는 불꽃이 되어 영원히 빛날 것이다.' 그는 역사를 형성하기보다는 역사를 읊는 편이 좋았던 것 같다. 이러한 면모는 동시대에 활동했던 아이스킬로스와 대비되는 측면이었다. 그는 극작가였으나 전쟁터에서 활약해 아테나이를 구하는 데 큰 역할을 담당했다.

§ **아이스킬로스**(기원전 525년/524년~기원전 456년/455년), 비극작가

아이스킬로스, 편히 잠드시오. 그대의 고상한 생각으로 우리나라를 구원하고, 무지한 자들을 교육해 주시오!

— 아리스토파네스, 《개구리Frogs》, 1500-3

아이스킬로스는 **히피아스**의 집권 초기에 태어났다. 그의 아버지는 그가 태어난 곳으로 추정되는 엘레우시스에 땅을 소유하고 있었다. 아이스킬로스는 젊은 시절 포도밭에서 잠을 청하다 디오니소스를 만났다고 전해진다(디오니소스는 포도와 연극의 신이다). 디오니소스는 그에게 비극을 집필하라고 명령했다. 이 이야기는 아이스킬로스가 으쓱할 만한 이야기였다. 그러나 훗날 그의 라이벌 **소포클레스**는 그가 취하지 않고서는 글을 쓸 수 없었다고 주장하며 정신을 놓은 상태에서 탁월한 언어를 사용했다는 우스갯소리를 덧붙였다.

아이스킬로스는 기원전 490년, 형제들과 함께 무장을 갖추고 마라톤 전투에 참전하면서 역사 속으로 뛰어들게 된다. 영웅심에 불탄 그의 형제 키네게이로스는 파도 속에서 페르시아 함선의 고물을 잡으려다가 칼을 맞고 팔이 잘려나갔다. 그리스인들은 아테나이의 스토아 포이킬레에 키네게이로스와 아이스킬로스가 함께 싸우는 벽화를 그려 이러한 일화를 기념했다. 10년 후, 아이스킬로스는 살라미스에서 트리에레스를 타고 페르시아의 함대를 향해 돌진하면서 다시 한 번 진한 전쟁을 겪었다. 그는 이듬해에 플라타이아에서도 싸웠을 것으로 추정된다.

기원전 472년 그는 비극 《페르시아인》을 통해 살라미스 해전을 기념했다. 《페르시아인》은 지금까지 전해지고 있는 그의 첫 작품이다. **페리클레스**의 후원을 받아 제작한 이 연

극은 살라미스 해전의 패배가 수사에 있는 페르시아 황궁에 어떤 영향을 미쳤는지를 풀어냈다. 만신창이가 된 페르시아 황제가 어머니 아토사 여왕을 찾아가자 그의 아버지 다리우스의 유령이 나타나 크세르크세스가 보스포로스 해협에 다리를 놓고 운하를 가로질러 아토스를 건넌 것을 교만(잊어버리기 쉬운 자만심)이라 꾸짖는다. 그러면서 '준엄한 심판자인 제우스는 과도한 교만을 응징한다'라는 말을 덧붙인다.

《페르시아인》 및 이와 함께 공연된 세 편의 연극으로 아이스킬로스는 디오니시아의 경연에서 첫 우승의 영광을 안았다. 그 이후로 기원전 484년~458년에 걸쳐 그는 총 13번을 우승했다(총 70~90편의 작품 중 52편이 수상의 반열에 올랐고, 이 가운데 13번 우승할 수 있었다. 그러나 지금까지 온전히 전해지는 작품은 일곱 편에 그친다).

영웅 이야기(아이스킬로스는 이를 '호머의 잔재'라고 불렀다)를 탐구한 많은 사람들은 정의와

아이스킬로스와 살라미스

프리니코스는 비극 《밀레토스의 몰락The Fall of Miletus》(기원전 493년)을 통해 이오니아 반란의 패배를 묘사해 엄청난 벌금을 부과받았다. 이후 비극은 껄끄러운 현세의 사건들을 쉽게 다루지 못했고, 주제로 신화를 선호하면서 현실 정치에 대해서는 직설적인 접근을 회피했다. 그러나 페르시아와의 전쟁만은 예외였다. 기원전 476년 프리니코스는 《포이니케 여성Phoenician Women》(지금은 전해지지 않는다)에서 페르시아와의 전쟁을 소재로 삼았다. 4년 후 아이스킬로스는 《페르시아인》에서 다시 이 주제를 차용했다. 아이스킬로스가 살라미스 해전에 참전한 덕에 연극의 배우가 하는 대사(페르시아인의 시각에서 한 말)는 목격자가 직접 본 사실에 근접하고 있었다.

전함은 구리로 만든 선수를 다른 전함을 향해 들이밀었다. 우선 그리스의 트리에레스는 충돌격을 감행해 포이니케 전함의 고물을 박살냈다. 넘실대는 파도가 양 진영의 거리를 더욱 좁혔다. 페르시아안군은 처음에는 수적인 측면에서 우세했으나 곧 좁은 해협에 갇히게 되었다. 수많은 배들이 구리 선수와 노를 부딪치며 엉킨 끝에 서로 도와주기 불가능한 상황으로 치달았다. 적이 우리를 둘러쌌다. 아군의 전함들은 뒤집혔고 바닷물은 시체로 뒤덮였다. 해변에는 아군의 시신과 난파선의 잔해가 즐비했다. 아군의 전함들은 우왕좌왕하며 후퇴했다. 바다에 빠진 우리 병사들이 바다 속에서 허우적대고 있을 때, 그리스 병사들은 난파선의 잔해와 부러진 노를 붙잡고 마치 그물에 갇힌 물고기나 참치 떼를 잡는 마냥 우리 병사를 베고 찔렀다. 어둠이 깔려 앞이 보이지 않을 때까지 비명소리가 그치지 않았다. 열흘 밤낮을 이야기한다 해도 이날 겪은 것들을 전부 풀어내지는 못할 것이다. 그러나 이 사실만은 알기 바란다. 이토록 많은 젊은이들이 단 하루 만에 목숨을 잃은 적은 지금껏 없었노라고.

기원전 4세기, 남부 이탈리아의 이 화병은 아이스킬로스의 《오레스테이아》에 영감을 받았을 것으로 추정된다. 어머니를 죽인 오레스테스는 아폴로와 아르테미스의 보호를 받으며 복수의 세 여신Furies을 피해 아테나 여신의 성스러운 올리브나무 밑에 자리 잡은 제단으로 피신한다.

복수를 심도 있게 연구했고, 이들이 쓴 비극은 잘못된 행위의 원인과 효과를 여러 세대에 걸쳐 추적했다. 기원전 458년, 《오레스테이아Oresteia》는 이피게네이아를 제물로 바친 아가멤논 가문의 영향을 연구했다. 그는 아가멤논 가문의 행위를 과거로부터 뿌리박힌 복수의 고리로 파악하며 이러한 죄과는 아테나이의 아레이오스파고스 언덕에 자리 잡은 법정에서만 해결할 수 있다고 생각했다. 놀랍게도 연극의 해답을 현세에서 찾은 것이다. 4년 전까지만 해도 아테나이의 민주정부는 고대의 아레이오스파고스 귀족 의회를 폐지하고 살인 사건을 다루는 법정으로 교체했다.

　아테나이의 연극은 정치에서 자유롭지 못했다. 기원전 468년, **키몬** 일당이 첫 상을 아이스킬로스가 아닌 소포클레스가 받도록 작당하면서 아이스킬로스는 당파 싸움의 희생양이 되고 말았다(키몬의 숙명의 라이벌 페리클레스가 아이스킬로스의 작품을 선호했기 때문이다). 그들은 작품에 개입하는 이유를 폭동을 방지하기 위해서라고 설명했다. 아이스킬로스가 무대 위에서 공격을 받았던 사건을 예로 든 뼈 있는 주장이었다. 다른 비극작가들과 마찬가지로 아이스킬로스는 자신이 쓴 연극에서 직접 공연했다. 그는 《오레스테이아》에서 클리타

임네스트라 역할을 맡았다고 전해진다. 그가 한 대사 가운데 엘레우시스 신화의 비밀을 폭로했다고 생각할 만한 이야기가 들어 있어서 극장 안에 설치한 디오니소스의 제단으로 피신했던 일화도 존재한다. 아이스킬로스는 신성불가침한 제단에 의지해 끌려가 처형당할 위기를 넘길 수 있었다. 이후 열린 재판에서 그는 마라톤 전투에서 보여준 활약 덕분에 무죄로 방면될 수 있었다.

기원전 456년~455년에 아이스킬로스는 시칠리아로 돌아왔다. 그는 20년 전에 **히에론**의 초청을 받고 시칠리아를 방문한 적이 있었다. 아이스킬로스는 70세 정도에 겔라에서 사망했다. 아마도 《오레스테이아》 공연을 지휘하던 중에 세상을 떠난 것으로 추정된다. 전설에 따르면 거북이를 잡은 독수리 한 마리가 하늘 높이 날아가다 아이스킬로스의 대머리를 바위로 착각하고 거북이 등껍질을 깨기 위해 아이스킬로스의 정수리 위에 쥐고 있던 거북이를 떨어뜨렸다고 한다(이 이야기는 다른 인물들도 언급하고 있으며 무언가를 비유하고 있다. 독수리는 제우스의 새, 거북이의 껍질은 서정시의 소재에 해당한다).

아테나이 의회는 디오니시아에서 아이스킬로스의 연극을 재공연할 수 있도록 재정 후원을 의결했다. 새로운 작품만을 공연했던 장소에서 그의 작품을 공연하기로 한 것은 유례가 없던 일이었다. 한편 아이스킬로스의 아들 에우포리온과 에우아이온 및 그의 조카 필로클레스 또한 극작가의 활동을 이어갔다. 그들은 소포클레스와 **에우리피데스**와의 경쟁에서 승리하는 성과를 올렸다. 기원전 405년, 펠로폰네소스 전쟁에서 아테나이의 패색이 짙어질 무렵 희극작가 **아리스토파네스**는 디오니소스가 하데스로 내려가 아이스킬로스를 소생시키는 이야기를 집필했다. 아이스킬로스의 시에 담긴 지혜가 아테나이를 구할 것이라는 소망이 담긴 작품이었다. 이는 곧 자신의 작품에 대한 욕심보다는 아테나이를 대표해 싸우고자 하는 바람의 표출이었다. 시칠리아에 있는 그의 비석에는 자작한 추모사가 새겨져 있다.

> 여기에 영원한 아테나이인이자 에우포리온의 아들인 아이스킬로스가 잠들어 있다. 그는 끝없는 밀밭이 펼쳐진 겔라에서 생의 마지막을 고했다. 그는 마라톤의 숲 속에서 용맹을 펼쳤다. 장발의 페르시아인들이 가장 잘 알고 있는 사실이리라.

히에론 덕분에 시라쿠사이의 극장은 최초의 석조 건물 가운데 하나로 자리매김한다. 기원전 470년대 시칠리아를 처음 찾은 아이스킬로스는 이곳에서 작품을 선보인 것으로 추정된다.

Chapter 4

페리클레스의
시대

투구씌운 으로 일러진 아테나이의 일등 시민 ...리클레스의 모습.
로마인들은 기원전 5세기의 그리스상을 본떠 만든 이 조각상에서
그를 헬멧을 쓴 스트라테고스로 묘사했다.

§ 페리클레스(기원전 495년~기원전 429년), 정치인, 장군

높은 지위, 능력, 탁월한 정직함 덕에 페리클레스는 시민들에게 끌려다니기보다는 주민들을
상대로 주권적 권력sovereign power을 행사해 그들을 이끌어나갈 수 있었다.
- 투키디데스, 《역사History》, 2.65

기원전 5세기 아테나이는 극단적인 양상을 보였다. 대내적으로는 민주주의를 꽃피웠으나
대외적으로는 저돌적인 제국주의자의 면모를 보여 무자비하리만치 반대의 목소리를 제압
하고 명목상의 동맹국가들이 바친 조공을 통해 자신의 명성을 드높였다. 한 세대가 넘게 아
테나이를 다스린 그는 아테나이의 정치 체계를 형성하면서 이처럼 극단적인 두 가지 면모
를 보여주었다. 그는 시민들에게서 권력의 근거를 찾았던 반면(제안한 발상을 정책으로 전환
하는 데 있어 시민의 힘을 빌렸다), 대중들 앞에 거의 모습을 드러내지 않는 알크마이오니다이
가문의 귀족다운 면모를 보여주었다. 대중들은 그의 심기를 거스르지 않기 위해 매우 조심
했다. 그리스인들이 그가 다스렸던 시기를 '페리클레스의 시대'라 명명했던 이유는 그가 활
동하던 당시 또는 그 직후에 남다른 인물로 인정받았기 때문이다.

기원전 495년, 페리클레스의 어머니 아가리스테는 그를 임신했을 때 사자 새끼를 갖는 꿈
을 꿨다고 한다. 그녀가 자부심을 갖는 데는 이유가 있었다. 명문가인 알크마이오니다이
가문의 딸이었던 그녀는 **클레이스테네스**의 조카였고, 남편 크산티포스는 아테나이의 떠오
르는 샛별이었다. 이 당시는 매우 혼란스러운 시기였다. 페리클레스가 첫 돌을 맞을 무렵에
이오니아 반란이 진압되었고, 다섯 살이 되던 해에는 마라톤 전투가 발발했고, 열 살에는
위태로울 정도로 **밀티아데스**를 추종했던 그의 아버지 크산티포스가 도편추방당하는 사태
가 발생했다. 이는 페리클레스에게 피가 되고 살이 되는 경험이었다. 어른이 된 페리클레스
는 시민들의 분노를 피하기 위해 각고의 노력을 기울일 수 있었다.

크산티포스의 도편추방은 전쟁 덕에 오래 가지 못했다. 기원전 480년, 크세르크세스가
아티케를 침략하자 그는 본국으로 소환되어 기원전 479년에 그리스 함대의 제독을 맡게 되

었다. 이오니아의 미칼레에서 크산티포스는 병사들을 이끌고 페르시아군을 무찔렀다(미칼레에서의 전투는 플라타이아 전투와 같은 날에 발생했다고 전해진다). 그러나 스파르타인들은 이오니아인들을 그리스 본토에서 축출해야 한다고 주장했다. 그들은 여전히 전군에 대한 지휘권을 쥐고 있었고, 혈통상으로 아테나이인들과 가까운 아시아계 그리스인들을 위해 싸우는 것을 마음에 들어 하지 않았다. 크산티포스는 이러한 주장에 결사적으로 반대했고 이오니아인들의 소개 계획은 무산되기에 이르렀다. 크산티포스는 수비적인 자세에서 태도를 바꿔 다르다넬리아 해협에 자리 잡은 세스토스를 포위했다. 세스토스는 페르시아의 총독 아르타익테스가 다스리던 지역이었다. 몇 달 후 크산티포스는 세스토스를 함락시켰다. 그는 크세르크세스의 교각이 내려다보이는 언덕 위에서 아르타익테스를 십자가에 매달았다. 이 무력한 페르시아의 아들은 크산티포스의 눈앞에서 돌세례를 받고 세상을 떠났다.

한편 아테나이에서는 진보적인 교육을 받은 크산티포스의 아들 페리클레스가 성인이 되어 당대의 가장 진보적인 사상가들과 교류하고 있었다. 페리클레스와 교류한 지식인들로는 제논과 다몬, 아낙사고라스 등을 꼽을 수 있다. 제논은 수학자 겸 철학자로 질문과 답변을 통해 진리를 발견하는 엘렝코스elenchos(훗날 소크라테스도 이 방법을 선호했다)를 완성했다. 다몬은 음악가 겸 음악학자로 음계와 음보를 연구해 페리클레스의 타고난 언변을 완성하는 데 도움을 주었다. 천문학자 아낙사고라스는 천문학을 개혁하고(특히 달빛은 햇빛의 반사라는 사실을 발견하고 월식을 설명했다), 우주는 합리적이고도 순수한 지성에 의해 지배된다고 주장해 기존의 종교적 신앙에 도전했다. 페리클레스는 이러한 견해가 반가웠을 것이다. 당시 고운 시선을 받지 못했던 알크마이오니다이 가문 사람으로서 그는 시민들이 얼마나 미신에 사로잡혀 있었는지를 잘 알고 있었다. 또한 그는 아낙사고라스의 영향 덕분에 '선동정치가의 절제되지 않은 상스러움에서 벗어나 추상적인 추론, 고매한 정신, 고상한 발언에 고취된' 정신을 배양할 수 있었다고 전해진다.

귀족적인 성향을 타고난 페리클레스는 정치에 입문하기 싫어했다. 그의 외모는 불명예를 뒤집어 쓴 **페이시스트라토스**와 이상하리만치 비슷했고 그는 이러한 외모로 말미암아 정치에 선뜻 나서기를 꺼려했다. 또한 비정상적으로 큰 머리와 우스꽝스럽게 생긴 이마로 인해 투구를 쓰지 않고는 어떤 초상화도 허락하지 않았다. 마침내 정치에 입문한 그는 스스로를 냉철한 이미지로 가공했다. 사교 모임에 초대를 거부하는 고고한 인물로서의 명성을 구축하면서 그는 '올림피안'이라는 별명을 얻게 되었다(그는 분명 이 별명이 만족스러웠을 것이다). 그는 페이시스트라토스의 선례를 따라 열정적으로 시민들의 환심을 사려 했다. 기원전 472년, 그는 20세 초반의 나이에도 재산을 쾌척해 **아이스킬로스**의 《페르시아인》 제작을 후원했다. 《페르시아인》은 살라미스 해전의 승리를 다룬 작품으로 일반 시민이자 민주주의의 지킴이였던 **테미스토클레스**의 용맹과 기지를 기념했다. 그러나 기원전 471년에 테미스토클레스가 도편추방의 희생양으로 전락하면서 페리클레스 또한 거의 10년간 대중 앞에 모습을 드러내지 않았다. 그러나 기원전 463년, 그는 알크마이오니다이 가문이 혐오했던 **키몬**을 기소하기 위해 사람들 앞에 다시 등장했다. 그러나 사건은 무마되었다. 아마도 키몬의 누이 엘피니케의 간청이 페리클레스에게 어울리지 않는 연민의 감정을 불러일으켰던 것으로 추정된다.

기원전 461년, 귀족주의와 스파르타를 반대하는 정서의 물결 탓에 키몬은 도편추방의 희생양으로 전락했고 서민들로 구성된 반대자들이 의회를 장악했다. 이들의 지도자 에피알테스는 아레이오스파고스의 의회가 지닌 권력 가운데 상당 부분을 시민들에게 양허한 것으로 알려져 있다. 그러나 에피알테스는 개혁에 열정을 보인 대가로 목숨을 잃고 말았다. 시민들의 영웅이 자리를 비우면서 페리클레스의 시대가 도래했다. 그는 탁월한 달변과 카리스마를 발휘한 덕에 아테나이의 지도자로 부상할 수 있었다.

이후 10년간 페리클레스는 아테나이의 역사에 많은 족적을 남겼다. 기원전 461년과 기원전 460년에 걸쳐 아테나이와 스파르타는 사이가 급속히 악화되었다. 아테나이는 에피알테스가 주도한 메가라 포용정책(메가라와 스파르타의 동맹이 깨지고 나서 시도한 정책)을 펼쳤고, 아르고스와 동맹(아르고스는 스파르타와 오랜 기간 반목했다)을 맺는 한편, 코린토스 만에 자리 잡은 나우팍토스에 헤일로테스 난민들을 이주시켜 그리스 서부에서의 전쟁을 수행할 유용한 해군 기지를 만들려 했다. 이와 같은 긴장이 날로 고조되다가 결국에는 전쟁이 발발했다. 제1차 펠로폰네소스 전쟁은 치열했다. 기원전 457년, 아테나이는 타나그라에서 스파르타에게 처참히 패배했다. 아테나이는 금세 복수전을 펼쳤으나 기원전 451년 키몬이 돌아올 때까지는 어느 한 편이 승리했다고 말하기 힘든 상황이 계속되었다. 키몬은 5년을 기한으로 정한 평화 협정을 체결했으나 이 협정이 평화를 담보하기에는 역부족이었다. 기원전 448년, 스파르타가 델포이에 대한 권리를 주장하면서 제1차 신성 전쟁Sacred War이 발발했다. 전쟁이 격화되면서 보이오티아, 에우보이아, 메가라는 아테나이와의 동맹을 파기했다. 스파르타 왕 플레이스토아낙스가 아티케를 침략했을 때, 페리클레스가 그를 뇌물로 회유해 원만히 물러가도록 만들었다는 이야기 또한 전해진다. 마침내 아테나이는 에우보이아를 되찾는 대신 메가라와 보이오티아를 넘겨주는 대가로 기원전 446년 스파르타와 30년간의 평화조약을 체결했다.

아테나이는 대외적으로 여전히 페르시아와 대립하고 있었다. 기원전 460년 무렵, 페르시아의 마수에서 벗어나도록 도와달라는 리비아 왕 이나로스의 부탁을 받고 아테나이를 비롯한 델로스 동맹의 국가들은 이집트로 함대를 파견했다(비옥한 밀밭을 확보하려는 목적도 있었다). 그리스 함대는 초반에 몇 차례 승리를 거두었으나 전쟁은 지지부진했다. 그리스 병사들은 마침내 나일 강의 섬 하나에 갇히게 되었다. 기원전 454년, 페르시아인들은 강물의 방향을 바꿔 그들을 공격했다. 이 전투에서 자그마치 8천 명의 아테나이 병력이 몰살했고 이는 아테나이 전체 인구의 4분의 1에 해당했다. 페르시아가 이 기회를 놓치지 않고 그리스를 침략할지도 모른다는 생각에 그리스인들은 델로스의 금고에 들어 있던 델로스 동맹 소유 재산을 번개같이 배에 실어 무장 경비병의 호위 아래 아테나이로 실어갔다. 기원전 450년, 키몬이 페르시아 키프로스로의 원정에 실패하면서 아테나이는 대외 전쟁에 대한 욕심이 줄어들었다. 그 결과 아테나이는 기원전 450년에 페르시아의 아르탁세르크세스 황제와 평화 조약을 체결했고, 기원전 449년에 페르시아 전쟁은 공식적으로 종결되었다.

평화를 보장하고 아테나이를 그리스의 맹주로 자리매김하기 위해 페리클레스는 범그리스적인 의회를 소집해 미래를 논의하려 했다. 아니나 다를까 스파르타는 참가를 거부했고 페리클레스의 노력은 아무런 소득을 얻지 못했다. 그러나 이러한 시도가 가져온 선전효과만은 무시할 수 없었다. 3년 후 시바리스의 오갈 데 없는 주민들이 투리오이 인근에 새로운 식민지를 건설하도록 도와달라고 청원했을 때, 그는 이 청원을 흔쾌히 수락하며 새로 건설되는 폴리스는 아테나이만이 아닌 그리스 전체에 속한 것으로 생각되어야 한다고 선언했다. 이 말에 담긴 의미는 명확했다. 페리클레스에게 아테나이는 곧 그리스 전체였던 것이다. 그러나 그의 비전은 평등에 바탕을 두지 않았다. 그는 이미 아테나이 시민권을 획득하는 데 엄격한 자격조건을 부과해 날로 심해지는 배타성을 보여주었다.

빈곤한 아테나이인들의 운명을 개선하기 위해 페리클레스는 법정에서의 공공근로나 함대에서 노를 젓는 일에 대해 기본 급료를 지급하는 제도를 도입했다. 또한 그는 운송업자, 광부, 목수, 조각가와 같은 다양한 시민들에게 부를 재분배하기 위한 노력을 아끼지 않았다. 그는 100년 전에 번성했던 페이시스트라토스 가문에 영감을 얻고 플라타이아의 맹세를 무시하면서 아테나이의 구조를 현란히 재구성했다. 그는 그리스 역사상 가장 야심찬 토목 계획을 발표했다. 한가운데에 아테나이를 위해 봉헌된 도리아식 사원 파르테논이 아크로폴리스의 스카이라인을 수놓았다. 에페소스의 아르테미스 신전과 사모스의 헤라 신전과 경쟁하려는 의도에서 세운 이 사원은 그리스 본토를 통틀어 가장 호화롭게 장식된 사원이었다. 사제도 제단도 없는 이 사원은 세 가지 목적을 지니고 있었다. 이 세 가지 목적은 유명 조각가 **페이디아스**가 금과 상아로 조각한 거대한 아테나 여신상을 안치하고, 델로스 동맹의 기금과 재산을 보관하며, 페르시아 격파를 기념하는 승리의 상징으로 요약되었다.

건축이 시작되면서 페리클레스의 정적들은 그를 매장시킬 기회를 엿보기 시작했다. 기원전 442년, 멜레시아스의 아들 투키디데스의 주도 하에 그들은 페리클레스가 델로스 동맹의 재정을 개인적 야망을 위해 유용했다는 의혹을 제기했다. 페리클레스는 자신의 개인 재산에서 파르테논 신전의 건립 비용을 조달했다고 대답하며 아테나이의 이름이 아닌 자신의 이름으로 신전을 봉헌할 것이라는 말을 덧붙였다. 당당함에 매료된 시민들은 페리클레스를 칭찬하고 투키디데스를 도편추방했다. 같은 이름의 역사가 투키디데스가 분석하듯, 그 이후부터 페리클레스의 정적들은 힘을 잃고 민주주의를 표방하던 아테나이는 최고의 시민 한 명이 다스리는 국가로 탈바꿈했다.

기원전 438년, 성화(聖化)를 거친 파르테논 신전은 페리클레스의 건축 계획 가운데 핵심으로 여전히 아테나이의 스카이라인을 지배하고 있다.

이후 10년간 페리클레스는 매년 스트라테고스를 선발했고, 때때로 군대를 이끌고 나가 점점 커져가는 제국주의에 대한 이상을 아테나이를 통해 실현하려 들었다. 기원전 440년, 아테나이는 델로스 동맹에 속해 있던 밀레토스 및 사모스와 사이가 틀어지면서 함대를 동부 에게 해에 파견했다. 페리클레스는 긴 시간 사모스를 포위한 끝에 반란을 진압하고 주모자를 처형하는 한편, 방벽을 부숴버렸다. 그가 부과한 것은 민주주의가 아닌 많은 벌금이었다. 그리스의 자유를 지키기 위해 동맹을 결성했던 다른 도시국가들에는 유익한 교훈이었다.

한편 아테나이에서는 지적 활동이 융성했다. 페리클레스는 시티 디오니시아의 연극이 공연된 야외극장 옆에 사방이 닫힌 오데이온(이 건물의 설계는 페르시아가 플라타이아에서 버리고 간 왕실의 텐트에서 영감을 얻었다)을 건립했다. 커다란 규모로 확대된 파나테나이코 축제의 음악 경연이 이곳에서 열렸다. 페리클레스는 다른 도시국가의 지식인들을 아테나이에 머물도록 권장했고 이들 가운데 상당수는 페리클레스의 종교적 회의론을 공유했다. 최고의 합리주의자 **프로타고라스**는 인간중심주의적 사고의 한계를 절감하고 '인간은 만물의 척도다'라고 주장했다. **피타고라스**의 추종자 **엠페도클레스**는 우주를 네 가지 원소로 설명하는 한편, 우리의 이해가 부족한 것은 객관적 지식이 부족한 탓이라고 경고했다. 밀레토스 출신의 **아스파시아**는 양질의 교육을 받은 위트 만점의 여성으로 기원전 445년 페리클레스는 아내와 이혼하고 이 여성과 결혼해 아들 하나를 두게 된다.

아테나이로 도망친 것은 철학자들뿐만이 아니었다. 페이라이에우스는 난공불락의 장벽

Long Walls에 의해 아테나이로 이어져 상업의 중심지로 발돋움했다. 페리클레스는 다음과 같이 이를 뽐냈다. '위대한 항구 덕분에 모든 땅의 모든 재화가 아테나이로 밀려들어온다. 따라서 우리는 국산품뿐 아니라 수입품 또한 같이 슬길 수 있다.' 그들은 키레네에서는 소가죽을, 보스포로스에서는 염장 생선을, 시라쿠사이에서는 치즈를, 이집트에서는 파피루스를, 시리아에서는 유향을, 리비아에서는 상아를, 카르케돈에서는 양탄자를, 파플라고니아스에서는 아몬드를, 프리기아에서는 노예를 수입했다. 상업이 융성하면서 아테나이는 분쟁에 휘말렸다. 기원전 432년, 아테나이는 메가라와 분쟁을 겪었다. 페리클레스는 전쟁을 선포하는 대신(전쟁을 선포했다면 스파르타와 체결한 30년 평화조약을 위반했을 것이다) 메가라인들이 아테나이 제국 내의 모든 항구와 아고라를 사용하지 못하도록 조치했다. 메가라의 동맹국 코린토스는 이 조치에 분노했다. 코린토스의 식민지 코르키라를 두고 여러 차례 충돌을 경험했던 도시국가들은 포티다이아의 지배권을 두고 대립하기 시작했다. 포티다이아는 델로스 동맹의 일원으로 북부 그리스에 자리 잡은 코린토스의 식민지였다.

페리클레스는 육상 전투를 반대했다. 그는 아테나이의 해군력과 페이라이에우스로의 접근을 방어하는 장벽을 생각하면, 지상으로의 접근을 봉쇄하고 해전에서 승부를 보아야 한다고 생각했다. 따라서 그는 아티케의 시민들을 상대로 집을 포기하고 성벽 안쪽으로 거처를 옮겨 전쟁을 준비하도록 설득했다. 일부는 페리클레스가 자신의 개인적 문제에 대한 대중들의 관심을 다른 곳으로 돌리려는 의도라고 생각했다. 당시 그의 친구들을 상대로 물밀듯이 소송이 제기되었고 이 와중에 아나사고라스는 아테나이에서 추방당하는 수모를 겪었다. 한편 아스파시아는 불륜을 죄목으로 기소당했고 페리클레스는 이 사건으로 엄청난 정신적 고통을 겪었다(페리클레스는 그녀를 방어하며 울음을 참지 못했다고 전해진다). 페리클레스의 장남 크산티포스마저 아버지에 대한 나쁜 소문을 퍼뜨리는 한편, 아버지와의 재산 문제를 법정까지 끌고 갔다. 이러한 아들과의 분쟁은 끝까지 해결되지 못했다.

기원전 431년, 본격적인 전쟁이 개시되었다. 그해 말, 전통으로 자리 잡은 전사자에게 바치는 연설이 계획되었다. 페리클레스의 정책에 대한 일부 반감에도 그는 이 연설의 연사로 추대되었다. 세심하게 다듬은 연설에는 민주주의를 예찬하는 내용이 담겨 있었다. 이 연설에 담긴 민주주의의 정신은 오늘날에까지 영향을 미치고 있다. 페리클레스는 위험할지도 모르는 애국주의를 거리낌 없이 주장하면서 시민들 하나하나가 '아테나이의 연인이 될 것을' 호소하며 아테나이를 '모든 그리스 도시국가들의 모범'으로 묘사했다. 이뿐 아니라 그리스인들에게 아테나이를 위해 목숨을 바치는 모든 시민들은 영웅의 반열에 서게 될 것이라 주장하며 시민들 하나하나에게 영웅심을 불어넣었다.

모든 사람들이 페리클레스의 전략을 확신한 것은 아니었다. 기원전 430년, 그는 스트라테고스로 재선되는 데 실패했다. 곧이어 예상치 못한 재앙이 도래했다. 북쪽의 이집트에서 시작된 치명적인 역병이 아테나이에 도달한 것이다. 아티케의 피난민이 아테나이에 넘쳐

나면서 더욱 끔찍한 상황이 전개되었다. 거리와 건물에는 시체가 산처럼 쌓여갔다. 기원전 429년 페리클레스는 다시 한 번 스트라테고스로 선출되어 그의 정책이 초래한 쓰디쓴 결과를 맛보아야 했다. 뿐만 아니라 페리클레스의 적자 두 명이 병에 걸려 사망했다. 두 아들이 세상을 떠난 지 얼마 되지 않아 그 또한 역병에 감염되었다. 죽음을 앞둔 최고의 합리주의자는 자신의 목에 부적을 걸고 있는 역설적인 모습을 보여주었다. 그는 다음과 같은 유언을 남겼다. "그 어떤 아테나이인도 내 죽음을 애도하지 않길 바라오." 이러한 유언을 볼 때 그는 정신적 방황을 겪고 있었던 것으로 생각된다.

그러나 사람들은 꾸역꾸역 살아남아 전쟁을 계속했다. 기원전 426년, 역병이 사라졌을 때 아테나이의 인구는 3분의 1로 줄어든 상태였다. 페리클레스의 계승자들은 그가 추진했던 전략을 포기했으나 그의 확고한 애국심만은 버리지 않았다. 페리클레스가 사망한 이후 펠로폰네소스 전쟁의 양상은 심각한 부패의 늪으로 빠져들었다. 《아가멤논》에서 아이스킬로스는(그는 페리클레스가 으뜸으로 치켜세웠던 시인이었다) 집에서 키운 새끼 사자가 성장한 후 집을 아수라장으로 만든 이야기를 창작했다. 이 내용은 페리클레스에 대한 비유일 수도 있었다. 엄청난 호전성을 가졌던 페리클레스는 당대 최고의 귀족 작가들(민주주의에 반대하는 작가)로부터 많은 칭찬을 받았다. 그러나 그의 친한 친구 한 명만은 그를 거의 언급하지 않았다. 그는 페리클레스보다도 범그리스적인 정신과 우리의 역사관을 형성하는 데 이바지한 작가었다. 그의 이름은 바로 헤로도토스였다.

§ 헤로도토스(기원전 484년경~기원전 420년대), 역사학자

그리스 역사의 아버지 헤로도토스의 글에서… 우리는 시인들의 작품만큼이나 다양한 우화들을 접할 수 있다.

— 키케로, 《법에 관하여On the Laws》, 1.5

《역사》의 도입부에서 헤로도토스는 자신이 태어난 곳이 소아시아 에게 해변에 자리 잡은 할리카르나소스(현대의 보드룸) 항구라고 주장한다. 사람들로 바글거렸던 이곳은 원래는 그리스의 식민지였으나 이후 페르시아에 병합되었다. 헤로도토스가 어떤 삶을 살았는지 자세히는 알 수 없으나 드러난 자료를 보면 부유한 가정에서 고등 교육을 받았으며 파니아시스와 친분을 맺고 있었다는 사실을 알 수 있다. 파니아시스는 헤라클레스와 이오니아를 소재로 서사시를 쓴 시인이었다. 자료에 따르면 헤로도토스의 가문은 참주 리그다미스의 혹독한 통치를 견디지 못하고 사모스로 탈출했다고 전해진다. 그러나 기원전 454년 무렵, 민중의 봉기를 틈타 그를 폐위시키려 고향에 돌아왔고 이 와중에 파니아시스는 목숨을 잃게 되었다. 이 당시 헤로도토스는 역사를 연구하기 위해 이집트, 페르시아, 이오니아, 에게 해를 돌아다니며 자료를 수집했다. 그러나 그의 관심 대부분을 차지한 지역은 아테나이였다. 그가 보기에 아테나이는 모든 도시국가의 으뜸이었다. 풀뿌리 민주주의를 도입한 아테나이의 헌법은 모든 도시국가의 헌법 가운데 가장 강력한 힘을 지니고 있었다.

그는 기원전 447년 무렵 아테나이에 정착했고, 광범위한 분야에 호기심을 갖는 아테나이의 분위기를 따라 수많은 지식인 및 귀족들과 교류했다. 그는 황폐한 편에 가까웠던 아티케가 번영을 구가하는 것에 놀라움을 금치 못하고 다음과 같이 결론 내렸다. '부드러운 장소는 부드러운 시민들을 양산한다. 하나의 땅에서는 용맹하고 고상한 시민들과 풍부한 작물이 동시에 나올 수 없다.' 이후 기원전 440년대에 그는 투리오이의 시민이 되었던 것으로 추정된다. 투리오이는 아테나이가 남부 이탈리아에 세운 새로운 식민지로 그리스 서쪽을 탐험하고 연구할 수 있는 이상적인 장소였다. 기원전 431년, 그는 다시 아테나이로 돌아왔다. 돌아온 목적은 펠로폰네소스 전쟁을 기술하기 위한 목적이었다고 추정된다. 또한 그는 기원전 430년~426년 사이 도시를 강타한 역병으로 사망했을 것이다(그러나 헤로도토스의 무덤은 투리오이와 펠라에서도 발견되었다).

헤로도토스의 대표적 저서인 《역사》를 보면 당시 그리스인들과 후세의 문명이 그들의 과거를 어떤 시각으로 보았는지 알 수 있다. 그리스와 페르시아가 부상하게 된 과정을 탐구하는 기념비적인 시도를 감행하며 양국이 대립하게 된 원인을 추적하고 페르시아가 그리스를 침략한 과정을 생생히 묘사했다.

> 《역사》를 출판(apodexis)한 것은 시간이 지나도 인류의 성취를 잊지 않고, 그리스인들이 이룩한 위대한 성취와 야만인들이 나름의 이유에 따라 대립하게 된 과정이 그에 걸맞는 명성을 누려야 했기 때문이다.

그의 작품은 '인간의 유명한 업적'을 기록하는 전통에서 벗어나지 않으면서도 혁명적인 구석을 담고 있었다. 헤카타이오스와 같은 전대의 연대기 작가들은 머나먼 과거의 신화를 합리적인 시각에서 설명하는 차원에 그치는 경우가 많았다. 그러나 헤로도토스는 과학의 정신이 자리 잡은 당대에 걸맞게 사건을 능동적으로 탐구하려 했다. 그는 사건과 관련된 지역을 몸소 여행하고 사건의 주인공들로부터 직접 이야기를 들었다. 그는 가르치는 것뿐만 아니라 즐거움을 선사하는 데에도 초점을 맞췄다. '아포덱시스'란 '출판'과 '공연'을 동시에 의미했다. 호머의 서사시와 마찬가지로 《역사》는 원래 대중들 앞에서 공연하는 것을 염두에 두고 있었다. 헤로도토스는 올림피아 제우스 신전의 포르티코Portico에서 열변을 토했던 것으로 전해진다. 때로 격정적이고 항상 재미있던 그의 스타일을 보면 기원전 5세기에 활동했던 **고르기아스**와 같은 소피스트들의 강연이 떠오른다.

헤로도토스는 서사시를 유일한 모델로 활용해 혁신적이고도 폭넓은 화법을 구현했다.

코스의 히포크라테스

일찍이 마술에 의지했던 의학은 기원전 5세기에 과학적인 면모를 띠게 되었다. 기원전 500년대 후반, 크로톤의 알크마이온 같은 의사들은 해부학을 비롯한 의학 연구를 진행했고, 기원전 400년대 후반에 히포크라테스(기원전 460년경~기원전 370년경)는 코스의 아스클레피오스 사원에서 '종합병원'을 설립했다. 어슴푸레한 인상의 히포크라테스는 의학과 건강에 대한 책을 저술한 것으로 유명하다. 한편 히포크라테스가 살아 있을 때 만든 히포크라테스의 선서는 의사들에게 선을 위해서만 의술을 행사하고, 해를 끼칠 수 있는 치료를 금하며, 환자의 비밀을 지키고 환자와 성행위를 갖지 말라는 의무를 부과한다.

히포크라테스는 질병은 신의 징벌이 아니라 환경, 섭생, 생활양식의 불균형에서 비롯되는 현상이며, 모든 질병은 일정한 갈림길을 넘기지 않고 치료한다면 완치될 수 있다고 믿었다. 이러한 전체론적인 접근 방식은 '공기, 물, 장소Airs, Waters, Places'라는 제목의 논문 곳곳에 깃들어 있다. 이 논문은 환자의 주거환경, 생활양식, 질병의 진행과 결과를 상세히 기록했다. 히포크라테스의 가르침은 널리 수용되었고, 헤로도토스나 에우리피데스와 같은 작가들은 새로운 의학 지식이 세상을 인식하는 그리스인의 시각에 미친 영향을 밝히고 있다.

실제로 호머가 미친 영향은 《역사》 전체에 걸쳐 묻어난다. 크세르크세스의 병력을 정리한 '목록'에서부터(《일리아드》에 나온 그리스 함선의 '목록'과 유사하다) 인종주의 또는 외국인 혐오증을 신기할 정도로 찾아보기 힘들었던 당시의 분위기까지 다양한 정보를 알려준다. 그리스인들과 야만인들 모두는 잔혹한 행위를 저지를 수 있을 뿐 아니라 남다른 성취를 이룰 수 있다는 점에서도 다를 바가 없었다. 헤로도토스는 호머로부터 거리를 두면서 《역사》가 신화의 영감이 아닌 합리적 탐구에 바탕을 두고 있다는 사실을 강조했다.

헤로도토스의 결론이나 설명이 상당 부분 오류가 있고 의심스러워도 그의 성과를 폄하하기는 어렵다. 그는 당시 사람들이 세상을 이해하던 맥락에서 벗어나지 않으면서도 증거에 입각한 새로운 방법론을 규정했다. 그는 풍문과 사실을 구분하기 위해 각고의 노력을 기울이면서 다양한 범위의 자료를 활용했다. 기록과 비문, 직접 목격한 사람의 증언, 설화와 시(**사포**와 **핀다로스**의 시 또한 여기에 포함되었다), 이집트 사제 및 이집트 가문의 구성원과 같은 '전문가들'의 증언, 민중의 전통도 이러한 자료에 포함되었다. 그와 동시대에 활동했던 코스의 히포크라테스와 마찬가지로 헤로도토스는 역사적 맥락과 신체적 맥락 모두가 중요하다는 사실을 깨닫고 있었다. 그는 지리학과 인류학으로 잦은 '외도'를 감행했다. 이는 초기의 페리플루스('여행') 문학을 연상시킨다. 그럼에도 그가 포이니케 선원들이 아프리카를 일

헤로도토스의 《역사》가 쓰인 시절에 제작된 이 암포라의 표면에는
크로이소스가 올라가 있는 장작더미에 불이 붙는 장면이 그려져 있다.

주한 명백한 자료를 부정한 이유는 알쏭달쏭하다.

헤로도토스는 신의 존재를 확실히 긍정하며 인간의 화법에 신성의 개입을 인정한다. 그는 신들이 신탁과 능동적인 개입을 통해 과한 것은 처벌되어야 한다는 도덕적 언명을 구현한다고 믿었다. 헤로도토스가 집필한 글 중에는 솔론이 리디아의 왕 크로이소스를 만났던 일화가 있다. 크로이소스는 자신의 넘쳐 나는 재물을 보여준 다음 솔론에게 '세상에서 가장 행복한 사람이 누구라고 생각하는가?'라고 질문했다. 솔론은 아테나이를 위해 싸우다 죽은 이름 없는 아테나이 시민을 가장 행복한 사람으로 언급해 왕의 심기를 거슬렸다. 그가 언급한 사람은 어머니를 태운 인력거를 끌고 아르고스 인근의 헤라 사원으로 가다 죽은 클레오비스와 비톤이라는 이름의 평범한 형제였다.

여러 해가 지나 크로이소스는 신탁의 경고를 잘못 해석한 탓에 전쟁에서 패배하고 나라, 재산뿐 아니라 목숨마저 잃게 되었다. 그는 '죽는 순간까지는 그 누구도 행복하지 않다'라는 솔론의 경구를 뒤늦게 깨달으며 큰 소리로 울부짖는다. 새로이 발견한 지혜를 포상하려는 듯, 아폴로는 폭우를 내려 불꽃을 꺼뜨렸다. 헤로도토스는 이 이야기가 허구라는 것을 알고 있었는지도 모른다. 그러나 현실에 바탕을 둔 이야기도 많았다. 솔론과 크로이소스의 이야기는 아테나이인들의 정직한 성품과 동방의 부유함을 나타내는 실례였다. 솔론은 권력자에게 진리를 이야기하면서 《역사》에 깔린 도덕을 요약한다. 그는 권력은 유한하며, 재물은 덧없고, 도덕적 진실은 덧없는 재물에 비해 우월하다는 교훈을 설파했다.

《역사》는 기원전 479년, 크산티포스가 세스토스의 페르시아 총독을 십자가에 못박으면서 끝이 난다. 지나침에 대한 신의 징벌을 언급한 헤로도토스의 맥락에서는 경고의 메시지를 엿볼 수 있다. 기원전 430년대, 아테나이는 크산티포스의 아들 **페리클레스** 덕분에 부와 권력을 구가할 수 있었다. 그로 인해 제국이 몰락한 걸까? 시민들을 괴롭히면 위험을 초래할 수 있다는 사실을 안 헤로도토스는 그의 친구가 쓴 비극 작품을 일부러 추종했는지도 모른다. 헤로도토스의 친구 소포클레스는 늘 과거의 역사나 신화 속에서 현세를 분석했다.

§ **소포클레스**(기원전 497년/496년~기원전 405년), 비극작가, 정치가

> 얼마나 축복받은 인물인가! 그는 만족스러운 성과를 올리며 천수를 누리고, 화려한 비극을 여러 편 저술했다. 또한 특별한 굴곡 없이 인생의 최후를 맞았다.
> —프리니코스, 《뮤즈Muses》(31, 프리니코스의 작품은 완본이 아닌 일부만이 남았다.)

소포클레스는 아테나이 북동부에 자리 잡은 수풀이 우거진 마을 콜로노스에서 태어났다. 그의 아버지 소필로스는 부유한 무기 제조상이자 지주였다. 따라서 아들의 가무 교사로 유명 작곡가 겸 연주자 람프로스를 고용할 수 있었다. 기원전 480년, 성년을 앞두고 우수한 레

연극 대회

연극은 그리스인들의 삶에 중요한 역할을 담당했다. 대부분의 연극이 공연된 시티 디오니시아는 기원전 534년에 개관했고, 그리스 고전기에는 촌에서도 연극 축제가 융성했다. 기원전 442년, 공식 일정으로 자리 잡은 레나이아 축제에서는 희극이 공연되었다. 기원전 432년에는 비극 또한 공연되었다. 바다 여행이 불가능한 1월에는 그리스인들만의 행사로 진행되었으나 3월, 4월에는 외국인들도 찾아와 아테나이의 힘과 문화를 감상했다. 나흘간의 연극이 펼쳐지기 전에 전사한 아테나이의 자식들을 위해 갑옷을 조공으로 바치는 행사가 진행되었다. 시티 디오니시아는 대부분 비극 시인 세 명의 경쟁에 초점을 맞췄다. 시인 세 명은 각기 하루를 배정받아 비극 3부작, 가벼운 풍자극 1부작으로 구성된 4부작을 공연했다(이러한 작품들은 어느 정도 신화에 바탕을 두고 있었다). 아테나이의 10개 종족에서 선출된 심판들은 무대, 의상, 안무, 음악, 대본을 평가했다. 디티람보스 또한 공연 목록에서 빠지지 않았고, 기원전 486년부터는 각기 다른 작가의 희극 다섯 편을 하루에 공연했다. 전체 아테나이 남자의 4퍼센트에 해당하는 약 1천200명의 시민들이 시티 디오니시아에서 공연한 것으로 추산된다. 고대 그리스 시대를 통틀어 대부분 이와 같은 인구 비율을 유지했던 것으로 생각된다. 모든 배우들은 남성이었고 여성들이 공연을 관람할 자격이 있었는지는 명확하지 않다.

슬링 실력을 쌓은 소포클레스는 자신의 재능을 뽐낼 기회를 가질 수 있었다. '벌거벗은 몸에 기름을 바른 채로 수금을 든' 그는 합창단을 지휘하며 살라미스 해전의 승리를 찬송했다. 이러한 장면은 스토아 포이킬레의 벽화에 기록되었다.

소포클레스는 기원전 468년, 시티 디오니시아에서 첫 공연을 극적으로 마치고 나서 많은 사람들의 입에 오르내렸다(제비뽑기로 선정된 판정단이 아닌 10명의 스트라테고스가 심사위원을 맡았다). 그러나 그는 이후 많은 경연에서 연달아 우승하게 된다. 30개가 넘는 축제 가운데(그는 이러한 축제들을 위해 123편의 작품을 집필했고, 이 가운데 7편만이 지금까지 전해지고 있다) 그는 디오니시아에서는 18번을 우승했고, 레나이아에서는 6번을 우승한 것으로 추정된다. 그는 2등 밑으로 떨어진 적이 한 번도 없었다. 처음에 그는 모든 극작가들과 마찬가지로 직접 연기자로 나섰다. 그는 《타미리스Thamyris》에서는 리라를 연주하고 《나우시카아Nausicaa》에서는 구기 종목을 시연하며 여자 영웅 역할을 맡았다. 그러나 나중에는 자신의 약한 목소리를 탓하며 연기를 그만두었다.

소포클레스는 대단한 혁신가였다. 첫 번째 우승을 거머쥔 직후, 그는 두 명이 아닌 세 명

기원전 5세기 중반 아테나이에서 제작된 와인잔의 안쪽을 장식한 그림. 소포클레스의 연극에 등장하는 영웅 《오이디푸스》가 스핑크스의 수수께끼를 풀고 있다. '처음에는 다리 네 개로 걷다가 그다음에는 두 개, 그다음에는 세 개로 걷는 생물은 무엇인가?' 오이디푸스는 정답을 말했다. '사람이다.'

의 배우가 필요한 연극을 집필했다. **아이스킬로스** 또한 재빨리 이러한 흐름에 편승했다. 그러면서 희곡은 리얼리즘과 유연성을 확대할 기회를 모색하기 시작했다.

그는 극적인 성공을 거두면서 공직을 갖게 되었다. 기원전 442년, 그는 델로스 동맹의 연공을 감독하는 10명의 헬레노타미아이Hellenotamiai('그리스 출납관') 가운데 하나로 선출되었다. 기원전 441년(또는 440년)에는 스트라테고스의 자격으로 **페리클레스**와 함께 사모스 원정을 떠났다. 병력 증강을 위해 파견된 소포클레스와 그의 함대는 공격과 방어를 끊임없이 반복했다. 이러한 그를 옆에서 본 페리클레스는 소포클레스가 훌륭한 시인이었는지는 몰라도 장군으로서는 형편없었다고 조롱했다. 끊임없이 남색을 밝혔던 소포클레스가 젊은 남성의 아름다움을 찬양했을 때, 페리클레스는 이렇게 냉소했다. '장군들은 두 손뿐 아니라 두 눈도 깨끗해야 한다.'

그러나 사모스에게 승리한 페리클레스는 반란의 수괴들을 처벌하라고 명령하면서 두 손을 더럽혔다. 페리클레스는 그들을 십자가에 못 박아 힘을 뺀 다음 몽둥이로 때려 죽였다. 그는 죽은 이들의 시신을 묻지도 않고 그대로 방치해 그들의 추종자들에게 서슬 퍼런 경고의 메시지를 전달했다. 소포클레스의 《안티고네Antigone》는 이러한 일화에 영감을 얻었을 것으로 추정된다(기원전 441년). 이 작품에서는 여장부 하나가 나타나 반역을 일으킨 남동생을 땅에 묻어달라고 청원한다. 훗날 기록에 따르면(그러나 사실과 어긋나는 기록일 확률이 크다) 소포클레스는 《안티고네》가 성공을 거두면서 수석 스트라테고스에 선출되었다고 전해진다. 펠로폰네소스 전쟁에서 소포클레스는 기원전 420년대에 두 번 장군을 역임했던 것으로 추정된다. 한편 기원전 412년, 411년에는 총 10인이 선출되는 프로보울로이probouloi(비상시 권력을 부여받는 재판관)에 선출되어 전략을 수립하는 한편, 아테나이인들의 전쟁에 대한 의지를 끊임없이 다지는 데 일조했다.

다수 동료들과 마찬가지로 소포클레스는 다른 국가의 왕과 참주들로부터 엄청난 조건을 제안받았다. 그는 아테나이에 대한 일편단심으로 이러한 모든 제안을 거절했다. 그는 동료 극작가 **에우리피데스**가 마케도니아의 아르켈라오스 I세 왕궁에서 사망했다는 소식을 듣고 오랜 경쟁심을 버린 채 상복을 입은 후 그의 합창을 공연했다. 그는 에우리피데스와 같은 해(기원전 405년)에 사망했다. 그가 죽은 이유를 두고 두 가지 설이 존재한다. 포도씨가 목에 걸려 질식사했다는 이야기가 있으며, 《안티고네》의 무대에서 쉬지 않고 대사를 읊고 있을 때 기습을 당했다는 이야기도 있다. 오늘날에도 배우들은 입에 포도를 물고 말하는 발성 훈련법을 시도한다.

당시 펠로폰네소스 전쟁이 쓰라린 결말을 맞이하면서 스파르타인들은 아티케를 점령하는 데 성공했다. 디오니소스가 스파르타의 장군 **리산드로스** 앞에 나타나 콜로노스까지 가는 소포클레스의 장례 행렬을 방해하지 말라고 명령했다는 이야기가 전해진다. 세이렌의 조각으로 상단을 덮은 무덤에는 다음과 같은 비문이 새겨져 있다. '나, 소포클레스가 이 무덤 속에 숨어 있다. 비극 예술의 첫 번째 우승자이자 모든 인간들 가운데 가장 존경받았던 인물이로다.' 그러나 소포클레스는 시민들의 삶에도 역할을 담당했다. 몇 년 전, 아테나이인들이 치유의 신 아스클레피오스에 대한 숭배의 전통을 에피다우로스로부터 도입하려 했을 때, 소포클레스는 아스클레피오스 제단을 세우고 뱀으로 가장한 아스클레피오스를 위해 임시 거처를 마련해 주었다고 전해진다. 사람들은 소포클레스가 죽은 다음에도 이러한 공경심을 인정해 아크로폴리스 서쪽 비탈에 영웅의 사원을 세워주었다. 여기에서 그는 덱시온Dexion(수탁자)으로 흠숭받았다.

아직 남아 있는 소포클레스의 작품은 《안티고네》의 합창에서 드러나듯, 운명론으로 가득 찬 강력한 종교적 믿음을 표방하고 있다. 그는 '세상에는 아주 이상하고 끔찍한 것들이 많으나 인간보다노 이상하고 끔찍한 것은 없다'라고 부르짖으며 항해, 농업, 수렵, 가축 사육과 같은 인류가 이룩한 성과를 나열한다.

말과 생각은 바람처럼 빠르고, 인간의 정서는 도시를 안전하게 보호한다. 인간은 이 모든 것을 스스로 깨달았다…인간은 미래를 향해 성큼성큼 나아간다. 그 무엇도 인간을 멈출 수 없다. 인간이 돌파구를 찾을 수 없는 것은 오직 하나, 죽음뿐이다.

이러한 시각은 《제왕 오이디푸스Oedipus Tyrannos》에서도 드러난다. 이 작품은 인간의 무력함을 탐구한 작품으로 자신의 지성을 과신한 것 말고는 아무런 흠이 없던 인간의 운명을 다루었다. **아리스토텔레스**에게 이 비극의 의미는 남달랐다. 기원전 429년, 전염병이 휩쓸고 간 아테나이에서 처음 공연된 이 작품은 페리클레스 시대의 아테나이에 대한 메시지로 해석되었다. 약 1년 전, 펠로폰네소스 전쟁에서 전사한 아테나이인들을 기린 페리클레스의 1년 전 추도사와 대조되는 내용을 담고 있었다. 소포클레스의 삶과 더욱 깊이 얽혀 있었던 작품은 《콜로노스의 오이디푸스Oedipus at Colonus》였다. 기원전 407년 또는 406년에 집필된 이 작품은 그의 노년을 반영하였다.

소포클레스와 마찬가지로, 죽어가는 오이디푸스는 소포클레스의 고향이었으나 지금은 스파르타인들에 의해 초토화된 콜로노스에서 영웅으로 추앙받을 것이다. 그러나 안타까움을 불러일으키는 시의 세상에서는 무성한 녹음과 나이팅게일의 울음소리, 이슬을 머금은 사프란 크로커스가 가득하고, '케피소스의 졸졸 흐르는 시냇물이 멈추지 않는다.'

연극의 동기가 된 오이디푸스와 아들의 싸움은 소포클레스의 경험에서도 자취를 찾을 수 있다. 그의 외아들 이오폰은 노쇠한 아버지를 법률상의 무능력자로 만들려 했다. 소포클레스는 《콜로노스의 오이디푸스》에 들어간 대사를 읽어 이를 방어했고 법원은 이오폰의 신청을 기각했다. 이오폰 또한 비극작가(그는 디오니시아에서 소포클레스와 경합을 벌였다)였고, 이오폰의 아들 또한 기원전 401년 소포클레스가 죽고 난 이후 처음으로 공연된 《콜로노스의 오이디푸스》 공연을 기획했다.

종교적으로는 보수적이더라도 신화적인 면이 다분했던 이 연극은 오이디푸스가 죽음을 극복하고 순수한 영혼으로 탈바꿈한 과정을 묘사한다. 이는 한 세대 이전의 철학가 엠페도클레스가 경험한 운명이기도 했다.

§ 엠페도클레스(기원전 490년경~기원전 430년경), 철학자, 신비주의자

사티로스의 글에는 엠페도클레스가 마술을 부리는 장면을 목격한 고르기아스의 이야기가 나와 있다.
— 디오게네스 라에르티오스, 《철학자의 삶Lives of the Philosophers》, 8.2.59

엠페도클레스의 인생에 대해 전해 내려오는 이야기가 사실에 바탕을 둔 일대기라기보다는 소설로 느껴지는 것이 사실이나 그중에서도 일부 객관적인 사실들을 수집할 수 있다. 그의 아버지 메톤은 시칠리아 아크라가스 출신의 올림픽 우승자 계보를 이어갔고 누구나 탐낼 만한 종마 사육장을 소유하고 있었다. 또한 기원전 472년에는 참주 트라시데오스를 폐위시키는 데 일조하기도 했다. 엠페도클레스가 세상을 보는 시각은 대단히 민주적이었다고 전해진다. 그는 참주가 될 기회를 차버리고 과두 의회를 해체하는 한편, 독재자의 기미가 엿보이는 인물을 재판에 회부해 처형함으로써 미연에 독재를 방지했다.

엠페도클레스는 다양한 지역을 여행했다고 전해진다. 그는 아테나이, 펠로폰네소스, 페르시아를 방문하며 마고스를 연구했다. 또한 고향 시칠리아에서는 강의 물줄기를 바꿔 전염병이 셀리누스를 넘어오지 못하도록 막았다고 전해진다. 다른 이야기에 따르면 그는 금벨트를 찬 자줏빛 로브 차림으로 구릿빛 샌들을 신고 두터운 머리칼을 월계관으로 장식한 채, 올림피아에서 자신의 업적을 웅변했다고 전해진다. 소년 수행단을 동행한 그는 이 자리에서 보리와 꿀, 몰약, 유향, 기타 향신료를 반죽해 만든 황소를 제물로 바쳤다. 그 이유는 윤회의 사상을 믿은 채식주의자로서 살아 있는 생명체를 제물로 바치는 것에 도덕적인 거부감을 가졌기 때문이다.

지금까지의 이야기는 꽤 사실에 입각한 것으로 보인다. 그러나 당나귀 가죽으로 만든 주머니에 바람을 가두어 돌풍을 잠재운 이야기도 유명하고, 죽은 사람을 살렸다는 엄청난 이야기마저 전해진다. 그는 한 달간 집 안에 판테아('모든 여신')라는 여신의 시체를 썩지 않은 채로 보관하며 새로운 생명을 불어넣었다고 전해진다. 더욱 주목할 만한 이야기는 엠페도클레스 자신의 죽음에 대한 이야기였다. 그의 죽음에 대해서는 여러 가지 설왕설래가 존재한다. 60세의 나이에 죽었다는 이야기, 77세에 마차에서 떨어져 죽었다는 이야기, 109세까지 살았다는 이야기, 바다에 빠져 죽었다는 이야기, 아이트네 화산의 용암에 뛰어들어 죽었다는 이야기(화산의 불꽃이 그의 구리밑창 샌들의 뒤에 떨어진 탓이었다), 콜로노스의 오이디푸스처럼 신이 되어 승천했다는 이야기 등등 일일이 세기도 힘들다.

> 새벽이 다가오면서 엠페도클레스는 어디에서도 그 모습이 보이지 않았다. 그들은 하인들에게 그의 행방을 물었다. 하인 하나가 자정에 누군가 엠페도클레스를 큰 소리로 불렀다고 말했다. 하인은 이 소리를 듣고 나가 보았으나, 그는 반짝이는 별 말고는 아무것도 볼 수 없었다.

사실 이러한 '일대기'의 상당 부분은 엠페도클레스가 집필한 《자연과 순화에 대하여On Nature and Purifications》를 잘못 해석한 데서 비롯된다. 운문으로 쓰여 일부만이 남아 있는 이 작품은 규칙적인 운율과 적절한 비유가 특징으로 당시에 호머의 작품과 비교되었다. 내용은 매우 혁신적이었다. 엠페도클레스는 **피타고라스**의 윤회 사상을 믿었고, 모든 물질은 물, 불, 흙, 공기라는 네 가지 불멸의 '원소'(훗날 **플라톤**이 원소라는 이름을 붙였다)로 구성되어 있다고 생각했다. 이러한 요소들은 각종 형태로 조합되어 명확한 패턴으로 나타나 생명체를 만들어낸다. 초기의 생명체는 (미노타우로스나 켄타우로스와 같은) 기형의 교잡종이었다. 그러나 시간이 지날수록 생명체는 진화를 거듭했다. '원소들이 인간, 짐승, 새의 형태로 조합될 때 우리는 이를 가리켜 '탄생'이라 부른다. 이들이 흩어질 때 우리는 이를 '안타까운 죽음'이라 부른다. 무에서 비롯될 수 있는 것은 아무것도 없으므로 모든 창조에 깃든 요소는 항상 존재해 왔다. 끊임없이 조합되고 흩어지는 인체 속에 영혼이 항상 깃들어 있는 것과 마찬가지다. 엠페도클레스는 스스로가 여러 가지 화신으로 현출되는 현상을 경험했다고 기술했다. '나는 과거에 소년, 소녀, 식물, 새, 물고기로 이 세상에 존재했다.'

엠페도클레스는 윤회에 깃든 목적을 보상이라고 생각했다. 엠페도클레스는 아후라 마즈다(빛의 신)와 파괴의 신 앙라 마이뉴Angra Mainyu를 동시에 숭배한 조로아스터교의 믿음을 바탕으로 사랑과 반목이라는 두 가지 근본 원리를 제시했다. 두 가치의 대립은 억겁의 세월을 지속하며 이 과정에서 죄에 굴복하고 벌을 받는 영혼들도 존재한다.

엠페도클레스는 자신의 일대기를 더할 나위 없이 화려하게 만들려 애썼다. 그가 올림피아에 밀가루 황소를 바친 시대는 다음과 같이 묘사된다.

> 사랑은 곧 여왕이었다. 남성들은 경건한 제안을 통해 그녀를 조심스럽게 재촉했다. 그들은 밀가루로 만든 짐승, 달콤한 향유, 몰약과 향수, 넘쳐흐르는 꿀로 빚은 헌주를 바쳤다. 남성들이 황소를 도륙해 갈빗대를 먹어치우는 사악한 짓을 그치지 않는데도, 제단은 황소를 죽인 끔찍한 잔해로 덮이지 않았다.

엠페도클레스는 교만하고 우쭐한 성격으로 유명했다. 그의 이러한 평판은 완벽을 향한 여정을 걷고 있는 자신만만한 인간을 묘사한 문장에서 비롯된 것으로 보인다.

> 나는 그대들 사이에서 걷노라. 유한한 존재임을 거부하는 불멸의 신으로서 리본과 신선한 화환으로 둘러싸여 모든 이들에게 공경받는다. 수많은 사람들이 남녀를 가리지 않고 나를 따른다. 진실의 길을 염원하는 그들은 예언을 희구하거나 질병을 막고자 나를 따른다.

엠페도클레스의 작품 전체를 소지하고 있던 그리스 고전 시대의 작가들이 그를 교만한 주술사로 생각했던 것은 나름의 이유가 있어보인다. 엠페도클레스 스스로 깨달은 바처럼 우리는 '각자의 경험에 따라 사고를 형성한다.' 그의 동료 사상가 프로타고라스도 이러한 부분에 마음 깊이 동의했다.

§ 프로타고라스(기원전 490년~기원전 420년), 철학자

우리는 페이디아스를 조각가로, 호머를 시인으로 지칭한다. 그렇다면 프로타고라스는 무엇이라 부를 수 있을까? 내 생각에는, 그를 소피스트로 지칭하는 편이 나을 것 같다.
— 플라톤, 《프로타고라스Protagoras》, 311

프로타고라스는 네스토스 강 입구에 자리 잡은 아브데라에서 태어났다. 아브데라는 트라케스인의 항구로 기원전 654년, 클라조메나이 출신의 이오니아 그리스인들이 세운 도시다. 당시 아브데라에는 많은 배들이 드나들었고 기원전 544년에는 페르시아를 피해 도망친 테오 시의 난민들로 들끓게 된다. 이후 기원전 513년, 페르시아는 아브데라를 격파했다. 아브데라는 잠시 독립을 되찾았으나 기원전 492년에는 다시 점령당했다. 기원전 480년, 그리스로 진격한 크세르크세스는 그리스의 지도층을 불러내 자신을 즐겁게 만들어 보라고 요구했다. 그들 중에는 데모크리토스 가문도 포함되었다. 데모크리토스는 프로타고라스를 '발견한' 철학자로 알려져 있다.

그리스 고전 시대의 전기 작가들은 증거가 부족한 탓에 프로타고라스의 어린 시절을 창작할 수밖에 없었다. **아리스토텔레스**는 그가 '짐꾼의 받침대'를 설계했다고 기술했다. 짐꾼이었던 프로타고라스는 합판을 운반했는데, 운반해야 할 합판들을 정교하게 쌓는 기술을 자랑했다. 데모크리토스는 그를 타고난 기하학자로 취급하고 집을 제공한 다음 철학을 가르쳤다. 하지만 기원전 460년에는 아직 데모크리토스가 태어나지 않았기에 이러한 이야기를 사실이라고 보기는 어렵다. 두 사람이 태어난 곳이 우연히 일치하고 두 사람의 철학과 직업(선생님)이 비슷해서 나온 이야기로 생각된다.

플라톤은 소크라테스와의 대화에서 프로타고라스를 당대 최고의 철학자, 최고의 소피스타이sophistai, 전문성이 돋보이는 선생님으로 언급했다. 실제로 그는 여러 곳을 여행하며 높은 보수를 받고 부유한 젊은이들을 가르쳤다. 그는 실용성을 염두에 두고 어떻게 하면 좋은 시민, 사회에 쓸모 있는 시민이 될 수 있을지에 관심의 초점을 맞췄다. (플라톤에 따르면) 그는 '아레테arete(이는 '미덕'을 의미했다)'를 실천하려면 집안 살림을 잘 유지하고 말과 행동을 통해 정치적 영향력을 행사해야 한다고 가르쳤다. 야심적인 정치가들에게는 매우 유용한 가르침이었다. 실제로 100므나라는 수강료(아테나이 배심원 한 명이 50일을 일해야 벌 수 있는 돈이었다)를 부담할 수 있는 부유한 학생들이 그의 강의를 선호했다.

프로타고라스는 주류 사회에 진출했다. 플라톤에 따르면 그는 아테나이에 있는 칼리아스(페르시아와의 평화협상을 담당했던 사람의 손자)의 집에서 소크라테스를 만났고, 이 당시 엘리스의 히피아스, 케오스의 프로디코스, **페리클레스**의 아들 파랄로스와 크산티포스, 정치가 **알키비아데스**도 같은 장소에 있었다고 전해진다. 모든 도시국가들에서 이토록 많은 거물들이 그 주변에 모여들었던 이유는 마치 오르페우스와 같은 목소리로 그들을 매료시켜

데모크리토스

기원전 460년 근방에 태어난 데모크리토스는 그리스, 소아시아, 이집트, 페르시아를 널리 여행했다고 전해진다. 그는 각지를 여행하며 마고스를 연구하고 《메로의 주민에 관하여Concerning the Peoples of Meroe》와 《바빌론의 성스러운 문헌에 관하여On the Sacred Writings of Babylon》와 같은 책자를 기술했다. 그는 물질이 서로 다른 형태로 존재하는 무한한 원자로 구성되어 있고, 유사한 원자들이 모여 물리적 객체를 만들며, 이러한 원자들이 흩어지면서 부패가 시작된다는 엠페도클레스의 견해를 따랐다. 데모크리토스는 지구를 비롯한 만물에 시작과 끝이 있다는 견해를 취했다. 또한 그는 지구가 둥글며 수많은 별들의 하나일 뿐이라고 생각했다. 데모크리토스는 교육의 가치를 예찬했고, 교육을 모든 직업 가운데 가장 고상하다고 생각했다. 그는 이러한 관점에서 인류는 배움과 경험을 통해 협동이 가능한 존재로 진화했다는 견해를 펼쳤다. 그는 관찰에 바탕을 둔 지식이 주관적이므로 지성을 엄격히 연마해 객관성을 증진할 수 있으며 모든 미덕은 훈련을 통해 습득할 수 있다고 가르쳤다. 《호머에 관하여On Homer》, 《행성에 관하여On the Planets》, 《미덕에 관하여On Virtue》, 《회화에 관하여On Painting》, 《무장 병력의 전투에 관하여On Fighting in Armour》, 《기침에 관하여On Coughing》와 같은 다양한 책의 제목에서 이러한 관심을 엿볼 수 있다.

자신을 추종하도록 만들었기 때문이다.' 플라톤은 아마도 프로타고라스의 책 《만물의 기원에 관하여On the Origins of Things》에 그린 그림에서 그를 소크라테스의 문답법에서부터 우화를 활용한 설명까지 다양한 교수법을 차용한 것으로 묘사했다.

그는 원시인들이 도덕과 정치적 지혜가 부족했고 국가라는 공동체 속에서 살게 되면서 이러한 자질을 갖추게 되었다는 주장을 펼쳤다. 그는 제우스가 헤르메스를 시켜 인간의 마음에 정의를 불어넣었다는 재미있는 상상을 시도했고, 아레테는 타고난 것이 아니며 자신과 같은 스승의 도움에 의해 계발되는 것이라고 결론지었다.

프로타고라스는 창에 맞는 사고를 당해 세상을 떠난 육상선수를 주제로 페리클레스와 하루 종일 논쟁을 벌였다. 엄격한 의미에서 책임을 부담해야 할 주체는 누구일까? 창일까, 던진 사람일까? 아니면 경기를 감독한 심판일까? 이들의 토론은 이론적인 수준 이상이었다. 아테나이는 투리오이에 새로운 식민지를 세웠고, 페리클레스는 프로타고라스에게 이 도시국가의 헌법을 기안하도록 일임했다. 그는 투리오이에서 상당 기간 머물렀던 것으로 추정된다. 전해지는 이야기에 따르면 그는 난파선에 갇혀 그리스 서부에서 사망했다고 한다.

프로타고라스가 남긴 두 가지 격언은 지금까지도 논의의 대상이다. 그는 논문 《진실에 관하여On Truth》를 다음과 같은 문구로 시작하고 있다. '인간은 만물의 척도다. 존재하는 것에 대해서는 존재하는 것의, 존재하지 않는 것에 대해서는 존재하지 않는 것의' 달리 말하면 도덕적 관찰은 주관적이며, 그에 따라 절대적이거나 보편적인 진리가 존재하지 않는다. 모순되는 관찰은 진실성이 충분히 논의될 때까지 동일한 비중을 인정받아야 한다. 하지만 이러한 관찰로부터 비롯된 모든 결론이 동일한 결과를 가져오지는 못하기에(이로운 것도 있으나, 해로운 것도 있다) 이를 구분하는 능력을 키워주는 것이 스승이 해야 할 역할이다. 프로타고라스는 이러한 목표를 달성하기 위해 올바른 언어를 사용하는 것이 중요하다고 강조했다(작가가 의도한 의미를 음미하게 위해 시를 주기적으로 분해했다). 실제로 그의 달변과 화술은 명성이 자자했다. 그러나 근거가 박약한 주장을 근거가 충분한 주장보다도 그럴 듯해 보이게 만들 수 있다는 자신감 탓에 불신을 자초하기도 했다. 민주적인 의회에서는 이러한 기교가 혼란을 초래할 수도 있었다.

그는 《신에 관하여On the Gods》에서 더 큰 논란을 불러일으킬 주장을 감행했다. '나는 신이 정말 존재하는지, 신이 어떤 모습을 하고 있는지 모르겠다. 왜냐하면 이러한 주제는 모호할 뿐더러 인생은 유한하기 때문이다.' 이러한 불가지론은 토착 종교와 의식과 결합했던 전통 사회를 위협했다. 그리고 프로타고라스는 여기에 뒤따른 사람들의 분노를 무마하기 위해 학생들로 하여금 그에게 수수료를 지불하거나 그들이 선택한 사원에 적당한 수준의 기부를 할 수 있도록 조치했다. 그의 시각은 동료 회의론자들에게는 환영받았을지 몰라도 많은 사람들의 적대감을 유발했다. 기원전 430년대에는 그를 아테나이에서 추방하고 아고라에서 책을 불태웠다는 이야기가 전해진다. 신빙성 있는 이야기는 아니나 당시 페리클레스를 따르던 지식인들과 예술가들이 굳건한 지지를 받았다는 사실을 엿볼 수 있다. 이러한 파벌 싸움에서 자유롭지 못했던 인물 가운데 페이디아스를 빼 놓을 수 없다. 그의 조각가로서의 명성은 프로타고라스의 철학자로서의 명성에 뒤지지 않았다.

§ **페이디아스**(기원전 480년경~기원전 430년경), 조각가

우리는 세계의 6대 불가사의를 우러러본다. 그러나 페이디아스의 제우스 앞에서는 무릎을 꿇을 정도로 경이에 사로잡힌다. 이 작품을 만든 기술의 경이로움은 조각상 자체의 성스러움에 능히 비견된다.

— 비잔티온의 필론, 《세계의 7대 불가사의에 관하여On the Seven Wonders of the World》, 3

페이디아스의 조각품은 기원전 5세기의 승리주의를 담고 있었다. 델포이, 올림피아, 아테나이의 한복판에 자리 잡은 페이디아스의 조각품들은 자신감을 발산하는 것 같았다. 지금은 모두 사라시고 이름만으로 기억될 따름이나(아테나이의 《렘니아의 아테나 여신The Lemnian Athene》, 엘리스의 《천상의 아프로디테The Heavenly Aphrodite》, 플라타이아의 《전투의 아테나 여

신The Warlike Athene》 등이 그 실례다) 그의 삶을 조합하려면 파편화된 정보와 모순되는 자료에 의지해야 한다.

기원전 480년에 태어난 페이디아스는 아르고스의 아겔라다스의 제자였다[같은 시기에 활동했던 미론이나 폴리클레이토스 또한 마찬가지였다. 미론은 디스코볼로스Discobolus(원반 던지는 사람)를 조각했고, 폴리클레이토스는 이상적인 인체의 수학적 비례에 대한 이론을 제안한 것으로 알려져 있다]. 이들의 작품에는 신과 올림픽 우승자의 조각이 들어 있었다. 기원전 460년대, 페이디아스는 그의 고향 아테나이로부터 세간의 이목을 끌기에 충분한 작품 두 건을 의뢰받았다. 두 작품은 아테나이뿐 아니라 **키몬**을 기념하기 위해 설계되었다. 이 가운데 한 작품은 델포이의 아폴로 신전 옆에 설치한 16개의 구리상이었다. 마라톤 전투를 기념하기 위해 만든 이 작품은 마라톤 전투의 전리품으로부터 자금을 조달했고 다름 아닌 한 명의 인간, 아테나이를 승리로 이끈 키몬의 아버지 **밀티아데스** 주변에 신과 영웅들이 모여 있는 장면을 묘사했다. 두 번째 작품은 9미터 높이의 거대한 동상으로 아테나이의 아크로폴리스에 설치한 아테나 프로마코스였다. 이 작품은 에우리메돈에서의 키몬의 승리를 기념했다.

키몬이 죽은 이후 **페리클레스**는 아크로폴리스에 자신의 거대 건축물을 짓고자 계획하며 페리클레스를 감독관으로 임명했다. 그의 영향은 파르테논 신전에서 잘 드러난다. 파르테논 신전 또한 그전에 지어진 두 사원의 부지에 들어섰고, 두 사원에 비해 더욱 넓은 공간을 자랑했다. 이처럼 넓은 공간이 필요했던 이유는 페이디아스가 조각한 아테나 여신상을 들여놓아야 했기 때문이다. 12미터 높이의 여신상은 상아(피부의 재료로 쓰였다)와 금으로 얼굴을 만들었고 여신을 상징하는 투구, 방패, 창으로 온몸을 장식했다. 또한 곧게 편 오른쪽 팔에는 날개 달린 빅토리Victory를 들고 있었다. 이 조각상을 만들기 위해 페이디아스는 예술가와 장인들을 고용했다. 이 가운데 일부는 껍질이 붙어 있는 사이프러스 나무와 산다락 나무의 몸통을 자유자재로 다룰 수 있었고, 코끼리 상아를 이용해 구부러지기 쉬운 얇은 상아베니어판을 만든 사람도 있었으며, 보석 세공이나 유리 불기, 투구, 방패, 창, 드레스와 신발에 붙일 금박 주조에 능한 사람들도 있었다. 40탈란톤(2천280파운드 또는 1천34킬로그램)의 금이 투입되었고, 경제적 위기가 닥치면 그 이상을 보상한다는 조건을 달아 떼어낸 다음 녹여 쓰는 것도 가능했다.

페이디아스 스스로 페디먼트(삼각 박공), 메토페(조각된 벽면), 프리즈를 조각했을 것 같지는 않다. 그러나 그는 조각상과 파르테논 신전 외부의 장식의장을 통일된 주제로 엮어내는 예상치 못한 시도를 감행했다. 예컨대 조각상의 방패와 동쪽 메토페 조각상은 신이 거인과 싸우는 장면을, 방패 바깥쪽과 서쪽 메토페에는 아마존과 싸우는 그리스인들을, 조각상의 신발과 남쪽 메토페에는 켄타우로스와 싸우는 그리스인들을 형상화했다. 이 모든 것들은 야만에 대한 문명의 승리, (여기에서 나아가) 페르시아에 대한 아테나이의 승리를 상징했다.

페이디아스는 페리클레스와 가까운 관계를 유지한 탓에 정치적 공격을 감수해야 했다. 그

파르테논 신전에 설치된 서기 2세기 페이디아스가
금과 상아로 장식한 아테나 여신의 대리석 상(사진 속
기둥이 원래는 존재하지 않았다).

로렌스 알마 타데마 경의 영감을 자극하는 그림 〈파르테논의 프리즈를 친구들에게 보여주는 페이디아스Phidias Showing the Frieze of the Parthenon to His Friends〉(1868). 페리클레스, 아스파시아, 알키비아데스가 진행 중인 작업을 관찰하기 위해 비계 위에 서 있다.

는 금을 전용했다는 이유로 소송에 연루되었으나 안면에 쓰인 금을 떼어내 무게를 달아본 끝에 누명을 벗을 수 있었다. 페이디아스는 자신과 페리클레스의 얼굴을 성물(아테나의 방패 바깥쪽)에 새겼다는 이유로 사형을 당했다는 이야기도 전해진다. 당시 성물은 오직 신과 영웅만을 나타낼 수 있었는데, 사형까지는 아니고 추방에 그쳤다는 이야기도 있다. 기원전 438년, 파르테논 신전이 봉헌되자 페이디아스는 올림피아의 제우스라는 다음 목표를 위해 아테나이를 황급히 떠났다.

그와 일꾼들은 특별히 지은 작업실 속에서 걸작을 창조했다. 이 작업실은 배치와 비율이 사원의 켈라cella(중앙실)와 정확히 일치했다. 파르테논의 아테나 여신상과 마찬가지로 조각상은 12미터 높이였고, 곧게 편 팔은 날개 달린 빅토리를 쥐고 있었다. 게다가 워낙 많은 금과 상아를 발라 마치 대자연이 코끼리를 낳은 이유가 이 작품 때문인 것 같다고 놀라는 사람들조차 있었다. 마치 신들의 제왕에 오른 제우스의 모습을 보여주고 있었다. 제우스의 머리는 올림픽 우승자와 마찬가지로 월계관이 쓰여 있었다. 페이디아스는 이처럼 장엄한 모습을 구현한 근거를 호머의 《일리아드》에서 찾았다고 주장했다. 호머는 《일리아드》에서 제우스를 다음과 같이 묘사한다. '크로노스의 아들 제우스, 그가 짙은 눈썹의 얼굴을 기울이자 성유를 바른 위대한 왕의 머리칼이 불멸의 얼굴 앞으로 쏟아지며 위대한 올림포스가 지축을 흔들었다.' 후세 사람들은 이 조각상을 보지 못하고 세상을 떠나는 것을 한스럽게 생각할 정도였다. 또한 기원전 2세기에는 세계 7대 불가사의 가운데 하나로 이름을 올렸다.

페이디아스는 연인의 이름을 제우스의 새끼손가락에 새겨 당국과 마찰을 겪었고, 신성 모독으로 아테나이에서 추방당했을 당시 올림피아를 관할했던 엘리스의 당국에 의해 사형을 당했다고 전해진다. 이러한 이야기의 신빙성을 의심할 수도 있으나 페이디아스가 죽은 지 10년이 되지 못한 기원전 422년, 아리스토파네스가 분석한 날카로운 통찰을 상기할 필요도 있다. 아리스토파네스는 페리클레스가 페이디아스의 전철을 밟을까 두려워 사람들의 관심을 다른 곳으로 돌리고자 펠로폰네소스 전쟁을 일으켰다고 분석했다. 물론 페리클레스는 그가 생각한 페이디아스의 전철이 무엇이었는지 직접 알려주지 않았다.

이러한 개인적인 공격은 아테나이 민주주의의 특징이었다. 또한 페리클레스의 사람들에 대한 차별 없는 공격이 집중되면서 희극 시인들이 회의적인 시각으로 바라본 유명인사가 그에 국한되지 않았을 것이라 생각된다. 기원전 425년, 아리스토파네스는 헤로도토스의 《역사》를 패러디해 전쟁의 기원을 다른 이유로 설명했다. 아테나이인들이 메가라의 창녀를 납치했고 메가라 사람들이 복수로 '아스파시아의 동성애인 둘을 납치했다는' 것이다. 흥미 만점의 희극이었는지 모르나 페리클레스의 미망인 아스파시아의 명성을 드높이는 데는 별 효과를 발휘하지 못했다.

§ **아스파시아**(기원전 470년경~기원전 400년경), 지식인

우리 모두 아스파시아의 능력, 그녀의 정치적 감각, 총명한 지력과 통찰력을 잊지 말자. 그리고 이러한 미덕을 가장 진실한 방법으로 동원해 그녀를 설명하자.
— 루키아노스, 《이미지Images》, 17

아스파시아는 기원전 5세기 아테나이에서 논란의 여지없이 가장 큰 영향력을 자랑했던 여성이다. 그녀에 대한 자료들이 극에서 극을 달리는 탓에 그녀의 인생을 정확히 알 방법이 요원할 따름이다. 희극배우들과 정적들은 그녀를 혹독히 비난하지만, 철학자들은 그녀에게 아낌없는 칭찬을 퍼부었다. 또한 이들 모두가 남성인 탓에 그녀에게 가장 우호적인 논평조차 당시의 남성우월주의에서 벗어나지 못하고 있다.

아스파시아는 밀레토스에서 태어났다. 학자들의 연구에 따르면 그녀는 밀레토스의 유지였던 악시오코스의 딸로 기원전 450년 아테나이로 건너가 **페리클레스**의 친척이었던 알키비아데스의 집에 들어갔다고 전해진다. 알키비아데스는 이로부터 10년 전에 도편추방을 당한 다음, 이오니아에 머물면서 아스파시아의 동생과 결혼한 것으로 알려져 있다. 알키비아데스와 그의 아들 클리니아스가 사망하고 난 기원전 447년, 페리클레스는 가문의 수장으로서 아스파시아의 키리오스 내지는 수호자를 자처했다. 아마도 그녀와 결혼을 했는지도 모

른다. 분명 그는 전처와 이혼했을 것으로 추정된다. 아스파시아는 곧 아들을 낳고 이름을 아버지와 마찬가지로 페리클레스라고 지었다. 페리클레스의 장남 크산티포스와 그의 동생 파랄로스가 기원전 492년 유행했던 역병에서 사망했을 때, 아테나이인들은 어린 페리클레스에게 아테나이 시민의 자격을 부여했다. 과거 페리클레스는 기원전 450년, 두 부모가 모두 아테나이 혈통을 지녀야 아테나이 시민이 될 수 있다는 법안을 통과시킨 적이 있었다. 그들은 투표를 통해 어린 페리클레스에게 이러한 제약을 면제했다.

기원전 429년 페리클레스가 사망했을 때, 아스파시아는 존경받는 여성들은 결혼을 할 자격이 있다는 명분을 내세우며 떠오르는 정치가 리시클레스와 결혼했다. 그러나 리시클레스는 기원전 428년에 카리아에서 싸우다 사망했다. 그녀의 아들 또한 기원전 406년, 스트라테고스에 선출되었으나 아르기누스아이 해전에서 사망한 병사들의 시신을 수습하지 못했다는 죄목으로 동료들과 함께 처형당했다. 그녀는 기원전 404년에 아테나이가 망할 때까지 살았던 것으로 추정된다. 이처럼 재구성되는 그녀의 인생이 정형에서 벗어나지는 않더라도 그녀는 고도의 교육을 받았을 뿐더러 당대의 가장 총명한 여성 가운데 하나였다. 페리클레스의 가문에 속한 그녀는 아테나이의 유명 지식인들과 스스럼없이 어울렸다. 그녀는 보기 드문 정치적 통찰과 언변(**플라톤**이 말하길 **소크라테스** 또한 그녀로부터 수사법을 배웠다고 한다)을 갖추고 있었다. 심지어 기원전 430년에 낭독된 페리클레스의 추도사를 집필했다는 이야기도 전해진다. 아테나이의 '첫 번째 커플'에게 쏟아진 이러한 비방은 페리클레스의 남자다운 면과 능력을 흠집내기 위한 시도였던 것으로 추정된다.

아테나이 남성들은 똑똑하고 독립적인 여성을 제일 싫어했다. 그들은 아스파시아를 페리클레스의 첩 또는 정부, 심지어 창녀라는 말로 비방했다. 그들은 아스파시아를 신화 속 세이렌, 옴팔레와 데이아네이라에 비유하면서 페리클레스의 기운을 쪽쪽 빨아먹었다고 비난했다. 그녀는 이러한 비난을 불식하기 위해 페리클레스의 원정을 기획했다. 기원전 440년 사모스 원정과 펠로폰네소스 전쟁조차 그녀가 기획한 작품으로 생각된다. 한편 페리클레스는 그녀를 위해 재산을 탕진하고, 집에서 나갈 때와 돌아올 때 아스파시아에 대한 키스를 잊지 않았다는 소문도 들렸다. 기원전 430년대 후반, 페리클레스의 주변인들에 대한 소송이 빈발하면서 아스파시아는 '페리클레스의 쾌락을 위해 부모 없는 여성들을 집으로 불러 모은 죄'로 기소당했다. 이는 저속하고, 악의적이고, 날조된 주장이었고, 페리클레스는 아스파시아를 변호하면서 울음을 터뜨렸다. 그녀는 결국 무죄로 방면되었다.

똑똑한 여성은 남성 중심적 사회에서 배척당할 수밖에 없었다. 이는 아스파시아 자신의 불운이었고, 페리클레스 또한 사회에 맞서 할 수 있는 일이 미미하다는 사실을 알고 있었다. 기원전 430년에 낭독된 페리클레스의 추도사에는 여성이 누릴 수 있는 최고의 영광은 사람들의 평판과 무관하다는 내용이 들어가 있다. 그러나 아스파시아는 재판이 끝난 이후에도 이러한 논지에 전적으로 동의하지 않았다.

기원전 5세기, 그리스 작품을 모방해 로마에서 만든 아스파시아의 흉상은
타이트하게 가다듬은 머리칼을 덮개로 가리고 있는 모습으로,
모범적인 아테나이의 숙녀상을 묘사하고 있다.

Chapter 5

전쟁의 확대

§ 알키비아데스(기원전 450년경~기원전 404년), 정치가, 장군

그는 카멜레온보다도 더 빠르게 변할 수 있다. 실제로 카멜레온은 흰색으로 변할 수는 없으나
알키비아데스는 선한 사람이건, 악한 사람이건, 같이 있는 사람에 따라 자신을 자유자재로 맞
추는 능력을 타고났다. 그는 선한 사람이 될 수도, 악한 사람이 될 수도 있다.
— 플루타르코스,《알키비아데스의 인생Life of Alcibiades》, 5

기원전 429년, 펠로폰네소스 전쟁 초기에 **페리클레스**가 사망하면서 아테나이는 정치적 공
백을 맞게 되었다. 시민들은 처음으로 한 세대 가까운 세월을 믿고 따를 수 있는 지도자 없
이 보내야 했다. 그 대신 관심에 집착하고 이질적인 정책을 남발하는 선동가들이 등장하면
서 국가는 혼란스러워지고 스파르타에 대한 페리클레스의 군사 정책 또한 흔들리기 시작했
다. 10년간 계속된 전쟁은 양국 모두에게 엄청난 손실을 유발했고, 마침내 현상을 유지하는
내용으로 정전 협정이 체결되었다. 그러나 모든 사람들이 평화에 대한 희망을 품었던 것은
아니었다. 열정이 넘치고 자존심이 센 아테나이 청년들은 업적을 남기기 위한 전쟁이 필요
했다. 이들 가운데 가장 야심이 컸던 인물로 알키비아데스를 꼽을 수 있다.

알키비아데스는 남다른 부를 자랑했던 알크마이오니다이 가문 출신이었다. 그의 아버지
클리니아스가 코로네이아 전투에 참가해 전사하면서 그는 세 살이라는 어린 나이에 많은 재
산을 물려받을 수 있었다. 어머니의 사촌 페리클레스가 후견인이 된 덕분에 그는 아테나이
최고의 권력가에서 성장할 수 있었다. 넘치는 카리스마에 부리부리한 외모를 자랑했던 그
는 아테나이 최고의 웅변가가 되기에 모자람이 없었다. 그러나 철저한 계산 하에 그는 자신
의 이름을 모든 사람들의 뇌리에 각인시켰다. 저잣거리에는 그와 관련된 여러 가지 소문이
돌았다. 레슬링 시합에 임했던 그는 경기 방식이 남자인지 여자인지 구분이 가지 않을 정도
로 소극적이었다. 이러한 비난에도 그는 승리의 비결을 '여성처럼 싸우지 않고, 사자처럼
싸웠다'라고 설명했다. 그가 비싼 사냥개의 꼬리를 잘라버렸다는 이야기도 들렸고, 호화로
운 로브(그가 속한 가문의 무덤에서 실크가 발견되었다)를 걸치고 아고라를 으스대며 걸어갔다는

이야기도 회자되었다. 그는 옷이 다 떨어질 때까지 땅 위를 걸었다고 전해진다. 그는 아테나이 전체가 이러한 행위에 분노했다는 말을 친구로부터 듣고 이렇게 응수했다. '좋아, 그들이 겨우 이 정도로 왈가왈부한다면 내가 더 나쁜 일을 하더라도 입에 올릴 시간이 없겠군.'

민주주의를 표방했던 아테나이에서는 대중들에게 좋은 인상을 풍겨야 권력을 쥘 수 있었다. 그러나 개별적인 후원을 받는 것 또한 그에 못지않게 중요했다. 나이 든 남성들과 연인 관계를 맺는 것이 이러한 후원을 확보하는 방법이었다. 당시 이러한 관례는 젊은이들이 성인으로 인정받기 위한 의식으로 자리 잡았다. 아테나이의 유력 인사들을 늘 옆에 두고 살던 어린 알키비아데스는 자신의 경력에 도움이 될 만한 연인을 여럿 선택했다. 오직 소크라테스만이 그를 거절했으나, 그럼에도 두 사람은 끈끈한 우정을 과시했다. 실제로 소크라테스는 기원전 432년 포티다이아 원정에서 당시 18세였던 알키비아데스의 목숨을 구했다고 전해진다. 당시 소크라테스는 알키비아데스를 보호하며 그가 부상을 당했을 때 그의 옆을 떠나지 않았다.

그는 자신의 권력기반을 강화하는 데 조심스러웠다. 그러나 그의 성급한 성미 탓에 일을 그르치는 경우도 많았다. 그는 당시 그리스 최고의 부호였던 히포니코스의 딸 히파레테와의 정략결혼을 통해 권력기반을 충분히 강화할 수 있었다. 젊은 귀족에게 그녀의 이름은 더할 나위 없이 매력적으로 들렸다('순수한 미덕'을 뜻했다). 또한 그녀에게 상속자가 없다는 사실은 저항할 수 없는 유혹이었다. 알키비아데스는 그녀와의 사이에서 아들(아들의 이름 또한 알키비아데스였다)과 딸(딸의 이름은 알려져 있지 않다)을 두었으나, 그녀는 알키비아데스와의 결혼생활이 행복하지 않았다. 일이 전부인 무심한 남편을 견디지 못한 히파레테는 알키비아데스를 상대로 이혼을 청구했다. 그러나 알키비아데스가 그녀를 강제로 법정에서 끌어내면서 심리는 중단되었고 히파레테는 얼마 가지 않아 세상을 떠났다.

펠로폰네소스 전쟁 초반부의 기록에는 알키비아데스에 대한 내용이 나와 있지 않다. 그러나 기원전 421년 평화조약이 체결되자 그는 자신의 존재감을 부각시키기 위해 재빨리 행동을 개시했다. 오직 전쟁만이 가져다 줄 수 있는 기회를 자기 것으로 만들기 위해 그는 조약을 무용지물로 만드는 데 온 힘을 다했다. 그는 스파르타의 프록세노스(대변인)로서 아테나이에서 스파르타의 이익을 대변하는 책임을 맡고 있었다. 그러나 의회에서 스파르타의 대사를 모욕하는 등 스파르타의 이익을 깎아먹으며 대중적인 인기를 노렸다. 이처럼 알키비아데스는 개인적 야망을 위해 국가의 이익을 수시로 방기했다. 그의 야망을 펼치기 위한 단기 전략으로는 효과 만점이었다. 시민들은 그를 스트라테고스로 선출했다. 따라서 스파르타와 아테나이는 직접적인 적대 행위를 6년 가까이 중단했지만 알키비아데스의 공작 탓

서기 4세기 후반 스파르타에서 발견된 로마의 모자이크. 머리칼이 헝클어진 알키비아데스가 앞을 응시하고 있다. 스파르타는 그가 배신을 감행한 곳일 뿐 아니라 여왕을 유혹한 곳이다.

에 두 국가의 동맹국들 사이에서는 국지적인 충돌이 끊이지 않았다. 충돌이 있는 곳에는 항상 알키비아데스가 있었다. 펠로폰네소스 국가들은 스파르타에 대항하기 위해 연합 전선을 결성했고, 그는 이 전선의 선봉을 맡아 적을 괴롭히고 작은 전투 몇 개를 승리로 이끌었다. 그러나 기원전 418년, 아테나이인들이 만티네이아에서 패배하면서 알키비아데스의 시대도 가는 듯했다.

그러나 그는 금세 부활했다. 기원전 416년 올림픽 경기에서 그는 대대적인 복귀를 감행했다. 그는 당당히 행진하며 재산뿐 아니라 에페소스, 키오스, 레스보스 등 강력한 이오니아의 지지 세력을 과시했다. 모든 지역들은 그가 이룩할 영예의 후광을 꿈꾸고 있었다. 그는 돈이 얼마나 들건 승리에만 집착했기 때문이다. 유례없는 부를 과시한 알키비아데스는 전차 경주에 7개의 전차를 내보냈고 1, 2, 3등을 모두 차지할 수 있었다(그를 싫어했던 적들의 말에 따르면 1, 2, 4등이었다는 이야기도 있다). 나아가 동부 에게 해 지원 세력의 아낌없는 후원 덕분에 그는 올림픽 경기에 참석한 모든 청중들에게 음식을 대접했다. 이 행사를 위해 아테나이 지역의 은붙이들을 '차입했고' 이러한 과시는 자신의 명성을 드높이기보다는 겁을 주기 위한 의도에서 비롯되었다. 그는 이미 새로운 전쟁을 계획하고 있었기 때문이다. 그는 우선 시칠리아를 공격한 다음 카르케돈으로 진격할 생각이었다. 만일 승리하기만 한다면 그에 따른 보상은 헤아리기 어려울 정도였다. 이오니아인들이 지원을 아끼지 않은 것도 이러한 이유 때문이었다.

알키비아데스는 여전히 시민들의 지지가 필요했다. 그의 라이벌들은 그를 마지막 도편추방의 희생양으로 삼으려 했으나 실패로 돌아갔다. 그는 올림픽에서 우승한 것은 순전히 아테나이의 명성을 위해서였다고 주장하며 니키아스와 동맹을 맺는 파격적인 행보를 감행했다(그는 알키비아데스에 앞서 활동한 칼리아스와 마찬가지로 라우리온 광산에서 일할 노예를 대여해 줌으로써 부를 축적했다). 또한 의회에 출석해 니키아스와 시칠리아 문제를 두고 토론을 벌여 그를 완전히 압도했다. 알키비아데스와 숙련된 군인 라마코스가 전쟁의 지휘권을 맡게 된 것은 니키아스가 능히 두려움에 떨 만한 사건이었다. 이는 펠로폰네소스 전쟁을 재점화하는 수준을 넘어 그리스 전체를 분쟁의 소용돌이로 몰아갔다. 그러나 기원전 415년, 원정을 떠나기 직전에 누군가가 아테나이의 헤르메스 조각상 대부분을 파괴하는 사태가 벌어졌다. 이는 심각한 신성 모독으로 알키비아데스의 정적들은 알키비아데스의 집에 있는 조각상만 멀쩡하다는 이유를 들어 알키비아데스를 주범으로 몰아갔다. 알키비아데스는 시칠리아로 원정을 떠나도록 허락받았으나, 카타네에 도착하자마자 두 가지 죄목에 의해 아테나이로 소환되었다. 헤르메스 조각상을 파괴했다는 죄목 말고도 엘레우시니아 신화를 그로테스크하게 패러디해 출입이 허락되지 않은 자들에게 비밀을 누설했다는 신성 모독의 죄목이 추가되었다.

법정에 설 생각이 없었던 알키비아데스는 투리오이에서 호위무사를 따돌리고 잠적했다.

아테나이 법정은 결석재판을 진행해 그에게 사형을 선고했고, 제사장들은 그에게 저주를 퍼부었다. 판결문과 저주의 글은 모든 사람이 볼 수 있도록 공개되었다. 그러나 알키비아데스는 아무런 신경을 쓰지 않았다. 그는 이미 스파르타라는 도피처를 확보하고 있다. 자신을 보호해주는 대가로 그는 아테나이의 오랜 숙적인 스파르타에게 핵심적인 군사 정보를 넘겼다. 알키비아데스가 없는 아테나이 함대는 시칠리아에서 패했고 예상대로 시칠리아 원정은 스파르타와의 전쟁을 촉발시켰다. 그 결과 스파르타인들은 아티케의 데켈레이아를 점령해 영원한 전략 요충지로 삼았다. 이 사건으로 인한 정치적, 경제적 영향은 엄청났다. 스파르타는 아티케를 쉬지 않고 공격했고, 아테나이의 군자금 대부분을 조달했던 라우리온 은광산은 생산을 멈추었다.

알키비아데스는 도피 생활을 계속하며 사치를 멀리 했다. 페리클레스는 어린 알키비아데스를 엄격히 훈육하기 위해 스파르타 출신 보모를 붙였는데, 이제서야 그는 교육의 효과를 증명해 보였다. 그는 '스파르타인' 같은 인생을 고수하며 악명 높은 검정 수프를 먹고 매일 얼음장 같은 에우로타스 강에서 헤엄을 쳤다. 하지만 모든 스파르타인들이 그의 존재를 기꺼워한 것은 아니었다. 아기스 왕 II세는 그의 아내 티마이아 왕비가 새로 낳은 왕자 레오티키다스를 몰래 '알키비아데스'라 부르는 것을 알게 되었다. 왕이 계산해보니 10개월 전지진이 일어난 다음부터는 왕비와 부부관계를 한 적이 없었다. 이로써 알키비아데스가 얼마나 스파르타 왕실에 깊숙이 파고들었는지가 만천하에 드러났다. 스파르타와 알키비아데스의 밀월 기간은 종말을 고했다. 기원전 412년, 그는 이오니아를 돌아다니며 올림픽에서 그를 후원한 에페소스와 키오스 등의 폴리스들을 아테나이가 아닌 스파르타 편에 서도록 설득했다. 그러나 그 와중에 그는 아기스가 그를 죽일 계획을 세우고 있다는 사실을 알게 되었다. 그에게는 선택의 여지가 많이 남아 있지 않았다. 그는 다시 한 번 그가 아직 심기를 건드린 적이 없는 유일한 나라 페르시아로 도피처를 정했다. 그는 당시 스파르타를 지원하던 티사페르네스에게 군사적 조언으로 거래를 시도했다. 서로 으르렁거리는 그리스인들에게 본격적인 싸움을 붙여 힘을 뺄 만큼 뺀 다음, 페르시아가 그리스 전체를 집어삼키라는 내용이었다.

그는 페르시아에서도 두 마음을 품었다. 아테나이가 시칠리아에서 참패하고 쿠데타를 통한 과두정치가 불가피해지면서 알키비아데스는 유력 인사들에게 복귀의 가능성을 타진하기 시작했다. 기원전 411년, 이오니아로 원정을 떠난 아테나이 군대는 전쟁의 양상이 마음대로 흘러가지 않아 불만이었다. 그들은 알키비아데스가 페르시아를 그들의 편으로 끌어올 수 있다고 생각했다. 따라서 그들은 알키비아데스를 장군으로 추대했고, 이 사기꾼은 아테나이 전체의 승낙은 아닐지라도 일단 복귀의 첫발을 내디딜 수 있었다. 그는 고향땅을 다시 밟으면서 화려한 복귀 의식을 치르고 수많은 승리의 공을 자기에게로 돌려야겠다고 마음먹었다. 근 4년간 그는 동방에 머물며 자금을 모아 스파르타에 대한 전쟁을 주도하는 한편, 페르시아와 위험한 실랑이를 벌이고 있었다. 기원전 410년, 아테나이는 키지코스에서 스파르타 함대를 대부분 격파했고 스파르타의 패잔병들이 본토에 보내는 절박한 구원의 메시지마저 차단하면서 승리의 기쁨은 배가되었다. 이 구원의 메시지는 아주 간단한 단어로 쓰여 있었다. '배는 침몰하고, 장군은 죽고, 병사들은 굶주리고 있다. 무엇을 해야 할지 모르겠다.' 스파르타가 아테나이를 무릎 꿇렸던 것이 겨우 2년 전이었다. 득의양양한 아테나이는 스파르타의 평화 제안을 즉각 거절했다.

기원전 407년 초, 알키비아데스는 케르소네소스나 다르다넬리아와 같은 이오니아의 상당 부분을 수복한 다음, 자랑스럽게 아테나이로 귀환했다. 그러나 타이밍이 좋지 않았다. 그가 페이라이에우스 항으로 돌아온 날, 아테나이에서는 플린테리아 축제가 열리고 있었다. 아테나 폴리아스 사원은 문을 닫고 있었고, 올리브 나무로 만든 아테나 여신상의 나신을 덮개로 가린 채 로브를 바닷물로 세척하는 중이었다. 알키비아데스뿐만이 아니라 아테나이에게 불길한 징조를 임시하는 날이었다. 이날에는 보통 그 어느 시민도 중요한 새로운 일이나 중요한 일을 시작하지 않았다. 그러나 잔뜩 흥분한 시민들에게 이러한 원칙은 안중에도 없는 듯했다. 페이라이에우스 항은 금과 동으로 만든 왕관을 치켜들고 환호하는 지지자들로 인산인

해를 이뤘다. 감정이 북받친 43세의 알키비아데스는 해변에 발을 디디며 울음을 터뜨렸다.

1년 이상 알키비아데스는 그 누구도 범접하기 힘든 권력을 누렸다. 기원전 415년, 그를 향했던 모든 비난은 자취를 감췄다. 아테나이인들은 몰수한 재산을 반환했을 뿐 아니라 그에 대한 저주를 새긴 비문을 재빨리 치우고 바다에 던져버렸다. 그는 최고 사령관Supreme Commander이라는 전례 없던 지위를 꿰찰 수 있었다. 만일 알키비아데스가 아테나이의 참주로 등극하고 제국의 우두머리가 되려는 꿈을 품었다면 꿈을 현실로 이룰 수 있는 가장 좋은 기회를 맞은 셈이었다. 그의 야망은 정점에 달했으나 곧 상황은 어찌 해 볼 수 없을 정도로 급변했다. 에페소스가 스파르타를 버린 데에는 알키비아데스의 음모가 상당 부분 작용했다. 기원전 406년, 알키비아데스는 이곳을 다시 찾아올 생각이었다. 그러나 그의 계획은 좌초되었다. 그는 그의 측근 안티오코스에게 아테나이의 함대를 맡겼다. 그러나 그는 알키비아데스가 없는 틈을 타 모든 명령을 무시하고 에페소스에서 스파르타와 전쟁을 벌였다. 결과는 비참했다. 아무런 잘못이 없었는데도 알키비아데스는 이러한 결과에 대한 비난을 뒤집어쓰고 아테나이로 소환되었다. 물론 그는 순순히 가지 않고 다시 한 번 도망쳤다.

전쟁을 준비하던 알키비아데스는 케르소네소스에 권력기반으로 활용할 자신의 기지를 건설했다. 수배 목록 1순위에 올랐던 그는 자신이 구축한 영역을 피난처로 삼고 작은 제국을 다스리는 중년 전사로서 자신이 자리를 비운 아테나이의 운명을 지켜보았다. 그러나 기원전 405년, 그가 무시할 수 없는 소식이 들려왔다. 아테나이의 함대와 스파르타의 함대 모두가 공교롭게도 다르다넬리아에 머물고 있었다. 그러나 아테나이인들은 불행히도 느릿느릿 흐르는 아이고스포타모이('염소의 강') 옆에 자리를 잡았다. 끔찍한 결과를 예측한 그는 주둔지를 찾아 장군들을 만났다. 그는 필사적으로 자리를 옮겨야 한다고 설득했으나 별 호응을 얻지 못했다. 그 결과 그들은 전투에서 참패했고 180척에 이르는 함대 전체를 잃고 말았다. 해군을 잃은 데다 흑해의 옥수수 운반 루트를 스파르타에 내주면서 아테나이는 오랜 시간을 버틸 수 없었다. 기원전 404년, 식량이 바닥난 아테나이는 항복 말고는 다른 선택의 여지가 없었다. 또한 스파르타와 협상을 할 수 있는 처지는 더더욱 아니었다. 12년 전, 당시 멜로스를 점령했던 아테나이는 알키비아데스의 꼬임에 빠져 남성들은 학살하고 여성과 아이들은 노예로 삼는 법안을 의회에서 통과시켰다. 자칫하면 그들과 같은 운명을 맞을 수 있었으나 다행히도 그러한 참사는 벌어지지 않았다. 스파르타인들은 성벽과 바다를 향해 늘어선 장벽을 허물고 30인의 참주로 대표되는 과두 정부를 설치했다. 그러나 그들은 주민들의 목숨을 빼앗지는 않았다. 그리스 국가들 가운데 최고의 전투력을 자랑했던 스파르타는 승리자의 여유를 부리며 부드럽고도(물론 완벽히 부드러운 것은 아니었다) 관대한 처분을 내렸다.

그러나 용서할 수 없는 인물도 있었다. 아테나이가 몰락한 지 몇 달 후, 알키비아데스에게 유혹당한 소녀의 오빠들로 구성된 자경단원의 도움을 받아 스파르타인들은 프리기아의 마을에 숨어 있는 알키비아데스를 찾아냈다. 집 안에는 두 명이 자고 있었다. 그들은 조용히 집 주변을 둘러싼 다음 불을 붙였다. 잠에서 깬 알키비아데스는 오른손에 칼을 쥐고 왼손에는 방패 대신 담요를 말아 들고 밖으로 뛰어나왔다. 그러나 그는 창과 화살 세례를 받고 쓰러졌다. 그 또한 중장 보병이었고 그의 방패는 욕망의 신 에로스의 이미지를 담고 있었다. 스파르타인들의 화살이 그를 찾아낼 수 있었던 것도 에로스 덕분이었다. 사랑과 증오가 공존했던 그의 삶은 외로운 최후를 맞아야 했다.

그는 남다른 개성 탓에 특별한 인물로 보일 수도 있으나 개인적 야망이 공중의 이익에 앞섰던 유일한 정치인은 아니었다. 이미 펠로폰네소스 전쟁 초반에 정치인과 선동가의 구분이 모호해졌으나(그전까지는 이러한 실례가 드물었다) 이러한 경계를 가장 수시로 넘나든 정치인으로는 클레온을 꼽을 수 있다.

§ 클레온(?~기원전 422년), 정치인, 장군

> 클레온은 남다른 공격술로 그 누구보다도 아테나이인들을 타락시켰다. 당시 의회 연설에서 소리를 지르고, 대중들을 상대로 한 연설에서 욕설을 섞고, 입고 있던 튜닉을 끌어 올린 인물은 그가 처음이었다.
>
> — 아리스토텔레스, 《아테나이 헌법》, 28

클레온의 어린 시절에 대한 이야기는 소문의 수준을 넘어서지 못한다. 그의 출생일 또한 불확실하다. **아리스토파네스와 투키디데스**, 역사의 보고와도 같은 두 인물이 그를 싫어할 만한 개인적인 이유가 있다는 것을 생각해보면 그들이 제공하는 자료의 객관성을 마냥 신뢰할 수는 없을 것 같다. 그가 태어난 가문은 가죽 거래로 엄청난 부를 쌓았다. 신흥 부호 가문에서 태어난 클레온은 타고난 귀족 가문에 속했던 **페리클레스**와 대비되었다. 정치판에서 그는 사사건건 원로 정치인들에게 반기를 들리라 마음먹었다. 기원전 431년, 펠로폰네소스 전쟁이 발발하면서 그는 좋은 기회를 맞게 되었다. 스파르타가 아티케를 초토화시키는 현실을 방치하고 있던 페리클레스의 전략은 대중들의 지지를 전혀 얻지 못하고 있었다. 페리클레스는 국가 재정을 안정적으로 운용하지 못한다는 이유로 잠시 자리에서 물러났고, 클레온은 이를 자신의 기회로 활용했다. 기원전 429년, 페리클레스가 사망한 이후 그는 더욱 공격적인 군사 정책을 펼쳤다.

기원전 427년, 결국 아테나이는 레스보스를 다시 점령했다. 레스보스는 4년 전, 아테나이와의 동맹을 파기한 지역이었다. 이 기회를 통해 클레온은 타협할 줄 모르는 애국심을 자랑했다. 그는 미덥지 못한 동맹국에 대한 제로 관용 정책을 촉구하고, 섬의 주민들에 대한 선례를 남길 것을 제안하며 트리에레스를 파견한 다음, 성인 남자는 남김없이 씨를 말리고 여성과 아이들은 노예로 삼자고 의회를 설득했다. 이튿날, 온건파가 의회의 분위기를 주도하면서 클레온이 주장한 안은 철회되었다. 그들은 이 결과를 전하기 위해 다시 트리에레스를 급파했고 탑승한 병사들이 필사적으로 노를 저어 사형이 집행되기 바로 직전에 미틸레네에 도착할 수 있었다. 그럼에도 성인 남성의 10분의 1에 해당하는 1천 명이 불충의 명목으로 집단 처형당했다. 이를 볼 때 아테나이 시민들이 전폭적인 동정심을 갖지는 않았던 것 같다.

클레온의 도발을 인내한 당사자는 외국의 적에 국한되지 않았다. 기원전 426년, 아리스토파네스가 디오니시아 시티에서 《바빌로니아인Babylonians》을 연출하며 클레온을 풍자하자, 클레온은 이 연극을 매국적인 작품이라 비난하며 그를 재판에 회부했다. 당시 아테나이 사람들만 이 연극을 관람한 것은 아니었다. 판결문이 남아 있지는 않으나 레나이아인들 앞에서만 작품을 선보인 지 몇 년이 지난 다음에도 아리스토파네스의 풍자의 목소리는 줄어들지 않았다. 그는 특히 《기사Knights》라는 작품에서 클레온을 아테나이의 민주주의를 심각하게 타락시킨 부도덕한 외국인 노예로 풍자했다. 그러다 보니 후세 사람들은 그를 좋은 시각으로 보기 어려웠다.

실제로 기원전 424년, 《기사》가 공연되기 전까지만 해도 클레온의 명성은 하늘을 찌르고 있었다. 아테나이의 장군 데모스테네스가 메세니아의 전략 요충지 필로스 곳을 점령하기 한 해 전이었다. 여기에서는 스파르타를 쉽게 공격할 수 있었다. 따라서 스파르타는 인근의 스팍테리아 섬에 중장 보병을 배치해 잠재적인 공격을 대비하려 했다. 이후 교착 상태가 이어졌다. 군사 작전을 펼칠 수 있는 가을이 끝나가면서 클레온은 데모스테네스를 경멸하며 의회를 향해 자신이 군대를 맡는다면 20일 만에 스파르타인들을 모조리 해치우거나 산 채로 잡아올 수 있다고 말했다. 허세일 수도 있었으나 의회는 그의 호언을 곧이곧대로 받아들여 그를 즉석에서 스트라테고스로 지명하는 위헌적 조치를 감행했다. 그는 호언한 시한 이내에 스팍테리아를 손에 넣었고, 120명의 스파르타 호모이오이들 및 전쟁 포로와 중요 인물들을 사슬로 결박해 아테나이로 실어 보냈다. 스파르타 군인들이 순순히 항복한 적은 이번이 처음이었다.

그럼에도 아테나이는 전쟁에 소요되는 비용에 큰 부담을 느끼고 있는 상황이었다. 클레온은 아테나이의 '동맹국'이 매년 바쳐야 할 조공의 양을 3배 늘리면서 레스보스와 필로스에서도 승리를 쟁취할 수 있었다. 대내적으로는 영리한 정책이었다. 이 돈을 전쟁 준비뿐 아니라 최저 생계비를 보장할 수 있도록 배심원들의 급여를 50퍼센트 가까이 늘리는 데 사용하면서 클레온은 자신의 권력기반을 제공한 가난한 시민들의 환경을 개선할 수 있었다. 그러나 스파르타의 사전에 영원한 항복이란 없었다. 기원전 424년 필로스에서 아테나이에게 패배한 스파르타의 브라시다스 장군은 아테나이의 식민지 트라케의 암피폴리스로 진격해 복수를 감행했다. 암피폴리스에 주재하던 아테나이의 스트라테고스는 이러한 공격에 적시에 대응하지 못했다. 암피폴리스는 스파르타의 손에 들어갔고 클레온은 이곳을 지키던 스트라테고스를 반역죄로 기소하고 추방했다. 그러나 이러한 법정에서의 완승이 훗날 그의

기원전 6세기 중반, 제작된 암포라의 표면을 장식한 이 그림은 희극의 한 장면을 묘사하고 있다. 두 겹 아울로스를 연주하는 연주가가 말등에 탄 '기사'들을 대동하고 있다.

명성을 더욱 갉아먹었는지도 모른다. 그 이유는 추방당한 스트라테고스가 다름 아닌 투키디데스였기 때문이다. 그는 《역사》에서 클레온의 명성에 먹칠을 하기 위해 갖은 노력을 기울였다. 이 와중에 브라시다스는 아테나이의 북부로 진격했다.

이 지역마저 잃을 수 있다는 위기감 속에 아테나이는 클레온을 다시 한 번 스트라테고스로 임명했다. 자신감이 하늘을 찔렀던 그는 도시국가들을 하나하나 수복하고(그들의 조공 또한 다시 확보할 수 있었다) 해당 지역의 왕 및 전사들과 동맹을 체결했다. 기원전 422년, 스파르타인들이 암피폴리스에서 포위당하면서 클레온의 승리가 다시 한 번 눈앞에 다가온 듯했다. 그러나 브라시다스는 필로스의 전례를 재현하고 싶지 않았다. 그는 클레온이 정찰을 마치고 돌아올 때를 맞춰 성문을 열고 중장 보병들과 함께 그를 덮쳤다. 복수심에 불탄 스파르타인들은 그를 단칼에 베었다. 그가 꽁무니를 뺐다는 투키디데스의 이야기는 망자에 대한 소심한 복수에 불과했을 것이다. 브라시다스도 암피폴리스에서 전사했고 스파르타의 강경파 지도자들 또한 상당수 목숨을 잃으면서 전쟁에 지친 두 나라는 평화 조약을 체결했다. 10년 싸움의 대가로 두 국가 모두 아무런 이득을 얻지 못했다.

투키디데스와 아리스토파네스를 존경한 여러 역사학자들은 클레온을 나쁘게 말하는 경향이 있었다. 그러나 두 사람은 그를 싫어할 만한 개인적, 사회적 이유가 있었다. 아테나이는 극도로 계층이 분열된 사회였기 때문이다. 귀족들은 정책을 펼 때 시민들의 지지에 의지하면서도 대중의 인기에 대놓고 영합하는 인물들을 깊이 경계했다. 뼛속 깊이 보수적이던 귀족들은 대중주의자들의 권력을 질투했고 현상 유지를 위협하는 자라면 그 누구에게라도 불신의 눈초리를 거두지 않았다. 그 결과 동시대에 쓰인 그에 대한 가장 객관적인 기록조차 귀족 계층의 손에서 나온 것을 감안해 회의적인 시각으로 바라볼 필요가 있다. 투키디데스의 《역사》야말로 클레온에 대한 평가에 있어 가장 주의해야 하는 기록에 해당한다.

§ 투키디데스(기원전 455년경~기원전 395년경), 장군, 역사가

나는 이 책을 영원을 소지하기 위해 기술했다. 특정한 관객의 마음에 들기 위한 경쟁작을 염두에 둔 것이 아니다.

— 투키디데스, 《역사》, I. 22

이성의 시대에 태어난 투키디데스는 펠로폰네소스 전쟁을 기술하면서 지금껏 진행되어 오던 동료 역사가들의 연구에 합리주의를 이식하려 했다. 다행히도 그는 가까이서 역사의 주인공들을 관찰하는 행운을 누릴 수 있었다. 부유한 아테나이인이었던 그는 타소스 섬에서 마주 보이는 트라케 해변에 금광을 소유하고 여러 도시국가에서 모여든 엘리트들의 폐쇄적 모임에도 합류했다. 실제로 그의 아버지 올로로스는 **키몬**뿐 아니라 **페리클레스**의 라이벌이자 동명이인이었던 멜레시아스의 아들 투키디데스와 혈연관계에 있었다. 금광산을 소유한 젊은 거부는 그의 가문이 페리클레스에게 품어 왔던 적대 의식을 극복했다. 페리클레스가 가장 위대한 문학가로 그를 꼽을 수 있었던 것은 이러한 주체적인 사고 덕분이었는지도 모른다.

기원전 431년, 아테나이에서는 펠로폰네소스 전쟁이 발발했고 투키디데스는 전쟁이 일어난 지 2년 후 역병에 걸려 죽음 직전에 다다랐으나 간신히 살아남았다. 그는 자신의 직접 경험을 통해 역병이 초래한 끔찍한 사회적 여파뿐 아니라 역병의 증상과 진행을 과학적으로 기술했다. 코스의 히포크라테스가 많은 도움을 주었으나 그가 남긴 기록은 후세 의사들이 어떤 병인지 알 수 있을 정도로는 명확하지 못했다. 고고학자들이 유골의 뼈를 관찰하고 나서야 장티푸스 열이라는 사실을 알 수 있었다. 전쟁 초기에 투키디데스가 얼마나 적극적으로 참여했는지는 아무도 모른다. 그러나 기원전 424년, 그는 스트라테고스에 선출되어 에게 해 북쪽을 관장하는 책임을 맡았다. 그는 사업을 통해 이 지역을 알 기회가 많았다. 그러나 스파르타의 브라시다스가 암피폴리스의 아테나이 식민지를 공격했을 때, 투키디데스는 타소스의 기지로부터 너무 늦게 도착해 이곳을 방어하는 데 실패했고, 그 결과 그 또한 쫓겨 다닐 수밖에 없는 신세로 전락했다. 그러나 이러한 개인적 불운이 역사학에 있어서는 커다란 행운이었다. 그의 고백을 들어보자.

추방을 겪으면서 나는 스파르타와 아테나이 양 진영의 시각으로 여러 가지 사건들, 특히 펠로폰네소스 전쟁을 바라볼 수 있었다. 또한 개인적인 시간이 많아지면서 사건들을 더욱 자세히 살필 수 있었다.

투키디데스는 벌써부터 전쟁의 역사를 기술하려고 마음먹었던 것 같다. '처음부터 나는 이 전쟁이 엄청난 규모로 확대될 것이고 그 어느 사건보다도 더욱 기록으로 남길 만한 가치가 있다고 생각했다(처음에 그는 자신보다 먼저 활동했던 **헤로도토스**를 이렇게 비하했다).' 당시의 사상에 비추어볼 때, 그의 작품은 혁명적인 변화를 꾀하고 있었다. 계시와 신탁에 대한 사람들의 믿음이 역사의 흐름에 끼친 영향을 경시하지는 않으면서도 신의 개입을 배제하려 들었다. 또한 역사의 기술에 최대한 엄격한 잣대를 들이대려 했다. 이는 정치와 전쟁을 직접 겪어본 데서 비롯되었다. '나는 전쟁을 처음부터 끝까지 겪었다. 세상사를 알 수 있을 정도로 나이도 먹었다. 나는 사태를 정확히 관찰하는 방향으로 내 지력을 사용했다.' 그러나 정확성 또한 나름의 한계를 지니고 있었다. 이러한 방법론을 펼치면서도 그는 스스로 다른 사람들로부터 들은 말을 단어 하나 안 틀리고 정확히 기억하기는 어려웠다. '따라서 당시 상황에 부합하는 발언을 일부러 유도했다. 그러면서 그들의 말에 담긴 일반적인 맥락에 밀착했다.'

투키디데스는 《역사》를 헤로도토스에 대항하기 위해 기획했는지도 모른다. 그럼에도 그는 전쟁이 어떻게 미풍양속을 해쳤는지를 탐구하며 자신의 작품에 일정한 철학을 가미하고 있다. 그는 기원전 413년, 아테나이의 트라케 동맹군이 미칼레소스에서 학생들을 학살했던 악의적인 폭력을 강조해 기술할 뿐 아니라 심각한 사건들에 대해 많은 지면을 할애하고 있다. 기원전 427년에 발발한 코르키라의 내전을 기술하면서 그는 윤리의 기준과 언어의 의미마저 각 상황에 따라 얼마나 큰 변화를 겪었는지 관찰한다. 한때 '무자비한 폭력'으로 지칭되는 행위가 시간이 지나면서 '애국적인 용기'로 포장되고 있었다. 투키디데스에게 이는 더욱 큰 밑그림의 일부에 불과했다.

번영을 구가하는 평시에는 국가와 개인이 더욱 높은 기준의 규범을 따른다. 절박한 필요를 느끼지 않기 때문이다. 그러나 남성들의 기본적 욕구조차 박탈해 가는 전쟁은 호된 스승이나 다름없었다. 전쟁이 남성들의 행위를 상황에 맞게 유도했던 것이다.

그리스의 전통적인 스토리텔링 기법이 워낙 뿌리가 깊은 탓에 투키디데스 또한 사람들의 관심을 끌 수 있는 역사를 저술할 수밖에 없었다. 그는 아테나이가 특사를 보내 멜로스 주민들로부터 항복을 받아낸 기원전 416년의 사건을 기술하면서, 당시 아테나이가 내세웠던 핵심적인 주장은 '힘이 곧 정의'라는 명제였다고 기록했다. 그는 짧은 단문을 연달아 배열하는 그리스 연극 스타일의 문체를 과감히 포기하고 준엄한 분위기를 풍기도록 기술했다. 그는 또한 아테나이의 불운했던 마지막 시칠리아 원정을 이와 유사한 극적인 표현으로 묘사했다. 그의 표현에 따르면 해상 전투를 바라보고 있던 육지의 병사들은 '영원한 구원이 기다리고 있을지, 영원한 재앙이 기다리고 있을지 불안에 떨며 앞뒤로 서성이고 있었다.'

독자들을 애태우듯, 투키디데스가 기록한 사건들은 기원전 404년 스파르타인들이 장벽 Long Walls과 페이라이에우스를 점령했던 시점까지로 국한된다. 이를 보면 아테나이가 패배한 이후에도 상당 기간 저술활동을 계속했다는 사실을 알 수 있다. 실제로 《역사》의 기술이 갑자기 중단된 것을 보면(기원전 411년 민주주의가 위기를 맞게 된 절박한 나날들과 일치하는 시점이었다) 투키디데스가 갑자기 예기치 못한 죽음을 맞이했다고 짐작할 수 있다. 그는 기원전 395년 트라케에서 살해당했고, 가까운 친척이자 키몬의 누이였던 엘피니케 곁에 묻히기 위해 아테나이로 시신이 송환되었다고 전해진다.

시칠리아 원정

기원전 415년, 아테나이는 시칠리아에 100척의 함선과 5천 명의 중장 보병을 파견해 시라쿠사이로부터 헤게스타를 지키려 했다. 알키비아데스의 넘치는 열정과 니키아스의 오판이 어우러진 결과였다. 니키아스는 알키비아데스에 비해 더욱 신중한 성품의 소유자였으나 시칠리아 원정에 있어서는 그 또한 실수를 면치 못했다. 그들은 헤게스타를 지키려는 명분을 내세웠으나 실제로는 시칠리아를 병합하려는 목적이 깔려 있었다. 그러나 원정을 떠난 지 얼마 되지 않아 알키비아데스는 신성 모독의 죄목으로 귀환 명령을 통보받았다. 그러나 알키비아데스는 명령을 따르지 않고 스파르타로 도주했다. 당시 스파르타는 시라쿠사이의 원군 요청을 받아들여 길리포스 하에 있던 소규모 병력을 시라쿠사이에 파병했다. 기원전 413년, 아테나이의 함대는 시라쿠사이 그레이트 하버에서의 전투를 비롯한 일련의 해전을 겪은 뒤 재기 불능의 상태에 빠졌다. 배를 끌고 아테나이로 돌아가기조차 힘들게 된 그들은 위험을 무릅쓰고 육로를 통해 퇴각했다. 수천 명의 병사가 전사했고 스트라테고이는 포로로 잡혀 처형당했으며 남은 병사들 또한 시라쿠사이의 채석장에 갇혀 비참하게 죽어갔다. 아테나이는 막대한 손실을 입으면서 말로 표현하기 힘든 위기에 처했으나 놀랍게도 스파르타는 이 좋은 기회를 활용하지 못하고 펠로폰네소스 전쟁을 9년씩이나 끌고 갔다.

투키디데스와 《역사》는 투키디데스가 죽고 난 지 오랜 시간이 지나서야 널리 빛을 발했다. 서기 3세기의 모자이크를 보면 투키디데스가 오늘날의 요르단에 해당하는 로마의 게라사를 근거지로 두고 있다는 사실이 드러난다.

투키디데스의 필생의 역작은 끝을 보지 못했으나 역사학에 지대한 영향을 미친 것만은 부인할 수 없는 사실이다. 사건이 일어난 지 얼마 되지 않아 기술되었음에도 투키디데스의 스타일에는 좀더 고려해야 할 부분이 있다. 그 스스로 밝힌 것처럼 그의 작품은 전 세계인을 영원한 독자로 삼으려 했다. 그러나 아리스토파네스의 절절한 희극 속에 담긴 열정에서 명확히 드러나듯, 펠로폰네소스 전쟁과 전쟁이 그리스 사회에 미친 영향을 기술한 내용만큼은 가까운 독자들을 염두에 둘 수밖에 없었다.

§ 아리스토파네스(기원전 446년경~기원전 386년경), 희극작가

희극마저도 정의를 다루고 있다. 내가 말하는 것이 이상하거나 무섭게조차 느껴질 수 있으나,
이것을 말하는 것이 곧 정의다.

— 아리스토파네스, 《아카르나이인Acharnians》, 500-1

희극작가 아리스토파네스가 아테나이의 연극과 정치 무대에 입문한 과정은 드라마틱하면서도 단호했다. '괄괄한 성격의' 조숙한 젊은이는 기원전 427년, 겨우 열아홉 살의 나이로 《연회의 사람들Banqueters》을 집필했다. 당시의 상황은 매우 혼란스러웠다. 펠로폰네소스 전쟁이 그리스 대부분의 지역을 휩쓸었고, **페리클레스** 또한 얼마 전 세상을 떠났으며, 아티케에는 여전히 역병이 창궐하고 있었다. 당시 열성적인 분위기가 아테나이를 지배했고 어린 아리스토파네스(당시 그는 첫 번째 경연을 치렀던 것이 분명하다)는 당시 대중정치인들의 성향과 정책을 신랄한 위트로 풍자했을 것이라 짐작된다.

이듬해 아리스토파네스의 두 번째 연극 《바빌로니아인》은 시티 디오니시아에서 우승의 영광을 안았다. 또한 선동가 **클레온**을 대상으로 한 탓에 클레온의 분노를 사게 되었다. 하지만 클레온이 화를 낸 표면적인 이유는 애국심을 갉아먹을 수 있다는 명분에서였다. 재판의 결과와 무관하게 아리스토파네스는 왕성한 활동을 지속했다. 그는 기원전 422년, 클레온이 사망할 때까지 그에 대한 풍자를 멈추지 않았다. 특히 기원전 422년에 창작한 《기사》에서 클레온은 필로스에서의 승리에도 불구하고 자신의 목적을 달성하기 위해 주인인 데모스('시민')를 호가호위에 이용하는 선동에 능한 파플라고니아스 출신 노예로 묘사된다. 전쟁이 늘어지면서 아리스토파네스는 아테나이의 전략을 비판하는 동시에 실패의 가능성을 엄중히 경고했다. 그가 《리시스트라테Lysistrata》를 창작한 기원전 411년 근방에는 **알키비아데스**가 티사페르네스의 법정에 개입한 것이 발단이 되어 페르시아가 그리스 사태에 탐욕의 마수를 뻗치고 있었다. 그는 이 작품에서 신임 참주를 혹독히 조롱하는 동시에 그리스의 폴리스에게는 다양성을 존중하도록 촉구했다. 한편 《개구리》(기원전 405년에 창작한 작품으로 의회는 이 작품을 창작한 아리스토파네스에게 성스러운 월계관을 수여했다)에서 그는 **아이스킬로스**의 비극(필연적으로 페리클레스와도 연관되었다)에 구현된 과거의 가치로 회귀할 것을 주장했다. 아테나이의 패배와 함께 30인의 참주가 아테나이를 다스리고 **소크라테스**가 처형당하면서 아리스토파네스는 풍자의 초점을 개인보다는 사회적 관행에 맞추기 시작했다. 그러나 그의 혈기 넘치는 비판은 사그라진 지 오래였고, 기원전 388년에 창작한 《플루토스Plutus》[부(富)를 의미한다]를 비롯한 마지막 작품들에서 그는 시추에이션 코미디라는 새로운 장르를 시도했다. 우리가 알고 있는 그의 마지막 작품은 기원전 386년에 창작한 《콜라코스Kolakos》다. 안타깝게도 이 작품은 전해지지 않고 있다. 그는 이 작품을 집필한 지 얼마 되지 않아 세상을 떠났다.

아리스토파네스의 최고 작품들 가운데 상당수는 펠로폰네소스 전쟁을 치르면서 경험한

기원전 5세기 후반에 제작된 화병 그림. 새 복장을 한 두 사람이 두 겹 아울로스의
연주 소리에 맞춰 춤을 추는 모습은 아리스토파네스의 《새Birds》를 연상시킨다.

극심한 좌절을 형상화하는 동시에 이 전쟁이 없었다면 권력을 차지하지 못했을 주인공들
이 국가적 대립을 맞아 평화조약을 체결하려는 개인적인 노력에 초점을 맞추고 있다('정의
로운 도시국가'라는 뜻을 지닌 디카이오폴리스라는 이름의 주인공이 대표적이다). 작품의 시나리오
는 민주적일지 몰라도 아리스토파네스의 마음 깊은 곳에는 귀족의 성향이 깃들어 스파르타
와 이념적 충돌을 거의 겪지 않았던 것으로 보인다. 또한 청중이나 비평가들의 심기를 건드
리지 않기 위해 상당히 신경을 쓰면서도 환영받을 리 없는 충고를 서슴지 않는 용기를 보여
주었다. 이러한 조언은 모호한 메시지로 들리는 경우가 많았다. 그는 **투키디데스**가 포기했
던 '환상적인 요소'들을 포용했다. 따라서 그의 희극 가운데 많은 작품들은 도통 믿을 수 없
는 혼란스러운 내용마저 포함하고 있다. 거대한 쇠똥구리의 등을 타고 날아가는 남자들이
나 말하는 새, 노래하는 개구리, 절제심이 많고 지적이면서 억압되지 않은 여성들이 남편들
에 대한 부부관계를 거부해 전쟁을 종식시키려는 이야기 등이 그 실례다. 그는 희화화의 대
상을 정치인에 국한시키지 않았다. 《벌Wasps》(기원전 422년)은 법조인들을, 《구름Clouds》(기
원전 419년, 기원전 416년에 개정됨)은 소피스트들을 각각 풍자의 대상으로 삼았다.

분명 아리스토파네스의 유머 가운데 대다수는 당시 사람들에게 특별했다. 관객으로 앉아
있는 '유명 인사'를 겨냥해 시사적인 농담을 던지는 한편, 《리시스트라테》와 이의 자매작

《의회 여성Assembly Women》(기원전 392년경에 창작되었다)은 여성이 열등하다는 남성 우월주의를 이용해 작품의 호소력을 높였다. 따라서 오늘날의 관객들은 작품에 깃든 여성혐오주의를 거북하게 느낄 수도 있을 것이다. 다른 작품들, 예컨대 야만적인 헛소리를 일삼는 페르시아 대사를 묘사한 《아카르나이인》(기원전 425년)에서는 이러한 유머가 심하다 싶을 정도의 외국인 혐오증을 표방했다. 배설과 외설의 코드 또한 곳곳에 깃들다 보니 아리스토파네스의 작품 가운데 일부분은 서기 20세기 중반까지 영어로 번역되지 못했다.

아리스토파네스의 작품은 남다른 언어적 기교를 보여준다. 그는 일상적인 표현에서 시작해 시적 표현을 넘나들다가 짧디짧은 한 문장으로 되돌아오고 기존의 어휘를 혼합해 새로운 어휘를 창조했다. 그의 '네펠로코키기아 nephelokokkygia'(기원전 414년, 《새》라는 작품에 등장한 단어이다)는 오늘날에도 '구름 뻐꾸기 땅Cloud Cuckoo Land'이라는 명칭으로 익숙하다. 그러나 아리스토파네스는 소크라테스의 처형에 일조한 인물이라는 평판으로 더욱 유명하다. 그가 이러한 부당한 평판을 받게 된 이유는 《구름》에서 그를 부도덕하고 반항적인 소피스트로 묘사했기 때문이다. 플라톤은 《심포지엄Symposium》에서 두 사람이(알키비아데스도 같이 있다) 같이 만찬을 즐기는 모습을 묘사해 이러한 오해를 반박하려 들었다. 아리스토파네스는 성적인 이끌림의 원리를 다음과 같이 상상했다. 세상에는 남성과 여성, 팔네 개, 다리 네 개, 머리는 두 개가 달린 자웅동체가 존재했는데 자웅동체의 힘이 너무 강해질 것을 두려워한 제우스 신이 이들을 반으로 갈라놓았고, 그 이후로 각자가 자신의 '반쪽'을 찾아 헤매기 시작했다는 것이다. 아리스토파네스는 시사적인 문제를 수시로 다루었으나 아테나이의 현실 정치에는 거의 영향을 미치지 못했다. 클레온은 《기사》에서 웃음거리가 된 이후 곧바로 스트라테고스에 선출되었다. 펠로폰네소스 전쟁을 종식해야 한다는 아리스토파네스의 호소는 무위로 돌아갔다. 법정에 선 소크라테스는 자신을 비난하는 그의 발언을 보기 좋게 반박했다. 역설적으로 아리스토파네스가 《테스모포리아 축제의 여인들Thesmophoriazusae》(기원전 411년)들과 《개구리》에서 풍자한 비극작가의 작품이 아테나이와 아테나이 시민들의 운명에 더욱 깊은 영향을 미쳤다. 아테나이와 시민들은 에우리피데스라는 비극작가 덕에 전쟁에서 가장 중요한 시기에 살아남을 수 있었다.

§ 에우리피데스(기원전 485년경~기원전 406년), 비극작가

소포클레스는 인간을 이상적인 모습으로 묘사했다고 고백했으나, 에우리피데스는 인간을 있는 그대로 묘사했다.

— 아리스토텔레스, 《시학Poetics》, 25

에우리피데스는 아티케 동부에 토지를 소유한 부유한 가문의 아들이었다. 살라미스 섬에 있는 아폴로 신전의 사제들을 그가 태어난 곳에서도 찾아볼 수 있었다. 그는 살라미스 해전을 승리한 바로 그날에 태어났다는 이야기도 전해지나 정확한 날짜를 지정하기보다는 페르시아의 침략을 받던 시기에 태어났다고 말하는 편이 정확할 것이다. 그의 유년기 및 성년 초반기의 기록은 남아 있지 않다. **아이스킬로스**가 죽은 지 1년이 지난 기원전 455년 그는 서른 살의 나이로 최초의 4부작을 무대에 올렸다. 그러나 디오니시아에서 우승하기까지는 그로부터 14년의 세월을 기다려야 했다. 그의 작품이 우승한 횟수는 그로부터 총 세 번에 불과했다. 그가 인기가 없었던 이유 중에는 과감한 혁신을 시도한 탓도 있었을 것이라 추정된다. 기원전 438년에 창작된 《알케스티스Alcestis》는 현재까지 전해진다. 이는 풍자극 또는 모방 희극으로 3부작으로 구성된 비극 이후에 등장한 작품이다. 《알케스티스》를 보면 에우리피데스가 얼마나 여자 주인공들의 정신세계를 깊이 파고드는지 알 수 있다. 그는 첫 번째 여자 주인공을 그의 비극 작품들 곳곳에 등장하는 허약하고 이기적인 남성들 속에 등장시킨다. 기원전 431년, 펠로폰네소스 전쟁이 발발하기 몇 주 전에 공연된 《메데이아Medea》에서 그는 남편 이아손에게 버려진 영웅적인 여성이 여성의 사회적 지위를 웅변하는 장면을 묘사한다. '나는 아이를 낳은 고통을 단 한 번 경험하기보다 전장의 최전선에 세 번 서는 편을 택하겠습니다.'

지금까지 전해지는 에우리피데스의 작품은 총 열아홉 작품이다. 열아홉 작품 모두 펠로폰네소스 전쟁을 비롯해 위기라고 생각하는 상황에서 창작되었다. 《메데이아》는 맹목적인 충돌이 초래하는 예상치 못한 결과를 경고한다. 기원전 415년, 시칠리아 원정을 떠나기 몇 달 전에 공연된 3부 비극 《트로이아 여성Trojan Women》에서도 에우리피데스는 전쟁이 도덕에 미치는 악영향을 탐구했다. 그는 아테나이에서 이렇다 할 성공을 거두지 못했으나 다른 도시국가에서는 많은 인기를 모을 수 있었다. 시칠리아 원정에 실패한 아테나이 병사들이 시라쿠사이의 채석장에 감금당했을 때, 그들을 감시하던 자들은 에우리피데스의 최신 노래를 부를 수 있는 병사들에 한해 석방을 허락했다고 전해진다.

생의 마지막이 다가오면서 에우리피데스의 비극은 점점 실험적인 양상을 띠었다. 비극과 희극의 경계가 모호해지면서 《타우로이스의 이피게네이아Iphigenia at Tauris》(기원전 414년경)와 《헬레네Helen》(기원전 412년)와 같이 행복한 결말로 마무리되는 '현실 도피적' 작품을 창작했다. 이와 동시에 전쟁이 시민들에게 미치는 영향을 개인적으로 관찰하면서 정신병의 본질을 탐구할 수 있었다. 《오레스테스Orestes》(기원전 408년)에서 그는 널리 알려진 신화(아이스킬로스의 《오레스테이아》와 같은 신화)를 놀라울 정도로 각색해 그 스스로 자행했던 폭력의 광기에 매몰된 주인공의 모습을 묘사했다. 훗날 77세가 된 에우리피데스는 전쟁으로 만신창이가 된 아테나이를 떠나 마케도니아의 아르켈라오스 I세의 궁전에 안착했다. 여기에서 그는 유명작 《바카이Bacchae》를 비롯한 마지막 작품들을 기술했다. 《바카이》는 변덕스런 디오니소스의 파괴적인 힘을 연구한 작품이었으나 그는 이 작품이 공연되는 것을 보지 못하고 세상을 떠났다. 전해지는 이야기에 따르면 에우리피데스는 기원전 416년, 소나무 숲에서 낮잠을 즐기다가 마케도니아 왕실의 사냥개들에게 갈기갈기 찢겨 사망했다고 한다. 《바카이》의 시나리오와 너무 비슷한 이야기다 보니 곧이곧대로 믿기는 어려울 것 같다.

아테나이에서 그의 죽음에 대한 소식이 프로아곤Proagon(연출가들이 차기작을 선전하던 코너)과 동시에 알려지자 그의 라이벌 **소포클레스**는 합창단을 상복으로 갈아입혔다. 그가 죽고 난 지 1년 후에 공연된 그의 마지막 작품들은 우승을 차지했다. 이와 동시에 **아리스토파네스**(그는 에우리피데스의 작품 속 주인공들이 넝마를 입고 나왔다고 조롱하는 한편, 그의 여성 혐오증 및 아내의 불륜을 비난했다. 또한 그의 어머니가 아고라에서 약초를 팔았던 일까지 들먹이며 그를 비난했다)는 에우리피데스에 대한 진심 어린 칭찬을 아끼지 않았다. 아리스토파네스는 자신의 희극 《개구리》에서 하데스로 내려온 디오니소스가 에우리피데스에게 새로운 생명을 불어넣어 아테나이를 구하도록 하는 장면을 그려낸다(하지만 마지막에 디오니소스는 에우리피데스 대신 아이스킬로스를 부활시킨다).

실제로 에우리피데스는 아테나이를 구했다. 아테나이가 패배한 이후 아테나이의 적들은 기원전 416년 아테나이가 멜로스에 자행했던 만행을 아테나이에게 똑같이 되돌려줄 생각이었다. 그들은 남자는 죽이고 여성과 아이들은 노예로 팔아넘길 계획이었으나 전략 회의에 참가했던 누군가가 자리에서 일어나 아테나이 예술의 위대함을 상기시키는 영원히 기억에 남을 멜로디를 노래하면서 생각을 달리 하기에 이르렀다. 이 노래는 다름 아닌 에우리피데스의 《엘렉트라Electra》(기원전 416년경)에서 나온 장송곡이었다.

아르켈라오스 I세와 그리스에 동화된 마케도니아

기원전 5세기, 대부분의 그리스인들은 마케도니아를 야만인으로 취급했다. 그러나 마케도니아의 왕들 상당수는 헬레니즘을 포용했다. 자신을 헤라클레스의 후손이라 선언한 알렉산드로스 I세(재위기간 기원전 498년~기원전 454년)는 올림픽 경기에 참가하고 **핀다로스**와 바킬리데스와 같은 시인들을 후원했다. 크세르크세스의 침략 당시, 페르시아와 내키지 않은 동맹을 맺은 그는 플라타이아 전투에 앞서 그리스인들에게 정보를 제공했다. 기원전 5세기 말, 그의 열망을 계승한 손자 아르켈라오스 II세(재위기간 기원전 413년~기원전 399년)는 새로운 수도 펠라로 에우리피데스와 제욱시스를 비롯한 가장 혁신적인 예술가들을 불러 모았다. 기원전 4세기, 모든 그리스를 통치하고 싶었던 필립 II세(재위기간 기원전 359년~기원전 336년)는 마케도니아 왕궁에서 교육받았던 **아리스토텔레스**를 고용해 아들 **알렉산드로스 III세**의 교사로 활용했다.

에우리피데스는 남자로서 지나칠 정도로 진지하고 독서에 집착하는 성격이었다고 전해진다. 그는 대화나 사회적 교류를 즐겼다. 그의 종교관은 전통적인 시각에서 벗어났고 인기를 얻으려는 계산적인 관점에서 친구를 사귀지도 않았다. 그는 기원전 416년에 전차 경주에서 우승한 **알키비아데스**를 기념하기 위해 승리의 송가를 작곡했다. 그는 이처럼 알키비아데스와 같은 정치인들과 어울렸고 신들에 대한 통념에 의문을 제기한 철학자들과도 교류했다. 그가 교류한 철학자들로는 아낙사고라스, **소크라테스**, **프로타고라스**를 꼽을 수 있다. 프로타고라스의 불가지론이 담긴 《신에 관하여》는 에우리피데스의 집에서 큰 소리로 낭독되었다고 전해진다. 에우리피데스의 작품의 또 다른 특징은 회의주의였다. 《헤카베 Hekabe》(기원전 425년)에서 한 영웅적 여성은 이렇기 말한다. "신들은 강력하지만 신들에 대한 우리의 믿음은 더욱 강력하다." 그러나 에우리피데스의 회의주의가 가장 잘 드러나는 대사는 《히폴리토스Hippolytus》(기원전 428년)에서 찾을 수 있다. 여기에서 주인공은 다음과 같이 부르짖는다. '내 혀는 맹세했건만 내 마음은 맹세하시 못한 채로 남아 있도다!' 이러한 궤변은 매우 위험한 발상으로 취급되었다.

에우리피데스는 세상을 떠난 이후 아이스킬로스 및 소포클레스와 함께 아테나이가 배출한 삼대 비극작가로 인정받았다. 그가 연극에 미친 영향은 이루 말로 표현하기 어려웠다. 아리스토텔레스는 그를 '가장 비극적인 시인'이라고 묘사했다. 그러나 그는 예술의 형식을 더욱 인간적인 영역으로 끌어들였고 주인공을 창조하며 동시대에 활동했던 코스의 히포크라테스마저 인정했던 날카로운 관찰력을 발휘했다. 실제로 《히폴리토스》는 주인공의 행위를 신성의 관점에서뿐 아니라 유전자의 관점에서 설명하고 있다. 그러나 주변 세상을 이처럼 강렬한 과학적인 시각에서 바라본 인물은 에우리피데스에 국한되지 않았다. 회화에서 이러한 시각을 취한 대표적인 인물은 아르켈라오스 왕궁에서 같이 활동했던 화가 제욱시스였다.

§ **제욱시스**(기원전 460년경~?), 화가

자신의 예술적 탁월함을 정립한 이후로 위대한 제욱시스는 영웅, 신, 전투와 같은 흔한 주제보다는 신선한 주제에 몰두했다.

— 루키아노스, 《제욱시스Zeuxis》 또는 《안티오코스Antiochus》, 3

제욱시스는 이탈리아 반도의 발등 언저리에 자리 잡은 헤라클레이아에서 태어났다. 그는 그리스 세계 전체를 활동 무대로 삼았다. 그는 히메라의 데모필로스에 자리 잡은 시칠리아 작업실에서 화가로서의 첫 훈련을 개시했고 자연주의를 중시한 새로운 화풍을 도입하면서 이러한 화풍의 선두주자로 자리매김했다. 그는 명암법 및 착시를 이용한 3차원 표현 기법 트롱프뢰유를 도입해 사실주의를 펼쳤다. 이 과정에서 그는 로마의 지식인 플리니 디 엘더

서기 1890년경 피에트로 미키스가 그린 이 그림에서 제욱시스는 아크라가스에서 발굴한 다섯 명의 여인을 관찰하고 있다. 그는 헬레네를 그리기 위해 '가장 이상적인 신체 부위를 조합하려' 했다.

(그가 저술한 《자연사Natural History》는 고전 예술의 역사 또한 다루고 있다)의 열정적인 표현대로 '위대한 영예를 향해 과감히 붓질했다.'

　기원전 5세기 계속되는 발전에 힘입어 점차 회화는 사실주의의 양상을 띠어 갔다. 암부 표현도 깊어졌고 색채를 더욱 다양하게 사용하기 시작했다. 제욱시스와 같은 혁신가(그의 실험은 백색과 회색만을 이용한 모노크롬 기법을 포함하고 있었다)에게 기회는 무궁무진했다. 그의 라이벌 아폴로도로스(음영 화가라는 뜻의 '스키아그라포스'라는 이름으로 알려져 있다)의 말에 따르면, 그는 '다른 이들로부터 기술을 훔쳐 자신의 것으로 만들었다'라고 전해진다. 예술의 가치를 고양시키려 마음먹은 그는 자신을 과시할 필요를 느꼈다. 올림픽 경기에서 그는 자신의 이름을 금실로 수놓은 로브를 입고 나타났다. 그전에는 자신의 명성을 높이는 방편으로 후원이 가능해 보이는 재력가들(또는 현재의 후원자들)에게 그림을 무료로 기증하면서 그 누구도 이렇게 비싼 그림을 살 능력이 없다는 말을 덧붙였다. 그는 헤라클레스의 어머니 알크메네의 그림을 아크라가스 시에 기증했고, 판 신의 그림을 마케도니아의 아르켈라오스 I세에게 선사했다. 그의 마케팅 전략은 주효했다. 이후 아크라가스는 트로이아의 헬레네를 그려달라고 의뢰했다. 또한 아르켈라오스는 제욱시스를 고용해 펠라에 새로 지은 궁전을 장식해 달라고 부탁했다. 펠라의 궁전은 그리스 본토에 자리 잡은 최초의 개인 소유 건축물로 벽화 장식을 염두에 두고 있었다. 이 당시 세욱시스의 명성은 미술계에서 역대 최고의 몸값을 요구해도 될 정도였다. 마침내 한 나이 많은 부유한 숙녀가 자신을 아프로디테 여신으로 그려 달라는 대가로 거액을 지불하겠다고 말했다. 그러나 안타깝게도 그녀는 추녀에 가까웠다. 제욱시스는 완성된 작품을 보면서 포복절도했다고 전해진다.

고대에 제욱시스의 작품들은 최고의 대접을 받았다. 플리니는 페넬로페이아의 그림을 '그녀의 눈부신 면모가 그대로 드러난다'고 표현했다. 그는 제우스가 다른 올림피아의 신들 사이에서 왕관을 쓰고 있는 모습을 그린 작품 및 아기 헤라클레스가 어머니 알크메네와 아버지 암피트리온이 공포에 질려 쳐다보는 가운데 뱀 한 쌍을 쥐고 있는 모습을 그린 작품을 가리켜 '장엄하다'고 표현했다. 플리니의 기록에 따르면 제욱시스는 파라시오스라는 화가와 누가 더 극명한 사실주의를 구현하는지 경쟁했다고 한다. 제욱시스가 그린 포도는 실물과 구분이 가지 않아 새들이 따 먹으러 내려올 정도였다고 전해진다. 잔뜩 고무된 제욱시스는 파라시오스에게 자신의 그림을 숨기고 있는 커튼 옆에 그림을 그리라 요구했으나 이러한 커튼은 존재하지 않았다. 그는 파라시오스의 트롱프뢰유를 진짜 커튼으로 착각했던 것이다.

제욱시스의 그림 대부분은 주인공과 소재를 신화에서 따왔다. 헬레네를 그리면서 차용한 방법론을 통해 당시 예술가들의 분위기를 짐작할 수 있다. 그는 아크라가스의 헤라 신전에 설치할 작품을 그리기 위해 아크라가스 전역에서 모델을 찾았다. 그는 한 명이 아닌 다섯 명의 모델을 선발했는데 '각각의 모델이 가장 자신 있는 부위를 그려 완벽한 구성을 만들어내기 위해서였다.' 그는 인체 각 부위의 아름다움을 인식하는 것이 '아름다움'이라는 추상적 관념의 이면에 불과하다는 것을 인식하며 소재의 본질을 파악하려 애썼다. 이는 곧 제욱시스가 훗날 플라톤의 이상으로 알려진 관념을 무의식적으로 지지했다는 증거다. 실제로 그는 세상을 면밀히 관찰해 형이상학적 사고의 출발점으로 삼았다. **소크라테스**뿐 아니라 제욱시스의 친구이자 서부 그리스 출신의 철학자인 레온티노이의 고르기아스 또한 이러한 사고의 틀을 따르고 있었다.

§ **고르기아스**(기원전 485년경~기원전 380년경), 철학자, 수사학자

> 언변은 영혼을 설득하며, 설득하는 영혼으로 하여금 설득의 요지를 받아들일 뿐 아니라 복종하도록 강요한다.
>
> —고르기아스, 《헬레네 예찬Encomium of Helen》, 10

기원전 485년 시칠리아 서부에서 태어난 고르기아스는 당대 최고의 웅변가였다. 그의 형제 헤로디코스는 (**플라톤**은 고르기아스가 회진 중인 헤로디코스를 따라다니는 버릇이 있었다고 말한다) 직업이 의사였다. 부유했던 그의 누이는 고르기아스를 기념하기 위한 석상을 델포이에 바칠 정도로 영향력 있는 여성이었다(이 석상은 그가 죽기 전에 세워진 몇 개의 석상 가운데 하나였다). 젊은 시절의 고르기아스는 네 가지 원소(흙, 공기, 불, 물)의 관념을 창시한 시칠리아

출신 철학자 **엠페도클레스**와 친구로 지냈다. 그도 그럴 것이 두 사람 모두 우수한 웅변가였고 성치에 무관심할 정도로 순수하지는 않은 공통된 면모를 지니고 있었다.

그가 58세가 되던 해, 그와 관련된 첫 번째 주요 사건이 일어났다. 기원전 427년, 가까이 인접한 시라쿠사이가 레온티노이를 위협하면서 고르기아스는 아테나이에 군사 원조를 요청하기 위한 대표단의 수장으로 발탁되었다. 그러나 아테나이는 이미 펠로폰네소스 전쟁에 휘말려 있는 상황이었다. 여기에서 '그는 아테나이인들을 놀라게 만들었다. 타고난 웅변가이자 예술광이었던 아테나이인들조차 그의 새로운 연설 스타일에 매료되었다.' 레온티노이의 원조 요청은 성공적이었다. 아테나이는 시칠리아에 기동 부대를 파견했고 이 부대는 예상을 뛰어넘는 광범위한 전투를 치러야 했다. 이는 기원전 415년 비참하게 실패한 시칠리아 원정의 예행 연습이나 다름없었다.

명성을 얻게 된 고르기아스는 아테나이에 정착해 선생님으로 일할 수 있었다. 여기에서 그는 수사학 안내서를 저술했고, 이는 다양한 웅변술을 자세히 기술한 최초의 서적이었다(고대의 일부 호사가들은 이 책을 가리켜 '고르기안의 웅변술'이라 불렀다). 그는 높은 수업료를 책정해 아테나이의 지도층 인사 대부분을 제자로 끌어들였다. 전해지는 이야기에 따르면 **알키비아데스**와 **투키디데스** 또한 그의 강의를 들었다고 한다. 송사가 늘어나고 의회를 설득하기 위해 능숙한 웅변술이 필요했던 아테나이에서는 고르기아스가 가르치는 기술이 높은 가치를 지닐 수밖에 없었다. 그 결과 그는 사치를 일삼는 선생님 무리의 선두주자로 나서게 되었다. 이들은 훗날 소피스트라는 이름으로 불리게 된다.

소피스트

기원전 5세기 아테나이에서 '소피스트'라는 단어('지혜'를 뜻하는 Sophos라는 단어에서 비롯되었다)는 지식인들을 통칭하는 의미로 사용되었다. 이러한 지식인들은 아테나이 출신으로 국한되지 않았으며 폭넓은 주제를 가르쳤으나 주로 수사적인 면에 집착하는 경향을 보였다. 또한 높은 수업료를 받는 것이 특징이었다. **프로타고라스**(아마도 최초의 소피스트였을 것이다)와 같은 합리주의자들은 널리 인정되는 종교적 신념에 반기를 들었고, 언어의 힘을 신뢰하며 언어유희를 즐겼던 고르기아스와 같은 이들은 내용보다는 형식에 초점을 맞춘다는 비난을 감수해야 했다. 대부분의 보수적인 아테나이인들은 이들 모두에 대해 미심쩍은 시선을 던졌다. 의아하게도 **아리스토파네스**는 《구름》에서 **소크라테스**를 대상으로 선정해 소피스트들을 비난했다. 그는 소크라테스를 젊은이들의 머릿속을 선동적인 넌센스로 채우고 비싼 수업료를 받는 생각하는 공장phrontisterion의 사기꾼 왕초로 묘사한다.

고르기아스의 전광석화 같은 강연은 워낙 유명해져 그의 추종자들은 그의 강연이 있는 날을 '축제의 날'로 불렀다. 또한 그는 주제를 가리지 않고 즉흥적으로 연설할 수 있는 부러운 능력의 소유자였고 청중들이 묻는 어떠한 질문에도 자유롭게 대답할 수 있었다. 그는 아테나이뿐만이 아니라 델포이와 올림피아를 주기적으로 방문하면서 기타 작가, 철학자, 예술가들과 마찬가지로 자신의 기술을 홍보하고 제자들을 끌어 모았다. 기원전 408년, 펠로폰네소스 전쟁으로 엄청난 손실을 입은 당시에 개최된 올림픽 경기에서 그는 아리스토파네스의 주장(《리시스트라테》에서 전달되었다)을 반복하며 그리스인들에게 서로 싸우지 말고 공동의 적인 페르시아에 대항하기 위해 단합할 것을 주문했다. 그러나 하녀와 바람을 피운 그는 아내의 분노를 사면서 가정의 단합을 이루는 데 실패했다. 따라서 화합을 연설의 주제로 삼을 자격이 없다고 생각하는 청중들도 분명히 있었다. 그는 이러한 복잡한 가정사에도 직업적으로 성공하면서 엄청난 부를 축적해 편안한 인생을 누릴 수 있었다. 그는 향년 105세의 나이로 테살리아의 라리사에서 세상을 떠났다.

고르기아스의 가장 유명한 작품으로 《무존재에 관하여On the Nonexistent》를 들 수 있다. 이 작품은 원본이 아닌 쉽게 풀어 쓴 내용만이 전해지고 있으나 그에게 '허무주의Nihilist'라는 별명을 안겨주었다. 여기에서 그는 세 가지 주장을 제시했다. 우선 아무것도 존재하지 않고, 무언가 존재한다 하더라도 이를 제대로 알 수 없으며, 제대로 알 수 있더라도 언어를 통해 의사소통하기 어렵다는 것이다. 이처럼 그가 진정으로 탐구했던 마지막 주장의 역설은 수사학의 본질과 기능을 시사한다. 또한 사람을 매료시키는 웅변의 힘을 역설한다. 이러한 힘은 다음과 같은 자료들에 깃들어 있다. 이러한 자료들은 완벽하지는 않더라도 일부 자취를 남기고 있다. 특히 트로이아 전쟁에서 부당하게 악의적으로 비난을 받은 그리스의 영웅들의 누명을 풀어주기 위해 논리적인 주장을 펼친 《팔라메데스의 방어Defence of Palamedes》를 빼놓을 수 없으며, 전사한 자들을 기리는 공식 장송곡의 명인용 편곡 《에피타피오스Epitaphios》에서는 짧지만 인상 깊은 연설을 선보인다. 여기에서 그는 다음과 같은 고백으로 끝맺는다. '나는 이 담화를 헬레네에 대한 예찬 및 나 자신의 즐거움을 위해 창작했다.'

이러한 발언을 보면 목적에 진지함이 결여된 것처럼 보인다. 그로 말미암아 고르기아스는 또 다른 아테나이의 거물 철학자와 대립하게 된다. 두 사람은 직접은 아닐지라도 최소한 문헌상으로는 의견의 충돌을 보였다. 역설적으로 고르기아스는 그의 저술보다는 일찍이 열띤 플라톤식 대화를 나누었던 인물로 기억되고 있다. 고르기아스는 자신이 대중을 상대로 펼친 연설에 취해 정신없이 수사학의 가치를 예찬한다. 그러나 대화의 상대방은 수사학을 부도덕한 것으로 취급한다. 귀를 현혹시켜 청중으로 하여금 두 가지 갈림길에서 더 나쁜 것을 선택하도록 만들 수 있기 때문이다. 기원전 416년, 아테나이가 멜로스에 사절을 파견해 '힘이 곧 정의'라고 자신들의 침략을 정당화할 수 있었던 것도 '뚜쟁이의 기술'로 표현되는 이러한 기교 덕분이었다.

고르기아스의 대화 상대는 다름 아닌 소크라테스였다. 소크라테스의 삶과 죽음은 과거의 그 어떤 인물에 비해서도 서양 사상에 강력한 영향을 미쳤다.

§ 소크라테스(기원전 469년경~기원전 399년), 철학자

[카이레폰]은 당돌하게도 델포이의 신탁을 향해 다음과 같은 질문을 던졌다. '[소크라테스]보다 지혜로운 사람이 있습니까?' 사제는 소크라테스보다 지혜로운 자는 없다고 대답했다.
— 플라톤, 《변명Apology》, 21

플라톤에 따르면 델포이의 신탁이 소크라테스를 세상에서 가장 지혜로운 사람이라고 알려주었을 때, 정작 소크라테스 본인은 믿을 수 없다는 듯 이렇게 말했다고 한다. '내가 아는 거라곤 내가 아무것도 모른다는 사실 뿐이다.' 그는 평생에 걸쳐 신탁이 틀렸다는 것을 증명하기 위해 자신보다 현명한 사람을 찾으려고 만나는 사람 모두에게 질문을 던졌으나 다른 사람들이 지식이라 생각하는 것들 모두가 잘못된 가정을 바탕으로 한 잘못된 이해에 불과하다는 사실을 깨닫게 될 뿐이었다. 우리는 소크라테스가 시도한 회의적 사고의 실례를 바탕으로 그의 삶과 신념을 가늠할 수밖에 없다. 그는 아무런 기록도 남긴 적이 없고 단지 동시대를 기록한 사료에서 스쳐가듯 언급된 것이 전부이기 때문이다. 그에 대한 모든 증거는 주관이 개입된 자료에서 비롯된 것이 분명하다. 소크라테스를 소피스트로 우스꽝스럽게 묘사했던 **아리스토파네스**의 기록이 존재하는 반면, 그의 제자이자 그의 열렬한 숭배자였던 플라톤과 **크세노폰**이 침이 마르도록 칭송한 기록도 존재한다.

플라톤과 크세노폰의 기록에서조차 소크라테스의 어린 시절은 등장하지 않는다. 그의 가족들은 아주 부자는 아니더라도 꽤 여유롭게 살았던 것으로 보인다. 그와 그의 아버지 소프로니스코스가 조각가였고, 그의 어머니 **파이나레테**가 산파였다는 훗날의 이야기는 어디까지나 추정에 불과하다. 그의 아버지는 아리스테이데스(귀족 출신 정치인)의 아들 리시마코스와 매우 친하게 지냈다. 소크라테스는 아버지와 마찬가지로 상류층과 어울리면서 친구와 지인 중 특히 **페리클레스**의 주변인들에게 많은 것을 의지했다. 그러나 그가 장가를 잘 들었다고는 섣불리 말할 수 없을 것 같다. 왜냐하면 그의 아내 크산티페는 불같은 성격의 소유자였기 때문이다. 크산티페라는 귀족 가문의 이름('밤색 털의 말'을 뜻한다)은 페리클레스의 아버지의 이름을 여성형으로 표현한 이름으로 그녀가 알크마이오니다이 가문 출신이었다는 점을 시사한다. 소크라테스는 다음과 같은 농담을 한 것으로 전해진다. '어쨌건 내가 선택한 말인데 기상을 보여줘야 하지 않겠나.' 소크라테스는 그녀와의 사이에 세 명의 아들을 두고 있었다. 아들 세 명 모두 아버지와는 달리 실망스러울 정도로 우둔하고 멍청했다.

여성들은 소크라테스의 인생에 남달리 중요한 역할을 담당했다. 플라톤은 소크라테스로

하여금 소크라테스의 스승들 가운데 여성 사제 디오티마를 지명하도록 문답편을 구성했다. 디오티마는 신성의 본질을 탐구하도록 소크라테스에게 영감을 불어넣었다. 페리클레스의 배우자였던 **아스파시아** 또한 소크라테스에게 수사학을 가르쳤다. 소크라테스의 사상을 형성하는 데 중요한 역할을 담당한 지식인으로는 아낙사고라스와 프로디코스를 꼽을 수 있다. 아낙사고라스는 질문을 던지는 과학적 방법으로 소크라테스에게 도움을 주었고, **투키디데스**를 가르쳤을 것으로 추정되는 케오스의 소피스트 프로디코스는 정확한 언어의 사용을 주장해 소크라테스의 방법론에 영향을 미쳤다.

당대의 많은 지식인들과 마찬가지로 소크라테스는 아테나이의 민주주의를 회의적인 시각으로 바라보았다. 플라톤의 대화를 보면 그는 미숙한 기술자를 믿고 일을 맡기는 사람은 아무도 없는데, 의회나 법원에서 중대한 문제를 비전문가들에게 너무나 쉽게 의탁하는 현실을 두고 끊임없이 불만을 표시한다. 그러나 아테나이의 부름을 받았을 때 그는 자신의 폴리스를 위해 열성적으로 나섰다. 그는 중장 보병으로 포티다이아 원정(기원전 432년)에 참전했다. 전쟁 중 그는 델리온에서 **알키비아데스**의 목숨을 구하고 암피폴리스에서는 **클레온** 밑에서 공격을 감행했다(기원전 422년).

소크라테스는 아테나이의 정치와 사법 체계에 관심을 보였는데, 여기에서 소크라테스의 성격을 가장 명확히 엿볼 수 있다. 기원전 406년 펠로폰네소스 전쟁이 막바지로 접어들 무렵, 아테나이 함대는 레스보스 인근의 아르기누스아이 해상에서 승전보를 울렸다. 그러나 도망가는 적들을 급하게 쫓던 중 예상하지 못한 폭풍우를 만난 스트라테고이는 물에 빠져 허우적대는 병사들을 구하지 못한 것은 물론 시신을 수습할 수도 없었다. 그 결과 그들은 재판에 회부되었다. 순전한 우연으로 소크라테스는 첫날 불레의 의장을 맡았다(매일 돌아가며 맡는 자리였다). 그리고 자신의 위치에서 총 8명의 스트라테고이 모두가 한 명의 피고로 취급되어야 한다는 주장을 헌법에 위배된다는 이유로 배척했다. 다음 날, 소크라테스가 의장에서 물러나고 더욱 강경한 성향의 의장이 심리를 주재하면서 스트라테고이에게 사형 선고가 내려졌다. 이들 중에는 페리클레스의 아들도 포함되어 있었다. 페리클레스가 아스파시아와의 사이에서 낳은 그는 모든 페리클레스의 아들들 가운데 유일하게 살아남은 인물이었다. 그가 재판에 회부되었다는 것은 정의를 향한 소크라테스의 절박한 소망을 대변한 셈이었다.

얼마 가지 않아 소크라테스는 다시 정치에 휘말렸다. 기원전 404년, 펠로폰네소스 전쟁 말미에 스파르타는 30인의 참주라 알려진 과두 체제로 아테나이를 다스렸다. 이들의 통치는 급속히 폭정으로 타락했다. 공포정치를 위해 무엇이든 다해 볼 의도로 그들은 소크라테

서기 1세기 소크라테스를 들창코로 묘사한 로마의 벽화.
그가 살아 있을 당시 그를 그린 초상화를 본뜬 흉상과 매우 비슷하다.

스에게 다른 네 명의 스트라테고이와 함께 무고한 사람을 체포하라고 명령했다. 그들은 살라미스의 레온을 체포해 사형시킬 생각이었다. 소크라테스는 이 명령을 거절했으나 이러한 통치체제가 금세 무너진 덕에 처벌을 면할 수 있었다.

하지만 5년 뒤에는 행운도 그를 비켜갔다. 기원전 399년, 그는 아테나이의 젊은이들을 타락시키고 아테나이가 숭배하는 신들을 믿는 대신 새로운 신을 끌어왔다는 두 가지 죄목으로 기소당했다. 그는 전혀 굴하지 않고 스스로를 솔직히 방어하며 부당하게 기소당한 전설적 영웅 팔라메데스와 자신을 비교했다. 그러면서 아테나이가 자신에 대한 보상으로 평생 무상 급식을 제공해야 한다는 주장으로 변론을 끝맺었다. 이러한 주장에도(아마 이러한 주장 탓일지도 모르나) 소크라테스는 사형을 선고받았다. 그는 형리에게 뇌물을 주고 도피하라는 제안을 물리치고 독미나리 약을 마시는 사형집행을 받아들였다. 기성 종교를 그다지 신뢰하지 않았던 소크라테스를 생각하면 마지막 유언의 내용은 다소 역설적이라는 느낌이다. 그는 질병으로부터 구제받기 위해 제물을 바치는 행위를 죽음으로 규정하며 다음과 같이 유언을 남겼다. '아스클레피오스 신께(건강의 신) 수탉 한 마리를 바쳐야 한다는 것 알고 있겠지. 잊으면 곤란하네.'

소크라테스가 죄인이 되었던 이유는 그가 가르쳤던 내용과 그가 사회에서 차지하던 지위를 인정받지 못했기 때문이다. 분명 그의 추종자들 중에는 아테나이에서 가장 영향력 있는 젊은이들이 포함되어 있었다. 강의료를 받는 것을 한사코 거절했는데도 아테나이의 수많은 엘리트들이 그의 주변에 모여들었다. 아테나이의 재앙 알키비아데스를 비롯해 30인의 참주를 이끌었던 무자비한 지도자이자 플라톤의 삼촌이었던 크리티아스 또한 그들에 속했다. 소크라테스가 기소된 데에는 이러한 정치 체제에서 비롯된 복수의 정치가 상당 부분 작용했을 것으로 생각된다. 이와 더불어 그는 많은 적을 만들 수밖에 없었다. 아름다움에 집착하는 아테나이인들에게 추한 외모의 세일레노스 신처럼 보였던 이 들창코의 산발머리 철학자는 모든 남성 가운데 가장 지혜로운 인물이라는 신탁을 받은 다음, 지혜롭다고 인정받는 당대의 인물들을 일일이 찾아가 그들이 무엇을 바탕으로 나름의 신념을 형성했는지 끊임없는 질문을 던졌다. 소크라테스의 문답법이라 알려진 그만의 기술은 서로 관련된 일련의 질문을 통해 명제를 검증했다. 항상 이러한 검증을 거친 명제는 거짓으로 드러났고, 그러다 보니 그는 암소를 귀찮게 괴롭히는 벌레라는 뜻의 '등에The Cleg'라는 별명을 갖게 되었다. 그러나 자존심이 잔뜩 상한 상대방의 마음속에는 원한이 싹틀 수밖에 없었다.

소크라테스는 자신의 주장을 펼치기보다는 다른 사람들의 주장을 반박하는 데 초점을 맞췄다. 그리고 소크라테스가 말했다고 알려진 이야기들 가운데 상당수가 훗날 그의 제자였던 플라톤과 크세노폰이 발전시킨 신념이었다는 점에서 소크라테스 자신의 생각이 무엇이었는지 확신을 갖고 말하기는 어렵다. 그러나 날카로운 통찰에서 벗어난 것이 분명한 일부 사상들이 그의 생각에 깃들어 있는 것으로 보인다. 예컨대 그 누구도 좋은 것을 두고 나쁜

서기 1787년 자크-루이 다비드의 그림에서 비탄에 잠긴 제자들에게 둘러싸인 소크라테스가 독배를 들기 위해 오른손을 뻗치는 동시에 왼손으로 하늘을 가리키고 있다.

것을 고르지는 않는다. 또한 그 누구도 고의적으로 잘못된 일을 행하지 않는다. 게다가 초기 사상가들의 견해와는 달리 미덕이란 보편적이고 객관적인 성질을 띤다. 그는 특수한 정신 또는 다이몬daemonion의 소리가 자신을 보호해 준다고 믿는 것 같았다. 다이몬의 소리는 그에게 일을 망치는 행위를 경고했다. 다이몬의 소리는 소크라테스의 기소사유에 포함된 '새로운 신' 가운데 하나일 수도 있었다. 분명 그는 전통적인 아테나이의 종교가 숭배하는 다수의 의인화된 신보다는 유일신의 성령이 존재한다는 것을 가정했던 것으로 보인다. 또한 그는 **피타고라스**의 추종자이자 엘레우시스 신전의 출입자로서 사후의 삶을 믿었을 것이라 추정된다.

　실제로 소크라테스는 죽은 이후에 가장 큰 영향을 미쳤다. 그의 재판과 처형 과정은 그의 추종자들에게 지대한 영향을 미쳤다. 그들 가운데 일부는 소크라테스의 재판을 이전 100년 동안 지속된 아테나이식 민주정체에서 존재했던 마지막 기소 사례로 파악하고 있었다. 아테나이가 패배하고 펠로폰네소스 전쟁이 끝나면서 그리스 폴리스 곳곳에서의 삶 또한 변하고 있었다. 새로운 파벌과 세력기반이 생겨나기 시작했고 이처럼 변화를 거듭하는 세상의 한복판에서 알키비아데스처럼 정치보다는 모험에 관심이 많았던 젊은이들 가운데 한 명 탓에 아테나이는 페르시아 왕자의 용병으로 나서게 되었다. 그 젊은이는 소크라테스의 제자였던 크세노폰이었다. 그가 기술했던 자료는 당시의 변화무쌍한 역사를 담고 있다.

Chapter 6

고난의 시대

신에 대한 존경, 전쟁의 기술에 대한 경험, 권위에 대한 복종은 자신감으로 귀결되기 마련
이다.

— 크세노폰, 《헬레니크Hellenica》, 3.4

아테나이의 몰락과 제국의 내분은 그리스 세상 전체에 즉각적인 반향을 불러왔다. 전쟁에
서 승리한 스파르타와 동맹국들은 승승장구의 행보를 거듭했으나, 역설적으로 동방에서는
그리스가 아닌 페르시아의 왕궁이 진정한 권력을 쥐고 있었다. 기원전 411년, 스파르타와
페르시아는 조약을 체결해 다리우스 II세가 스파르타에 대한 재정적 지원을 단행하고, 스파
르타는 페르시아에게 소아시아의 그리스 도시들에 대한 지배권을 인정했다. 조약의 이행을
담보하기 위해 다리우스는 그의 아들 키루스 더 영거(당시 나이 16세였다)를 스파르타로 직접
보내 그들의 장군 **리산드로스**와 협상하고 대규모 자금을 그들의 전쟁에 지원했다. 안타깝
게도 기원전 404년, 스파르타가 아테나이를 이긴 해에 다리우스가 사망했고 키루스 또한 지
위를 상실했다. 키루스의 형은 왕좌에 오른 다음 아르탁세르크세스 II세라는 왕명을 차지하
고 키루스로부터 많은 권한을 빼앗았다. 하지만 권력에 친숙한 키루스는 쉽사리 권한을 내
놓으려 하지 않았다. 그는 왕위를 되찾겠노라 절치부심하며 복수를 계획했다. 그는 가장 신
뢰하는 장군들 이외에는 자신의 진정한 목적을 숨긴 채 스파르타의 지원을 등에 업고 군대
를 소집했다. 페르시아의 군대뿐 아니라 그리스 용병들 사이에서도 차출된 키루스의 군대
는 사르데이스에 집결했다. 기원전 401년, 이들은 그들의 운명을 결정지은 젊은 청년과 우
연히 합류하는 행운을 경험했다. 그는 다름 아닌 크세노폰이라는 이름의 아테나이 청년이
었다.

남다른 겸손함과 훌륭한 외모를 갖춘 크세노폰은 펠로폰네소스 전쟁 초기, 역병이 창궐
할 무렵 부유한 가정에서 태어났다. 성인이 된 그는 아테나이의 사회 지도층의 일원으로서
기병대에 입대했다. 여기에서 그는 기원전 409년, 참담한 패배를 경험했으나 별로 중요한

전쟁이라 인정받지는 못했던 에페소스와 이오니아 원정에 참여했다. 5년 뒤 그는 아테나이의 항복과 더불어 아테나이에 들어선 30인의 참주 체제에 협조했다. 잔혹했던 그들에게 크세노폰이 어떻게 자발적으로 협조했는지는 의문이다. 그는 이후 그들에게서 거리를 두려 필사적으로 노력했으나 민주주의에 우호적인 생각을 품고 있지는 않았다. 그가 당시 통치자였던 크리티아스의 애인이었다는 설도 전해지고 있다. 그는 아테나이의 자신감 넘치는 상류층 젊은이들과 마찬가지로 그들만의 사회적 모임에 참가했던 것이 확실하다. 그는 크리티아스의 멘토 **소크라테스**의 제자였기 때문이다. 크세노폰은 고분고분한 학생이라고 볼 수 없었다. 기원전 401년, 테바이 출신인 그의 친구 프록세노스(그는 **고르기아스**의 제자이자 그리스 용병을 지휘했던 다수의 지휘관들 가운데 한 명이었다)는 크세노폰에게 키루스가 조만간 계획하고 있는 원정에 참가할 것을 제안했고, 소크라테스는 크세노폰에게 델포이의 신탁에 자문을 구해보라고 조언했다. 크세노폰은 소크라테스의 말을 따라 델포이의 신탁에 자문을 구했다. 그러나 원정을 떠나야 할지 말아야 할지를 묻지 않고 원정을 승리로 이끌려면 어느 신에게 제물을 바쳐야 하는지를 물어보았다. 크세노폰은 의도적으로 지시를 거슬러 스승의

크세노폰은 말타기에 능숙했다. 《승마술에 관하여On Horsemanship》와 《훌륭한 기병 지휘관The Good Cavalry Commander》에서 그는 기원전 5세기 중반 파르테논의 프리즈에 나타난 사진 속 장면과 유사한 기병들의 행렬을 묘사하고 있다.

심기를 거슬렀으나 여전히 최고의 제자 가운데 한 명으로 남아 있었다.

곧 크세노폰은 에페소스로 돌아왔다. 에페소스에 자리 잡은 찬란한 아르테미스 사원에는 황소의 고환으로 둘러싸인 아르테미스 여신상이 설치되어 그 누구라도 잊기 힘든 강렬한 인상을 풍기고 있었다. 그가 에페소스를 떠날 무렵, 멀리 홰를 틀고 있던 독수리 한 마리가 그의 오른편으로 날아와 고통이 섞인 행운을 예언했다. 결국 원정에 참가해 보았자 별 득이 되지 않는다는 의미였다. 크세노폰은 이에 굴하지 않고 사르데이스로 원정을 강행했다. 기원전 401년 늦은 봄, 그는 키루스와 함께 원정을 떠났다. 키루스의 목적은 페르시아 황제를 끌어내리는 데 있었다. 안달이 난 그리스의 용병들은 높은 보수를 받고 사기가 등등했다. 그들은 적을 찾아 혹독한 어름 사막을 가로질러 남쪽을 향해 에프라티스 강을 건넜다. 마침내 쿠낙사 마을 인근에서 양 진영이 충돌했다. 충동이 앞선 키루스는 장군들의 조언을 무시하고 전선을 향해 돌진했다. 그는 자신의 형 아르탁세르크세스가 치명상을 입고 쓰러졌을 때 그를 벨 수 있었으나 순식간에 상황이 반전되었다. 키루스가 전사하면서 오직 그만을 믿었던 그리스 용병들은 적국의 땅 바빌론 근처에 고립되었다.

그들은 아르탁세르크세스에게 손을 뻗쳐보았으나 거절당하고 고향에 돌아가는 것 말고는 다른 선택의 여지를 찾기 어려웠다. 그러나 돌아갈 방법이 막막했다. 티사페르네스 총독이 공작을 감행해 그의 장군들(이러한 장군들에는 크세노폰의 친구 프록세노스도 포함되어 있었다)을 개죽음으로 몰고 가면서 안전한 귀환에 대한 희망마저 사라졌다. 리더를 잃은 용병들은 아무것도 할 수 없는 지경에 이르렀다. 그러나 크세노폰은 그날 밤 번개가 자신의 집 전체를 불태우는 꿈을 꾸고서 곧바로 행동에 착수했다. 그는 의회를 소집해 새로운 지도자들을 뽑으라고 채근한 다음, 그 스스로 장군에 지명되었다. 풋내기 모험가로 원정에 참여했던 그가 돌연 고향을 향해 원정대를 이끌어야 하는 책임을 맡게 된 것이다.

티사페르네스의 군대에 호되게 당한 그들이 낯선 땅을 몇 달간 행진하는 것은 대단히 힘겨운 일이었다. 겨울이 다가왔고 모든 길이 막힌 1만 명이 넘는 중장 보병과 경무장한 2천600명의 패잔병들은 아르메니아의 눈 덮인 산을 향해 북쪽으로 나아갈 수밖에 없었다. 이곳의 원주민들은 게릴라전에 능해 페르시아인들조차 아직 그들을 무릎 꿇리지 못하고 있었다. 아테나이인들 앞에는 오직 죽음만이 기다리고 있는 것 같았다. 그러나 크세노폰은 온갖 악조건에도 결단력과 강인한 의지를 발휘해 지도도 없이 완전히 다른 이들이 섞인 용병들을 이끌고 얼음이 덮인 황무지를 횡단했다. 크세노폰은 역사와 신화의 이야기를 들려주며 부대의 사기를 끊임없이 북돋았다. 그는 그들의 여정을 《오디세이아》에 비유하는 한편, 근 100년 전 페르시아 전쟁에서의 놀라운 일화들과 아르고호에 올랐던 이아손이 흑해의 랜드마크를 발견했던 이야기를 들려주었다. 마침내 그들은 테케스 산에 도달했다. 훗날 《아나바시스Anabasis》(북방으로의 행군)에서 고백하는 것처럼 대열의 맨 뒤에서 따라가고 있던 크세노폰은 앞에 가던 병사들의 함성을 들었다. 그는 적의 공격을 받았다고 생각했으나 '함성은 점점 커졌고 뒤에 따라가던 병사들마저 소리를 지르기 시작했다. 뒤에서 행진하던 병사들은 앞에서 소리 지르고 있는 병사들 쪽으로 달려 나갔고, 그들 모두 더욱 큰 함성을 지르기 시작했다.' 크세노폰 또한 말을 채찍질해 앞으로 달려 나갔다. 그는 '바다다! 바다다!'라고 외친 병사들의 함성을 이해하는 동시에 그들이 흥분한 대상을 두 눈으로 직접 목격했다. 흑해 위에 우뚝 솟은 산은 그리스 폴리스 중 하나인 트라페주스 인근에 자리 잡은 것이 분명했다. 환호의 물결 속에 그는 모두를 안전하게 고향으로 데려올 수 있었다.

이들 사이에 싹튼 끈끈한 유대 의식은 오래 가지 못했다. 이들은 스파르타가 지배하던 비잔티온을 향해 서쪽으로 행진하면서 규율이 무너지기 시작했다. 그 결과 그들의 본성이 나타났다. 이상보다는 전리품에 혈안이 된 그들은 떼도둑에 지나지 않았다. 그들은 법이나 품위는 안중에도 없이 반목하던 원주민들뿐 아니라 사정을 봐줄 법한 그리스 거주민들에게도 약탈을 감행했다. 잠시 크세노폰은 식민지를 건설해 병사들에게 유익한 고용 기회를 주리라 생각했으나, 이러한 계획이 바깥에 드러나면서 더 이상 진행이 불가능했다. 이른바 비잔티온에 다다른 크세노폰의 '1만 명'은 민폐의 주역이었다.

그는 스파르타의 주둔지를 정복한 다음 비잔티온의 참주를 차지하라는 세안을 기절하고 트라케 왕 밑에서 지휘관이 되어 용병들에게 새로운 일거리를 제공했다. 그러나 티사페르네스가 이오니아를 방만하게 다스리면서 스파르타와의 전쟁이 촉발되었고 '1만 명'의 잔여 병력은 한때 그들을 격파하려던 장본인에게 복수할 생각으로 남쪽을 향해 진군했다. 이 과정에서 그들은 진군하던 지역에 터잡은 페르시아 귀족 가문을 공격해 인질로 삼고 돈을 요구했다. 이로써 크세노폰은 큰 부자가 될 수 있었다. 곧이어 그들은 그들을 지휘하던 스파르타의 왕 아게실라오스 II세와 함께 사르데이스 근처에서 티사페르네스의 군대를 격파했다. 티사페르네스 또한 아르탁세르크세스의 사형 집행인 앞에서 실패의 대가를 치러야 했다.

이러한 질풍노도의 시대에는 그 무엇도 오랜 시간을 버틸 수 없었다. 스파르타가 동맹을 파기한 것에 당혹한 페르시아는 아테나이, 코린토스, 테바이에 황금을 쏟아부었다. 이들은 동맹을 결성해 스파르타에 대항했다. 그 결과 코린토스 전쟁(기원전 395년~기원전 386년)이 촉발되었다. 아게실라오스의 군대는 본토로 신속히 돌아왔다. 크세노폰은 코로네이아의 갈대 우거진 코파이스 호수 연안에서 스파르타를 위해 아테나이와 싸우고 있었다. 크세노

스파르타의 아게실라오스 II세

아게실라오스는 태어날 때부터 절름발이였다. 그러나 이러한 장애에도 불구하고 리산드로스 장군의 도움을 받아 **알키비아데스**의 혼외자로 추정되는 그의 라이벌 레오티키다스가 자격을 잃은 틈을 타 기원전 400년, 스파르타의 왕 두 명 가운데 한 명의 자리에 오르는 기회를 잡을 수 있었다. 기원전 396년, 스파르타는 펠로폰네소스 전쟁을 기회로 최고의 세력을 과시하려 들었다. 스파르타는 이러한 맥락에서 아울리스에서 군대를 소집하는 상징적인 절차를 거쳐 페르시아를 공격했다. 아울리스는 전설의 아가멤논이 트로이아 출정을 감행한 장소였다. 아게실라오스는 크세노폰이 이끄는 용병들의 도움을 받아 아시아의 사르데이스에서 페르시아인들을 무찌를 수 있었다. 그러나 그리스는 코린토스 전쟁을 위해 그를 소환했고, 그는 코로네이아 전투(기원전 394년)에서 승전보를 울렸다. 그는 테바이에 대해 오랜 시간 적개심을 품어 왔다. 그 결과 스파르타는 레욱트라(기원전 371년)에서 패배하고 스파르타의 땅 라코니아도 침략당하는 사태를 맞게 된다(기원전 370년, 369년). 아게실라오스는 페르시아로부터 이집트를 해방시키기 위해 용병을 이끌고 원정을 떠나지만, 80대의 나이에 북아프리카에서 사망한다. 크세노폰(크세노폰은 그와 친구로 지내면서 많은 후원을 받았다)은 몸소 그에 대한 전기를 집필해 그를 예찬했다.

폰의 기록에 따르면 당시의 다른 전투와는 달리 피바다를 이뤘고 '양 진영 모두 방패를 부딪치며 앞으로 전진하려 했다. 그들은 격렬히 맞붙었고 무자비하게 칼을 휘둘렀다. 서로 죽고 죽이는 참혹한 광경이 펼쳐졌다.' 아게실라오스는 큰 부상을 입었으나 밤이 찾아올 무렵 승기를 잡을 수 있었다. 크세노폰은 전쟁의 결과에서 자유로울 수 없었다. 그는 아테나이로부터 추방당했다. 용병들을 고향으로 데려왔으나 정작 그가 몸을 맡길 고향은 이미 사라지고 없었다.

그의 역할에 대한 보상으로 스파르타는 크세노폰에게 올림피아 인근의 스킬로우스에 있는 부지를 하사했다. 여기에서 그는 아테나이 출신 아내 필레시아와 쌍둥이 아들 그릴로스와 디오도로스(하늘이 내린 쌍둥이라는 디오스쿠리라는 별명을 지니고 있었다)와 함께 20년을 넘게 살았다. 그는 자신의 과수원에 사냥의 신 아르테미스에게 바치는 신전을 건립했다. 이 신전은 에페소스 사원의 축소판으로 금으로 만든 성상을 모방한 사이프러스 나무 목상이 가득 차 있었다. 이 신전에서 해마다 열린 축제에서는 지역 주민들이 그의 가족들과 어울렸고 그들이 벌어들인 수입의 10분의 1을 여신에게 바쳤다. 또한 크세노폰과 쌍둥이 아들이 사냥한 짐승도 여신에게 봉헌되었다.

이러한 평화는 오래가지 못했다. 기원전 371년, 테바이는 레욱트라에서 스파르타를 격파한 다음 그들의 영토를 초토화시켰다. 크세노폰의 영지는 몰수되었고 그는 또 한 번 가족들을 데리고 코린토스로 망명했다. 15년 전, 힘이 빠질 때로 빠진 그리스는 페르시아와 영구 평화 조약을 체결했고, 이 덕분에 추방당했던 이들은 다시 그리스로 돌아올 수 있었다. 그러나 지금의 아테나이는 공동의 적 테바이에 대항하기 위해 스파르타와 동맹을 체결한 터라 용맹한 전사들을 서둘러 받아들여야 하는 상황에 처해 있었다. 따라서 크세노폰의 아들 그릴로스는 예전의 아버지와 마찬가지로 아테나이의 기병대에 입대할 수 있었다. 그는 기원전 362년, 만티네이아에서 **에파메이논다스**가 이끄는 테바이군과 대치했다. 어린 그릴로스는 본격적인 전투가 시작되기 전에 발발했던 소규모 전투에서 전사했다. 수많은 묘비와 추모사가 그를 기념했고 그의 죽음은 아테나이의 스토아 포이킬레에 그려진 전투 벽화에서도 묘사되고 있다. 크세노폰은 그릴로스가 용맹히 싸우다 사망했다는 비보를 듣고도 희생정신을 발휘하려 했다. 그는 울음을 참고 표현을 절제하며 '나는 그가 유한한 존재라는 사실을 알고 있었다'라고 말한 것으로 전해진다. 크세노폰은 아들이 죽은 지 7년 후에 사망했다. 그는 자신이 동경하던 스킬로우스에 묻혔던 것으로 추정되며, 이곳을 방문한 사람들 또한 여기에서 그의 무덤을 발견할 수 있었다. 그러나 전해지는 이야기에 따르면 그는 기원전 354년경에 코린토스에서 사망했다고 한다.

기원전 4세기 말 펠라의 모자이크에서 드러나는 것처럼 마케도니아의 왕족을 비롯한 여러 그리스 귀족들도 크세노폰과 마찬가지로 사냥에 열정을 쏟았다.

ΓΝΛΕΙΣΕΓΟΗΣΕΝ

크세노폰의 인생을 보면 그가 살던 시대의 모습을 가늠할 수 있다. 그는 전쟁으로 만신창이가 된 아테나이에서 어린 시절을 보내며 제국의 붕괴에 뒤따른 무정부 상태의 현실을 체화했다. 그러나 그의 정치적, 종교적 견해는 매우 보수적이었다. 그는 귀족 출신의 과두 집권층답게 장군의 가장 중요한 역할이 신들에게 합당한 제물을 바치는 것이라고 생각했다. 한편 그는 훌륭한 인간이라면 신과 교감할 수 있다는 실용주의자의 철학을 지니고 있었다. 크세노폰의 인생은 이처럼 파란만장한 모험을 자랑하지만 정작 그가 가장 확실히 이름을 남긴 분야는 작가로서의 경력이었다. 가장 초반에 집필했던 《사냥에 관하여On Hunting》(기원전 390년에 집필한 것으로 추정)에서는 사냥과 전쟁의 비슷한 점을 유추하며 자기 관리와 강력한 지도력의 중요성을 강조했다. 또한 이를 고결한 삶의 필수조건으로 생각했다. 그는 《회상Memorabilia》에서 이러한 주제를 다시 언급한다. 여기에서 그는 멘토 소크라테스로부터 영감을 받은 대화를 소개하고 있다. 이 대화에서 그는 《아폴로기아Apologia》(소크라테스의 법정 변론을 정리한 내용)를 예로 들며 철학자를 실용주의자로 소개한다. 크세노폰은 사냥과 부지 관리의 실례를 다수 언급하고 있지만 비평가들은 소크라테스가 살아생전에 그토록 많은 사냥과 부지 관리의 실례를 예로 들었을지 의문을 제기할 수도 있을 것이다. 또한 플라톤이 생각한 철학자의 상과 일치하지 않는 점이 많다고 지적할 수도 있다. 그러나 소크라테스가 듣는 자들의 수준에 맞추어 내용을 조정했기 때문에 이러한 차이점이 생겼다고 주장하는 사람들도 있다. 어쨌건 크세노폰의 소크라테스는 훗날 스토아 철학자들에게 지대한 영향을 미친 것이 확실하다.

크세노폰이 저술 활동에 진지하게 매진한 것은 스킬로우스를 떠난 이후였으나 그의 결과물은 장쾌하고 혁신적이었다. 《헬레니크》는 투키디데스의 《역사》를 잇고자 계획한 작품으로 풍운의 역사를 다루고 있다. 이 작품을 보면 마치 이전의 이야기가 끊긴 듯 문장의 중간부터 시작된다는 느낌이 든다. 투키디데스의 작품에 비해 과학성이 떨어지고 복잡한 것은 사실이나 크세노폰은 장군이라는 신분으로 경험한 배신이 난무했던 혼란스러운 시대를 독특한 세계관에 따라 생생히 묘사한다. 그는 스스로가 《헬레니크》에 기록된 수많은 일화의 주인공이었음에도 '그리스 용병의 지도자'라는 표현을 쓸 뿐 직접 자신의 이름을 언급하지 않는다. 또한 자신이 쓴 《아나바시스》를 언급하면서 저자가 시라쿠사이의 테미스토게네스였다고 주장하며, 만티네이아 전쟁을 묘사할 때조차 그릴로스의 이름을 언급하지 않고 '이 전투에서 훌륭한 아테나이인들이 무수히 전사했다'라고 기술한다.

크세노폰의 다른 작품을 보면 경계를 능숙히 허무는 독창성 넘치는 작가라는 사실이 드러난다. 그는 기존의 장르를 발전시켜 새로운 장르를 만들었다. 《아나바시스》는(크세노폰은 아무런 부끄럼 없이 자신을 무대의 중앙에 올려놓고 있다) 서양 문학의 역사를 통틀어 지금까지 내려오는 자전적 역사 가운데 최초의 작품에 해당한다. 여기에서 묘사되는 '1만 명'의 행진은 많은 사람들의 심금을 울린다. 《키루스의 교육The Education of Cyrus》은 페르시아 제국

창시자의 어린 시절을 다룬 작품으로 흥미로울만치 다양한 내용을 담았다. 군사학 지침서, 윤리학 논문, 역사 소설 등의 다양한 면모를 갖춘 이 책은 **헤로도토스**의 독자들에게 익숙한 일화들을 재차 언급하며 키루스가 크로이소스 왕을 만났던 이야기를 독특하게 풀어내고 있다. 《아게실라오스의 인생Life of Agesilaus》은 지나친 예찬 일색으로 객관성을 담보하기는 어려우나 아게실라오스의 일대기에 초점을 맞춘 독립된 전기 작품인 것은 부인할 수 없는 사실이다. 실제로 크세노폰의 글에서는 강력한 남성을 영웅화하려는 경향이 드러난다. 그는 아게실라오스뿐 아니라 소크라테스, 키루스 III세, 그리스 전체를 정복하려다가 암살당한 테살리아의 왕과 페라이의 이아손 등을 예찬한다.

소크라테스식 문답 가운데 하나인 《가정에 관한 관리Oeconomicus》에서 크세노폰은 본의 아니게 그의 가정생활을 상당 부분 드러내고 있다. 그는 '집안의 훌륭한 일원으로 자리 잡은 아내는 남편만큼이나 중요한 역할을 담당한다', '아내야말로 남편들에게 가장 대화가 없는 상대방이다'라고 말한다. 실제로 크세노폰에게 가장 큰 즐거움을 선사한 것은 부부생활이 아닌 말타기였다. 그가 집필한 서적 가운데 두 권은 짐승들을 소재로 삼고 있다. 《승마술에 관하여》와 《훌륭한 기병 지휘관》에서는 행진과 전쟁에 쓰기 위해 말을 어떻게 훈련해야 하는지를 열정적으로 기술하고 있다. 《키루스의 교육》에서는 등장인물 가운데 한 명이 다음과 같이 부르짖는다. '내가 항상 질투해 왔던 창조물은 켄타우로스였네.' 반인반수의 신화 속 생명체 켄타우로스는 크세노폰과 마찬가지로 자신만의 세상에 속해 있었다. 그러나 크세노폰이 죽은 후 몇십 년간 현실의 고대 그리스 세상 또한 비현실적인 변화를 꾀하고 있었다.

§ 리산드로스(?~기원전 395년), 스파르타의 장군

스파르타의 에테오클레스는 그리스가 두 명의 리산드로스를 견뎌내지는 못했을 것이라고 말
했다. 다른 모든 이들도 같은 생각이었을 것이다.
— 플루타르코스, 《리산드로스의 인생Life of Lysander》, 19

리산드로스는 기원전 5세기 중반 가난한 스파르타의 가문에서 태어났다. 그가 태어난 가문은 관록이 깊으면서도 가난했던 탓에 그를 호모이오이에 선출되도록 지원할 여력이 없었다. 따라서 그는 모탁스라 불리는 계층에 속해 있었다. 이들은 시민권이 없는 자유인으로 계급 사회였던 스파르타에서 출세하려면 다른 이들에게 의지할 수밖에 없는 한계를 지니고 있었다. 펠로폰네소스 전쟁으로 호모이오이들의 수가 현저히 감소하면서 야심만만한 모탁스들에게 상상하지 못하던 기회가 다가오고 있었다. 이 가운데 대표적인 인물은 리산드로스로 그는 스파르타에서 가장 각광받았던 장군, 정치가 중 한 명이다. 아게실라오스 왕은 리산드로스 덕분에 왕위에 오를 수 있었다. 그러나 아게실라오스의 무자비한 야망은 많은 사람들의 반감을 샀고, **크세노폰**은 스파르타의 왕들을 전기로 엮으면서도 그를 한마디도 언급하지 않았다. 리산드로스가 반대편의 상징적인 인물이 된 것은 너무나도 당연하다. 그는 엄청나게 용맹하면서도 권위 앞에서는 비굴할 정도로 아첨을 떨었다. 그는 스파르타의 헌법을 내버리려 든 스파르타인이었다. 그는 '아이들은 주사위로, 어른들은 거짓 서약으로 속이는 것을' 아무렇지도 않게 생각하는 도덕에 무심한 사람이었다.

리산드로스는 기원전 407년, 스파르타 함대의 제독으로 임명되어 동쪽을 향해 5년 전 델로스 동맹에서 탈퇴했던 에페소스로 진군하면서 역사의 무대에 처음 등장했다. 델로스 동맹의 탈퇴 이후, 경제적으로 고립된 에페소스인들은 경제의 부흥을 외친 리산드로스를 열렬히 환영했다. 이윽고 에페소스의 부두는 다시 한 번 상선으로 북적대기 시작했고, 연안의 조선소에서는 새로운 함대가 건조되기 시작했다. 리산드로스는 이오니아에 머물 무렵 페르시아 황제의 아들이자 사절이었던 키루스 III세의 환심을 사는 데 성공했다. 페르시아는 스파르타를 지원하겠다는 조약을 어기지 않았고, 리산드로스 또한 키루스 III세의 재정적 지원을 성심껏 받아들였다. 그는 페르시아로부터 받은 황금으로 노를 젓는 병사들의 급

또 다른 모탁스 길리포스

기원전 5세기 말 전쟁을 겪으며 인구수가 급감한 스파르타는 점차 모탁스들에게 의지하려 들었다. 이러한 기회가 아니었다면 그들은 별 혜택을 받지 못하는 하층 계급으로 머물렀을 것이다. 최초로 주목받았던 모탁스는 길리포스였다. 그의 아버지는 왕궁의 참모였으나 뇌물을 수수해 망신을 당한 전력이 있었다. 그럼에도 길리포스는 기원전 414년, 스파르타 장군의 자격으로 아테나이에게 포위된 시라쿠사이를 돕기 위해 시칠리아로 원정을 떠났다. 여기에서 그는 적을 보기 좋게 격파해 전략이 번뜩이는 지휘관의 자질을 발휘했다. 그러나 길리포스는 아버지와 마찬가지로 부정을 저질렀다. 기원전 404년, 아테나이를 제압한 리산드로스는 길리포스에게 전리품을 스파르타로 실어 보내라는 책임을 맡겼다. 길리포스는 보물을 담은 포대를 뜯어 상당한 양의 은을 빼돌린 다음, 포대를 다시 봉합해 놓았다. 그는 리산드로스가 재고 목록을 세심하게 작성했다는 사실을 모르고 있었다. 길리포스의 집을 수색하니 지붕 밑에 숨겨 놓은 돈이 발견되었다. 길리포스는 도망치는 데 성공했으나 결석 재판을 통해 사형을 선고받았다. 그는 정말 죄를 지었을까? 아니면 단지 같은 모탁스였던 리산드로스와 경쟁하면서 누명을 뒤집어 쓴 것일까? 그의 운명은 전설로 전해지는 팔라메데스의 운명과 신기할 정도로 비슷하다. 고르기아스와 소크라테스조차 매료되었던 팔라메데스의 이야기는 리산드로스에게 길리포스의 몰락을 꾸밀 영감을 불어넣었는지도 모른다.

료를 올려 주면서 그들의 사기를 북돋고 아테나이인들의 이탈을 유도할 수 있었다. 기원전 406년, 그는 아테나이의 함대를 상대로 대승을 거뒀고 아테나이 함대를 지휘했던 **알키비아데스**는 이 전투에서 패배한 책임을 지고 세독의 자리에서 물러났다. 그러나 리산드로스 또한 원통하게도 스파르타로 소환되어 제독의 자리를 박탈당했다. 악에 받힌 그는 뒤끝을 발휘해 아직 남아 있던 돈을 키루스에게 돌려주며 새로이 임명된 스파르타의 제독을 제거하라고 조언했다. 몇 달 후 신임 제독은 아르기누스아이에서 전사했고, 스파르타 함대와 키루스는 리산드로스를 복귀시키라고 요구했다.

의기양양한 리산드로스는 아테나이 함대를 줄곧 몰아붙였다. 기원전 405년, 양 진영은 아이고스포타모이에서 좁다란 다르다넬리아 해협을 사이에 두고 대치했다. 이 해역은 아테나이가 흑해로부터 식량을 보급받기 위한 중요 요충지였다. 아테나이의 제독 코논은 리산드로스와 대치하면서 정신을 바짝 차려야 했으나 불의의 습격을 당하는 실수를 저질렀다. 닷새 후, 고집스럽게도 전투를 거부하던 리산드로스는 함선의 마스트에 구리 방패를 게양해 공격을 명령했다. 방심하고 있던 아테나이인들은 금세 압도당했고 함선의 대부분은 망가지거나 파괴되었다. 코논은 제법 많은 병사들과 함께 탈출했으나 병사들 가운데 3천 명은 탈출하지 못하고 포로로 잡혀 한 명도 빠짐없이 처형당했다. 곧이어 리산드로스는 섬과 에게 해 주변을 순항하며 모든 아테나이인들을 향해 고향으로 돌아가라고 명령했다. 이내 포위당한 폴리스는 굶주리기 시작했다. 인구는 늘어나고, 식량 공급은 끊기고, 점령당한 주변 지역이 약탈에 시달리면서 찾아온 필연적인 결과였다. 리산드로스는 시간을 갖고 아테나이에게 충성했던 도시국가들을 차근차근 순회하며 민주주의에 따라 선출된 지도자들을 학살하고 모든 주민들을 추방했다. 사모스는 텅 빈 도시로 전락했고, 세스토스는 리산드로스의 용사들이 점거했다. 리산드로스가 아테나이에 도착하자 아테나이는 곧 항복할 태세였다. 그가 스파르타에게 '아테나이를 취했습니다Athens taken'라고 보고했을 때, 간결한 문장을 좋아하던 에포로는 리산드로스에게 보고 내용이 너무 장황한 것 아니냐고 나무랐다. '취했습니다Taken.' 한 마디면 충분했을 것이다.

기원전 404년 9월 살라미스 해전의 76번째 승전 기념일에 리산드로스는 아테나이의 굴욕 행사를 감독했다. 그는 남은 함대를 불태우고 장벽Long Walls을 아울로스(플루트)의 반주소리에 맞춰 해체하는 동시에 음산한 30인의 참주 체제를 아테나이에 도입했다. 이미 리산드로스는 에게 해 전역에 유사한 통치 체제를 거미줄처럼 깔아놓았고, 각 도시국가들은 리산드로스에게 엄청난 충성심을 보이고 있었다. 이는 그 어느 스파르타인도 이루지 못했던 엄청난 권력기반이었다. 이와 동시에 그는 자신의 이미지를 고양시켰다. 원정을 떠나며 그는 자신의 승리를 찬양할 시인을 대동했다. 그는 키루스로부터 하사받은 금과 상아로 제작한 1미터 길이의 트리에레스 모형을 델포이에 바쳤다. 또한 턱수염과 스파르타식의 기다란 머리를 기른 그가 두 명의 제독을 대동하고 있는 광경을 조각상으로 형상화했다. 그의 지지자

루벤스는 리산드로스를 그린 그림에서(서기 1600년경) '숱이 많은 머리는 미남을 더욱 미남으로, 추남을 더욱 추남으로 보이게 한다'라는 스파르타의 격언(플루타르코스가 이를 기록했다)이 고스란히 드러난다.

들로 가득 찬 사모스에서는 리산드로스를 기념하기 위해 고대 헤라 여신의 축제를 리산드레이아라는 이름으로 개명하고 그를 신으로 추앙했다. 이러한 추앙을 받은 그리스인은 그가 최초였다. 그러나 리산드로스의 야심은 여기에서 멈추지 않았다. 그는 스파르타를 통치하고 싶었다.

그러나 지금 이대로는 불가능했다. 리산드로스는 자신의 뿌리를 헤라클레스로부터 찾았으나 어느 지배 가문에도 속하지 못했다. 모탁스의 신분이었던 그는 심지어 스파르타의 시민권조차 인정받지 못했다. 기원전 401년, 아기스 II세가 사망했을 때 리산드로스는 다른 방도를 찾았다. 왕위의 계승을 두고 논란이 들끓고 있었다. 리산드로스는 왕세자 레오티키다스가 알키비아데스의 서자라는 이유를 들어 아기스의 형제 아게실라오스를 지지했다. 두 사람은 한때 연인 사이였고 태어날 때부터 절름발이였던 아게실라오스는 전쟁 지도자가 되기에는 어설퍼 보였다. 아마도 리산드로스는 그를 자신의 마음대로 할 수 있다고 생각한 것 같다. 그러나 리산드로스의 예상은 보기 좋게 빗나갔다. 왕위에 오른 아게실라오스는 이오니아의 새로운 영토를 향해 동쪽으로 항해하면서 리산드로스를 의도적으로 배척하려 들었다. 리산드로스는 몹시 화가 났으나 좌절하지 않고 스파르타로 돌아와 쿠데타를 계획했다.

리산드로스는 연설문 집필에 능했던 할리카르나소스 출신 클레온의 도움을 받아 자신의 주장을 기안했다. 연설문에는 스파르타는 세습왕조가 아닌 출신에 구애받지 않은 가장 강력한 인물이 다스려야 한다는 내용이 담겨 있었다. 물론 그 주인공은 리산드로스였다. 그는 이미 스파르타의 돈궤를 도시를 약탈한 전리품들로 가득 채우고 개인적인 착복을 하지 않는 치밀한 작전을 과시해 감독관들의 환심을 샀다. 나아가 그는 델포이의 아폴로 신전과 에페이로스의 도도나 사원에도 로비를 벌였고, 금으로 채운 가방을 들고 이집트의 제우스 아몬 신전을 방문해 신들의 지지를 얻으려 하는 주도면밀한 행보를 펼쳤다. 그러나 불안정한 현세를 살던 사제들은 스파르타의 현상 유지를 원했다. 그들은 리산드로스를 거부하고 그의 야망을 에포로들에게 일러바쳤다. 리산드로스는 자신의 결백을 어떻게든 증명해 보였으나 그의 명성은 깊은 상처를 입었다. 그는 재기의 발판을 마련하기 위해 전쟁을 일으켰다.

아르고스, 테바이, 코린토스는 펠로폰네소스 전쟁에서 스파르타와 끈끈한 동맹을 맺었던 도시국가였다. 그러나 지금은 스파르타의 제국주의에 대한 야망을 경계해 지금껏 반목해 왔던 아테나이와 동맹을 결성했다. 만약 이것만으로 부족하다면 이들 동맹은 과거 스파르타의 자금줄 역할을 담당했던 페르시아에게 재정 지원을 기대할 수 있었다. 이 당시 아게실라오스는 이오니아에서 페르시아에 대항할 군대를 끌어 모으고 있는 상황이었다. 당시 테바이가 후원하는 로크리스와 스파르타가 후원하는 포키스가 맞붙으면서 이미 이들의 전초전은 벌어진 것이나 다름 없었다. 기원전 395년, 리산드로스는 에포로들에게 전면전을 선포하라고 채근했다. 그들은 리산드로스의 말을 따랐고 곧이어 스파르타에서는 두 부대가 행진을 시작했다. 한 부대는 파우사니아스 왕이 지휘했고, 다른 한 부대는 리산드로스가 지휘했다. 두 부대는 테바이라는 같은 목표를 두고 양면 공격을 펼쳤다.

리산드로스는 테바이로 가는 길목에 자리 잡은 보이오티아의 할리아르토스를 포위하던 중 파우사니아스와 교환하던 서신을 중간에 빼앗겼다는 사실을 깨달았다. 그의 전략은 왕이 이끄는 부대의 지원을 염두에 둔 전략이었으나 공격할 시간이 다가와도 파우사니아스는 등장하지 않았다. 더 이상 기다릴 수 없었던 리산드로스는 진군을 명령했고 스파르타의 병사들은 성벽을 향해 달려 나갔다. 그러나 할리아르토스의 성문이 갑자기 열리면서 테바이인들이 태반인 군대가 쏟아져 나왔다. 전투가 시작된 지 얼마 되지도 않아 리산드로스는 전사했고 스파르타 병사들은 그의 시신을 성벽 옆에 방치한 채로 퇴각했다. 뒤늦게 도착한 파우사니아스는 천 명에 가까운 병사들이 전사한 것을 목격하고 평화 조약을 체결하리라 마음먹었다. 이는 리산드로스의 시신을 회수할 유일한 방편이었다.

훗날 아게실라오스는 리산드로스가 남긴 문헌 중 스파르타의 전제정 폐지를 정당화하는 연설문을 발견했다. 그는 할리카르나소스의 클레온이 집필한 이 연설문을 리산드로스의 배신을 입증하는 증거로 만천하에 공개하려 했다. 그러나 원로 에포로 한 명이 그를 가로막았다. 제3의 인물이 리산드로스의 뒤를 따라 내부의 분열을 꾀하려는 영감을 받을 수 있으니 가만히 묻어두는 것이 좋겠다는 취지였다. 그러나 두 사람 모두 한 세대가 지나기도 전 스파르타는 크세노폰조차 입에 담기 싫어했던 또 다른 인물에 의해 무적이라고 생각한 국경이 초토화된다는 미래를 예상하지 못했다. 그 인물의 이름은 바로 테바이의 에파메이논다스였다.

§ 에파메이논다스(기원전 418년경~기원전 362년), 테바이의 장군

> 나는 에파메이논다스가 그리스 전체를 통틀어 가장 돋보이는 인물이라 생각하네.
> ─ 키케로, 《웅변가에 관하여On the Orator》, 3.139

스파르타의 **리산드로스**와 마찬가지로 에파메이논다스는 가난하지만 관록 있는 집안에서 태어났다. 그러나 테바이에서는 가난이 스파르타처럼 흠이 되지 않았다. 실제로 절제된 삶을 미덕으로 생각한 에파메이논다스는 금전에 별 관심이 없었다. 그는 어릴 적부터 무술뿐 아니라 춤과 음악을 연마했다. 그러나 그가 특별히 관심을 둔 분야는 철학이었다. 피타고라스 학파에 속했던 타라스 출신의 리시스가 그의 교사를 맡았고 그는 스승과 함께 대부분의 시간을 보내며 정직함, 인간성, 진실성에 대한 명성을 급속히 쌓아갔다. 그러나 일련의 사건들이 유발하는 국가에 대한 의무감은 그를 사색에만 매여 있기 어렵게 만들었다. 그의 군사 전략가로서의 자질은 그리스의 운명을 영원히 뒤바꾸게 된다.

기원전 395년, 테바이가 할리아르토스 전투에서 스파르타에 승리한 이후 몇 년이 지나 그리스의 정세는 점점 더 불안해졌다. 그리스 도시국가들은 이익에 따라 이합집산을 거듭했고 각 도시국가는 쓰라린 경험을 하고서도 라이벌 국가들에 비해 우위를 점할 수 있다는 믿음을 버리지 않았다. 스파르타에 대항하기 위해 예상치 못한 동맹이 결성되었다. 테바이는 코린토스와 아르고스뿐 아니라 아테나이와도 동맹을 체결했다. 기원전 393년, 아테나이는 (과거 적대하던 페르시아의 지원을 받았다) 11년 전에 해체된 장벽Long Walls을 재건하며 제국의 야망을 펼치려는 듯 보였다. 동맹국과 스파르타의 혼돈스런 전쟁이 그리스 중앙을 휩쓸 무렵, 동방에서는 페르시아의 아르탁세르크세스 II세가, 서방에서는 시라쿠사이의 강력한 참주 디오니시오스가 호시탐탐 그리스 정세를 주시하고 있었다.

기원전 386년에 양 진영 모두 승리를 장담할 수 없게 되면서 페르시아 황제가 중재에 나섰다. 서둘러 평화 조약이 체결되었고 그리스 본토에서는 페르시아가 이오니아의 도시국가들을 통치하는 데 기꺼이 동의했다. 기원전 478년에 이오니아를 넘겨주도록 조언한 적이 있는 스파르타로서는 기원전 411년에 같은 결정을 충분히 내릴 수 있었을 것이다. 그러나 아테나이와 그리스로서는 차마 이러한 조치를 동의하고 용인하기 어려웠다. 그들은 내성적

테바이

보이오티아에 자리 잡은 테바이는 신화 속에서 오이디푸스와 안티고네의 고향으로 소개되었다. 디오니소스 신 또한 여기에서 태어났고, **에우리피데스**의 《바카이》에 따르면 아시아에서 오랜 방황을 마친 그는 자신의 신성을 알아보지 못한 테바이의 시민들에게 복수할 마음을 품고 고향으로 돌아온다. 고대 그리스 시대에 주로 농업에 종사했던 테바이인들은 인접한 아테나이인들에게 머리가 나쁜 2등 시민으로 비웃음을 샀다. 테바이에 대한 자료가 드물다 보니(**핀다로스**만이 제법 많은 자료를 남기고 있다) 이러한 사실을 쉽게 반박하기는 어렵다. 그러나 한편으로는 아테나이가 테바이를 무시했던 이유로 정치를 빼놓을 수 없다. 기원전 5세기 초반, 테바이는 페르시아의 그리스 침공을 지원했다. 전쟁에서 승리한 그리스는 이러한 결정을 내린 테바이를 고운 눈으로 보기가 불가능했다. 그럼에도 제1차 펠로폰네소스 전쟁(기원전 460년~기원전 446년)에서 테바이는 스파르타와 동맹을 맺어 아테나이에 대항했고, 기원전 431년~기원전 404년에 걸친 제2차 전쟁에서도 동일한 역할을 반복했다. 기원전 3세기에는 에파메이논다스가 장군을 맡으면서(기원전 379년~기원전 362년) 보이오티아 전역은 물론, 그 이상에까지 영향력을 넓힐 수 있었다. 전성기를 구가했던 테바이는 기원전 338년에 카이로네이아에서 마케도니아의 필립 II세에게 패배했다. 3년 후, 테바이는 반란에 참여해 마케도니아의 통치에 저항했다. 이러한 패착을 응징하려는 듯 **알렉산드로스 III세**는 테바이를 포위하고 점령해 완전히 초토화시켰다. 알렉산드로스가 죽은 이후 그의 장군 카산드로스는 테바이를 재건했으나 과거와 같은 존재감을 다시는 과시하지 못했다.

이고도 근시안적으로 변해 조상들이 필사적으로 쟁취했던 모든 것들을 서명 하나로 일거에 날려버렸다. 그들은 수치심을 느끼는 것이 정상이었으나 패배주의에 시달리면서 현실성 없는 파괴적인 권력에 의지해 스스로를 속이려 들었다.

평화는 오래 가지 않았다. 기원전 382년, 북부 그리스 원정을 마치고 귀환하던 스파르타 군대가 테바이의 아크로폴리스인 카드메이아를 불시에 공격해 점령하는 사건이 벌어졌다. 수많은 애국자들이 아테나이로 도망쳤으나 에파메이논다스만큼은 테바이에 머물며 젊은 이들을 독려했다. 그는 젊은이들과 스파르타 권력자들 간의 레슬링 시합을 주선했고 그들이 이기는 경우 권력자들을 축출하지 못할 이유가 무엇이냐고 꼬드겼다.

마침내 훌륭한 군인 펠로피다스가 이끄는 게릴라들이 비밀리에 돌아왔다. 그중 한 무리는 그들의 집에서 적의 편에 섰던 테바이인들을 척살했고, 여성으로 가장한 다른 무리는 술자리에서 적에게 앞장서 협조했던 자들을 모조리 학살했다. 다음 날 에파메이논다스는 전사들을 대동하고 아고라에 등장해 도시국가의 해방을 선언했다.

에파메이논다스는 테바이의 새로운 정치 엘리트로 존경을 받기 시작했다. 그는 도시국가의 최고 지도자Boeotarchs 중 한 명으로 선출되었고, 펠로피다스와 함께 성스러운 부대 Sacred Band라는 새로운 부대를 창설했다. 이 부대는 150쌍의 남성 동성연애자로 구성되었다. 그는 트로이아 전쟁에 참가한 아킬레우스와 파트로클로스처럼(당시 그들은 두 사람을 연인으로 상상했다) 남자들이 서로에게 헌신하고 다른 일방의 칭찬을 얻고 싶을수록 더 열심히 싸울 것이라고 생각했다. 이와 동시에 그들은 아테나이가 추방당한 반역자들을 지원했다는 사실을 알고서 아테나이가 주축이 된 새로운 동맹에 참가해 에게 해를 무대로 스파르타와 전쟁을 개시했다. 기원전 371년, 양 진영은 전쟁을 끝낼 방도를 찾기 시작했으나 평화 조약의 조건은 테바이가 어렵사리 쟁취한 보이오티아의 지배권을 박탈하는 데 초점을 맞춘 듯 보였다. 에파메이논다스는 조약에 대한 서명을 거부했다.

3주 만에 1만 명의 중장 보병과 1천500명의 기병대로 구성된 스파르타 동맹군은 테바이의 영토인 레욱트라로 깊숙이 진군했다. 그들은 6천 명의 중장 보병과 1천 명의 기병대를 거느린 에파메이논다스와 대치했다. 중과부적의 상황을 맞게 된 에파메이논다스는 일반적인 전략을 답습할 경우 패배하리라는 사실을 알고 있었다. 그는 전략의 변화를 시도했다. 지금껏 기갑 부대는 최고의 부대를 오른쪽 날개에 배치해 왔다. 적의 후방을 급습하기에 앞서 적의 취약한 좌측을 분쇄하려는 의도였다. 대규모 손실을 감수할 여력이 없었던 에파메이논다스는 왼쪽 날개에 최고의 부대(최전방에 성스러운 부대를 내세웠고 50명이 한 열을 구성했다)를 배치해 호모이오이와 맞서도록 했다. 정예부대는 폭발적인 힘을 발휘했고, 나머지 군사들은 비스듬한 각도를 이뤄 적에게 돌진했다. 그들은 닥치는 대로 베고 찔렀고 적들은 그들의 공격을 감당하지 못하고 뒤돌아 도주했다. 전사한 1천 명의 스파르타 중장 보병 가운데 호모이오이 출신은 400명에 달했다. 이로써 가뜩이나 줄고 있던 호모이오이의 숫자는 회복 불가능한 지경에 이르렀다.

그리스 중앙을 노리고 있었던 것은 스파르타뿐만이 아니었다. 북쪽으로는 테살리아의 참주 이아손이 침략을 준비하고 있었으나 암살당하면서 뜻을 이루지 못했다. 에파메이논다스는 위기를 벗어난 테바이를 이끌었다. 에파메이논다스는 레욱트라에서 시작한 그들의 과업을 완수하기 위해 스파르타 점령의 여파에서 벗어나지 못한 시민들을 이끌고 펠로폰네소스를 향해 남쪽으로 나아갔다. 이미 해당 지역은 구조적인 변화를 겪고 있었다. 스파르타가 취약해진 틈을 타 별 힘을 쓰지 못했던 라이벌들이 범아카디아 동맹을 결성한 상태였다. 이 동맹은 메갈로폴리스(기원전 371년)에 터를 잡았고, 메갈로폴리스와 만티네이아는 스파르타의 침공에 대항하는 전초 기지를 담당했다. 겨울이 다가오면서 에파메이논다스는 아르카디아인들에게 몇백 년에 걸쳐 생각할 수도 없었던 사항을 주문했다. 라코니아를 침공한 다음 스파르타의 심장부를 강타하라는 내용이었다.

당시 살아 있는 호모이오이의 수는 1천 명도 되지 않았다. 그 누구도 에파메이논다스에 대항할 생각을 하지 못했다. 눈 덮인 타이게토스 산에서 내려온 에우로타스 강의 불어난 물 덕분에 스파르티의 심장부는 공격을 피할 수 있었다. 그러나 라코니아의 마을들이 불에 타면서 지금껏 한 번도 적군을 본 적이 없었던 스파르타 여성들은 울음을 터트렸다. 스파르타에 대한 공격이 좌초된 에파메이논다스는 남쪽을 향해 기테이온으로 진격했다. 그는 지휘권의 기한이 도래했음에도 기세를 몰아(그는 기한이 도래한 후에도 계속 지휘권을 행사하면 목숨으로 죄값을 치러야 한다는 사실을 알고 있었다) 400년도 넘게 스파르타의 지배를 벗어나지 못했던 헤일로테스인의 나라 메세니아로 군사를 휘몰아쳤다. 에파메이논다스는 이곳을 해방시키는 것은 물론, 100년 전 헤일로테스 반란자들이 저항의 기지로 삼았던 이토메 산의 산비탈에 메세네라는 식민지를 창건했다. 메세네의 견고한 성벽은 기다란 포위를 견딜 만큼의 충분한 땅을 둘러싸고 있었다.

테바이로 돌아간 에파메이논다스는 예상대로 재판에 회부되었다. 그러나 워낙 빛나는 성과를 올린 덕분에 그는 사형 선고를 면할 수 있었다. 그러나 다시 장군으로 임명되지는 못하고 일반 중장 보병으로 다음 원정에 참여해야 했다. 믿음직한 중재의 달인 펠로피다스가 페라이와 마케도니아의 평화 조약을 성사시켰고, 마케도니아는 왕자 한 명을 테바이에 인질로 보냈다. 기원전 368년, 마케도니아 왕이 살해당한 여파로 펠로피다스는 또 다른 협상에 임했으나 집으로 돌아오는 길에 납치당해 페라이의 알렉산드로스(이아손의 후계자)에게 포로로 잡히는 신세가 되고 말았다. 테바이는 그를 구하러 군대를 파견했으나 무능한 장군들이 꽁무니를 빼려 들면서 구조 작전은 교착 상태에 빠졌다. 군대는 에파메이논다스가 지휘봉을 잡고서야 비로소 안정을 찾을 수 있었다. 다음 해 초 그는 최고 지도자의 자격으로 페라이에 돌아왔고 전투에 나서기보다는 적을 서서히 입박하는 전략을 구사해 펠로피다스를 구해내는 데 성공했다.

아이작 왈라벤의 〈스파르타와의 전쟁에서 테바이군의 총사령관을 맡은 에파메이논다스의 임종The Deathbed of Epaminondas, Commander of the Theban Army in the Battle against Sparta〉(1726)에서 침대의 캐노피를 받치고 있는 석상마저 그의 죽음을 애도하는 것처럼 보인다.

    그러나 그가 펠로폰네소스에서 이룩한 성과는 결실을 맺지 못했다. 범아카디아 동맹은 테바이를 믿지 않으려 했고, 각국이 주도권 다툼을 벌이던 중 아테나이가 스파르타와 동맹을 체결하는 사태가 발생했다. 기원전 364년, 스파르타와 엘리스가 올림피아에서 올림픽 경기를 관장했던 범아카디아 동맹을 공격하면서 사태는 정점에 이르렀다. 이러한 군사 공격은 신성을 모독하는 행위였으나 이후 아카디아 동맹이 병사들에 대한 보상을 위해 봉헌된 재물로 가득 찬 올림피아의 금고를 약탈한 것에 비하면 새발의 피에 불과했다. 다른 그리스 도시국가들은 동맹에 대한 열정이 급속히 식어 갔다. 만티네이아는 스파르타 편에 서겠다고 선언했고, 아카디아 동맹 자체도 만티네이아의 전철을 금세 밟을 것 같았다.

    기원전 362년, 통합된 펠로폰네소스를 두려워한 에파메이논다스는 남쪽을 향해 진군했다. 그는 무력한 스파르타에 전광석화 같은 공격을 퍼부으려 했으나 전략이 탄로나면서 무위로 돌아갔다. 그는 만티네이아에 주둔하고 있던 병력과 합류했다. 그러나 기수들이 아테나이의 기병들에게 공격을 받아 상당한 손실을 입은 상태였다(**크세노폰**의 아들 그릴로스 또한 희생자의 목록에 포함되어 있었다). 에파메이논다스의 병력은 계속된 행군에 지쳐 있었다. 동맹군이 보강되면서 적의 숫자는 날로 늘어났지만 에파메이논다스는 그들이 싸우지 않는다면 동맹국들이 이탈할 것이라는 사실을 알고 있었다. 다시 한 번 그는 기습 전략에 승부를 걸었다. 그는 후퇴하는 척 하다가 갑자기 방향을 틀어 공격 명령을 내렸다. 레욱트라에서와 마찬가지로 왼쪽 날개를 보강한 전략이 다시 한 번 먹혀들었다. 그러나 퇴각하는 스파르타 군을 쫓다가 가슴에 창을 맞고 말았다. 그는 마지막 숨을 몰아쉬며 부하들에게 협상을 통해 평화롭게 전쟁을 끝내라고 종용했다. 비록 패배했으나 스파르타인들을 다시 한 번 단결시키는 결과를 초래했다. 그리스의 내분을 끝낼 수도 있었던 기회는 내분이 악화되는 결과만을 초래했고, 테바이의 융성은 그리스가 자기 파괴의 구렁텅이로 빠지는 또 다른 무대가 되었을 뿐이다.

그러나 에파메이논다스는 마지막 유산을 남겼다. 펠로피다스가 인질로 테바이에 데려온 마케도니아 왕자는 혁명적인 군사 전략과 훈련술을 교육받았다. 그는 다름 아닌 알렉산드로스였다. 이후 몇 년 만에 알렉산드로스는 아버지 필립 II세와 함께 카이로네이아로 진격해 그리스 폴리스들을 격파하면서 자신이 쌓은 경험을 멋지게 발휘할 기회를 잡을 수 있었다. 그는 전쟁뿐 아니라 그리스 세계 전체를 바꿔놓았다.

§ 리시아스(기원전 445년경~기원전 380년경), 웅변가, 연설문 작가

민주주의자나 과두정치가로 타고난 사람은 아무도 없다는 것을 기억하라. 사람들은 자신에게 제일 이득이 되는 체제를 선호할 뿐이다.
— 리시아스, 《민주주의에 반역한 자들을 위한 변론Defence Against a Charge of Subverting the Democracy》, 8

기원전 5세기 후반~4세기 초반의 급변하는 현실은 폴리스뿐 아니라 개인에게도 지대한 영향을 미쳤다. 개인에게 지대한 영향을 미친 실례로 리시아스를 주목할 수 있다. 부유한 시라쿠사이인이었던 그의 아버지 케팔로스는 기원전 450년대 아테나이의 일등 시민 **페리클레스**의 초청을 받아 아테나이에 정착했다. 그는 리시아스를 포함해 네 명의 아들을 낳았고 그의 가족은 메틱들로 구성된 다양한 공동체의 일부였다. 메틱들은 투표권은 없었으나 시민의 일원이나 다름없는 존재로 원활한 경제 흐름에 크게 이바지했다. 리시아스의 가문이 소중히 여긴 친구들로는 **소포클레스, 소크라테스** 및 **니키아스** 장군의 아들 **니케라토스**를 꼽을 수 있다. 열다섯 살의 나이에 아버지를 잃은 리시아스는 맏형 폴레마르코스와 함께 유산 문제를 정리하기 위해 서쪽으로 향했고, 마침내 새로운 아테나이의 식민지 투리오이에 정착했다.

남부 이탈리아는 운 좋게도 펠로폰네소스 전쟁에서 자유로웠다. 그러나 기원전 413년,

기원전 4세기경 그리스의 리시아스 흉상을 본뜬
로마의 흉상은 마치 인생의 마지막을 준비하는
연설가를 묘사한 듯한 느낌이다.

시칠리아에서 아테나이가 패배하면서 분위기가 달라졌고 아테나이에 남달리 우호적이던 리시아스와 폴레마르코스는 이듬해 투리오이를 떠나 아테나이로 돌아갔다. 그들이 정착한 페이라이에우스는 돈에 약삭빠른 상인들이 넘쳐나는 곳이었다. 두 사람은 여기에서 군수공장을 세웠고, 공장에서는 늘 일감이 끊이지 않았다. 공장이 가장 열심히 돌아갈 때에는 120명의 숙련된 노예들이 방패를 제작하는 광경을 볼 수 있었고 두 형제는 목돈을 만질 수 있었다.

그러나 기원전 404년에 아테나이가 스파르타에 무릎을 꿇으면서 리시아스의 인생도 뒤바뀌었다. 30인의 참주를 차지하려는 탐욕을 품은 사람들이 생겨나면서 그들이 작성한 첫 번째 살생부가 세상에 등장했다. 이 살생부에는 새로운 정치 체제에 적대적인 부유한 메틱 10명의 이름이 포함되어 있었다. 리시아스와 폴레마르코스 또한 목록에 포함되었다. 어느 날 저녁 늦게 30인의 참주를 대표하는 자들이 리시아스의 집을 찾아 문을 두드렸다. 리시아스는 저녁 손님들을 서둘러 돌려보내고 무장 병사들에게는 공장으로 가 있으라 명령했다. 그는 참주들을 지휘했던 파이슨에게 은으로 만든 탈란톤을 뇌물로 바쳤다. 그 가치는 최고의 장인이 9년에 걸쳐 벌 수 있는 돈과 맞먹었다. 욕심이 발동한 파이슨은 리시아스의 금고에도 손을 뻗쳤다. 이 금고에는 3탈란톤, 400스타터(2탈란톤과 동일한 가치를 지니고 있었다), 100다릭(2분의 1 탈란톤에 조금 못 미치는 액수였다), 은으로 만든 잔 네 개가 들어 있었다. 리시아스가 불만을 표시하자 파이슨은 살아 있는 것을 감사하게 여기라고 말한 다음, 그의 팔을 잡고 그가 최근까지 친구로 지내던 담니포스의 집으로 데려갔다. 대문에 경비병이 있다는 사실을 안 리시아스는 죽음이 두려워 건물 안으로 기어 들어간 다음 뒷문으로 탈출했다. 그는 짧은 바다 여행을 거친 끝에 메가라에 도착과 동시에 맏형 폴레마르코스가 죽었다는 소식을 전해 받았다. 그는 영장도 없이 체포되어 사약을 선고받았다. 설상가상으로 시신을 고향에 묻는 것조차 허락되지 않아 가족들은 헛간을 빌려 애도의 장소로 삼아야 했다. 집 세 채, 금은보화, 가구, 공장에 쌓여 있던 방패 700개와 공장의 노예 등 모든 형제들의 재산은 몰수되었다. 폴레마르코스의 아내는 혼수로 가져온 금귀걸이를 귀에 찬 채로 찢기는 봉변을 겪었다.

도피 중이던 리시아스는 30인의 참주를 끌어내리는 데 일조했다. 과거에 반대편에게 방패 200개와 군자금을 제공했던 그는 다시 한 번 300인의 병력을 후원했다. 그는 기원전 403년 민주정체의 부활과 더불어 아테나이로 금의환향했다. 해방운동의 지도자였던 트라시불로스는 감사한 마음으로 그에게 시민권을 부여했다. 불레는 이러한 조치에 대한 재가를 거부했으나 일련의 일들로 인해 자신감을 찾은 리시아스는 이에 굴하지 않고 시민의 삶에 뛰어들었다. 그는 어릴 때부터 수사학을 공부했고 충분히 갖춘 법률 지식을 30인의 참주 가운데 살아남은 에라토스테네스를 기소하는 데 활용했다. 연단에 선 그는 에라토스테네스를 맹비난했다. 그는 자신이 아픈 경험을 이야기하며 에라토스테네스가 행한 잔혹한 행위를 생생히 고발했다. 또한 법정에서 사형을 구형하며 30인의 참주 체제가 얼마나 큰 혐오의 대상인지를 보여 달라고 요구했다. 안타깝게도 어떤 평결이 나왔는지는 전해지지 않고 있으나, 날로 쌓여가는 리시아스의 경력에서 그러한 정도는 아무런 문제가 되지 않았다. 그는 자신의 존재를 톡톡히 각인시켰다.

국제적 분쟁이 날로 늘어가면서 아테나이 시민들의 송사 또한 늘어갔다. 아테나이인들이 법정에 갈 일이 많아지면서 전문적인 연설문 작가 및 로고그라포이에게 의지하는 일 또한 많아졌다. 로고그라포이들은 그들의 주장을 법정에 납득시키도록 정리하는 역할을 수행했다. 연설문 작가와 로고그라포이는 많은 돈을 벌 수 있었고 리시아스는 이들을 대표했다. 20년 넘게 고소인과 기소를 당한 피고인들은 반역죄, 장애를 가장한 연금사기, 자해를 시도하거나 올리브나무를 고의로 뽑는 등의 보험사기 사건에서 스스로를 변호하기 위해 그의 연설문을 연습했다. 리시아스는 30인의 참주들에게 많은 재산을 빼앗겼으나 금세 다시 회복할 수 있었다.

리시아스는 법정 밖에서도 역사에 남을 두 번의 연설을 성공리에 마쳤다. 기원전 392년, 코린토스 전쟁이 한창일 무렵 그는 아테나이의 전사자들을 기릴 추도 연설을 하기로 계획되었다. 해마다 개최되는 행사의 연사로 나선 그는 페리클레스와 마찬가지로 전사자들을 영웅으로 칭송하며 '모든 곳, 모든 땅에서 우리의 적들은 그들의 죽음을 애도할 것입니다. 우리 아테나이인들의 업적에 경의를 표하며…모두가 그들에 필적할 영광을 희구하는 한 이들에 대한 기억은 사라지지 않을 것입니다'라고 부르짖었다. 연설의 핵심에는 엄중한 경고가 담겨 있었다. 그는 아테나이의 신화 속 영광(아마존에 대한 승리)에서 시작해 영웅적인 역사(페르시아에 대한 승리)를 거쳐 최근의 업적까지(30인의 참주를 폐위시키고 코린토스 전쟁을 시작한 최근의 사건들)를 아우르면서 이렇게 애도했다. "이러한 사나이들을 잃다니, 그리스여, 얼마나 애통한가, 페르시아의 황제여, 그들과 싸우지 않았던 것이 얼마나 다행스러운가!" 기원전 388년, 리시아스가 올림픽 경기에서 연설한 연설문에도 강력한 주변국들의 공격에 취약했던 그리스에 대한 경고가 담겨 있었다. 그는 청중들에게 다음과 같은 사항을 주지시켰다.

> 페르시아 황제는 우리의 물주다. 그리스는 그의 돈을 소비하는 자들에게 예속되어 있다. 페르시아 황제는 많은 함선을 보유하고 있다. 시칠리아의 참주(디오니시오스 I세)도 마찬가지다. 우리는 싸움을 중지하고 우리의 생존을 위해 단합해야 한다!

연설은 곧바로 효과를 발휘했다. 군중들은 우르르 몰려가 디오니시오스의 사절이 설치한 금박 원단으로 만든 오색 텐트를 걷어치우려 몰려들었다. 그러나 그리스의 내분은 여전히 지속되었다.

리시아스의 간결한 문체는 생전에도, 사후에도 동경의 대상이었고 그의 연설은 그리스 문학 가운데 가장 훌륭한 작품으로 연구되고 있다. 그러나 아테나이인들은 대부분 이러한 작품들을 개인적 이익을 위해 사용했다. 다음 세대에 활동했던 데모스테네스는 마케도니아의 위협으로부터 아테나이만이 아닌 그리스 전체를 구하기 위한 필사적인 노력으로(오판이었다 할지라도) 열정이 넘치는 연설을 폭풍과 같이 쏟아냈다.

§ 데모스테네스(기원전 384년~기원전 322년), 웅변가, 정치가

데모스테네스, 그대의 힘이 그대의 지혜에 필적했다면, 그리스가 아레스와도 같은 마케도니아에게 무릎 꿇지 않았을 것이오.
— 데모스테네스의 묘비(자작한 것으로 전해진다),
플루타르코스, 《데모스테네스의 인생Life of Demosthenes》, 30

데모스테네스의 아버지는 **리시아스**와 마찬가지로 부유한 군수사업자였다. 그러나 데모스데네스가 겨우 일곱 살 되던 해 세상을 떠났고 무려 14탈란톤에 이르는 엄청난 재산을 물려주었다. 그러나 호위병들이 모든 재산을 빼돌려 아들은 땡전 한 푼 구경 못하는 신세가 되고 말았다. 기원전 366년, 그는 성인이 되면서 그들을 고발했다. 전문적인 법률 대리인(당시 법정 분쟁에 휘말린 많은 아테나이인들은 전문적인 법률 대리인에게 의지했다)을 고용할 돈이 없었던 그는 스스로를 대변하기로 마음먹고 연설을 연습했다. 그는 자세가 어설플 뿐 아니라 언어장애 탓에 의사를 조리 있게 전달하지 못했다. 어디를 보아도 재능과는 거리가 멀어 보였으나 굳센 의지로 한계를 극복하려 했다.

웅변가 이사이오스와 배우 사티로스로부터 무료로 사사받은 그는 해변에서 입에 자갈을 물고 발음과 화법을 교정하는 한편, 집에서는 거울을 보고 동작을 연습했다. 재판은 계속되었고, 재판이 끝날 때까지 데모스테네스는 총 다섯 번의 연설을 펼쳤다. 각 연설이 끝날 때마다 더욱 자신감이 붙었다. 법정은 그의 승소를 선언했으나 무늬뿐인 승소에 불과했다. 호위병들은 이미 재산을 탕진한 터라 그에게 한 푼도 돌려줄 수 없었다. 그러나 한 가지 위안거리는 있었다. 페이라이에우스의 길거리에서 한 노인이 그에게 다가와 이렇게 말했다. '연설하는 자네를 보니 마치 **페리클레스**가 환생한 것 같더군.' 이러한 칭찬은 데모스테네스의 인생을 바꾸는 계기가 되기에 충분했다.

성취에 고무된 데모스테네스는 로고그라포스로 일하기 시작했다. 그는 부유한 고객들을 상대로 연설문을 작성해 주면서 많은 돈을 벌 수 있었다. 벌이만 좋다면 더운 밥, 찬밥을 가리지 않았다. 실제로 그는 동일한 소송에서 원고와 피고의 연설문을 동시에 작성해준 적도 있었다. 3년 만에 그는 국가이 트리에레스 건조를 후원할 수 있을 정도로 많은 돈을 모을 수 있었다. 그로부터 다시 3년이 지난 기원전 360년에는 스스로 한 척을 건조할 수 있을 정도로 재산이 늘어났다. 그러나 데모스테네스가 아테나이에서 부를 축적하고 있을 무렵, 마케도니아에서는 그의 재산을 소모하게 만들 사태들이 벌어지고 있었다.

기원전 359년, 필립 II세는 전사한 형의 뒤를 이어 마케도니아의 왕좌를 차지했다. 그는 테바이에서 인질로 잡혀 있을 당시 **에파메이논다스**로부터 배운 군사 훈련술을 활용해 마케도니아 군대를 정비했다. 그는 '동반자'라 불리던 특수 기병대를 창건하고 보병대를 5.5미터에 이르는 긴 창sarissai으로 무장시켰다. 그 결과 그는 연전연승을 거듭할 수 있었다. 우선 마케도니아의 국경을 오랜 기간 위협해 왔던 산 속의 종족들을 물리친 다음, 암피폴리스와 같은 북부 그리스 도시국가들을 상대로 승리했다. 곧 그는 트라케의 황금 광산을 손에 넣었고, 기원전 356년에는 올림픽 기마 경주에서의 우승과 더불어 아들 **알렉산드로스 III세**를 출산하는 기쁨을 누렸다. 4년 후 필립은 테르모필라이 이북 대부분을 손에 넣었으나 남쪽에서는 끊임없는 분쟁이 계속되었다. 잠시 융성했던 테바이가 만티네이아에서 무너지면서 테바이와 인접한 포키스가 그리스 중앙의 패권을 차지하려 들었다. 한편 펠로폰네소스 반도의 폴리스들은 틈만 나면 분쟁을 일으켰으나 의미 없는 몸부림에 불과했다. 필립은 이때를 놓치지 않고 마르마라의 해변에 자리 잡은 도시국가들을 향해 진군했다. 커져 가는 그의 영향력을 경계한 이는 오직 데모스테네스뿐이었다.

총 일곱 번에 이르는 열정적인 연설(필리픽스와 올린티악스)을 통해 데모스테네스는 필립에 대한 열화와 같은 독설을 퍼부었다. 데모스테네스는 그를 권력에 굶주린 독재자이자 그리스 전체, 특히 아테나이를 노리는 야만인으로 묘사했다. 청중들은 처음에는 별 감흥을 받지 못했다. 그러나 필립이 케르소네소스에 소재한 아테나이의 동맹국 올린토스를 공격하자 데모스테네스의 독설에 관심을 기울이고 전쟁에 나섰다. 그러나 처음부터 실패할 운명이었다. 올린토스는 기원전 348년에 패망했다. 아테나이에서는 데모스테네스가 디오니시아를 주재하러 극장에 들어갔을 때, 중재파에 속하던 메이디아스가 데모스테네스의 얼굴을 때리면서 아이스키네스가 이끄는 비둘기파와 매파 사이에 긴장이 고조되고 있었다. 데모스테네스는 쾌재를 불렀다. 메이디아스는 부유한 사람이었다. 그에게 죄를 묻는다면 명성뿐 아니라 재산에도 상당한 손실을 입힐 수 있었다. 그러나 법정까지 가지는 않고 상당한 수준으로 협상을 마무리한 다음 준비했던 연설문을 글로만 출판했다.

그러나 데모스테네스는 필립과 타협할 생각이 없었다. 기원전 347년, 그는 마케도니아와의 평화 협상을 추진하기 위한 대표로 선임되었으나 있는 힘을 다해 진행을 방해했고 아테나이로 돌아와 의회의 아이스키네스 패들을 반역자라고 비난했다. 얼마 후 필립은 테르모필라이를 횡단해 남쪽으로 진군하며 10년간 지속되던 전쟁에 개입해 포키스를 무찔렀다. 이후 그는 자신이 직접 저명한 델포이의 피티아 경기를 주재하겠노라고 선언했다. 데모스테네스는 부지런히 아테나이 전역에 공포를 주입했다. 그러나 아테나이가 전쟁을 선포해야 한다는 주장이 회자되자 그는 재빨리 몸을 사렸다. 필립이 북쪽으로 돌아가자 데모스테네

장 줄스 앙트안 레콤테 두 누이(서기 1900년경)가
그린 그림에서 데모스테네스는 바람이 쓸고 간
아테나이 인근의 해변에서 열변을 토하며 웅변술을
연마하고 있다.

스는 다시 태도를 바꿔 평화론을 펼쳤던 자들을 비난하는 동시에 펠로폰네소스를 돌아다니며 동맹을 규합하고 아테나이 해군을 개혁했다. 또한 기원전 341년에는 비잔티온을 수복하는 전략을 성공리에 수행해 아테나이의 식량 보급로를 무사히 확보할 수 있었다.

훗날 데모스테네스는 마케도니아에 대한 적개심을 심은 대가로 페르시아로부터 섭섭지 않은 보상을 받은 것으로 드러났다. 마케도니아인들은 아테나이를 해칠 의도를 전혀 보이지 않았는데도 데모스테네스가 마케도니아에게 적대적인 태도를 보인 이유가 바로 여기에 있었던 것이다. 데모스테네스는 필립이 새로 취득한 영토에서조차 반란을 조장하고 있었다. 필립은 이러한 사태를 그냥 보고 있을 수 없었다. 기원전 338년 그는 카이로네이아를 향해 남쪽으로 진군했다. 여기에서 그는 테바이, 코린토스, 아카이아, 포키스, 아테나이(데모스테네스 또한 중장 보병으로 참가했다)로 구성된 그리스 연합군과 마주쳤다. 전투의 결과는 일방적이었다. 필립의 기병대가 테바이의 성스러운 부대를 학살하는 동안 그의 보병대는 나머지 적들을 패퇴시켰다. 쉽게 피할 수 있었던 분쟁이었으나 데모스테네스 한 사람 때문에 수많은 시민들이 목숨을 잃게 되었다. 그러나 정작 데모스테네스 자신은 살아남았다. 오히려 그는 방패를 던져버리고 공포에 질린 병사들 속에 묻혀 달아났다. 연단에서 보여준 넘치는 용기를 전장에서는 도무지 찾아볼 수 없었다.

이후 필립은 아테나이를 너그럽게 다루었고 대가 없이 포로를 석방하는 동시에 평화를 보장했다. 이와 동시에 그는 복속한 그리스 폴리스들을 하나의 동맹으로 끌어모아 공통의 목표를 제시했다. 그는 페르시아를 침략해 이오니아를 되찾자는 이러한 목표가 모든 그리스인들의 환영을 받을 것이라 기대했다. 기원전 386년, 코린토스 전쟁의 말미에 이오니아는 페르시아의 손에 넘어갔다. 무책임하고 겁쟁이 같은 모습에도 불구하고 아테나이는 데모스테네스에게 전사자에 대한 추도 연설을 맡겼다. 2년 후 필립이 암살당했다는 소식이 전해지자 데모스테네스는 유명세를 등에 업고 터무니없는 환호를 선동했다. 1주일 전에 세상을 떠난 딸을 애도하는 기간이었는데도 그는 필립 왕의 죽음에 대한 감사의 표시로 흰색 로브를 입고 머리에 화관을 썼다. 그리스는 독립에 목마르면서도 쉽사리 행동을 개시하지 못하고 있었다. 그러나 데모스테네스는 재빨리 반란을 선동했다. 필립 왕이 죽은 이듬해, 그는 피투성이가 된 '전달자'를 만들어 알렉산드로스 또한 사망했다는 소식을 공표했다. 그러나 가장 먼저 반란을 일으켰던 테바이인들은 이러한 소문이 거짓이라는 사실을 금세 간파했다. 몇 주 만에 아테나이를 점령한 알렉산드로스는 도시를 닥치는 대로 때려 부수고 6천명의 목숨을 빼앗았다. 처음에 그는 데모스테네스를 죽일 생각이었으나 변론을 듣고 나서 살려주기로 마음먹었다.

그때부터 데모스테네스는 알렉산드로스가 페르시아로 멀리 원정을 떠난 중에도 적대감을 드러내지 않으려 조심했다. 기원전 324년, 반란의 기운이 그리스 본토를 휩쓸면서 그는 또 한 번 분란의 중심에 섰다. 이번에도 돈이 문제였다. 알렉산드로스의 금고를 담당했던 하르팔로스는 횡령을 저지른 죄로 도망을 다니다 아테나이로 흘러 들어왔다. 의심의 눈초리를 거두지 못한 데모스테네스는 그를 받아들이지 말라고 촉구했으나 20탈란톤 상당의 은잔을 뇌물로 받은 다음 언제 그랬냐는 듯 태도를 바꾸며 하르팔로스가 파르테논 금고에 맡겨 놓은 700탈란톤의 권리 가운데 일부를 보장받았다. 그러나 얼마 안 가 하르팔로스는 크레테에서 살해당했고 돈을 세어 보니 절반이 사라져 있었다. 기소를 면치 못한 데모스테네스는 벌금뿐 아니라 감옥 신세까지 지게 되었다. 그는 간수에게 뇌물을 먹여 탈출한 다음 도피 생활을 시작했다. 그러나 몇 달 만에 그는 운명이 바뀌게 된다. 기원전 323년, 알렉산드로스가 바빌론에서 사망하자 아테나이는 그를 다시 불러들여 벌금을 취소하는 은혜를 내렸다. 도피 생활 중 그가 아테나이를 열렬히 찬양하고 다녔다는 이유에서였다. 다시 한 번 그는 마케도니아와의 전쟁을 종용했다. 그리스는 또 다른 도전에 맞닥뜨렸다. 기원전 322년, 크라논 전투에서 잘못된 지휘를 받은 그리스군은 패배를 면치 못했다. 당시 그리스를 다스리던 마케도니아의 안티파트로스는 아테나이에 도착하자마자 데모스테네스의 사형을 요구했다. 데모스테네스는 다시 도주해 포로스 섬의 포세이돈 사원에 숨어 있다가 발각되었다. 그는 가족에게 마지막 편지를 쓰게 해 달라고 부탁했고 편지를 쓰던 중 펜 끝의 독을 빨아 먹었다. 그는 죽기 전에 간신히 밖으로 빠져 나와 유언을 남기고 쓰러졌다.

데모스테네스는 오늘날에도 과거와 마찬가지로 강력한 주장과 뛰어난 화법을 높이 평가받고 있다. 데모스테네스의 공격 탓에 그의 라이벌 아이스키네스는 경멸의 대명사이자, 로도스에서 수사학을 가르치며 생을 마감한 '3류 배우로 전락한 정치인'으로 취급받고 있다. 그러나 아이스키네스의 유화책 덕분에 아테나이는 영광의 흔적을 상당 부분 보존할 수 있었던 것은 사실이다. 반면 데모스테네스는 사라진 과거의 영광과 자신이 이를 회복할 수 있다는 과대망상(그는 자신을 제2의 페리클레스라고 생각했다)에 돈키호테식으로 집착해 아테나이를 패망시키고, 수많은 시민들을 죽게 만들고, 동맹국 테바이마저 완전히 초토화시키는 결과를 초래했다. 데모스테네스는 자신의 달변에 스스로 도취되었고 돈에 매수되면서 자신이 뱉은 말의 현실성을 진지하게 고려하지 않았고 현실로 닥친 결과에 맞설 용기도 없었다. 그러나 어쨌건 그는 당대의 아테나이를 대표하는 인물이었다. 철학자 테오프라스토스가 간결히 묘사한 것처럼 데모스테네스는 아테나이만큼 가치가 있는 웅변가였다. 실제로 기원전 4세기 중반, 철학자들은 참주와 왕들의 궁전에서 정치인들보다도 더 큰 영향력을 행사할 수 있었다. 이들 가운데 가장 유명한 철학자는 플라톤과 **아리스토텔레스**였다.

플라톤(왼쪽에서 세 번째)이 아카데미에서 철학자와 웅변가들과 토론하고 있다. 왼쪽에서 두 번째 인물이 리시아스일 것이라 추정된다. 이 모자이크는 폼페이에서 1세기경에 제작되었다.

§ 플라톤(기원전 427년경~기원전 348년/347년), 철학자

키케로는…플라톤의 대화를 즐겼다. 만일 주피터가 말을 했다면 이와 같은 화법을 취했을 것이다.

— 플루타르코스, 《키케로의 인생Life of Cicero》, 24

플라톤은 아테나이의 대표적인 귀족 가문에서 태어났다. 그의 아버지는 전설의 왕 코드로스가 조상이었고, 어머니는 입법가 솔론의 후손이었다. 그는 통치가 자신들의 타고난 권리라고 열렬히 믿는 사람들 속에서 어린 시절을 보냈다. 기원전 404년, 30인의 참주는 플라톤의 친척 가운데 두 명이 그들에 속해 있다고 자랑했다. 한 명은 플라톤의 삼촌 카르미데스, 다른 한 명은 어머니의 사촌 크리티아스였다. 크리티아스는 광포한 성격으로 악명이 높았다. 처음에 플라톤은 그들을 지원했으나 그들의 상식을 넘는 행동이 과해지면서 생각을 바꾸게 된다. 플라톤은 30인의 참주가 **소크라테스**를 엮으려 시도하는 것을 보고 극도의 거부감이 솟아올랐다. 플라톤은 지금껏 소크라테스의 영향을 받아왔고 이러한 영향에 따라 자신의 인생뿐 아니라 서양의 사상을 바꾸는 사유를 시작하고 있었기 때문이다.

플라톤은 자신의 별명을 넓은 이마와 어깨에서 따왔다(platon은 '넓은'이란 뜻이다). 젊은 시절, 그는 육상과 예술에 뛰어난 재능을 보였다. 그는 레슬링에서 우승했을 뿐 아니라 시인 및 극작가로서 명성을 날렸다. 기원전 407년 무렵, 20세의 청년이었던 플라톤은 디오니시아를 위한 극본을 제출하려는 순간 극장 밖에서 토론을 벌이고 있는 소크라테스의 언변을 들었다. 소크라테스의 대화를 들은 플라톤의 마음속에 존경심이 불타올랐다. 그는 원고를 단숨에 불태운 다음, 소크라테스의 가장 열정적인 제자가 되었다. 기원전 399년, 30인의 참주의 극악무도함이 절정에 달해 소크라테스가 처형당했다. 이 사태를 보고 경악을 금치 못했던 플라톤은 위험하리만치 변화무쌍한 세상에서 정의와 항구성의 관념을 제시하기 위해 궁극적 진리를 탐구했다. 소크라테스, **피타고라스**, 기타 철학자들의 가르침에 푹 빠진 플라톤은 그의 신념의 체계를 다듬어 가기 시작했다. 그는 학생들을 모아 체육관과 집 근처의 '아카데모스의 숲'(아카데미)에서 세미나를 열었다. 그리고 현란한 논문을 통해 자신이 고안한 사상을 전파했다.

기원전 388년, 40세가 된 플라톤은 배를 타고 시라쿠사이로 떠나 디오니시오스 I세의 왕궁에 다다랐다. 플라톤은 디오니시오스 I세와는 사이가 나빴으나, 디오니시오스 I세의 의동생 디온과는 끈끈한 친분을 유지했다. 21년 후, 디오니시오스가 죽고 나서 디온은 플라톤에게 시라쿠사이로 돌아와 새로운 통치자 디오니시오스 II세를 참된 철학자로 가르치라고 종용했다. 처음에 젊은 참주는 기꺼이 의지를 보였으나 플라톤이 그에게 기하학을 가르치려 들자 그와 신하들은 흥미를 잃고 말았다. 공교롭게도 이와 동시에 디온은 배신의 누명을 뒤집어쓰고 추방당했다. 환멸을 느낀 플라톤은 배를 타고 고향으로 돌아갔다.

이상주의가 경험을 압도하는 분위기가 지속되었다. 기원전 361년, 플라톤은 디온의 사면을 믿고 그를 데려오기 위해 특별히 준비된 트리에레스를 타고 시칠리아로 돌아갔다. 그는 디오니시오스에게 보낸 편지에서 그가 결코 문자로 남기려 들지 않았던 사상을 그에게만 따로 공개했다. 디오니시오스는 이러한 사상을 이해했다고 우겼으나 그의 행동을 보면 그렇지 않다는 것을 잘 알 수 있었다. 그는 시라쿠사이의 부름을 받은 이유가 그저 디오니시오스 체제의 사상적 기반을 보완하기 위한 목적이었다는 사실을 깨닫고 나서 디오니시오스에게 떠나겠다는 의사를 표시했다. 그러나 디오니시오스는 그가 떠나는 것을 허락하지 않았고 그는 왕궁의 뜰에 포로로 잡힌 것이나 다름없는 신세가 되고 말았다. 디오니시오스의 피해망상이 심해지면서 시라쿠사이의 상황 또한 점점 악화되었다. 불만이 쌓인 용병들은 플라톤에 대한 불신을 품고 그를 살해할 계획을 세웠다. 정신없이 플라톤은 타라스에 있는 친구들에게 도움의 손길을 요청했고 그들은 배를 보내 플라톤을 구조하려 들었다.

플라톤의 가르침을 거부한 것은 디오니시오스뿐만이 아니었다. 기원전 357년, 디온은 시라쿠사이를 점령했다. 정의롭고 공평한 정책을 펼치는 대신 그는 공포정치를 선택했다. 의 아하게도 플라톤의 심기를 가장 거슬렸던 것은 디온의 행동보다는 두 남자의 개인적인 대화를 기록한 디오니시오스의 책 한 권이었다. 디오니시오스가 출판한 이 책은 언어라는 것이 얼마나 왜곡될 수 있는지를 여실히 보여주고 있었다. 플라톤은 언어의 모호한 속성을 깊이 불신했다. 그는 가능한 모든 어순을 시도하며 《국가Republic》를 시작하는 문장을 오래도록 고민했고('어제 나는 아리스톤의 아들 글라우콘과 함께 페이라이에우스로 내려가 여신에게 기도를 바쳤고 이와 동시에 그들이 방금 개최한 축제를 어떻게 펼쳐내는지 보고 싶었다'), 일부러 자신의 모든 신념을 문자로 남기지 않았다. 대신 그는 수학이 우주의 비밀을 담고 있다고 믿으며 수학 속에서 꾸준히 진리를 찾으려 했다. 그의 사상은 날이 갈수록 난해해져 말년의 강론은 이해하기가 불가능하다고 생각될 정도였다. 그는 말년에 궁극적 정의나 미덕이 '하나', '일체성', 궁극적 '이상'의 관념으로 구현되며, 다른 모든 것들은 이들로부터 파생되어 무질서하게 규정되었다고 생각했다. 아마도 이는 그가 펼친 '문자화되지 않은 원칙' 또는 가장 믿는 제자들에게만 구두로 가르쳤던 신비로운 가르침이었을 것이다.

기원전 348년 또는 기원전 347년에 플라톤이 사망한 이후, 그의 조카 스페우시포스가 아카데미의 수장을 맡았다. 플라톤의 철학을 배우려는 사람들이 꾸준히 생겨나면서 그의 사상은 그리스 전역에 전파될 수 있었다. 이러한 제자들 가운데 가장 돋보이는 인물 하나가 있었다. 왕을 가르쳤을 뿐 아니라 형이상학과 물리적 세상의 질서를 심도 있게 탐구해 그리스에서의 혼돈의 삶을 이해하려 노력한 아리스토텔레스였다.

§ 아리스토텔레스(기원전 384년경~기원전 322년), 철학자

> 키케로는 아리스토텔레스를 '금이 떠내려가는 강'이라 불렀다.
> ─ 플루타르코스, 《키케로의 인생》, 24

어릴 적부터 아리스토텔레스는 정치학과 과학에 친숙했다. 이 두 분야는 얼마 가지 않아 인지하기 어려울 정도로 변형되는데 정치학은 그의 제자에 의해, 과학은 아리스토텔레스 자신에 의해 그러한 변형을 겪었다. 북서부에 자리 잡은 케르소네소스의 스타게이라에서 태어난 그는 유년기를 마케도니아의 수도 펠라에서 보냈던 것으로 추정된다. 여기에서 그의 아버지 니코마코스는 아민타스 III세의 궁중의로 일했다. 이후 왕위에 올랐던 필립 II세는 그보다 조금 어린 나이였던 것으로 알려져 있다. 기원전 369년, 아민타스가 세상을 떠나면서 필립은 남쪽의 테바이에 인질로 잡혀가게 된다. 2년 후, 아리스토텔레스 또한 17세의 나이에 아테나이로 가기 위해 왕궁을 떠났다. 그는 아테나이에서 아카데미에 들어가 플라톤을 만났다. 그는 어디에 가도 돋보이는 근육질 스승과는 정반대의 초라한 외모의 소유자였다. 눈은 작고, 다리는 짓가락 같고, 일찍부터 대머리가 된 그는 몇 가닥 안 되는 머리카락을 빗

기원전 4세기의 유명 예술가 리시포스의
구리 흉상을 본뜬 이 대리석 흉상은
아리스토텔레스를 묘사하고 있다.
아리스토텔레스와 동시대를 살았던 사람들은
아리스토텔레스가 눈이 작은 데다,
젊어서부터 대머리가 되었다고 말한다.

어 넘기고 옷에도 신경을 쓰는 한편, 화려한 보석으로 치장했다.

아리스토텔레스는 20년간 아테나이에 머물렀다. 처음에는 스승보다는 스타 제자로서의 이미지를 굳혔다. 그는 스승으로부터 영향을 받아 세상을 보는 시각을 형성했다. **플라톤**이 이론적인 관념에 심취했던 반면, 아리스토텔레스는 세상을 제대로 이해하려면 이성적으로 사고하고 물리적 세상을 세심히 관찰해야 한다고 말했다. 또한 그는 대자연과 인간의 행동을 이해하려면 자료를 구조적으로 분류하고 분석해야 한다고 생각했다. 기원전 348년/347년에 아리스토텔레스는 아테나이를 떠나(마케도니아에 대항하라는 **데모스테네스**의 폭발적인 연설에 마음이 움직였다) 트로아스의 아소스에 당도했다. 그는 여기에서 내시이자 노예였고 한때 아카데미에서 수학했던 헤르미아스 왕의 후원을 받았다. 헤르미아스 왕은 스스로 철인 정치의 꿈을 실현하려 했다. 아리스토텔레스는 친구이자 동료인 테오프라스토스와 함께 이곳뿐 아니라 레스보스의 좁다란 해협 저편을 섭렵하며 바다와 땅의 생명체를 연구했다. 또한 그는 헤르미아스의 조카 피티아스와 연애 결혼에 성공하면서 자신의 인생을 한 편의 완벽한 목가시로 만들었다. 몇 년 뒤 헤르미아스가 페르시아로부터 배신당해 세상을 떠나면서 아리스토텔레스는 델포이에 친구의 조각상을 건립하고 그를 기리기 위해 시를 지었다. 이 시는 불멸의 명성을 남긴 헤르미아스를 아킬레우스에 비유하고 있었다.

기원전 343년/342년 겨울, 아리스토텔레스는 펠라로 소환되어 필립 II세의 아들 **알렉산**

테오프라스토스와 성격 연구

테오프라스토스의 원래 이름은 티르타모스다. 아리스토텔레스가 플라톤의 아카데미에서 같이 수학할 때 그의 별명('신과 같은 웅변가')을 지어준 것으로 추정된다. 훗날, 테오프라스토스는 자신의 고향 레스보스에서 아리스토텔레스와 함께 식물학을 연구해 유례없는 학문적 성과를 올리게 된다. 그는 아테나이에 자리 잡은 아리스토텔레스의 리케이온에서 후학을 가르치는 한편, 아리스토텔레스가 죽은 이후 리케이온의 수장 자리를 물려받았다. 탁월한 과학자이자 철학자였던 그는 식물학, 물리학, 윤리학, 형이상학을 비롯해 다양한 암석과 인간의 감각까지 연구의 주제로 삼았다. 그러나 그의 이름을 들으면 무엇보다도 《성격Characters》이라는 책이 떠오른다.

이 책은 아마도 오늘날 전해지지 않는 윤리학에 대한 보조자료였을 것으로 추정되며, 일반적인 인간의 성격 삼십 가지를 대략적으로 묘사하고 있다. 대부분은 천박한 사람, 미신을 믿는 사람, 헛소문을 퍼뜨리는 사람, 잘난 체 하는 사람 등 썩 유쾌하지 않은 내용이지만 전반적인 내용에서 기지와 유머가 엿보이며 동시대인들의 삶을 파악할 수 있는 귀중한 자료인 것만은 분명하다. 테오프라스토스의 연구는 인간성에 대한 지대한 관심을 반영하고 있으며, 이러한 관심은 그의 제자 메난드로스의 희극에서도 여실히 드러나고 있다.

드로스 III세의 가정교사를 맡았다. 누구나 탐낼 법한 이 자리는 플라톤도 잡지 못했던 성공의 기회이자 이상적인 지도자를 자신의 손으로 만들 수 있는 기회였다. 그는 왕궁에서 멀리 떨어진 잔잔한 미에자(마케도니아의 마을 이름–옮긴이)로 왕사와 친구들을 네리가 딤구심과 과학적 지식에 대한 열정 및 헤르미아스를 죽인 페르시아인들에 대한 증오심을 심어주었다. 그는 야만인들(페르시아인들을 의미함–옮긴이)은 본래 노예(단지 '움직이는 도구')일 뿐이며 말 못하는 짐승과 다를 바 없는 존재라고 말했다. 데모스테네스가 마케도니아인들을 야만인이라고 말했던 것을 생각하면 썩 공감되는 주장은 아니다. 기원전 336년, 필립은 그리스 본토를 정복한 다음 세상을 떠났다. 필립이 알렉산드로스에게 왕위를 물려주면서 알렉산드로스의 학습 기간은 끝난 셈이었다. 알렉산드로스가 페르시아로 진군하면서 아리스토텔레스는 아내와 어린 딸과 함께 아테나이로 돌아갔다.

아테나이의 동쪽에는 아폴로 리카이오스Lycaeus(늑대 신)의 과수원 옆으로 체육관이 자리 잡고 있었다. 그는 이 근처에 리케이온이라는 새로운 배움의 전당을 세웠다. 리케이온의 한 가운데에는 정원을 설치해 사색의 장소 겸 연구용 식물을 키우는 장소로 활용했다. 아리스토텔레스는 포장된 인도peripatos를 걸어가며 강연했고 자연스럽게 제자들에게는 소요학파 Peripatetics라는 별명이 붙게 되었다. 플라톤의 아카데미와는 달리 리케이온은 독특한 커리큘럼을 갖춘 덕에 테오프라스토스와 같은 전문가들을 초빙해 강의와 연구를 진행할 수 있었다. 마케도니아가 재정의 일부를 담당했고 알렉산드로스가 원정을 다녀올 때마다 한 번씩 유입되는 새로운 동식물 샘플을 연구하면서 명실상부하게 서양 최초의 대학으로 자리매김했다.

그러나 정치는 그들을 내버려 두지 않았다. 기원전 327년, 아리스토텔레스의 조카 칼리스테네스는 알렉산드로스의 원정에 공식적인 역사가로 대동하던 중 음모에 말려들어 처형당했다. 알렉산드로스는 아리스토텔레스가 자신의 신성을 인정하지 않는 것에 불만을 품고 그를 공모 혐의로 법정에 세우려 했다. 기원전 323년에는 아리스토텔레스가 알렉산드로스의 죽음을 공작했다는 소문마저 들렸다. 아리스토텔레스의 적들은 재빨리 행동을 개시했다. 그들은 아리스토텔레스가 헤르미아스에게 바치는 시에서 헤르미아스를 인간 이상의 존재로 찬양했다고 주장하며 신성 모독의 죄를 덮어씌웠다. 마치 소크라테스를 법정에 세웠던 죄목을 그대로 답습한 것 같았다. 그는 자신이 죽으면 아테나이가 철학을 또 한 번 모독하는 것이라 부르짖으며 어머니의 고향 에우보이아로 도망쳐 이듬해 세상을 떠났다.

아리스토텔레스의 유언에서 그의 많은 일면을 엿볼 수 있다. 그는 사랑하던 아내 피티아스(피티아스는 젊은 나이에 세상을 떠났다)의 유골을 '그녀의 바람대로' 자신의 옆에 묻어달라고 부탁했다. 또한 아내와 사별한 이후 그의 곁을 지키며 니코마코스를 낳아준 헤르필리스를 노예의 신분에서 해방시키고, 그녀가 에우보이아 정원의 게스트 하우스 또는 스타게이라에 있는 부친의 집을 가져도 좋다는 말을 남겼다. 리케이온의 수장을 승계한 테오프라스

라파엘로의 〈아테나이 학당The School Athens〉(서기 1509~1510년)에서 플라톤이 하늘을 가리키고 있다. 한편 그의 제자 아리스토텔레스는 땅을 향해 손바닥을 누르는 듯한 동작을 보이고 있다. 이러한 행동은 플라톤은 형이상학, 아리스토텔레스는 물리적 세상에 관심을 보였다는 사실을 방증한다.

토스는 아리스토텔레스의 딸의 키리오스를 맡아야 했다. 당대 최고의 석학답게 그는 모든 것을 계산에 두고 있었다.

아리스토텔레스의 천재성은 과장 자체가 불가능할 정도다. 그는 지구상에 존재한 가장 위대한 스승이자 당대의 모든 지식을 집대성한 마지막 인물로 지칭된다. 미완성임을 감안하지 않더라도 그가 남긴 문헌을 능가하는 업적이 나오기는 어려울 것 같다. 그는 정치, 윤리학, 수학, 천문학, 신학, 형이상학, 기상학, 생물학, 동물학, 식물학을 모두 다루었고 분석의 깊이 또한 심오했다. 아주 성공하지는 못했지만 그는 심지어 이러한 기법을 문학에까지 적용하려 했다. **엠페도클레스**와 플라톤과 같은 철학자들의 뒤를 이었던 아리스토텔레스는 모든 선배들을 능가했다. 천체의 크기, 천체와의 거리, 동물로서의 인간을 가르치며 아리스토텔레스는 과거 그 누구도 상상하지 못했던 세계관을 선보였다. 비록 지구중심적 우주관, 그리스의 문화적 우월성에서 벗어나지 못하고 노예 제도를 용인하는 한계를 보였던 것은 사실이나 그 누구도 후세의 철학과 과학에 그처럼 많은 공헌을 하지 못했다. 당시 지적 의문을 국가적 차원에서 지원하려는 분위기 또한 최고조에 달했다. 그의 사상은 이로써 더욱 큰 발전을 거듭할 수 있었고 그의 제자들은 열정적으로 이러한 분위기에 매진했다. 이러한 제자들 가운데 가장 유명한 인물 하나를 빼놓을 수 없다. 그의 이름은 바로 알렉산드로스였다.

Chapter 7

군주의 시대

§ 알렉산드로스 III세 (기원전 356년~기원전 323년), 왕, 정복자

알렉산드로스 대왕은 어디 있는가? 그는 지금 이 순간에도 살아서 우리를 통치한다!
— 현대 그리스 속담

기원전 4세기 초중반에는 마케도니아의 위기가 계속되고 있었다. 기원전 399년, 아르켈라오스 I세가 세상을 떠나면서 몇십 년간 극심한 내분이 계속되었다. 그러나 기원전 359년, 총명한 23세의 전략가가 처음으로 섭정을 맡은 이후 곧바로 왕에 즉위했다. 왕위에 오른 필립 II세는 군대를 정비하고 마케도니아와 반목하던 종족과 화친을 맺은 다음, 대외적 동맹을 공고히 하고 방대한 영토를 무력으로 합병했다. 기원전 356년, 그는 포티다이아 원정에서 세 가지 소식을 들었다. 그가 타던 말이 올림피아 경기에서 우승했고 그의 장군 파르메니온이 일리리아 전투에서 승리했다는 두 개의 승전보 및 아들 알렉산드로스가 태어났다는 소식이었다.

알렉산드로스는 자신의 혈통을 신과 영웅들에게서 찾았다. 그는 헤라클레스와 제우스의 피가 필립에게, 아페이로스의 공주 올림피아스와 아킬레우스의 피가 자신의 어머니에게 이어졌다고 주장했다. 마케도니아(호머 서사시에 등장한 사회와 유사한 면모를 지니고 있었다)에서는 이러한 혈연관계를 중요하게 생각했다. '늘 최고가 되어라'라는 아킬레우스의 좌우명을 차용한 알렉산드로스는 전설의 영웅과 어깨를 나란히 하려 했다.

알렉산드로스가 여덟 살이 되던 해, 한 말장수가 궁전에 찾아와 잔뜩 흥분한 흑마를 자랑했다. 아무도 이 말을 다룰 수 없었지만 어린 알렉산드로스는 자신이 실패하면 말 값을 보상해 주겠다고 약속하며 도전의 의지를 불태웠다. 말이 자신의 그림자에 놀랐다는 사실을 간파한 알렉산드로스는 말의 머리를 태양 쪽으로 돌려 안정을 찾게 한 다음 등 위에 올랐다. 알렉산드로스는 모두가 보는 앞에서 평원을 질주했고 이에 감탄한 필립 왕의 신하 코린토스의 데마라토스는 이 말을 구입해 알렉산드로스에게 선물했다. 기쁨을 참지 못한 알렉산드로스는 흰색 점에 착안해 말에게 부케팔로스(황소의 머리)라는 이름을 붙여주었다.

알렉산드로스의 어머니 올림피아스는 알렉산드로스의 유년기 교육을 맡아 디오니소스 풍의 신비주의적 신앙을 심어주었다. 그녀의 친척 레오니다스는 혹독한 체육 교육을 감독했다. 다재다능한 작곡가이자 수금에 능숙한 노래꾼이었던 알렉산드로스는 호머를 깊이 연구했고 (아마도 **에우리피데스, 헤로도토스, 크세노폰** 또한 같이 연구했다고 추정된다), 13세에는 당대 최고의 석학 **아리스토텔레스**를 가정교사로 삼는 특권을 누렸다. 이른바 미에자의 '님프의 공간'에서 알렉산드로스는 가까운 친구들의 모임에 참가해 같이 연구했다(마지못해 참가한 적도 많았다). 이들 가운데 상당수는 장군으로 발탁되었고 그가 죽을 때 제국을 차지하려 경쟁했다.

16세가 된 알렉산드로스는 체구가 큰 편이 아니었다. 그는 보통 사람들과 달리 깔끔히 면도한 외모를 유지했고 항상 무언가를 하지 못해 안달이었다. 고개를 꼿꼿이 세우고 금발 갈기머리를 왼쪽으로 빗어 넘겨 어깨까지 늘어뜨렸다. 한쪽 눈은 파랗고, 한쪽 눈은 갈색인 짝눈을 보면 그리스 전체에 뻗쳤던 그의 잔혹한 성격을 감수성이 풍부한 성격으로 착각할 수도 있었다. 그는 필립이 비잔티온 원정을 떠났을 때 임시로 통치를 맡아 마케도니아의 북방 민족 사이에서 발생한 반란을 진압하고 도시명을 알렉산드루폴레로 개명했다. 2년이 지난 기원전 338년, 그의 기병대는 카이로네이아의 전투에서 테바이의 성스러운 부대와 맞붙었다. 그 결과 반란 세력들을 와해시키고 그리스 전역에 마케도니아의 시대를 예고했다. 그

올림피아스

올림피아스의 아버지는 에페이로스의 왕 네옵톨레모스였다. 기원전 357년, 올림피아스는 18세의 나이에 필립 II세와 결혼했다. 이듬해 그녀는 알렉산드로스를 생산했다. 그녀는 디오니소스의 먹고 마시는 의식을 신봉했고, 알렉산드로스의 입지를 넓히기 위해 아리다이오스에게 약을 먹여 뇌를 손상시킨 것으로 유명하다. 필립은 많은 부인을 두었고 아리다이오스는 다른 부인에게서 태어난 아들로 모든 왕자들을 통틀어 가장 나이가 많았다. 기원전 336년, 올림피아스는 필립이 재혼하면서 잠시 추방 생활을 감수해야 했다. 그녀는 아마도 필립의 암살을 공모했을 것이라 추정된다. 이후 그녀는 필립의 미망인과 그 아들을 산 채로 태워 죽였다. 알렉산드로스가 원정을 떠나고 올림피아스는 그리스에 남아 있던 알렉산드로스의 장군 안티파트로스와 불륜을 저질렀다. 두 남자가 모두 세상을 떠나자 그녀는 안티파트로스의 뒤를 이은 폴리페르콘과 결연 관계를 맺었다. 그녀는 어린 아들 알렉산드로스의 왕세자 자리를 보장하기 위해 안간힘을 썼다. 기원전 317년, 그녀는 몸소 참가한 격렬한 전투에서 아리다이오스와 그의 아내가 살해당하는 것을 방치했고, 안티파트로스의 가족을 비롯한 다수의 마케도니아 귀족을 상대로 무차별 복수극을 펼쳤다. 기원전 316년, 피드나에서 안티파트로스의 아들 카산드로스에 의해 포위당하자, 그녀는 자신의 신변을 보장할 것을 조건으로 항복의 의사를 표시했다. 그러나 카산드로스는 약속을 이행하지 않고 만인이 보는 앞에서 재판을 열어 그녀에게 유죄를 선고했다. 그녀는 희생자의 친척들이 던지는 돌을 맞고 죽어야 하는 형벌을 선고받았다.

리시포스의 '공식적인' 초상화를 본뜬 알렉산드로스 Ⅲ세의 석상.
사자 갈기 같은 머리카락과 치켜 뜬 눈을 보면 알렉산드로스 Ⅲ세가
집요할 정도로 젊은 이미지를 추구했다는 사실을 알 수 있다

러나 몇 달 후 필립은 올림피아스와 이혼하고 새로운 신부 클레오파트라를 맞아들였다. 클레오파트라의 삼촌이 취중에 '적법한' 왕위 계승자의 탄생을 예고하면서 알렉산드로스는 엄청난 분노에 휩싸였다.

기원전 336년 6월 긴장은 최고조에 달했다. 군중들은 에게 해에 자리 잡은 극장에 모여 필립의 딸과 에페이로스의 왕이기도 했던 올림피아스의 남동생과의 결혼식을 축하했다. 여전히 분을 삭이지 못한 알렉산드로스는 필립의 뒤를 따라 식장에 도착했다. 그 순간 호위무사 중 하나가 갑자기 필립을 칼로 찔렀다. 격투 끝에 암살자 또한 사망했으나 사건의 진실은 그의 죽음과 함께 묻히고 말았다. 필립의 수행단원들에게 순간을 당해 복수한 것이라고 발표했으나, 올림피아스는 죽은 암살자의 머리를 왕관으로 쓰고 그를 애도하기 위해 매년 헌주를 바칠 것을 계획했다.

알렉산드로스는 서둘러 권력을 차지하려 했다. 그는 아버지를 보좌하던 장군 파르메니온의 지원을 등에 업고 3개월 만에 명실상부한 마케도니아의 왕으로 부상했다. 그는 1년 안에 트라케, 일리리아, 그리스의 반란을 진압했다. 또한 그는 고대 도시국가 테바이가 이른바 마케도니아의 '폭정'에 대항해 페르시아와 연합한 것에 분노해 테바이를 초토화시켰다. 그는 기원전 334년 봄, 페르시아 침공이라는 과업을 개시했고, 이를 자신의 운명이라고 생각했다.

기원전 337년, 필립과 그의 휘하에 있던 그리스 동맹은 이오니아를 해방시키고 페르시아 전쟁에서 그리스 사원들을 불태운 크세르크세스에게 복수하기 위해 이미 페르시아에 대한 전쟁을 선포한 상태였다. 그들은 코린토스에서 이러한 계획을 추진했고 알렉산드로스는 또 다른 매력적인 명분을 찾을 수 있었다. 페르시아는 트로이아의 후예였고 알렉산드로스의 조상 헤라클레스와 아킬레우스는 트로이아의 잘못을 응징한 영웅들이었다. 상징적으로 알렉산드로스가 아시아에 첫 발을 디딘 것은 트로이아에서였다. 알렉산드로스는 크세르크세스가 기원전 480년, 그리스로 진격하기 전에 100마리의 황소를 도륙했던 바로 그 장소인 아테나 여신의 제단에서 제의를 바쳤고, 그 대가로 제사장들로부터 트로이아 전쟁에 사용되었다고 추정되는 방패 및 복수 원정에 사용할 부적을 얻을 수 있었다.

며칠 만에 그라니코스 강독을 따라 트로이아 동쪽으로 100킬로미터 지점에서 마케도니아는 페르시아군을 격파했다. 당시 페르시아군은 탁월한 장군 로도스의 멤논이 이끄는 그리스 용병과 합류해 수적 우세를 자랑하고 있었다. 멤논이라는 이름은 과거의 기억을 불러일으켰다. 트로이아에서 아킬레우스에게 목숨을 잃은 자의 이름 또한 멤논이었고, 창의력이 넘쳤던 알렉산드로스의 골동품 전문가들은 그라니코스가 트로이아의 정복 이후 최근까지 천 년의 세월을 전쟁에 시달려 왔다고 아첨했다. 정복자는 남쪽으로 방향을 바꿨다. 사르데이스와 에페소스는 그의 등장을 환영했다. 그의 지원을 바랐던 카리아의 여왕 아다는 그를 자신의 아들로 받아들였다. 그러나 밀레토스는 마음을 쉽게 정하지 못했다. 페르시아 함대가 해변을 위협하게 되자, 밀레토스의 총독은 성문을 굳게 닫았다. 알렉산드로스는 수적으로 열세인 함대에 의지하지 않고 오직 육지로만 포위 작전을 수행해 승리를 거둘 수 있었다. 여기가 바로 전환점이었다. 알렉산드로스는 해상에서 페르시아군을 상대하지 않기 위해 함대를 해체한 다음, 그들의 항구를 파괴했다. 그들의 전함은 꼼짝 못하고 항복했다. 가을이 다가오면서 멤논은 할리카르나소스에서 두 달을 버텼으나 알렉산드로스의 포위망을 견디지 못하고 불타오르는 도시를 버린 채 도망갈 수밖에 없었다. 알렉산드로스는 누그러질 줄 모르는 한파에 아랑곳하지 않고 남진을 계속해 시디까지 이르는 모든 해안을 자신의 것으로 만들었다. 곧이어 그는 고르디온 내륙에서 군대를 소집했다.

마차 한 대가 알렉산드로스의 눈에 띄었다. 나무껍질로 짠 아주 정교한 매듭이 마차의 멍에를 보호하고 있었다. 이 매듭을 풀 수 있는 자가 아시아 전체를 다스릴 것이라는 전설이 전해져 오고 있었다. 매듭은 아무리 풀려 해도 풀리지 않았다. 그러나 반드시 성공하겠다는 일념 하에 알렉산드로스는 검을 뽑아 매듭을 두 동강 냈다. 그날 밤 친 천둥은 제우스의 허락을 알리는 신호였다. 아니나 다를까 곧 멤논이 죽었다는 소식이 들려왔고 페르시아는 대혼란에 빠졌다. 그러나 기원전 333년 가을, 알렉산드로스는 다리우스 III세가 이끄는 페르시아 대군이 이소스 강둑을 따라 갑자가 후미에 나타나면서 위험하리만치 불리한 상황에 처했다. 알렉산드로스는 얼른 방향을 바꾼 다음, 영웅적인 크세노폰의 아나바시스 전투를 상기시키며 병사들의 사기를 북돋았다. 그는 곧이어 몸소 기병대를 이끌고 다리우스를 최종 목표로 강을 건너 돌격했다. 어느새 두 왕은 서로 맞붙어도 될 만큼 가까이 다가섰으나 뒤돌아 도주한 측은 다리우스였다. 군대의 대부분인 10만 명의 병사가 전사했고 다리우스의 텐트 안에는 왕비를 비롯한 여성들이 버려진 채 눈앞에 닥친 운명에 떨고 있었다. 그러나 그들은 걱정할 필요가 없었다. 올림피아스의 영향 덕분에 알렉산드로스는 여성을 항상 공경하는 마음으로 대했다. 스타테이라 왕비와 공주들 또한 예외는 아니었다.

많은 도시들이 성문을 열고 금고를 바치면서 알렉산드로스는 다마스코스로부터《일리아드》복사본(여기에는 아리스토텔레스의 노트가 담겨 있었다)을 담기 위한 보석 상자를 가져왔다. 그러나 페르시아의 서쪽에 위치한 포이니케인들의 도시 티로스와 가자는 여전히 항복을 거부했다. 알렉산드로스의 포위 전략에서 그의 끈기와 잔인함이 여실히 드러났다. 티로스의 바다를 향해 800미터 뻗친 둑길을 쌓고 포획한 포로들을 잔인하게 학살한 사실을 안다면 그의 이러한 일면을 부인할 수 없을 것이다. 알렉산드로스는 병사들의 시체로 가자의 벽에 거대한 산을 쌓았고 아킬레우스가 헥토르에게 한 것처럼 총독의 시체를 전차의 뒤에 묶고 사방을 돌아다녔다. 아시아 권역에 속한 페르시아의 마지막 항구가 함락되자 이집트로의 항로가 열리게 되었다. 기원전 332년/331년에 멤피스에서 알렉산드로스는 파라오의 왕

이 폼페이의 모자이크는 기원전 4세기 후빈 그리스의 회화에서 엉감을 얻었다고 추정된다. 이소스 전투에서 알렉산드로스와 부케팔로스가 겁에 질린 페르시아 황제 다리우스 III세를 찾아 격렬한 전투 현장으로 돌진하고 있다.

관을 쓰고 아문-라Amun-Ra(그리스인들에게는 아몬으로 알려져 있다)의 아들, 다시 말하면 신으로 추대되었다. 이집트의 고유한 관습과 종교에 무심했던 페르시아 지배자들과는 달리 알렉산드로스는 대담하게 그들의 방식을 포용해 진심 어린 존경을 살 수 있었다.

아프리카 북서부 해안에는 대형선박을 정박할 수 있는 유일한 항구가 자리 잡고 있었다. 알렉산드로스는 기원전 331년 초, 나일 강 서쪽 입구 인근에 새로운 도시를 건립했다. 이 도시의 이름은 '이집트 옆의 알렉산드레이아Alexandria-by-Egypt'로 그리스와 이집트의 사원들이 나란히 서 있는 광경을 선사했다. 이윽고 이들은 남쪽으로 방향을 돌려 키레네로 방향을 잡았고 그는 사막을 가로질러 480킬로미터를 행군한 결과, 시와와 제우스 아몬의 사원에 다다랐다. 여기에서 그는 신비로운 사건을 경험했다. 이후 그는 자신을 제우스의 아들이라 공개적으로 선언했고 제우스 아몬의 상징인 숫양의 뿔을 몸에 두르고 부케팔로스의 말투구에 금으로 만든 장신구를 달았다.

페르시아에 대한 마지막 승리를 희구한 알렉산드로스는 다리우스가 새로운 군대를 모집하고 있다는 소식을 듣고 에프라티스로 동진했다. 그는 그해 10월, 가브가밀라의 평원에서 전투를 준비했다. 칼날 바퀴가 달린 전차와 코끼리로 무장한 다리우스의 대군은 알렉산드로스의 진군을 잠시나마 저지할 수 있었다. 당시 페르시아는 25만 명의 보병과 3만 명 이상의 기병으로 구성된 대군을 형성하고 있었다. 그러나 자욱한 먼지로 말미암아 거의 까막눈으로 싸워야 했고, 알렉산드로스의 군대는 세심한 전략과 넘치는 혈기로 다시 한 번 페르시아군의 전선을 격파할 수 있었다. 다리우스는 또 도망을 가야 하는 비참한 신세에 처했고, 승리를 거둔 알렉산드로스는 의기양양하게 군대를 이끌고 바빌론에 입성했다. 바빌론의 시민들은 항복의 의사를 거창히 표시했다. 알렉산드로스는 12월에 수사에서 페르시아 황제의 황금으로 만든 왕좌에 앉을 수 있었다(발이 발받침에 닿지 않다 보니 발받침을 테이블로 대체해야 했다). 영광의 광휘 속에 왕좌를 차지한 알렉산드로스의 모습을 보고 코린토스의 데마라토스는 기쁨의 눈물을 흘렸다.

기원전 330년 1월, 150년 전 크세르크세스가 약탈해 갔던 폭군 하르모디오스와 아리스토게이톤의 조각상은 수사에서 아테나이로 되돌아왔고, 알렉산드로스는 페르시아가 축제를 주로 개최했던 페르세폴리스에서 승리의 퍼레이드를 벌였다. 그의 부하들 또한 목표를 달성했고 알렉산드로스는 그의 부하들에게 하고 싶은 것을 마음껏 하도록 허락했다. 광란의 약탈이 계속되면서 페르세폴리스의 휘황찬란한 궁전도 불에 타고 말았다. 이 숨 막히는 건물은 파괴되어 한 줌의 재로 변했다. 그리스 사원을 불태운 크세르크세스에 대한 계산된 복수였다고 해석하는 사람도 있으나 술에 취해 광기를 발휘한 것에 지나지 않는다고 해석하는 사람도 있다.

원정은 계속되었다. 다리우스가 살아 있는 한 알렉산드로스는 그를 완전히 무찔렀다고 말하기 어려웠다. 따라서 그의 군대는 도망가는 페르시아군을 계속 쫓아 담간(오늘날의 이라크) 근처의 사막에서 맹공을 퍼부었다. 알렉산드로스는 황소 마차 뒤에서 온기가 채 식지 않은 다리우스의 시체를 발견했다. 변심한 총독들이 그를 살해했고 이로써 다리우스의 제국 또한 사망한 셈이나 다름없었다. 알렉산드로스는 목표를 바꿨다. 그는 더 이상 단순한 정복자이기를 거부하고 자신을 다리우스의 계승자로 그의 원수를 갚아주겠다고 선포했다. 남쪽 카스피오이 해의 해변에서 즐거운 휴식을 즐길 무렵, 그는 자신의 새로운 역할을 공표했다.

오랜 원정을 통해 알렉산드로스는 자신의 의도가 반드시 정복에만 국한되지 않고 다스리는 데 있다는 것을 보여주었다. 어디에서건 그는 마케도니아 출신 군사 지휘관과 더불어 페르시아인을 총독으로 지명했다(다리우스를 보좌해 왔던 많은 이들을 유임시켰다). 그러나 페르시아인들의 존경을 사려면 그들의 방식을 따를 필요가 있었다. 따라서 그는 페르시아의 옷을 조금씩 입기 시작했고 페르시아 황제에게만 허락되는 머리띠를 두르기도 했다. 또한 조신들로부터 거리를 두는 한편 글에서 자신을 '우리'라는 단어로 지칭했다. 심지어 그는 논란이 될 만한 의식을 감행했다. 프로스키네시스라는 절차는 페르시아인들이 왕에게 바치는 복종의 의식이었으나, 그리스인들은 오직 신들에게만 이러한 의식을 행했다. 알렉산드로스가 페르시아인들의 전통을 따르면서 페르시아인들은 만족했으나 많은 마케도니아인들은 그의 불경스런 행위에 분노했다. 분노한 이들은 그를 암살하려는 계획을 꾸몄고 알렉산드로스의 최측근이자 파르메니온 장군의 아들이었던 필로타스마저 이러한 계획을 사주했던 것으로 드러났다. 이와 연루된 모든 이들은 처형당했다. 필립이 한때 '아테나이에서는 매년 10명의 장군을 선출하지만 내 눈에는 오직 한 명밖에 보이지 않는다'라고 칭찬했던 파르메니온 또한 처형에서 자유롭지 못했다.

이후 알렉산드로스는 다리우스를 암살한 자를 찾아 동진을 계속했다. 그는 칸다하르를 필두로 적진인 힌두 쿠시Hindu Kush를 가로질러 박트리아까지 내려갔다. 혹독한 겨울 행군을 위로해주는 것이라고는 프로메테우스가 인간에게 불을 준 죄로 사슬에 묶여 있다는 음산한 산봉우리밖에 없었다. 옥소스 강을 건넌 알렉산드로스는 마지막으로 살아남은 다리우스의 암살자이자 다리우스 제국의 계승자라고 주장하는 베소스가 체포되었다는 보고를 들었다. 그는 여기에서 멈추지 않고 동진을 계속해 이악사르테스 강을 건너 스키타이인들에게까지 승리를 거뒀다. 그는 아시아를 유랑했던 디오니소스조차 여기까지 와보지 못했다는 신 나는 소식을 들을 수 있었다!

전투가 수그러들지 않고 계속되면서 알렉산드로스는 점점 더 예측불허로 변해 갔다. 기원전 328년 그의 요새가 학살당한 이후, 그는 술에 취해 부하 장군 클레이토스를 죽였다. 클레이토스는 알렉산드로스가 동방의 관습에 따르는 것을 분명히 반대했다. 그러나 알렉산드로스의 천재성은 사그라지지 않았다. 요새가 난공불락일수록 그는 그 요새를 더욱 더 자신의 것으로 만들고 싶어 했다. 알렉산드로스는 기원전 327년, 페르시아 최동부 지역 가운데 하나인 소그디아네 전체를 그의 것으로 만들었다. 알렉산드로스는 이 업적을 기념하기 위해 미모를 자랑했던 지역 수장의 딸 록사네와 결혼했다. 알렉산드로스의 첫 번째 아내였던 그녀는 모든 부인들을 통틀어 알렉산드로스에게 유일한 아들을 안겨주었다. 그는 바로 기구한 운명을 타고난 알렉산드로스 IV세였다.

알렉산드로스의 야망은 여기에서 멈추지 않았다. 그는 대양 끝까지 가겠다는 생각이었다. 그리스인들에게 그 지점은 곧 지구의 끝을 의미했다. 2년에 걸쳐 알렉산드로스는 점점 불만이 쌓여가는 군대를 이끌고 동쪽을 향해 진군했다. 펀자브에서 출발해 스와트 밸리에 이르기까지 그는 그를 받아들이지 않는 모든 도시들을 초토화시켰다. 그는 총명한 기술자들의 도움 덕분에 난공불락의 바위에 자리 잡아 헤라클레스조차 정복하지 못한 아오르노스마저 자신의 것으로 만들 수 있었다. 신격화된 조상마저 능가한 알렉산드로스는 헤라클레스의 사자 머리 투구를 머리에 썼다. 이 와중에 알렉산드로스를 상대로 꾸민 또 다른 음모가 밝혀졌다. 음모를 꾸민 왕궁의 기사들은 처형당했고 원정의 기록을 맡았던 아리스토텔레스의 조카 칼리스테네스 또한 공모 혐의로 처형당했다. 그러나 기원전 326년, 그가 히다스페스 강에 다다랐을 때, 알렉산드로스는 자신이 아끼던 자들을 단 한 명도 잃지 않았다. 그러나 폭우와 천둥번개가 하늘을 뒤덮었던 어느 날 밤 그의 애마 부케팔로스는 인도의 왕 포로스와의 전투에서 입은 상처가 악화되어 세상을 떠났다. 슬픔에 잠긴 알렉산드로스는 애마를 기리기 위해 '부케팔라'라는 이름의 도시를 건립했다. 그러나 도시는 몇 달 만에 홍수에 떠내려가고 말았다.

포로스는 항복의 의사를 표시하면서 알렉산드로스에게 자신을 '임금의 예로서' 다루어달라고 말했다. 몬순 기후대에 속한 인도에서는 비가 수시로 쏟아졌고 그는 빗줄기를 뚫고 고대 페르시아 제국의 국경을 형성했던 히파시스 강으로 행군했다. 축축한 기후에 지치고, 17만 5천 킬로미터 이상을 행군하고, 8년간의 전쟁에 지친 부하들은 더 이상 명령을 따르려 하지 않았다. 알렉산드로스는 고집 센 아킬레우스처럼 막사에서 뾰로통하게 있던 중 심상치 않은 전조를 느꼈다. 그는 군대와 신의 뜻을 따라 범람한 강둑에 12개의 커다란 비석을 세운 다음 회군 명령을 내렸다. 히다스페스에서 그는 1천800척의 배를 건조하라고 명령했다. 해변을 따라 수송대에게 둘러싸인 채, 그는 인더스 강과 바다를 향해 남쪽으로 나아갔다. 8개월에 걸친 여행의 지루함을 덜어준 것이라고는 여행 중에 발발한 브라만의 반란을 이따금 진압한 것뿐이었다. 물탄에서 알렉산드로스는 성벽에서 홀로 싸우다 가슴에 부상을 입었다. 1주일간 그는 생과 사의 아슬아슬한 경계를 오고 갔다. 그는 가까스로 살아남았으나 몸을 제대로 가누기 힘들었다. 마침내 인더스 강의 초입에 다다르면서 그는 기적을 목격했다. 마른 땅에서 해변에 이르는 거리가 하루 만에 바뀌어 있었다. 지중해나 카스피오이해에서 지금껏 한 번도 보지 못한 광경이었다. 기원전 325년, 그들은 8주에 걸쳐 지옥행군을 마치고 함대와 합류한 다음, 전통적인 마케도니아의 관습에 따라 축배를 들었다. 질펀한 축제를 마친 그들은 호화로운 페리아로 돌아왔다.

기원전 4세기경, 이른바 알렉산드로스 사르코파고스Alexander Sarcophagus(알렉산드로스의 석관)에 새긴 조각으로 알렉산드로스가 쓰러지는 페르시아 병사를 향해 창을 날리고 있다. 이 석관이 발견된 시돈 인근에서 이소스의 전투가 벌어졌다.

그러나 페르시아는 아주 엉망인 상황이었다. 법치는 무너졌고 마케도니아 출신 총독들은 횡포를 부렸고 페르시아 사트랍(장관)들은 재산을 불리는 데만 혈안이 되어 있었다. 알렉산드로스는 페르시아인, 마케도니아인을 가리지 않고 부패한 관리들을 신속히 일소했다. 또한 기원전 324년, 알렉산드로스는 수사에서 동방과 서방의 유대를 공고히 하기 위해 알렉산드로스의 최측근 100명 가까이를 페르시아 여성과 결혼시키는 유례없는 의식을 감행했다. 알렉산드로스 또한 페르시아 여성 두 명을 신부로 받아들였고, 두 여성 중에는 다리우스의 딸도 속해 있었다. 그는 다리우스의 다른 딸을 자신의 오랜 친구이자 연인이며 원정을 보좌해 당시 2등 지휘관의 자리에 올렸던 헤파이스테이온과 결혼시켰다. 신혼은 짧았다. 그해 가을, 헤파이스테이온은 병에 걸려 아그바타나에서 사망했다. 슬픔을 견디지 못한 알렉산드로스는 자신의 머리칼과 말의 갈기를 자른 다음, 관대를 대동하고 바빌론으로 향했다. 여기에서 그는 죽은 파트로클로스를 위해 아킬레우스가 행한 의식의 승계자를 자처하며 1만 마리의 동물을 제물로 바치고 장례 경기를 개최했다.

한편, 바빌론에 있던 알렉산드로스의 장군들이 회의에 소집되면서 새로운 계획이 회자되기 시작했다. 아프리카로 진군해 카르케돈을 정복하고 카스피오이 해까지 손에 넣겠다는 야심찬 계획이었다. 엄청난 구조물을 짓는 계획도 사람들의 입에 오르내렸다. 마케도니아에는 필립을 위한 피라미드를, 트로이아에는 아테나 여신에게 바치는 사원을 건립했고, 델로스와 델포이에도 사원을 증축했다. 또한 정좌한 알렉산드로스가 손을 뻗쳐 백성들의 도시 전체를 품고 있는 거대한 형상을 아토스 산 전체에 새기려 했다. 티그리스에 다다른 알렉산드로스는 아라비아를 침략하겠다는 계획을 공표했다. 그러나 공교롭게도 준비를 거의 마쳤을 때 알렉산드로스는 병석에 앓아 누웠다. 술을 마시며 잔치를 벌일 때 갑자기 고통이 찾아온 다음부터 그는 급격히 몸이 쇠약해졌다. 또한 그의 죽음을 예고하는 불길한 전조가 나타났다. 티그리스 강에서 그의 머리띠를 건져낸 병사가 무심코 머리띠를 써 본 사건과 죄수 하나가 설명할 수 없는 이유로 왕좌에 앉아 있었던 사건은 왕권이 넘어갈 수 있다는 신호로 생각되었다. 그해 초, 인도의 김노소피스타이gymnosophist('벌거벗은 철학자' 또는 사두sadhu)였던 칼라노스는 아픈 몸으로 늙어가기를 거부하고 자기희생의 일환으로 자살을 선택했다. 그는 스스로 목숨을 끊으며 바빌론에서 알렉산드로스를 만나게 될 것이라는 말을 남겼다. 신하들은 알렉산드로스를 알현하려 했으나 쇠약해지는 왕의 침실에서는 비극이 전개되고 있었다. 기원전 323년 6월 10일, 알렉산드로스는 바빌론에서 세상을 떠났다.

알렉산드로스가 쇠약해진 이유는 3년 전 물탄에서 입은 상처뿐 아니라 과음 탓이었던 것으로 추정된다. 쇠약해질 대로 쇠약해진 그가 에프라티스를 행군하다 말라리아에 걸렸을 것이라는 설이 유력하다. 한편 디오니소스 신이 사랑했던 테바이를 파괴한 대가로 죽음이라는 벌을 받았다고 말하는 사람들도 있었다. 독살당했다는 설도 있다(당시 이러한 소문이 돌았으며, 알렉산드로스와 마찬가지로 헤파이스테이온 또한 병에 걸려 죽은 것이 아니라 독살당했다는 소문이 돌았다). 범인으로는 알렉산드로스의 장군들도 거론되었다. 그들은 바빌론에서 열린 회의에 소집되었으나 탄핵되거나 처형당할지도 모른다는 두려움에 떨었다. 이들 중에는 소환 명령에 불응한 안티파트로스와 그의 아들 카산드로스(그는 소환 명령을 따랐다)도 포함되었다. 혹자는 아리스토텔레스가 자신의 조카 칼리스테네스의 죽음을 복수하고자 독약을 제공했다고 말하기도 한다.

알렉산드로스는 죽은 후에도 살아생전과 마찬가지로 신으로 추앙되었다. 과거에는 스파르타 장군 **리산드로스**가 이와 동일한 영광을 누렸고 시라쿠사이의 디오니시오스 I세와 II세, 알렉산드로스의 아버지 필립 II세 또한 그들의 신성을 예술 작품을 통해 구현했다. 기원전 334년, 알렉산드로스는 에페소스의 아르테미스의 신전을 재건하려 했으나 사람들의 반대에 부딪쳤다. 그 이유는 신이 또 다른 신을 기리는 것은 옳지 않다는 논리에서였다. 시와에서 신탁을 받은 이후, 도시들이 연달아 그를 신이라 선포하면서 그는 점점 자신의 신성을 확신하게 되었다. 기원전 324년, 그는 올림픽 경기에서 모든 그리스 폴리스들이 자신을 숭배해야 한다고 선언했다. 심지어 스파르타마저도 '알렉산드로스가 신이 되기를 바란다면 신이 되라 하지'라 말하며 복종의 의사를 표시했다.

기원전 356년, 헤로스트라토스는 알렉산드로스가 태어난 날 에페소스의 아르테미스 신전에 불을 질렀다. 그는 불을 지른 이유를 알렉산드로스의 이름이 영원하기를 바랐기 때문이라고 주장했다. 알렉산드로스는 그의 기대를 저버리지 않았다. 궁중 역사가들은 시와를 제외한 모든 장소를 알렉산드로스와 대동하며 왕의 입맛에 맞춰 기록을 가감했고 파르메니온처럼 눈 밖에 난 신하를 내리깎았다. 칼리스테네스가 살해당하면서 알렉산드로스의 개인 비서이자 기마대를 지휘했던 에우메네스가 그의 자리를 승계했다.

그러나 알렉산드로스의 탁월함은 부인할 여지가 없다. 장군이자 전략가로 그에 필적하는 인물은 찾아보기 어렵다. 그는 선전 능력 또한 탁월했다. 행정가로서의 재능도 우수했고 성실히 따르면 충분한 효과를 발휘하는 체제 또한 고안했다. 그는 기존의 체제를 그대로 유지하는 정치적 감각을 갖추고 있었다. 기존의 체제를 뒤집는 것이 특별한 실익이 없는 이상에는 기존의 체제를 최대한 유지하려 들었다. 그는 제국 전역의 요소요소에 도시를 세워 거점을 마련했고, 자신의 명성을 드높이기 위해 자신의 이름을 따 도시의 이름을 짓기도 했다. 먼 미래를 위해 그는 정복자들을 하나로 융합하려 들었고 정략결혼이나 피정복자들의 전통을 따르는 데 주저치 않았다. 많은 사람들은 이를 너무 급진적인 조치로 생각했다. 오랜 기간 독립에 익숙하고 역사에 대한 자부심에 찬 그리스인들과 마케도니아인들은 프로스키네시스와 같은 페르시아의 관습을 싫어했다. 광범위한 이민족 문화를 차용한 것이 알렉산드로스가 독살된 이유였는지는 알 수 없다. 그러나 생전의 평판과는 무관하게 그가 남긴 역사적 유산은 심대하다. 그는 현대의 그리스인들이 들어보지도 못한 지역에 그리스 문화를 이식했을 뿐 아니라 짧은 세월에 그리스의 영토를 확장해 야심찬 정복자들이 성공의 정도를 가늠할 수 있는 표준으로 자리매김했다. 죽은 지 몇 달 만에 그에 대한 기억은 마법과도 같은 힘을 지니게 되었다. 제국이 사분오열되면서 장군 프톨레미는 알렉산드로스의 시신을 도굴해 자신의 정통성을 강화하려 들었다.

§ 프톨레미 I세 (기원전 367년~기원전 283년), 장군, 군주

프톨레미에게 거짓말이란 수치스러운 기억이었을 것이다. 그는 알렉산드로스와 마찬가지로 왕이었기 때문이다.
— 아리아노스, 《알렉산드로스의 원정Campaigns of Alexander》, I, I

기원전 323년 **알렉산드로스**는 임종의 순간에 도장이 새겨진 반지를 수석 지휘관 페르디카스에게 건넸다는 이야기도 전해지나 자신의 제국을 '가장 강력한 자'에게 물려주라는 유언을 남겼다는 이야기도 아울러 전해진다. 그가 예상한 대로 며칠 만에 '위대한 장례 경기'가 시작되었다. 헬레니즘 시대를 예고하는 장군들의 왕위 쟁탈전은 길고도 잔혹했다. 이 전쟁

동전에 새긴 프톨레미 I세. 그는 그리스의 군주로 묘사되고 있으며,
코끼리 머리쓰개에서 그가 알렉산드로스의 인도 원정에 참전했다는 사실이 드러난다.

이 끝날 무렵 그리스 세계는 알아보지 못할 정도로 변해 있었고, 그리스 문화는 그 어느 그리스인들도 발을 딛지 못했던 세상에까지 전파되었으며, 문화의 중심지는 아테나이 본토에서 이집트 알렉산드레이아로 옮겨 갔다. 프톨레미 I세는 이러한 이동의 단초를 제공했다.

프톨레미의 아버지 라고스는 알렉산드로스와 혈연관계였을 것으로 추정된다. 프톨레미는 알렉산드로스에 비해 열한 살이 많았으나 어린 왕자를 보좌했다. 알렉산드로스가 왕위에 오르자 프톨레미 또한 그와 함께 지위가 격상했다. 훗날 그는 시와에 있는 제우스 아몬의 신탁을 향해 말을 타고 간 다음, 말하는 뱀 두 마리로부터 앞으로 갈 길이 어디인지 계시를 받았던 경험을 기술했다. 그러나 프톨레미가 최고 사령관에 오른 것은 기원전 330년, 필로타스가 알렉산드로스의 암살을 계획한 다음이었다. 그는 다리우스의 암살단에 속해 있었던 베소스를 체포하는 임무를 맡았고 전위대를 이끌고 아오르노스의 고지를 점령하는 한편, 히파시스 강의 반란이 일어나기 직전에 용감히 군대를 이끌고 상갈라의 요새를 공격했다.

알렉산드로스가 죽은 이후, 페르디카스를 탐탁지 않게 생각했던 프톨레미는 바빌론에서 열린 회의에서 군사 정부에게 권력을 분산할 것을 제안했다. 이러한 계획과 이해 관계를 맺을 인물들 대부분이 변덕이 심한 자기중심적인 성격이라는 것을 생각하면 거의 불가능한 계획에 가까웠다. 그 대신 페르디카스는 알렉산드로스의 태어나지 않은 자식과 뇌를 다친

형제 아리다이오스를 위한 섭정자로 임명되었다. 한편 다른 장군들은 총독으로 임명되어 사방으로 뻗친 제국의 영토를 통치하는 임무를 맡았다. 프톨레미는 클레오메네스가 총독으로 다스리고 있었던 이집트를 맡았다. 클레오메네스는 욕심이 과도할 뿐 아니라 페르디카스에 대한 충성심이 극진한 인물이어서 미덥지 못한 부하가 되고 말았다. 결국 1년 만에 프톨레미는 그를 처형했다.

헛소문이 확산되고 너도나도 자신의 권리를 주장하면서 프톨레미는 자신이 알렉산드로스의 이복형제이자 필립 II세의 적자라는 소문을 퍼트렸다. 그러나 그는 여기에서 나가 자신의 지위를 더욱 확대할 심산이었다. 기원전 321년, 그는 방부처리한 알렉산드로스의 유해를 마케도니아로 옮기려는 페르디카스의 의도를 알게 되었다. 그는 알렉산드로스가 제우스 아몬의 신탁에 묻히기를 바란다고 주장하며 관대를 탈취하기 위해 시리아로 정예 기병을 파견했다. 탈취한 관대를 열어 보니 향료를 깐 바닥에 시신이 누워 있었고 자줏빛 도포가 금관을 덮고 있었다. 금관이 안치된 황금 사원은 화려한 원기둥 및 알렉산드로스의 승리를 자랑하는 조각, 날개 달린 빅토리로 장식되어 있었다. 반짝이는 관대는 64마리의 당나귀가 끌고 있었고 모든 당나귀의 목에는 황금종이 매달려 있었다. 페르디카스가 손을 쓸 틈 없이 프톨레미의 부하들은 시신을 탈취해 이집트를 지나 멤피스로 달아났다. 분노에 찬 페르디카스는 이듬해 군대를 파견했으나 나일 강을 건너기란 쉬운 일이 아니었다. 이어진 혼란 속에서 그는 암살당하는 기구한 운명을 맞았다. 프톨레미는 그의 자리를 대신해 섭정직을 제안받았으나 거절했다. 훗날 생각해보면 매우 현명한 결정이었다.

혹독한 세월이 뒤따랐고 지금껏 알렉산드로스가 만든 제국은 혼란에 빠져들었다. 모든 아시아와 그리스를 통틀어 엄청난 규모의 분쟁이 들끓었고 많은 이들이 권력에 혈안이 되어 오늘은 이자, 내일은 저자가 자신이 국가를 맡아야 한다고 주장하며 전쟁을 조장했다. 메갈로폴리스에서 바빌론에 이르기까지, 아니 그 이상을 넘어서까지 보병대의 크고 작은 충돌이 끊이지 않았고 기병대는 대학살의 현장 속에서 돌격을 감행하는 한편 코끼리들 또한 전투에 투입되었다. 개량된 공성 전차는 성벽을 부쉈고 지배 가문에서는 아이들, 형제들, 부부들, 부모들이 지금껏 교묘한 방법으로 서로를 죽였다. 승계자를 자처하는 이들이 추구한 보상은 완전무결한 권력이었다. 외세의 개입에 거부감을 가졌던 것은 아니나 프톨레미는 대체로 이집트와 그 주변의 풍족한 지대를 다스리는 데 만족했다. 그는 늘 멀리서 상황을 관조하며 취약한 지역을 파악해 자신의 권력을 확대하는 한편, 키레네, 키프로스, 포이니케, 팔레스타인에 이르기까지 새로운 땅을 병합할 기회를 신중히 현실로 옮겼다. 물자가 풍부한 이 지역들은 마침내 그의 지배 하에 들어왔다.

기원전 306년, 그는 키프로스 해역에서 포위자 데메트리오스에게 패배했다. 그는 알렉산드로스의 장군 애꾸눈 안티고노스의 용감무쌍한 아들이었다. 그러나 데메트리오스가 로도스를 포위했을 때, 프톨레미는 그를 물리치고 섬사람들을 해방시킬 수 있었다. 그들은 감사의 표시로 그를 '구원자Soter'라 부르는 동시에 32미터에 달하는 태양신 헬리오스 동상을 항구 초입에 세워 그를 숭배했다. 이 동상은 고대의 불가사의 가운데 하나다. 기원전 301년, 알렉산드로스 사후 가장 강력한 인물로 부상했던 안티고노스는 경쟁자들이 연합 전선을 형성해 그에게 대항한 결과 힙소스 전투에서 사망했다. 동방은 다시 한 번 갈기갈기 분열되었고, 16년간 프톨레미는 자신의 권력을 가다듬고 강화하며 조심스럽게 동맹을 선택하고 지원할 명분을 찾는 데도 신중하려 했다. 기원전 298년, 정세가 꼬이면서 그는 데메트리오스(그는 **피로스**를 인질로 제공했다)와 동맹을 결성했다. 그러나 기원전 288년에는 데메트리오스가 아시아를 공격하지 못하도록 자신의 함대를 펠로폰네소스로 북파해 다시 긴장 관계를 고조시켰다. 그는 세상을 떠나기 2년 전인 기원전 285년에 놀라운 행보를 감행했다. 그는 왕좌에서 내려와 자신의 둘째 아들 프톨레미 II 필라델포스(형제를 사랑한다는 뜻)를 후계자로 지명해 미덥지 못한 첫째 아들 프톨레미 더 선더볼트에 대한 미운 감정을 드러냈다.

프톨레미 I세는 단순한 정복자가 아니었다. 400만 명에 이르는 백성들을 다스리려면 통치력을 갖춰야 했다. 대부분 그는 자신이 물려받은 시스템을 유지하고 그리스와 마케도니아의 관료주의를 더욱 강화하면서도 시민들의 삶은 거의 건드리지 않았다. 그 결과 이집트에는 두 가지 공용어가 존재했다. 이집트어와 더불어 쓰였던 코이네('보통어')는 필립 II세의 왕궁에서 처음 쓰였던 그리스어로 당시 그리스 동방에 널리 확산되고 있었다. 언어뿐 아니라 달력, 법률, 종교도 이원화되었다. 그러나 통합적인 요소도 분명 존재했다. 프톨레미는 사람들을 하나로 묶기 위해 세라피스 신을 추앙하는 분위기를 조성했다. 세라피스 신이 표방한 도상학은 그리스와 이집트의 요소를 융합할 수 있었다. 한편 프톨레미는 자신을 기념하기 위해 알렉산드레이아에 거대한 사원을 건립했고, 기원전 313년에 알렉산드레이아를 수도로 지정했다.

어족 자원이 풍부한 마레오티스 호와 지중해 사이에는 비옥한 땅이 자리 잡고 있었다. 이 땅이 비옥해질 수 있었던 비결은 잘 갖추어진 하수와 관개 시설이었다. 알렉산드레이아는 이 땅에 고급스런 건물과 널따란 대로를 갖춘 거대한 항구를 두 개나 건설했다. 서로 멀리 떨어져 있던 2만 명에 가까운 이집트, 그리스, 유태인들이 그리스에서 가장 번성했던 도시로 몰려들고 있었다. 얼마 가지 않아 120미터에 달하는 등대가 건립되어 지중해의 모든 선원들을 인도했다. 그러나 왕궁이 있는 곳에는 또 하나의 불가사의가 자리 잡고 있었다. 한복판에 자리 잡은 소마에는 알렉산드로스의 유골이 담긴 금관이 보관되어 있었다. 이 금관은 멤피스로부터 매우 엄숙한 절차를 밟아 이송되었다. 근처에는 프톨레미의 가장 위대하고도 가장 비전이 넘치는 구조물이자 가장 유명한 학문의 중심지가 자리 잡고 있었다. 프톨레미는 마케도니아에서부터 **아리스토텔레스**를 알고 있었다. 그는 알렉산드레이아에서 아리스토텔레스의 제자 스트라톤(그는 테오프라스토스의 뒤를 이어 리케이온의 수장을 맡게 된다)을 아들의 가정교사로 고용했다. 지금 그는 뮤즈의 사원[뮤지엄(박물관)]을 감독하기 위해 또 다른 아리스토텔레스의 제자를 초빙했다. 여기는 문학, 과학 분야에서 최고의 학자와 실무

세라피스 신을 숭배하는 관습은 프톨레미의 알렉산드레이아에서 촉진되었다. 서기 100년경 밀랍으로 광택을 낸
이집드의 목판에서 그리스인과 이집트인들 사이의 화합과 다산에 대한 기대가 날로 늘어가는 분위기를 가늠할 수 있다.

가들을 끌어 모을 수 있는 국가가 후원한 연구 센터였고, 이로써 알렉산드레이아는 전 세계의 지성의 메카로 발돋움했다. 그가 초빙한 인물은 바로 팔레론의 데메트리오스였다.

§ 팔레론의 데메트리오스(기원전 347년경~기원전 283년경), 아테나이의 총독, 학자

> 저명한 팔레론의 데메트리오스는 내리막길에서 연설을 시도한 최초의 인물로 비난을 사기도 했으나 진정 재능이 넘치고 당당히 목소리를 냈던 인물로 기억되어야 한다.
> — 퀸틸리안, 《웅변 연구소Institutes of Oratory》, 10.1

데메트리오스는 아테나이 해변에 자리 잡은 팔레론의 교외마을에서 파노스트라토스의 아들로 태어났다. 테오프라스토스 밑에서 수학한 파노스트라토스는 집이 그다지 부유하지 못했다. 리케이온에서 그는 **아리스토텔레스**의 제자이자 **알렉산드로스 III세**가 '유럽을 위탁했던 장군' 안티파트로스를 알고 지냈을 것으로 추정된다. 알렉산드로스의 최후가 얼마 남지 않았을 때 데메트리오스는 속세와 단절된 리케이온을 떠나 정치계에 입문했다. 기원전 324년 그는 이미 알렉산드로스를 피해 도망친 부패한 하르팔로스를 아테나이가 받아들일 것인지 말 것인지를 두고 의회에서 연설해 훌륭한 웅변가로 인정받았다. 그의 연설은 기록으로 남아 있지 않으나 리케이온이 마케도니아에 우호적이었던 것을 감안하면 변절자를 받아들일 수 없다는 내용이었을 것으로 추정된다. 그러나 어떻게 하든 그것은 중요한 문제가 아니었다. 아테나이가 곧 전쟁의 화마에 휩싸였기 때문이다.

기원전 323년 알렉산드로스의 죽음은 보수주의자들을 자극했다. 1만 명의 아테나이인들은 마케도니아의 멍에를 벗어던질 수 있다는 희망을 품고 동맹군과 함께 라미아를 향해 행군한 다음 안티파트로스를 포위했다. 그러나 이듬해 전열을 재정비한 마케도니아는 크라논에서 그리스 동맹군에게 처참한 패배를 안겼다. 불씨가 피어오르던 아테나이의 자유는 모든 그리스의 희망의 불꽃으로 활활 타오르기 전에 맥없이 꺼지고 말았다. 이후 아테나이는 정치의 본고장이라기보다는 과거의 화려했던 시절로 기억되었고, 학문의 전당으로서 꾸준한 명성을 쌓아 갔다. 기원전 319년 안티파트로스는 세상을 떠나며 부하 장군 폴리페르콘을 후계자로 지명했다. 친아들 카산드로스를 배제한 탓에 갈등은 불가피했다. 기원전 318년 말, 카산드로스는 서아시아의 상당 지역을 다스리며 강력한 세력을 자랑했던 애꾸눈 안티고노스의 도움을 받아 그리스 전체를 장악할 수 있었다. 그는 곧바로 데메트리오스를 중앙으로 불러들였다.

데메트리오스의 경력은 파란만장했다. 크라논 이후 아테나이의 협상가로 부상했던 그는 폴리페르콘이 내린 사형 선고에도 간신히 목숨을 건질 수 있었다. 기원전 317년, 카산드로스는 그를 아테나이의 총독으로 임명했다. 10년 가까이 그는 '철학자 왕'으로 아테나이를 통치했고 아테나이의 번영과 정치적 자존심을 부활하고자 노력했다. 남은 마케도니아의 요새 덕에 아테나이는 안정적으로 번영을 꾀할 수 있었다. 그러나 **데모스테네스**의 조카 데모카레스는 동료 석학들이 상업을 폄하한 사실을 상기시키며 아고라에 값싼 상품이 풍부하고 생활필수품이 풍부하다는 데메트리오스의 자랑을 비웃었다. 다른 이들은(동명이인 비시저를 그로 착각했다고 추정된다) 방탕한 데메트리오스의 사생활을 비난했다. 실제로 그는 사치스런 연회를 밥 먹듯이 개최하고 그의 눈매와 쌍꺼풀에 반한 여성들 및 소년들과 수많은 정사를 벌였다. 그들은 데메트리오스의 허영을 비난했다. 그는 머리를 금빛으로 염색하고 루즈를 칠하는 한편 도시 전체를 통틀어 자신의 동상 360개를 설치했다. 그러나 대외적으로는 아테나이의 두드러진 사치 성향을 규제하는 동시에 교묘히 이용했다. 또한 장례 비용과 여성의 복식을 규제하는 법을 제안하면서도 호화로운 시가 행진을 주재했다. 한 시가 행진에서는 진액을 내뿜는 거대한 기계 달팽이를 전면에 내세우기도 했다.

데메트리오스가 아테나이를 다스리고 있을 무렵, 카산드로스는 알렉산드로스 III세의 어머니 올림피아스와 자신의 아내 록사네를 비롯해 그들의 아들, 상속지, 동명이인 등을 죽여 없애 그리스 전체로 자신의 영역을 확장했다. 기원전 307년 데메트리오스 더 비시저(금실로 태양계를 수놓은 망토를 자신의 트레이드마크로 삼았다고 추정된다)는 아테나이를 취한 다음, 폭군을 거꾸러뜨린 인물들의 조각상 옆에 자신의 조각상을 세웠다. 그리고 파르테논 안에 정부와 함께 살림을 차렸다. 축출을 면치 못한 데메트리오스는 안전한 길을 확보해 최근에 카산드로스가 재건한 테바이에 당도할 수 있었다. 그는 여기에서 자신의 조각상들이 철거되었다는 차가운 현실을 듣게 되었다.

기원전 297년, **프톨레미 I세**는 그를 소환해 세라피스 신을 위한 새로운 찬가를 짓고 알렉산드레이아를 위한 새로운 법률을 기안하라고 지시했다. 그

데메트리오스의 조각상이 모두 없어진 것은 아니다. 그리스 시대의 흉상을 본떠 만든 로마 시대의 데메트리오스 흉상에서는 그를 성실한 철학자로 묘사했다.

〈알렉산드레이아의 대형 도서관The Great Library of Alexandria〉. 일꾼들이 선반에 놓인 두루마리를 가져오는 동안 학자들이 이를 읽고 있는 모습을 묘사하고 있다. 19세기 오토 폰 코르빈이 그린 역사 삽화에서 발췌했다.

밖에도 알렉산드레이아에 뮤지엄을 세우라는 명령을 내렸을 것이라는 학설이 유력하다. 이 뮤지엄은 세계 최초의 박물관으로 반은 연구 장소, 반은 전 세계의 도서를 모은 도서관으로 설계되었다. 뮤지엄은 한편으로 아리스토텔레스의 리케이온에서 영감을 받았다(뮤지엄 내의 포장된 인도 또한 마찬가지였다). 프톨레미의 황금을 지원받아 건립한 이 뮤지엄은 그리스 세계의 학문의 메카로 자리매김했다. 뮤지엄에는 식물원, 동물원, 문학 극장, 해부실, 천문관측소 및 수천 명의 학자들과 직원들을 위한 숙소가 마련되어 있었다. 한가운데는 유명한 도서관이 있었고, 이 도서관은 훗날 지금껏 쓰인 모든 책을 소장하고 있었다고 전해진다. 총 50만 개에 이르는 파피루스 두루마리를 소장한 이 도서관은 학문과 문화적 성취가 담긴 유일한 저장고였다. 데메트리오스는 유태인의 구약성서를 그리스로 번역했고, 이를 연구한 70명의 학자들을 기념하기 위해《칠십인역Septuagint》라고 이름 붙였다고 추정된다.

데메트리오스 또한 자신의 학문에 매진했다. 그는 아리스토텔레스로부터 영감을 받아 다른 작가들의 작품을 수집하고 분류해 '최초의' 이솝 우화를 엮어냈다. 그는 사랑과 노년의 삶에서부터 수사학, 자신이 아테나이를 다스리던 이야기, 《일리아드와 오디세이아》에 이르기까지 다양한 주제를 섭렵했다. 그는 행운의 여신(티케)을 '장님'이라 묘사하며 그가 살던 시대를 허무주의적인 시각으로 바라보곤 했다.

데메트리오스의 행운의 여신 또한 예외는 아니었다. 그는 프톨레미 I세에게 둘째 아들 필라델포스에게 왕좌를 물려주는 결정을 재고해 달라고 적극 청원했다. 그는 권력이 분산되는 것은 위험한 일이므로 장남에게 왕위를 물려주어야 한다고 주장했다. 그 결과 기원전 285년, 필라델포스는 왕위에 오르면서 데메트리오스의 충성심을 의심해 그를 집 밖으로 나오지 못하게 조치했다. 2년 뒤 데메트리오스는 세상을 떠났다. 자던 중 독사에 물려 죽었다는 설명이 표면적인 사인으로 언급되고 있으나 암살당했다는 이야기가 더욱 신빙성이 있어 보인다. 당시 정치는 많은 위험을 수반했다. 그러다 보니 많은 사람들은 가상의 세상으로 도피하고 싶어 했다. 이는 당시의 미술과 문학에서 여실히 드러난다. 그러한 실례로 데메트리오스의 친구 메난드로스의 희극을 빼놓을 수 없다.

§ **메난드로스**(기원전 342년~기원전 291년), 희극작가

배운 사람이라면 극장에 가서 메난드로스의 작품을 감상해야 하지 않을까?
―플루타르코스, 《아리스토파네스와 메난드로스의 비교 요약
Summary of a Comparison Between Aristophanes and Menander》, 3

기원전 4세기 후반, 많은 유력 인물들과 마찬가지로 메난드로스는 친구 테오프라스토스가 수장을 맡고 있는 리케이온에 속해 있었다. 그의 가문은 문학에 조예가 깊었다. 아버지인 디오페이테스에 대해서는 거의 알려진 바가 없으나 삼촌 알렉시스는 무수히 많은 희극을 창작했다고 알려져 있다. 따라서 기원전 321년, 레나이아 축제에서 고작 21세의 메난드로스가 처녀작 《오르게Orge(분노)》를 창작한 것은 그리 놀라운 일이 아니었다. 6년 후 같은 축제에서 그는 《디스콜로스Dyskolos(성격 나쁜 노인)》로 첫 수상의 기쁨을 누렸다. 이 작품은 연애 이야기를 다룬 상황 희극으로 부유한 도시의 아테나이인이 예비 장인의 반사회적 행동에도 시골 처녀와 사랑에 빠져 결혼에까지 이르게 되는 이야기다. 제목에서 표방하는 '성격 나쁜 노인'이 바로 이 장인이다.

이듬해 메난드로스는 더 명망이 높은 시티 디오니시아에서 우승했으나 사람들이 그의 천재성을 알아보지 못한 탓에 일생을 통틀어 100편이 넘는 희극을 쓰고서도 우승의 영광을 누린 적은 겨우 여덟 번에 그쳤다. 한편, **프톨레미 I세**는 당대의 석학들이 자신의 왕궁에서 편안히 학문을 연구하길 바랐다(그는 특히 리케이온과 관련된 학자들을 선호했다). 이에 그는 메난드로스에게 거절하기 힘든 조건을 제시하며 페이라이에우스의 집을 떠나 알렉산드레이아로 오라고 설득했다. 그러나 메난드로스는 이 제안을 거절했다. 훗날 작가 알키프론은 그가 거절한 이유를 두고 건강이 좋지 않은 까닭일 수도 있고('내 적들은 이런 나를 가리켜 나약하고 가식적이라 표현한다'), 그의 정부 글리세라의 품을 떠나기 싫은 까닭일 수도 있다고 추정한다. '왕과 사트랍의 후원보다 글리세라의 품이 더욱 안전하고 달콤했다.' 그러나 그 또한 자신의 운명을 넘어설 수는 없었다. 기원전 291년 메난드로스는 페이라이에우스 인근의 바다에서 수영을 하다가 익사하는 안타까운 운명을 맞았다. 사람들은 **에우리피데스의 추모비** 옆에 그의 무덤을 만들었다. 아테나이로 가는 길목에 만든 그의 무덤은 500년이 흘러서도 없어지지 않았다. 에우리피데스의 추모비 옆에 그의 무덤을 만든 이유는 그가 희극에 엄청난 영향을 미친 에우리피데스를 진정한 비극작가로 인정했기 때문이다.

메난드로스의 희극들은 **아리스토파네스**의 희극과는 많이 달랐다. 기원전 5세기 시민들이 참여하는 민주정체에서는 희극배우들의 노골적인 정치적 풍자와 공인들에 대한 무자비한 풍자가 용인되었고, 현직 정치인의 이름을 등장인물의 이름으로 쓰는 경우도 있었다. 그러나 기원전 404년 아테나이가 패배하면서 희극은 더욱 점잖고 고상해졌다. 초기 연극의 핵심을 차지했던 합창은 '막' 사이사이에 있는 인터미션에서 내용과 관계없는 노래를 부르는

글리세라

기원전 320년대 헤타이라 글리세라('스위티')는 **알렉산드로스 Ⅲ세**의 재무장관 하르팔로스와 염문을 뿌렸다. 권위주의에 가득 찬 하르팔로스는 점점 낭비벽이 심해졌다. 글리세라의 미모에 대한 소문을 듣게 된 그는 그녀를 타르소스로 불러들여 아내로 삼았다. 그는 사람들에게 글리세라를 '여왕'이라 부르게 만들고 프로스키네시스를 바치도록 강요한 것은 물론, 그녀에게 왕관마저 수여했다. 안타깝게도 타르소스 인근에 세운 글리세라의 동상은 하르팔로스의 죽은 애인, 피토니케에 바치는 기념물 옆에서 빛이 바랬다. 피토니케를 기리기 위해 만든 건축물은 200탈란톤의 예산이 투입되었고, 그녀를 아프로디테 여신으로 기리는 사원도 건립되었다. 피토니케 또한 글리세라와 마찬가지로 아테나이로부터 소환되었고, 피토니케의 적들은 그녀를 '뼛속까지 노예이자, 뼛속까지 매춘부Harlot'이라고 모욕했다.

하르팔로스가 몰락하면서 글리세라는 아테나이로 돌아갔다. 여기에서 그녀는 관능주의 예술의 달인이자 정제된 지성으로 명성을 얻었다. 그녀는 메난드로스와 인연을 맺었으나 항상 원만한 관계를 유지한 것은 아니었다. 메난드로스는 자신이 쓴 극 속에서 '애당초 좋은 여성이란 있을 수 없다'고 말했다.

것으로 역할이 줄어들었다. 줄거리 또한 변화를 겪었다. 거침없는 정치인의 이야기가 아닌 낭만적인 사랑 이야기가 주를 이루면서 신변잡기를 다루기 시작했고, 에우리피데스의 말년 작에서처럼 토속적인 무대를 배경으로 삼는 경우도 많았다. 자신의 뿌리를 잃고 진짜 부모를 모르는 아이들과 신이 좌지우지하는 인간들의 이야기 등 비극적인 내용이 주를 이루던 주제들은 행복한 결말로 바뀌는 경향을 보였다.

메난드로스는 의도적으로 실제 사건과 거리를 뒀다. 그는 기원전 320년대 지중해를 휩쓸었던 7년간의 기근, 알렉산드로스의 승계자들의 전쟁, 갈 길을 잃은 2만 명의 그리스 피난민, 메난드로스의 친구 **팔레론의 데메트리오스**가 시도한 개혁 등은 전혀 언급하지 않았다. 격변의 시대는 현실 도피주의를 유발했다. 티케는 메난드로스의 줄거리에 깃들어 있었다. 티케는 《아스피스Aspis(방패)》의 도입부를 담당하는 동시에 《디스콜로스(성격 나쁜 노인)》의 등장인물로도 등장했다. 기원전 315년에 공연된 《디스콜로스》는 메난드로스의 작품 가운데 유일하게 온전히 보존된 희극이다. 이 작품에서는 다음과 같은 대사가 나온다.

내가 보기에 부유하건, 가난하건 모든 사람의 운은 바뀌기 마련이다. 운이 좋은 사람은 그가 다른 사람들을 부당하게 해치지 않는 이상 계속 운이 좋을 것이다. 그러나 잘못된 일을 저지르도록 운이 작용한다면, 그는 자신의 운명이 좋지 않은 방향으로 바뀌는 것을 감수해야 할 것이다.

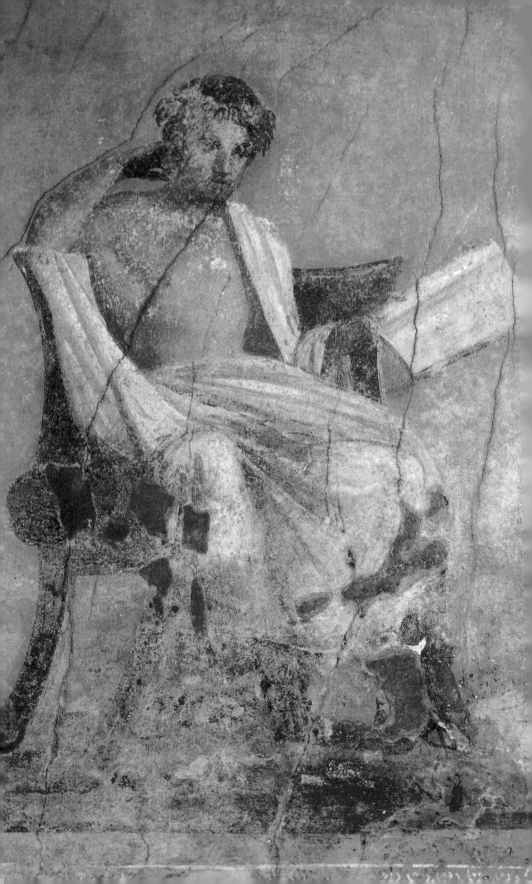

메난드로스 시대의 희극은 거의 일정한 유형의 고정 인물을 소재로 삼았다. 요리사, 약삭빠른 노예, 정부, 우쭐대는 군인, 기생충처럼 빌붙는 인간들이 등장했고, 메난드로스가 윤리학에 뿌리를 둔 것을 생각하면 그의 연극 제목이 테오프라스토스의 《성격Characters》을 따라 《천박한 사람The Boor》, 《아첨꾼The Flatterer》, 《독실한 체 하는 사람The Sanctimonious Man》이라는 제목을 띄고 있는 것은 우연이라 볼 수 없을 것이다.

메난드로스는 특정한 성격, 환경, 감정에 따라 대사를 쓰면서 분명하고 정돈된 문체를 고수했다. 후세 사람들은 메난드로스의 대사를 다각도로 수집하고 인용했다. 시저는 '주사위는 던져졌다'라는 표현을 인용했고, 성 바울은 '악한 동무들은 선한 행실을 더럽히나니'라는 표현을 차용했다. 한편 '신들을 사랑하는 자는 젊어서 죽기 마련이다'라는 말은 지금도 널리 인용되고 있다.

메난드로스가 문학에 끼친 영향은 심대했다. 로마의 희극작가들은 그의 연극을 파고들어 영감의 원천으로 삼았고, 수사학자 퀸틸리안은 창의력 넘치는 소재를 선택하고 실생활을 반영하며 문체가 우아한 점을 높이 평가했다. 한 가지 일화를 통해 메난드로스의 밑그림론을 짐작할 수 있다. 원고가 어느 정도 진도가 나가고 있느냐는 질문을 받고 그는 이렇게 대답했다. '다 끝났어요. 줄거리는 이미 머릿속에 들어 있어요. 남은 것은 언어로 풀어내는 일뿐이죠.' 내면에 담긴 창의적인 밑그림을 더욱 구체화된 형태로 구현하면서 메난드로스는 기술적 탁월함을 보여주는 동시에 예술을 추구함으로써 편안한 현실주의를 제시했다. 이 과정에서 그는 당대 최고의 화가 아펠레스를 닮아갔다.

§ 아펠레스(기원전 360년 이전~기원전 295년경), 예술가

코스의 아펠레스를 능가할 화가는 전무후무할 것이다.

— 플리니 디 엘더, 《박물학Natural History》, 35·36

아펠레스가 고대 최고의 화가로 널리 인정받고 있는 것은 사실이나 그의 삶을 알 방도가 없을 뿐더러 그의 작품 또한 한 편도 남아 있지 않다. 당시에는 최고 권력자들을 그린 인물화가 진화를 거듭하고 있는 중이었다. 아펠레스는 이러한 인물화를 비롯해 회화 전반에 지대한 영향을 미쳤다. 이를 보면 그가 얼마나 당대의 회화에 핵심적인 역할을 담당했는지 알 수 있다.

아펠레스의 고향을 두고서는 코스, 콜로폰, 에페소스가 거론되고 있다. 젊은 시절 그는 영향력이 지대했던 시키온 학교의 구성원이자 마케도니아 출신인 팜필로스 밑에서 회화를 배웠다. 아펠레스는 팜필로스의 소개에 따라 필립 II세의 왕실에 들어갔을 것으로 추정된다. 아펠레스는 여기에서 상당한 성취를 이뤘고, 기원전 336년 필립이 암살될 때까지 필립

서기 1세기 중반 폼페이의 그림. 메난드로스로 추정되는 젊은이가 화관을 쓴 채 원고를 읽고 있다.

의 초상화 수 점을 그려냈다. 필립을 계승한 **알렉산드로스 Ⅲ세**는 젊음이 넘치는 정복자 영웅의 이미지를 확실히 하기 위해 공식적으로 아펠레스에게만 자신의 초상화를 그리도록 허락했다. 반면 시키온 학교가 배출한 또 하나의 인물 리시포스는 알렉산드로스의 조각상을 만들 수 있는 유일한 조각가였다.

아펠레스가 그린 알렉산드로스의 초상화는 유명하다. 이 가운데 일부는 비유적인 의미를 담고 있다(또는 훗날 그렇게 해석되었을 수도 있다). 알렉산드로스가 옆에 빅토리를 태우고 전차를 모는 그림, 트리움프와 함께 전차 위에 선 알렉산드로스 옆으로 사슬에 묶인 워War와 푸리Fury가 무기더미 위에 앉아 있는 그림도 있다. 이러한 초상화들 가운데 가장 유명한 작품은 훗날 에페소스의 아르테미스 신전에 보관되었다. 이 작품에서 알렉산드로스는 번개를 던지는 제우스로 생생히 묘사되어 훗날 이를 감상하는 사람들은 마치 번개를 맞는 느낌에 휩싸였다. 알렉산드로스는 20탈란톤이라는 거금을 지불하고서도 첫 반응은 시큰둥했다. 그러나 부케팔로스가 그림 속의 알렉산드로스를 보고 진짜 주인을 본 양 힝힝거리자 아펠레스는 살짝 비꼬는 투로 이렇게 말했다. "폐하, 폐하의 말이 폐하에 비해 안목이 나은 듯싶사옵니다." 한번은 아펠레스의 작업실에서 알렉산드로스가 예술에 대한 잘못된 견해를 말하던 중 아펠레스가 조수들이 왕을 비웃을까 두려워 조용히 그만 하라고 말린 적도 있었다. 그러나 아펠레스가 알렉산드로스의 정부였던 캄파스페의 누드를 그리는 임무를 맡아 그녀에게 홀딱 빠졌을 때, 왕은 그에게 캄파스페를 하사했다.

알렉산드로스의 신하들 또한 왕이 총애하는 화가가 그린 그림을 갖고 싶어 아펠레스에게 일을 맡겼다. 훗날 술에 취한 알렉산드로스의 손에 세상을 떠난 클레이토스도 아펠레스에게 그림을 의뢰했고 애꾸눈 안티고노스 또한 예외가 아니었다. 아펠레스는 안티고노스의 애꾸눈을 가리기 위해 구도를 비스듬히 잡았다. 그러나 모든 사람들이 그를 선호한 것은 아니었다. 알렉산드로스가 죽은 이후, 배를 타고 바다를 건너던 아펠레스는 폭풍우를 만나 알렉산드레이아에 정박했다. 여기에서 악의에 찬 그의 경쟁자들은 **프톨레미**가 그를 저녁 식사에 초대했다고 거짓말했다. 아펠레스를 싫어했던 프톨레미는 만찬 장소에 도착한 아펠레스를 보고 분노를 금치 못해 누가 거짓 초대장을 보냈는지 이실직고하라고 명령했다. 여기에서 아펠레스는 실물과 구분이 가지 않을 정도로 생생한 초상화를 그려내 이를 본 모든 사람들은 범인이 누구인지 알 수 있었다. 이 자리에서 아펠레스는 프톨레미에 대해 음모를 꾸몄다는 추가적인 혐의를 뒤집어썼다. 이 혐의로 기소당한 그는 무죄로 방면되었으나 이 일을 계기로 〈모략Calumny〉이라는 작품의 영감을 받을 수 있었다. 이 작품은 당나귀의 귀가 달린 왕이 비난, 무지, 의혹의 화신들을 경청하는 모습을 그리고 있다.

아펠레스의 가장 유명한 작품들 중에는 종교적 주제를 담고 있는 작품들도 상당수 찾아볼 수 있다. 〈코스의 희생Sacrifice in Cos〉, 〈희생하는 처녀들에게 둘러싸인 아르테미스Artemis Surrounded by Sacrificing Virgins〉, 〈에페소스의 아르테미스 사제의 의식Procession of the Priest of

보티첼리의 〈아펠레스의 명예훼손The Calumny of Apelles〉(서기 1494년경)은 로마 작가 루키아노스가 아펠레스를 그린 〈모략〉에서 영감을 받았다. 루키아노스의 작품은 프톨레미 I세 앞에서 누명을 쓴 아펠레스의 일화를 묘사했다.

Artemis at Ephesus〉 등이 이러한 작품의 실례이며, 〈아프로디테의 탄생Birth of Aphrodite〉에서는 파도가 실어온 조개에서 여신이 탄생하는 장면을 보여주고 있다. 아프로디테의 모델로 삼은 여성은 캄파스페였으나 그의 영감은 프리네에서 비롯되었던 것으로 추정된다. 그녀는 아테나이의 헤타이라로 엘레우시니아 미스터리와 포세이돈 축제가 열리던 당시, 머리를 풀어헤치고 바다에 들어가 알몸으로 수영하는 특별한 역할을 수행했다(이러한 직업 덕분에 그녀는 많은 돈을 벌 수 있었고, 알렉산드로스가 초토화시킨 테바이의 성벽을 재건할 예산을 제공하기에 이르렀다). 아펠레스는 코스의 섬사람이 의뢰한 또 다른 〈아프로디테의 탄생〉을 완성하지 못하고 세상을 떠났다. 이 미완성작을 마무리할 만한 실력을 갖춘 자는 어디에서도 찾을 수 없었다.

아펠레스는 판단력(특히 그는 멈추어야 할 시점을 아는 것이 가장 핵심이라고 주장했다), 기술, 상상력을 통해 사실주의를 구현할 수 있었다. 그는 오직 네 가지 색깔(빨간 오커, 황색 오커, 석고 백색, 흑탄색)만을 사용했고 짙은 호박 유약으로 그림을 마무리한 결과 독특한 광채를 입힐 수 있었다. 그러나 그가 세상을 떠나면서 이러한 기법 또한 자취를 감췄다. '예술에 관하여On Art'라는 논문에서 아펠레스는 그가 꾸준히 연습을 한 내력('선이라도 그리지 않으면 하루를 보낼 수 없었다')과 '영원을 추구하며' 완벽을 성취하기 위해 고군분투했던 일지가 나와 있다. 이따금 그의 기법은 파격을 추구했다. 지친 말을 그린 다음 해면을 뿌려 입에 머금은 거품을 기가 막히게 묘사했다. 서기 2세기 회의주의 철학자 섹스토스 엠피리코스(알렉산드로스를 인도까지 수행하고 인도의 벌거벗은 철학자와 대화를 나누었던 피론의 추종자)는 아펠레스의 행동이 분노가 실린 좌절에서 비롯되었다고 믿었다. 그는 포기한 사람이 희망을 품지 않을 때 목표를 달성할 수도 있다는 것을 일화를 통해 증명했다. 그는 이러한 완성을 가리켜 아타락시아라 불렀다. 그러나 아타락시아란 단지 회의론자들의 전유물이 아니었다. 이 단어가 뜻하는 '근심으로부터의 자유'란 아펠레스의 시대에 최고의 선지자로 통했던 에피쿠로스가 지향하는 목표이기도 했다.

§ 에피쿠로스(기원전 341년~기원전 270년), 철학자

> 그는 활력이 넘쳐흘렀고, 지력과 정신을 막론하고 불타오르는 창조성의 벽들을 넘나들며 끝없는 완전성을 가로질렀다.
>
> — 루크레티우스, 《사물의 본질에 관하여On the Nature of Things》, 1.72~74

에피쿠로스는 사모스 섬에 정착한 아테나이 가문의 자제로 태어났다. 그의 아버지는 학교에서 학생들을 가르쳤고, 어머니는 이웃들을 위해 정화의 의식을 바쳤다고 전해진다. 또한 그는 위아래로 형제 세 명을 두고 있었다. 소년일 무렵 헤시오도스로부터 카오스에 대한 설명을 듣게 된 그는(카오스 이전에 아무것도 존재하지 않았다면 무엇이 카오스를 초래했는가?) 기원전 323년, 열여덟 살이 될 때까지 플라톤주의자 팜필로스와 함께 공부한 다음, 배를 타고 아테나이로 건너가 2년간 군대에 몸을 담았다. 그(또는 그와 동시대에 살았던 **메난드로스**)가 기원전 322년 아테나이가 참패했던 크라논 전투에 참가했는지는 알려져 있지 않으나, 아테나이에 있을 무렵 아카데미와 리케이온에 자주 출입했던 것으로 추정된다.

그가 동방으로 돌아와 보니 가족들이 사모스에서 추방당해 이오니아 해변의 콜로폰에 새로운 보금자리를 마련한 상태였다. 콜로폰에 정착한 에피쿠로스는 데모크리토스의 추종자인 테오스의 나우시파네스 밑에서 학문을 시작했다. 나우시파네스는 죽음을 '평정부동'의 상태라 말하며 물리적 세상을 원자들이 텅 빈 공간을 통해 균일하게 움직이다가 물체나 생물을 창조하기 위해 잠시 결합하는 실체로 파악했다. 에피쿠로스가 찾던 완벽한 해답은 아니었으나 그는 이 이론을 가다듬어 원자(우리의 정신을 구성하는 원자들)들이 방향을 바꿀 수

에피쿠로스의 인생의 목표는 '아타락시아' 또는 고통으로부터의 해방이었다. 사진은 에피쿠로스의 생전에 제작된 그리스 흉상을 모방해 로마 시대에 만든 흉상이다.

스토아주의Stoicism

스토아주의는 기원전 300년 무렵, 아테나이의 스토아 포이킬레라는 이름으로부터 태동했다. 스토아학파를 창시한 키티온의 제논은 이곳에서 직접 학생들을 가르쳤다. 스토아주의는 거룩한 이성Reason 또는 로고스logos(요한복음에서도 등장하는 표현이자, '이 세상The World으로 번역되기도 한다)가 인도하는 세계관을 제시했다. 모범적이고 행복한 삶은 이러한 로고스를 따라 실현되며 욕망, 두려움, 고통, 심지어 쾌락과 같은 감정들은 이러한 로고스의 추구를 방해하므로 피해야 한다. 스토아주의자들은 지혜, 용기, 정의, 자기 절제를 고양시켜 정신의 조화, 영혼의 조화를 추구했다. 이러한 경지를 아파테이아(열정으로부터의 자유)라 부르며 이는 로마 황제 마르쿠스 아우렐리우스에 의해 명상의 형태로 널리 알려지게 된다(재위기간 서기 180년~서기 161년).

스토아주의자들은 성스러운 불, 또는 불과 프네우마pneuma('숨' 또는 '정신'을 뜻하며 신약성서에 따르면 '성령'이라 불린다)라 불리는 공기의 혼합물(제논의 뒤를 이은 크리시포스가 주장했다)의 존재를 믿었다. 프네우마는 모든 생명체(인간과 동물, 자유민과 노예를 불문한다)의 영혼을 구성하며 생명체가 생명을 잃으면 우주의 프네우마로 재흡수된다. 주기적으로 우주는 불에 의해 청소되며, 이는 부패와 재생을 반복하는 무한 순환 과정의 일부에 해당한다. 스토아주의자들은 프네우마를 비개인적인 요소로 파악하고 우주를 청소하는 불이 도덕적 판단과는 무관하다고 보았으나 스토아주의의 요소는 기독교 교리의 원형을 형성했다.

있다는 주장을 통해 인간의 자유의지를 설명했다. 의식은 이러한 방향의 전환을 부분적으로 통제하면서 개인의 생각을 형성하고 의사를 결정한다는 것이다.

기원전 311년, 30세가 된 에피쿠로스는 레스보스의 미틸레네에서 학교를 설립했다. 그러나 금세 시민들과 감독 기관들의 심기를 거스르면서 다르다넬리아에 있는 람프사코스로 학교를 옮길 수밖에 없는 상황에 처했고, 기원전 306년에는 아테나이로 이사했다. 그는 아테나이와 페이라이에우스 중간 즈음에 정원이 있는 집을 산 다음, 학생들을 가르치는 장소로 삼았다. 그는 이곳에서 《원자와 공간Atoms and the Void》, 《사랑에 관하여On Love》, 《운명On Fate》과 《왕권에 관하여On Kingly Power》 및 수많은 문헌을 비롯한 대부분의 작품을 집필했다. 현재 이 가운데 세 작품만이 전해지고 있다. 그는 누구로부터 배우지 않고 독학했다고 주장하며 그 어떤 참고문헌도 언급하지 않았다.

에피쿠로스는 은행가, 수학자, 풍자가를 비롯한 추종자들을 거느리고 있었다. 그는 친형제 세 명과 그의 추종자들을 자신의 집에 거두고 자족 환경을 구축하는 동시에 노예들과 자유민들이 대등하게 토론할 수 있는 여건을 마련했다. 성적 대상으로 삼았다는 의심을 피할 수 없으나 여제자들 또한 같이 살았던 것으로 전해진다. 이들 가운데 일부는 헤타이라를 준비했을 것이라 추정된다. 비판은 에피쿠로스 자신의 전매특허였다. 그는 테오프라스토스, 나우시파네스(에피쿠로스는 나우시파네스를 '문맹자', '해파리', '음란선생'이라고 비난했다), **아리스토텔레스**(에피쿠로스는 아리스토텔레스가 **알렉산드로스 III세**가 죽을 때 맡았던 역할을 예로 들며 '처절한 약장수'라는 표현을 했을 것이라 추정된다)와 아카데미 소속 철학자들('시칠리아의 독재자 디오니시오스를 찬양한 무리들')을 비판했다.

욱하는 성질에서 비롯된 것일까? 놀랍게도 그의 최종 목표는 근심으로부터의 해방이었다. 그는 이를 '아타락시아'라 불렀다. 이는 테트라파르마코스Tetrapharmakos(네 가지 치료약) 또는 네 가지 규범에 따라 달성될 수 있었다. 첫째, 신들은 숭고한 고요 속에 존재하므로 인류의 행동에 무관심하다. 따라서 우리는 그들을 두려워할 필요가 없다. 둘째, 우리는 죽음과 동시에 해체되는 원소로 구성되어 있으므로 우리들 가운데 그 누구도 사후에 벌을 받지 않는다. 따라서 우리는 죽음을 두려워할 필요가 없다. 셋째, 누구나 인생의 기초적인 이치를 알 수 있다. 과노한 행복에 집착하지만 않는다면 쉽게 깨달을 수 있는 문제다. 넷째, 그 무엇도 영원하지 않으며 고통은 행복을 고민하면서 완화될 수 있으므로 괴로움을 쉽게 인내할 수 있다. 이는 신장 결석으로 오랜 기간 고통을 겪었던 에피쿠로스 자신에게 위로의 수칙이나 다름없었다. 그는 임종을 앞두고 자신의 철학을 명상하며 얼마나 고통을 덜 수 있었는지를 글로 남겼다.

원자의 중요성을 최초로 주장하지는 않았더라도 이러한 가정을 인간의 행동에 응용한 에피쿠로스의 시도는 참신했다. 그가 이러한 시도를 감행한 것은 자신의 질병뿐 아니라 당시의 정치 현실에 대응하기 위해서였다. 고통 없는 삶은 당시의 정치 현실에서 너무나 매력적인 화두였기 때문이다. 그의 화법('현명한 사람은 공적인 삶을 멀리해야 한다. 왜냐하면 정치권력에 대한 열망은 부자연스럽고 고통스러우며, 신들은 속세의 고난을 뛰어넘어 존재하기 때문이다')은 신성을 주장했던 알렉산드로스와 그의 후예들에 대한 정면 도전이었다. 그러나 에피쿠로스 오직 한 사람만이 이러한 방식으로 세상을 재평가한 것은 아니었다. 스토아학파와 같은 새로운 철학 원리가 자기 절제를 주장하고, 냉소주의Cynicism가 재물과 권력을 거부하면서 시민들은 점점 정치 문제에서 벗어나 국가와 가정의 복리를 향상시키는 데 에너지를 쏟기 시작했다.

에피쿠로스의 추종자들은 에피쿠로스가 죽고 난 이후 조각상을 세우고 생전의 모습을 새긴 반지를 끼워 그를 기념했다. 그들은 에피쿠로스의 유지를 받들어 생일 및 매월 20일에 맞춰 그의 기념행사를 개최했다. 이에 신성이 인간의 삶에 어떤 역할도 하지 못한다는 철학은 하나의 분파를 형성했다. 인간이 고통에서 해방될 수 있다는 것을 보여줌으로써 쾌락주의는 신들을 정복자가 아닌 시민의 일원이자 노예로 파악했다. 플라톤과 아리스토텔레스가 한물 가기 시작하면서 기원전 4세기 후반의 철학 사조는 그리스의 학문뿐 아니라 어느새 그리스와 끊임없이 부대끼기 시작한 로마라는 강력한 문명을 지배하기 시작했다.

Chapter 8

로마의 그늘

무시무시했던 피로스의 얼굴이 이상적인 모습으로 묘사되고 있다.
그리스의 조각을 본떠 만든 로마 시대의 흉상을 보면
그의 사촌이었던 알렉산드로스가 떠오른다.

§ 에페이로스의 피로스(기원전 319년~기원전 272년), 왕, 장군

피로스가 거둔 모든 승리는 속담에서처럼 카드메이아의 승리, 말하자면 파멸을 수반하는 승리였다. 그는 적에게 승리했으나, 적을 지배하지는 못했다. 적의 영토가 워낙 광대한 탓이었으나 그는 패전에 수반되기 마련인 재앙에서 자유롭지 못했다.

— 디오도로스, 《역사의 도서관Library of History》, 22.6

알렉산드로스 Ⅲ세의 둘째 사촌이던 피로스의 무시무시한 외모를 보면 마치 알렉산드로스의 얼굴이 찌그러진 채로 거울에 비친 것 같았다. 윗이빨을 보면 따로따로 난 게 아니라 통뼈 하나를 이 모양으로 갈아낸 것 같았다. 알렉산드로스와 마찬가지로 그는 자신을 아킬레우스의 후손이라 생각했다. 실제로 아킬레우스의 아들 네옵톨레모스(새로운 전사라는 뜻-옮긴이)는 피로스(빨간색이라는 의미를 지니며, 빨간색 머리를 따서 지어졌다고 함-옮긴이)라는 이름으로도 불렸다고 전해진다. 그는 알렉산드로스의 지칠 줄 모르는 에너지와 전쟁터에서의 탁월한 판단력을 그대로 물려받은 것 같았다. 카르케돈의 위대한 장군 한니발은 그를 모든 장군들 중에 으뜸이라고 생각했다. 그러나 그는 성공을 더욱 큰 성공으로 이끌어낼 만한 참을성을 갖추지 못했다. 그가 승리로 이끈 전투 또한 워낙 큰 희생을 치른 탓에 그리스인들은 이러한 승리를 '카드메이아'(테바이를 창건했다는 전설 속의 인물 카드무스의 이름에서 비롯되었다. 그는 마침내 도시국가를 건립했으나, 그 과정에서 모든 군대를 잃고 말았다)라 불렀고, 오늘날 우리는 이를 '피리키오스pyrrhic'라 부른다.

알렉산드로스의 뒤를 이으려는 자들이 벌인 전쟁에서 가장 끌리는 전리품은 마케도니아였다. 기원전 316년, 마케도니아는 카산드로스의 손에 넘어갔다. 그는 최근에 처형된 그의 적 올림피아스의 연고지인 에페이로스로 가기 위해 서진했다. 그는 그녀의 사촌 알케타스 왕과 세 살배기 왕자 피로스를 잡아 죽일 생각이었다. 알케타스의 부하 세 명은 왕자를 데리고 정신없이 빗속을 뚫고 달려 일리리아의 글라우키아스 왕궁으로 도망쳤다. 기원전 307년, 글라우키아스는 에페이로스를 병합한 다음 열두 살 나이의 피로스를 왕위에 앉혔다. 금세 어린 왕은 자신의 동맹국을 만들어가기 시작했다. 기원전 303년, 그는 누이 데이다메이아를 아르고스의 축제에서 데메트리오스 더 비시저와 결혼시켰다. 그러나 1년 만에 데메트리오스의 지원을 받은 아페이로스가 그를 폐위시켰다. 피로스는 서둘러 아테나이로 도주했다. 아테나이에서는 데메트리오스가 그의 아버지 애꾸눈 안티고노스를 지원하기 위해 아시아로 진격할 준비를 하고 있었다. 애꾸눈 안티고노스는 알렉산드로스의 승계자들 사이에 결성된 연합군과 맞서고 있었고, 이처럼 결성되기 쉽지 않은 연합군의 총사령관은 카산드로스가 맡고 있었다. 기원전 301년 데메트리오스와 피로스는 힙소스 전투에서 기마대를 이끌고 적들의 왼쪽 날개를 파고들었다. 그러나 곧바로 방향을 틀어 적진의 후미를 교란하지 못하고 너무 멀리 나가다 보니 제 길을 찾으려는 순간 코끼리들에게 막혀버렸다. 겁에 질린 말들은 우왕좌왕했고 당시 80세였던 안티고노스는 창 세례를 받고 쓰러졌으나 아들이 자신을 구할 것이라 철석같이 믿고 있었다.

기원전 298년, 데메트리오스와 **프톨레미 I세**의 협약이 성사되면서 피로스는 데메트리오스의 선의를 증명하기 위해 알렉산드레이아로 파견되었다. 알렉산드레이아에 도착한 그는 그들의 마음을 사는 데 성공했다. 베레니케 왕비는 안티고네 공주를 그와 결혼시켰고 프톨레미는 피로스에게 상당한 기술을 전수하는 동시에 군사들을 붙여 기원전 297년에 에페이로스의 왕좌에 복귀시켰다. 당시 에페이로스의 왕은 두 사람이었으나 피로스는 다른 왕을 폐위시키는 데 성공했고 자신을 후원해준 사람들에 대한 감사의 표시로 첫아들의 이름을 프톨레미, 새로 건립한 도시의 이름을 베레니케라 지었다. 그러나 같은 해 카산드로스가 사망하면서 새로운 전쟁이 시작되었다. 카산드로스의 두 아들 안티파트로스와 알렉산드로스 V세가 전쟁의 씨앗이었다. 안티파트로스는 어머니를 살해했고, 알렉산드로스 V세는 피로스와 데메트리오스에게 도움을 청했다. 피로스는 신속히 알렉산드로스를 마케도니아의 공동 통치자로 복귀시켰다. 데메트리오스의 태도는 결연했다. 기원전 294년, 그는 알렉산드로스 V세를 살해하고 안티파트로스를 추방하는 동시에 마케도니아의 왕권을 독점했다.

데메트리오스는 이러한 쿠데타로 말미암아 피로스뿐 아니라 트라케와 이오니아 해변의 강력한 군주로 자리매김했던 리시마코스와도 분쟁을 겪었다. 여러 차례 공방이 이어졌고 피로스는 에페이로스로 진격하는 데메트리오스를 상대하기 위해 군대를 몰고 나아갔으나 두 부대는 서로 엇갈리고 말았다. 대신 피로스는 데메트리오스의 부하장군과 마주쳤고, 그는 마치 호머 이야기의 영웅 마냥 그에게 결투를 신청했다. 그는 멋진 승리를 거두었고 피로스의 군대는 그에 대한 존경의 표시로 그에게 '이글Eagle'이라는 호칭을 바쳤다. 적대감은 왕실의 정치에도 스며들고 있었다. 기원전 295년 안티고네가 세상을 떠나면서 피로스는 한 명이 아닌 세 명의 공주와 혼인을 했다. 그러나 이들 중 시라쿠사이의 참주 아가토클레스의 딸 라나사는 푸대접을 견디지 못하고 에페이로스를 떠나 마케도니아로 가서 데메트리오스와 결혼하는 한편 진심을 표시하기 위해 지참금으로 코르키라 섬을 바쳤다.

기원전 288년, 데메트리오스는 자신감에 차 아시아를 침공할 계획을 세웠다. 모든 이들이 바라던 순간이었다. 프톨레미 I세, 리시마코스, 셀레우코스(셀레우코스는 알렉산드로스 III세의 광대한 동방제국을 다스렸다)의 지원을 등에 업은 피로스는 알렉산드로스가 자신을 도와줄 것이라는 꿈에 잔뜩 고무되어 데메트리오스가 군대를 움직이기도 전에 그를 완파했다. 데메트리오스의 마케도니아 병사들은 일제히 탈영했다. 도망치는 데 성공한 데메트리오스는 아들 안티고노스 고나타스와 함께 군대를 모집해 아시아를 공격했으나 패배의 쓴잔을 마시고 셀레우코스에게 포로로 잡혔다. 그는 2년간 갇혀 지내면서 술로 지새우다 세상을 떠났다.

안타깝게도 피로스는 전략가와는 거리가 멀었다. 그는 마케도니아를 손아귀에 넣은 다음, 리시마코스와 함께 통치하기로 합의했다. 그러나 이러한 약속은 오래 갈 수 없었고 피로스는 에페이로스로 쫓겨나는 신세로 전락했다. 그러나 리시마코스는 결정적인 한 방을 먹이지 못했다. 대신 그는 아시아로 건너가 셀레우코스와 대적했고, 기원전 281년 사르데이스 인근의 키루페디온에서 전사했다. 그러나 셀레우코스 자신도 마케도니아의 왕위를 차지하기 전에 그를 수행하던 프톨레미 더 선더볼트에 의해 암살당했다. 프톨레미 더 선더볼트는 프톨레미 I세가 자신을 후계자로 삼지 않았을 때 분노를 이기지 못하고 알렉산드레이아를 버렸

초기 로마

전설에 따르면 트로이아의 영웅 아이네이아스가 로마의 영토를 마련한 것으로 알려져 있으며, 기원전 753년 4월 21일, 로물루스가 로마를 세웠다는 이야기 또한 유력하다. 기원전 7세기 로마는 로마 주변을 둘러싼 라티움과 남쪽의 캄파니아와 마찬가지로 에트루리아인들의 지배를 받았다. 그러나 기원전 510년 시민들은 타르퀴니우스 더 프라우드를 왕위에서 몰아내고 남아 있는 라티움의 자유민들과 함께 4년 뒤 라틴 동맹을 결성했다. 기원전 396년, 동맹의 주축국이던 로마는 에트루리아인들을 상대로 대승을 거두고 영토를 확장했으나 6년 후, 로마와 주변 영토는 갈리아인들에게 금세 점령당했다. 그러나 갈리아인들이 북쪽으로 돌아가자 로마는 주변에 비해 더욱 빨리 회복했고 라틴과 에트루리아인들을 지배하기 시작하면서 점차 영향력을 확대해 나갔다. 기원전 348년 로마는 카르케돈과 조약을 맺은 결과 향후 65년간 카르케돈의 위협을 받지 않고 이탈리아 반도를 다스릴 수 있었다. 기원전 283년, 로마는 투리오이와 다른 그리스 식민지들을 도와 남부 이탈리아의 레우카니아인들에게 대항했다. 이러한 동맹에 위협을 느낀 타라스는 에페이로스의 피로스에게 도움을 요청했다.

던 인물이다. 그랬던 선더볼트가 마케도니아의 왕으로 추대된 것이다. 이는 그 누구도 예상치 못한 결과였고 그 여파 또한 만인의 예상을 뛰어넘었다. 그는 마케도니아를 위해 피로스와 싸우기는커녕, 에페이로스에 그의 군사 일부를 파견했다. 여전히 모험을 원했던 피로스는 범그리스적인 원정의 지도자로 더욱 큰 영광을 누리려는 심산이었다. 당시 로마는 점점 세력을 키워 가던 중이었고 그리스 전역에서는 로마에 대항하는 타라스를 지원하려 했다.

지난 10년간 남부 이탈리아는 야금야금 로마의 손아귀에 넘어가고 있었다. 기원전 291년, 로마는 그리스 도시국가 키메를 비롯해 캄파니아를 흡수했고, 기원전 283년에는 투리오이, 로크리스, 레기온 폴리스를 추가로 합병했다. 한편 크로톤은 로마와 동맹을 결성해 그들의 국경을 위협하던 레우카니아인들에게 대항했다. 동맹을 체결한 결과 로마는 타라스와의 분쟁에 돌입했다. 타라스는 맞붙은 그리스 도시국가들과 20년간 사이가 좋지 않았다. 기원전 280년에 타라스 국민들은 야만적인 로마가 전쟁을 핑계로 타라스를 병합할 수 있다고 생각했다. 고립된 그들은 자랑스런 독립국가가 위태로워질까 두려워 피로스에게 도움을 요청했다.

피로스에게 타라스를 도와주는 것은 더 큰 계획의 일부에 불과했다. 그는 수석 협상가 키네아스에게 시칠리아와 카르케돈을 정복하겠다는 계획을 털어놓았다. 알렉산드로스의 동방 원정을 꼭 닮은 서방 원정의 계획이었다. 피로스는 승리를 거둔다면 '술을 마시고 행복한 기분을 만끽하겠노라'라고 말했다. 에피쿠로스 학파에 속했던 키네아스는 이렇게 대꾸했다. '더 이상 피를 흘리지 말고 지금 그리하셔도 됩니다.' 그러나 피로스는 이 말을 들으려 하지 않았다. 피로스의 군대는 이미 진군을 감행했다. 그는 2만 명의 보병과 3천 기의 기마대, 2천 명의 궁수, 이탈리아에서는 한 번도 보지 못한 20마리의 코끼리로 부대를 구성했다. 진군의 과정은 험난했다. 배는 폭풍우를 만나 방향을 잃었고 난파되지 않는 것이 기적이었다. 마침내 그들은 타라스에 도착했다. 호사를 누렸던 타라스에서는 피로스가 워낙 혹독한 규율을 부과하다 보니 그의 도움을 구한 것을 후회하는 사람들이 생겨났다.

피로스의 군대가 이탈리아 땅에 도착했다는 소식이 들리자 로마는 이에 맞서 군대를 움직였다. 로마의 집정관을 맡고 있던 라이비누스 영사가 지휘하던 4만 5천 명의 로마 군대는 만 서쪽으로 64킬로미터 떨어진 헤라클레이아에 집결했다. 피로스는 3만 5천 명의 병력을 이끌고 그와 대적했다. 시리스 강 저편에 대오를 갖춰 정렬한 로마 군대를 보고서 그는 앞을 내다보듯 이렇게 말했다. '그들이 야만인일지는 몰라도 그들의 군율에서는 야만인 같은 면모가 전혀 보이지 않는다.' 로마군은 피로스가 동맹군을 기다리는 틈을 놓치지 않고 강을 건넜다. 피로스는 금실로 자수를 놓은 자줏빛 망토를 입고 공격 명령을 내렸다. 성취에 목마른 로마군들은 아수라장의 한복판에 들어간 그를 놓치려 들 리 없었다. 왕이 위험하다고 생각한 호위병 하나가 나서 그와 갑옷을 바꿔 입었고, 곧 그의 갑옷을 입은 호위병은 칼을 맞고 쓰러졌다. 로마의 방어선이 진을 이룬 그리스 부대의 공격을 끈질기게 방어하던 중 라이비누스는 기마대를 적진의 우측 날개 뒤쪽으로 보내 후방을 공격했다. 그러나 그는 코끼리라는 변수를 계산하지 못했다. 로마군의 말들은 코끼리를 보고 냄새를 맡자 공포에 질렸고 겁먹은 말들이 방향을 잃고 날뛰면서 로마의 진영은 삽시간에 난장판이 되고 말았다. 피로스는 이 기회를 놓치지 않고 기병들을 돌진시켜 로마의 보병대를 무너뜨렸다. 팽팽히 균형을 유지하던 전투는 로마의 완패로 끝나고 말았다.

남부 이탈리아가 피로스의 손에 넘어가면서 키네아스는 로마 상원의원들에게 바칠 돈과 그들의 아내를 위한 옷을 준비한 다음 로마에 가 평화 조약의 체결을 제안했다. 조약의 내용은 구미가 당기는 내용을 담고 있었다. 그러나 눈 먼 동료 아피우스 클라우디우스가 개입하면서 상원의원들은 피로스가 그리스로 돌아갈 때까지 로마는 전쟁을 멈추지 않겠다는 의지를 굳혔다. 피로스 또한 신속히 대응했다. 그는 자신의 공격과 회유 작전에 말려들지 않았던 캄파니아를 떠나 로마가 32킬로미터 지척인 프라이네스토스로 군대를 이끌었다. 이곳의 시민들은 오랜 라이벌을 제압할 수 있다는 희망을 품고 피로스를 열렬히 환영했다. 그리스군은 로마로부터 불과 6.5킬로미터 떨어진 곳에 진지를 펼쳤다.

마치 피로스와 바로 앞에서 대적하고 있는 것과 마찬가지였다. 로마의 성벽은 두터웠고 겨울은 무섭게 다가오고 있었다. 이미 또 다른 로마 대군이 북진하고 있었고, 남쪽에는 복수에 목마른 라이비누스의 군대가 도사리고 있었다. 피로스는 프라이네스토스의 운명을 그들의 손에 맡긴 채 철수 명령을 내렸다. 캄파니아에서 그는 라이비누스의 군대와 마주쳤으나 서로 함성을 질러 상대방의 기를 죽이다 보니 그 어느 진영도 전투를 개시할 엄두를 내지 못했고 피로스는 타라스로 입성할 수 있었다.

겨울 내내 협상이 이어졌다. 피로스는 로마의 사신에게 금을 뇌물로 바치는 한편, 코끼리를 커튼 뒤에 숨겼다가 갑자기 울게 만들어 그를 겁주는 양온 작전을 펼쳤고, 마지막에는 에피쿠로스의 철학으로 설득하려는 시도마저 감행했다. 그러나 이 모든 노력은 실패했다. 기원전 279년 피로스는 아풀리아의 아스쿨룸에서 로마와 맞붙었다. 두 진영 모두 엄청난 병력을 자랑하다 보니 각 군대의 전선은 거의 6.5킬로미터에 달했다. 헤라클레이아 전투 이후 로마인들은 코끼리에 대한 방어책을 고안했다. 그들은 궁수들을 실은 덮개 달린 전차에 날카로운 가시가 돋친 바퀴축을 달고 일부 전차에는 타르에 적신 불타는 천을 묶기도 했다. 설계는 근사했으나 안타깝게도 실전에서는 아무런 효과가 없었다. 혈투 끝에 로마군은 적진에 800미터 가까이 구멍을 내는 데 성공했으나, 피로스의 코끼리 부대는 이번에도 전세를 뒤집었다. 그러나 그들 또한 막심한 손실을 입었다.

제일 좋은 시기에도 가만히 있을 줄 몰랐던 피로스는 새로운 소식을 듣고 다시 한 번 마음이 들썩였다. 마케도니아에서 프톨레미 더 선더볼트가 갈리아인들과 싸우다 전사했다는 소식이었다. 피로스가 그토록 열망하던 자리의 주인이 없어진 상황이었다. 그러나 이와 동시에 접수된 파병 요청은 더욱 구미가 당겼다. 시칠리아의 그리스인들은 시라쿠사이를 포위한 카르케돈에 대항하기 위해 도움을 요청했고 피로스는 이러한 요청을 거절할 수 없었다. 시칠리아

기원전 2세기 중반 제작된 테라코타 조각상. 하우다(코끼리 위에 얹는 안장—옮긴이)(마케도니아의 발명품인 것으로 추정된다)를 장착한 전투용 코끼리가 갈리아 전사를 짓밟는 광경을 보여주고 있다.

와 카르케돈은 그가 품은 웅대한 계획의 일부였다. 시라쿠사이의 참주였던 아가토클레스의 손자이자, 자신의 아들인 알렉산드로스 말고 시라쿠사이를 더 잘 다스릴 수 있는 사람이 어디 있겠는가? 타라스에 주둔군을 일부 남겨둔 채 그는 군대를 인솔하고 시칠리아로 향했다.

카르케돈의 포위는 어느새 흐트러졌고 시칠리아 전역의 폴리스들은 피로스가 이 섬의 해방자가 되리라는 희망을 품고 그의 곁으로 모여들었다. 카르케돈인들은 피로스의 코끼리와 정예군들 앞에서 꽁무니를 뺐고, 멀리 서쪽에 주둔한 릴리바이움만이 버티는 상황이었다. 그러나 '시칠리아와 에페이로스의 왕'이라는 자화자찬은 시기상조였다. 그는 운명의 전환을 목전에 두고 있었다. 육지의 낮은 곳에 세워진 릴리바이움은 두 면이 바다에 접해 있었다. 피로스의 함대가 압도적인 전력을 갖추었다면 이곳을 취할 수 있었을 테지만, 함대의 전력은 그 정도까지 미치지 못했다. 피로스의 인내심은 바닥나기 시작했다. 기나긴 고난을 감내하고 싶지 않았던 그는 다른 새로운 전쟁에 관심을 돌렸다. 그는 포위를 풀고 시칠리아의 배와 자금을 이용해 다음 원정을 준비했다. 그의 다음 목표는 카르케돈이었다. 불가능한 계획은 아니었으나 피로스의 고압적인 태도를 접한 동맹군들은 점차 그에게서 마음이 떠나기 시작했다. 피로스는 지원을 약속했으면서도 자신이 요청한 물자를 보내지 않은 폴리스들을 혹독하게 처벌했다. 카르케돈과 남부 이탈리아의 마메르티네 사람들은 불만에 가득 찬 폴리스들을 그들의 편으로 끌어들이기 시작했다. 카르케돈을 공격할 물자도 부족하고 시칠리아를 다스릴 정치적 감각도 부재했던 피로스는 기원전 276년 시칠리아를 떠났다. 그는 자신의 괴팍한 성격 탓에 다 차려진 밥상도 챙기지 못했다.

이탈리아 반도 본토를 다시 밟은 피로스는 타라스를 향해 진군했으나 마메르티네인들이 이들을 내버려 두지 않았다. 마침내 피로스는 거구의 전사를 상대로 일대일 결투를 신청했다. 마메르티네 전사가 생각할 틈도 없이 피로스는 그에게 돌진해 머리를 두 동강 냈다. 이후 그들의 진군을 방해할 자들은 없었다. 그러나 피로스의 군자금은 바닥을 드러내고 있었다. 그는 병사들이 받아야 할 돈을 마련하기 위해 로크리스의 페르세포네 사원을 약탈했다. 이는 분명 경솔한 처사였다. 곧이어 여신의 심기가 상했다는 좋지 않은 전조가 나타났고 그리스인들은 그의 행동에 불길한 예감을 금할 수 없었다. 피로스는 북쪽으로 진격해 전열을 가다듬은 로마군과 대적할 계획이었다. 그러나 그는 목적지의 명칭에서 풍겨 나오는 불길한 기운을 감지하지 못했다. 말레벤툼Maleventum이라는 명칭은 나쁜 결과를 의미했다.

그는 도착하자마자 로마군 후방을 야간에 기습하려 했다. 그러나 반드시 필요한 움직임이 생각보다 지연되고 횃불이 꺼지는 바람에 실행으로 옮길 수 없었다. 어쩔 수 없이 다음 날 아침을 기다려 공격했지만 이미 로마인들은 그의 공격을 예상하고 있었다. 설상가상으로 그들은 코끼리를 놀래키는 법을 터득한 상태였다. 불화살에 놀란 코끼리들, 타르를 발라 불타는 돼지가 꽥꽥거리며 죽어가는 모습을 본 겁에 질린 코끼리들은 내 편 네 편을 구분하지 않고 밟고 밟히며 줄행랑을 쳤다. 두 진영은 해가 질 때까지 승패를 가릴 수 없었다. 피로스로서는 로마를 이길 마지막 기회를 날린 셈이었다. 그는 어쩔 수 없이 살아남은 병사들을 이끌고 에페이로스로 돌아왔다. 이후 5년간 로마는 이탈리아 남부를 완전히 장악했다. 피로스를 완전히 이겼다고 확신한 그들은 피로스와의 마지막 전쟁터를 베네벤툼Beneventum(좋은 결과)이라 개명했다.

피로스는 이에 동요하지 않고 마케도니아로 시선을 옮겼다. 당시 마케도니아는 안티고노스 고나타스가 왕위를 차지하고 있었다. 승리에 목마른 피로스는 값싸고 용맹한 갈리아 용병을 끌어들였고(그는 갈리아 용병들에게 에게 해의 왕궁을 약탈하라고 기꺼이 허락했다), 마케도니아 대부분의 지역과 테살리아를 장악해 안티고노스를 해변으로 몰아갔다. 그러나 그는 여전히 새로운 영토를 다스리는 데 아무런 관심을 두지 않았다. 그와 동맹을 맺었던 잔혹하고 위선적인 클레오니모스가 스파르타의 왕좌를 차지하고자(또한 결별하게 된 아내를 되찾으려는 의도도 있었다) 도움을 요청했을 때 피로스는 흔쾌히 동의했고, 어느새 속임수를 발휘해 에페이로스인들을 성벽 밖으로 쫓아냈다. 이 성벽은 몇백 년간 중장 보병들의 창에 방어를 의지하던 스파르타가 자존심을 버리고 최근에 와서야 구축한 방어시설이었다. 스파르타의 병력 상당수가 크레테로 원정을 떠난 터라 섬에 질린 게로우시아(상원)는 조건부 항복 쪽으로 의견이 기울고 있었다. 그러나 클레오니모스의 아내가 의사당에 들이닥쳐 검을 휘두르며 만약 항복하면 스스로 목숨을 끊겠다고 울부짖었다.

스파르타인들은 집결을 시작했다. 밤이 되면서 클레오니모스의 아내는 방에 들어가 목에 올가미를 쓰고 항복하느니 죽음을 선택하겠다는 의지를 보여주었다. 스파르타의 여성들은 마차를 깊이 묻어 코끼리 덫을 만들었다. 다음 날 전투는 승패 없이 끝났으나 피로스는 새벽에 적진을 뚫고 스파르타에 입성했다. 스파르타인들의 말에 따르면 이순간 행운의 여신이 찾아왔다. 피로스의 말이 화살을 맞는 동시에 스파르타군이 귀환했다는 소식이 들려온 것이다. 피로스는 북쪽을 향해 필사적으로 후퇴했으나 아들 프톨레미가 수풀 속에서 적들에게 목숨을 잃고 말았다. 분노를 이기지 못한 피로스는 스파르타의 장군을 단칼에 쓰러뜨렸고 열띤 전투가 잠잠해진 틈을 타 아들을 위해 성대한 장례를 치렀다. 이후 그는 국내 정치에 개입해 달라는 아르고스의 요청을 이기지 못하고 아르고스로 행렬을 이어갔다.

여기에서 그는 안티고노스가 점령한 도시 이상의 것을 취하고자 했다. 안티고노스는 카산드로스가 죽고 나서 마케도니아의 왕좌를 차지하고 그리스를 통치하려는 야심을 품었던 인물이다. 피로스는 주둔지를 막내아들 헬레노스에게 맡긴 다음, 모두가 잠든 밤에 부대 일부를 이끌고 아르고스로 향했다. 아르고스에서는 피로스를 끌어들인 자들이 성문을 열어주었다. 군사들은 어두운 거리를 헤집고 들어갔으나 코끼리는 성문에 걸려 허우적댔다. 짜증이 난 코끼리가 울부짖는 소리에 모든 도시는 잠에서 깨고 말았다. 적들이 서둘러 무장을 갖추면서 일대 혼란이 벌어졌다. 군사들은 구불구불한 길 속에서 방향을 잃거나 발을 헛디뎌 도시 전체를 관통하는 수로에 빠지기도 했다. 적과 아군을 구분하지 못하는 군사들 또한 부지기수였다. 아고라에 동이 트자 피로스는 모골이 송연한 광경을 목격했다. 늑대가 황소를 유린하는 조각상이 그의 눈에 들어왔다. 이는 오래전부터 전해지는 자신의 죽음을 예견하는 징조였다. 공포에 질린 그는 부하를 파견해 막내아들 헬레노스에게 자신이 아르고스에서 탈출하는 동안 성벽 바깥으로부터 철수하라는 명령을 내렸다. 그러나 헬레노스는 명령의 취지를 잘못 이해한 탓에 아버지의 군사들이 도주로로 삼으려 했던 길을 따라 아르고스로 진격했다. 피로스의 군대와 헬레노스의 군대가 마주치면서 대혼란이 발생했고 이런 상황에서는 그 어떤 명령도 먹히지 않았다. 뒤에서 계속 밀다 보니 가운데 끼인 병사들은 칼집에 미처 칼을 집어넣지 못한 채 동료들에게 상처를 입혔고 코끼리들은 아수라장 속에서 날뛰었다. 돌과 투석기가 지붕에서 비 오듯 떨어졌고, 피로스는 지붕에서 떨어진 기와 조각을 맞고 쓰러졌다. 그를 알아본 적병 하나가 그를 성문으로 끌고 가 무자비하게 목을 베었다. 안티고노스는 이 수급을 보고 매우 놀랐다. 그는 훼손된 시신을 보며 왕족에게 허용되는 화장을 승인했다. 헬레노스는 항아리에 아버지의 재를 담아 에페이로스로 보냈고, 안티고노스는 마케도니아로 가서 왕조를 창설했다. 안티고노스가 마케도니아의 왕위를 차지하는 데 이의를 제기할 사람은 아무도 없었다.

피로스의 쓸모없는 흉포한 성격과 자기중심적인 면모는 그 누구와도 비교를 불허했다. 오직 전쟁에만 혈안이 된 그는 바람직한 통치에 반드시 필요한 평화의 가치를 펼치지 못했다. 그러나 피로스가 문학에마저 적대적인 것은 아니었다. 그는 '장군의 자질에 관하여On Generalship'이라는 논문을 몸소 집필했고, 이는 스스로 초래한 수많은 역경을 자랑스럽게 엮어낸 회고록과 더불어 향후 수백 년간 정복자를 꿈꾸는 이들의 지침서로 사용되었다.

§ 로도스의 아폴로니오스(기원전 270년 이전~기원전 235년경), 시인, 학자

> 사람들이 넘쳐나는 알렉산드레이아에서 어용학자들은 뮤즈의 새장 속에서 끝없이 재잘거리며 살이 쪄 간다.
> —플리오스의 티몬, 《아테나이오스Athenaeus》에서 인용함, 소피스트의 만찬Banquet of the Sophists, 1,22

피로스와 같은 그리스 전사가 잇따른 파괴를 즐기며 음울한 삶을 영위했다면, 이와 반대로 문화에서 비롯된 고상한 즐거움을 만끽하는 사람들도 있었다. 특히 알렉산드레이아에서 이러한 풍조가 유행했고, 알렉산드레이아에서 활동한 로도스의 아폴로니오스와 같은 학자는 현재의 위안을 찾기 위해 과거로 눈을 돌렸다.

아폴로니오스에 대한 정보 또한 거의 알려진 바가 없으나 그의 작품과 동료들의 작품은 그리스뿐 아니라 로마의 문학에 지대한 영향을 끼쳤다. 두 편의 간략한 전기만이 남아 있을 뿐이며, 그나마 그중 한 편은 일부만이 남아 있으나 자세한 기초 사항이 일치하므로 사실이라 짐작할 수 있다. 아폴로니오스는 기원전 3세기 초 알렉산드레이아 또는 알렉산드레이아 인근에서 태어났다. 그가 태어난 가문은 프톨레미의 후손이었을 것이라 추정된다. 문학가로서의 경력을 열망했던 그는 성년이 되자마자 칼리마코스와 함께 모임을 조직했다(억지스러운 면이 있었던 것은 사실이다). 칼리마코스는 라이브러리에서도 출중한 능력을 선보이는 문학자였다. 그의 수업을 받았던 아폴로니오스는 그가 힘든 일이 있을 때 도와주었을 것이라 추정된다.

칼리마코스는 라이브러리의 문헌들을 정리하는 임무를 맡았다. 그는 서양 최초의 도서 목록을 만드는 데 성공했다. 120권에 달하는 칼리마코스의 피나케스Pinakes(태블릿)는 장르에 따라 도서를 정리했다. 이후 도서 목록은 줄곧 갱신되어 첫 문장과 작가의 이름에 따라 50만 건의 원고를 담기에 이르렀다. 간단한 시놉시스를 제공한 것은 물론이다. 여타 동료들과 마찬가지로 칼리마코스는 다작이 무기였다. 그는 짧은 운문에서부터 도시와 네 권으로 구성된 《아이티아Aetia(원인들)》, 《헤칼레Hekale》에 이르기까지 다양한 장르를 섭렵했다. 《아이티아》는 신비로운 의식과 도시국가의 기원을 더듬은 비가(悲歌) 모음집이었고, 《헤칼레》는 테세우스의 모험을 다룬 1천 줄짜리 시로 생략적인 문체가 특징이었다. 그는 의도적으로 이러한 문체를 사용했다. 칼리마코스는 시란 영리하게 선별한 상상을 가미하면서도 '홀쭉해야' 한다는 소신을 유지했다. 그는 '맑은 분수에서 떨어지는 물방울'이 호머의 '전광석화와 같은 에프라티스 강의 물줄기'보다 낫다고 기술했다. 가능하다면 간결함이 글 전체를 지배해야 하고 '무거운 책'이야말로 '진정한 재앙'이라는 견해를 펼쳤다. 칼리마코스는 이러한 원칙 탓에 아폴로니오스와 충돌했을 것이라 추정되며 학문적 논쟁의 단초를 제공했다. 예컨대 아폴로니오스의 작품 중에 가장 잘 알려진 《아르고나우티카Argonautica》는 흑해의 왕국 콜키스로 황금 양털을 찾아나선 이아손의 이야기로 호머의 맥락을 따른 서사시였다.

《아르고나우티카》 아동판은 조롱의 대상으로 전락했고 당황한 아폴로니오스는 알렉산드레이아를 떠나 로도스로 거처를 옮겼다. 여기에서 그는 수사학을 가르치며 생계를 이어갔다. 한편 그는 개작한 시를 다시 선보였고 이를 높이 평가받아 시민권을 획득힐 수 있었다. 그는 이러한 일을 계기로 로도스의 아폴로니오스라는 이름을 내세웠다. 개작한 《아르고나우티카》는 총 네 권으로 6천 줄에 달하며 당대 문학의 정수로 손꼽는다. 《오디세이아》에 힘입은 이 작품은 학구적인 내용과 낭만적인 내용이 공존하며 호머 스타일의 비유를 예찬하는 마냥 노골적으로 따르고 있다. 이러한 비유는 만사의 이유를 찾고 싶어 하는 알렉산드레이아인들의 성향과 깊은 정신분석학적 통찰 및 풍부한 도시적 유머를 표방했다. 그 핵심에는 이아손에게 어느새 반한 메데이아의 이야기가 있었다. 메데이아의 심장은 '양철통에 빙빙 쏟아지는 물줄기처럼, 팔팔 끓으며 김으로 흩어지는 가마솥의 수증기처럼, 벽면에 반짝이는 한 줄기 햇살처럼 콩닥콩닥 뛰었다.'

이아손은 별 이목을 끌지 못하고 자기 회의를 일삼았다. 용맹한 아킬레우스나 지혜로운 Polymechanos 오디세우스와는 달리, 그는 우왕좌왕하며amechanos 동료 선원들에게 많은 것을 의지했다(이들 가운데 상당수는 **알렉산드로스 III세**를 계승하려던 호전적인 인물들처럼 반인반신으로 취급받았다). 오직 이아손이 그들을 능가한 것은 애정 관계뿐이었다. 대장장이 신 헤파이스토스가 아킬레우스를 위해 만든 방패를 차용한 단락에서 아폴로니오스는 아테나 여신이 공들여 짠 이아손의 망토를 언급하고 있다. 그는 이 옷을 입고 렘노스의 여왕 힙시필레를 유혹했다. 《아르고나우티카》는 이러한 로맨티시즘을 다루면서도 당시 삶의 어두운 일면을 피하려 들지 않았다. '제우스는 살인을 싫어할 뿐, 살인을 저지른 자를 여전히 사랑할 수 있다'라는 믿음 속에 희망을 버리지 않으면서도 잔인한 살인은 악몽과 혹독한 징벌을 필연적으로 수반했다. 그 밖에도 곳곳에서 각종 비유를 통해 변화무쌍한 현실을 상기시킨다. 이아손은 메데이아의 마법 덕에 잠시라도 영웅의 힘을 부여받아 용의 이빨이 박힌 땅에서 솟아난 무서운 군대를 무찌르게 된다. 아폴로니오스는 그를 다음과 같이 비유한다.

농토를 노리는 적들에게 위협을 느껴 새로 간 낫을 들고 설익은 농작물을 미리 수확하려 허둥대는 농부였다. 적들의 손에 농작물이 넘어갈까 두려워 햇살을 충분히 쬐고 여물 때까지 기다릴 수 없었다.

아폴로니오스는 다른 문학작품들과 전래되는 이야기들 또한 소재로 삼았다. **에우리피데스**의 《메데이아》 또한 예외는 아니었다. 그가 묘사한 모시노이코이Mossynoeci의 기이한 관습은 **크세노폰**의 《아나바시스》를 연상시켰다. 크세노폰이 밟은 여정과 그가 만난 사람들을 보면 이아손의 이야기와 닮은 점이 많다. 켈트 족 신화를 참조한 구절도 찾아볼 수 있으며 '테바이(이집트인들의 룩소르)의 사제들이' 말한 지혜를 언급하기도 한다. 회화와 건축에 대한 암시도 존재한다. 에로스가 손가락 마디에 가니메데를 끼고 노는 구절은 폴리클레이토스의 유명한 조각품을 연상시킨다. 공포의 대상이었던 거대한 구리 인간 탈로스는 아폴

테오크리토스, 목가시, 마임

알렉산드레이아의 문학 공동체 가운데 시라쿠사이의 테오크리토스는 서구 문학의 전통에 있어 오랜 기간 중심축을 차지한 목가시를 발전시킨 것으로 유명하다. 그가 이러한 장르를 창시했을 가능성도 배제할 수 없다. 목가시bucolic poetry는(boukolia라는 단어는 '소떼'를 뜻한다) 'idylls'란 이름으로도 불린다(이 단어는 eidullion에서 어원을 찾는다. 한편 '형태'를 의미하는 eidos의 약어가 어원이라는 학설도 있다). 그리스의 색채가 다분한 문학작품 가운데 이처럼 짤막한 작품들은 도피주의적 시각 및 사랑에 목마른 양치기들(다프니스와 같은)이 넘치는 시골의 정경, 키클롭스 폴리페모스와 같은 신화 속 주인공이 갈라테이아 요정을 향한 애정을 삭히려 노래하는 장면 등을 담고 있었다.

테오크리토스가 시문학에서 시도한 마임('모방'을 의미했다)이란 장르 또한 특유의 도시적 배경을 바탕으로 새로이 싹을 틔웠다. 아도니스의 축제를 구경하고 싶은 두 여성이 프톨레미 II세 왕궁으로 가는 길에 나눈 대화는 알렉산드레이아 사람들의 삶을 적나라하게 보여준다. 부산한 거리 모습을 느낄 수 있고 번지르르한 언어유희('코이네를 말하지 못하는 시라쿠사이인들은 사투리를 쓴다는 이유로 비웃음을 산다')를 접할 수 있다. 이를 통해 알 수 있는 가장 놀라운 사실은 여성들이 자유롭게 돌아다닐 수 있었다는 것이다. 기원전 5세기와 기원전 4세기 초반의 아테나이 여성들에게는 불가능했던 일이었다. 이러한 장면은 헤로다스의 마임에서도 드러나고 있다. 헤로다스 또한 알렉산드레이아 출신으로 그의 시는 매력적인 등장인물이 특징이며 여성들의 일상을 다양하게 드러내고 있다. 코스의 아스클레피오스 사원을 출입하는 여성, 신발가게(시에 등장한 여성은 자기 성애를 자극할 신발을 구입한다)에 출입하는 여성들을 묘사하는 한편, 충성심 높은 노예에게 채찍 2천 대를 때리는 집안마님의 이야기도 등장한다.

로니오스가 정착한 로도스의 거대 석상과 닮은꼴이다. 안개 속에서 반짝이며 길 잃은 선원들을 인도하는 아폴로의 활 이야기는 알렉산드레이아의 등대를 연상시켰다.

개작한 《아르고나우티카》가 대성공을 이룬 덕에 아폴로니오스는 금의환향해 라이브러리와 뮤지엄의 수장을 맡아 프톨레미 III세를 가르치고 더욱 많은 시를 창작했다. 그는 이미 궁중 생활에 필요한 모든 것들을 알고 있었다. 《아르고나우티카》에서 그는 '그들은 왕을 위해 일했다'라는 단순한 문장 하나로 바쁜 하인들의 끊임없는 고충을 설명했다. 아폴로니오스는 그가 세상을 떠난 기원전 235년까지 라이브러리에서 일했다. 그의 뒤를 이은 에라토스테네스는 '베타Beta'라는 별명을 지니고 있었다. 이러한 별명을 지닌 이유는 재능이 넘치는 팔방미인임에도 하도 많은 분야에 손을 대다 보니 모든 분야에서 1인자가 아닌 2인자에 머물렀기 때문이다(그가 측정한 지구의 둘레는 실제 길이에 비해 1.6퍼센트밖에 차이가 나지 않았다. 거의 정확히 지구 둘레를 측정한 최초의 인물임을 감안할 때 그는 최소한 베타보다 나은 별명으로 불릴 자격이 충분했다).

라이브러리를 맡았던 아폴로니오스는 테오크리토스와 같은 작가들뿐 아니라 '뮤스의 새장'(뮤지엄의 별명이다)에 모여들었던 수많은 과학자들과도 긴밀히 교류했다. 이들 가운데는 아리스타르코스도 있었다. 그는 지동설을 주장한 최초의 천문학자였다. 기술자들 또한 알렉산드레이아가 발을 디딘 화려한 계획에 동참하기 위해 소집되었다. 기원전 285년 프톨레미 II세가 시도한 계획이 가장 유명했다. 전해지는 이야기에 따르면(신빙성이 의심되는 것은 사실이다) 쉽게 보기 힘든 동물들을 수입하고 빅토리로 가장한 연기자들이 공연을 펼치는 한편, 구동기관을 설치한 3.5미터의 사티로스 상은 자동으로 일어나 납작한 금접시에 담긴 우유를 따르고 다시 앉는 동작을 반복했다. 표범 가죽으로 짠 포도주 부대는 3만 갤론(136입방미터)의 포도주를 행사 내내 부족함 없이 쏟아냈고, 91미터 크기의 황금 남근상 머리에는 금성이 올라가 있었다. 이처럼 평화로운 시기에 개최한 행사는 최첨단의 발명품들을 보여줄 기회를 제공했다. 그러나 대부분의 실용과학은 전쟁에 초점을 맞추고 있었고 이 방면에서 아르키메데스는 최고의 창의성을 보여주었다.

§ 아르키메데스(기원전 287년경~기원전 212년), 수학자, 발명가

> 내가 설 곳만 있다면 지구를 움직일 수 있다.
> ─아르키메데스, 알렉산드레이아의 파푸스에서 인용함, 컬렉션, 8

아르키메데스는 시라쿠사이에서 태어났다. 천문학자였던 그의 아버지 페이디아스는 시라쿠사이의 통치자 히에론 II세와 가까운 친척이었다. **피로스**의 군대를 인솔했던 히에론은 지휘관이 된 이후, 기원전 276년에 아페이로스가 시칠리아를 포기하면서 시라쿠사이의 참주에 등극했다. 소년이었던 아르키메데스는 기원전 278년, 카르케돈의 포위 공격을 견디는 것은 물론 피로스의 군대가 릴리바이움으로 서진하는 장면을 목격해야 했다. 그는 훗날 평화로웠던 알렉산드레이아에서 위대한 기하학자이자 이론수학자이며 지대한 영향력을 가졌던 《원소Elements》의 저자 에우클레이데스Euclid의 지도를 받았을 것이라 추정된다. 총 13권에 이른 《원소》는 비례와 제곱근의 개념을 사용해 기하대수에서부터 공간기하학에 이르기까지 모든 영역을 섭렵했다.

시라쿠사이에서 아르키메데스는 이론 수학을 공부했고 새로운 방법론을 개발한 결과 기존의 학자들에 비해 상당히 큰 숫자와 작은 숫자까지 계산해 낼 수 있었다. 그는 논문을 통해 혁명적인 이론을 펼쳤다. '모래를 부르는 사람Sand-Reckoner'이라는 제목의 논문에서 그는 아리스타르코스의 지동설을 따라 우주 전체의 모래의 수를 8×10^{63}으로 계산했다. 《원주율 계산하기Measuring the Circle》에서 그는 원주율을 223/71에서 22/7 사이로 계산했다. 또한 《구와 원기둥에 관하여The Sphere and the Cylinder》에서 그는 동일한 너비와 높이의 원기둥 안에 꽉 차게 들어 있는 구의 표면적과 부피의 비율이 2:3이라는 사실을 증명했다.

아르키메데스는 실용적인 발명품을 만드는 방면에서도 탁월한 능력을 발휘했다. 그가 만든 움푹한 천체는 손잡이를 돌리면 태양, 달, 행성 다섯 개의 움직임을 놀라울 정도로 정확히 보여주었다. 왕관을 순금으로 만들었는지 알아보라는 명을 받은 아르키메데스는 밀도와 부피를 측정해 이 과제를 풀 수 있었다. 그는 왕관을 저울 한쪽에 올려놓고 순금덩이를 다른 쪽에 올려놓아 무게를 맞춘 다음, 왕관과 순금덩이를 각각 다른 물그릇에 넣었다. 그는 밀도가 높은 순금은 불순물이 섞인 합금에 비해 더 많은 부피를 차지할 것이라고 정확히 예상했다. 이는 욕조 속에 들어가 부피를 측정하는 방법을 발견하고 나서 시도한 방법이었다. 물이 자신의 몸이 차지한 부피만큼 쏟아져 나오는 것을 깨달은 아르키메데스는 알몸으로 뛰어나와 거리를 내달리며 '드디어 알았어!'(유레카)라고 외쳤던 것으로 유명하다.

아르키메데스는 많은 것을 발명했다. 그는 도르래 장치와 최초의 거리계 및 무거운 물건을 들어 올릴 수 있는 복합 도르래를 설계했다. 그는 다음과 같은 말을 통해 지렛대의 원리를 설명했다. '내가 설 수 있는 장소만 있다면 지구를 움직일 수 있다.' 헬레니즘 시대의 그리스에서는 좀더 크고 웅장한 건축물을 지향했다(로도스의 거대 석상과 알렉산드레이아의 등대가 대표적이다). 이러한 시대를 살았던 아르키메데스는 자신의 발명을 실용적인 용도로 활용할 필요가 있었다. 히에론 II세는 그에게 거대한 3층 거함 시라쿠시아호를 건조하라는 명령을 내렸다. 이 배는 노를 젓는 줄이 무려 20개에 달했고 연회장, 도서관, 체육관, 아프로디테 사원, 포도나무가 늘어선 산책로까지 구비된 한편, 《일리아드》 배경 전체를 그리고 있는 모자이크 바닥이 특징이었다. 아르키메데스는 거선을 만드는 과정에서 두 가지 영감을 떠올렸다. 이러한 영감의 결과물은 진수를 위한 원치 및 아르키메데스라는 이름을 붙인 스

'내가 그린 원을 밟지 마시오.' (서기 17세기에 제작된 것으로
추정되는) 이 모자이크는 시라쿠사이를 점령한 군인 하나가
아르키메데스를 죽이려 공격하는 모습을 묘사하고 있다.

크루였다. 이 스크루는 회전하는 칼날을 담은 실린더로 배에 괸 물을 퍼낼 수 있었다. 이후 시라쿠시아호는 두 배 크기의 전함으로 개조되었다. 말 20마리를 수용할 수 있는 마구간과 해병을 위한 막사를 갖춘 이 전함은 최신 무기를 탑재했다. 이러한 무기 중에는 아르키메데스가 몸소 설계한 투석기도 들어 있었다. 이 투석기는 82킬로그램에 달하는 불타는 돌과 183미터까지 날아가는 5.5미터 길이의 화살을 탑재할 수 있었다. 그러나 시라쿠시아호는 덩치만 큰 애물단지에 불과했다. 시칠리아에 이 배를 수용할 수 있는 항구가 없다 보니 곡물을 채워 알렉산드레이아호로 개명한 다음 프톨레미 III세에게 선물로 전달하는 수밖에 없었다. 프톨레미 III세의 아들은 훗날 이를 능가하는 배를 건조하라고 명령했다.

포술과 공성전차가 진화함에 따라 아르키메데스의 능력이 더욱 더 필요해졌다. 특히 시라쿠사이가 로마와 전쟁에 돌입하면서 그는 시라쿠사이를 위해 자신의 능력을 발휘해야 했다. 기원전 263년 시라쿠사이의 참주 히에론 II세는 로마와 조약을 체결했다. 이 조약은 시칠리아를 정복하기 위해 카르케돈과 전쟁에 돌입한다는 내용을 담고 있었고, 이러한 대가로 시라쿠사이는 시칠리아 섬의 동남부에 대한 지배권을 계속해서 보장받을 수 있었다. 그러나 한니발이 칸나이에서 승리하고 마케도니아의 왕 필립 V세가 카르케돈을 지원하면서 기원전 215년 히에론이 죽은 후 그의 자리를 물려받은 히에로니모스는 로마를 배신하는 극적인 조치를 단행했다. 이를 가만히 두고 볼 수 없었던 로마는 기원전 214년 시라쿠사이를 포위했다.

아르키메데스가 다시 한 번 창의력을 발휘할 시점이었다. 그는 로마의 함대를 물리치기 위해 시라쿠사이의 성벽에 다양한 사거리의 투석기를 배치했다. '전갈'이라는 별명을 지닌 작은 투석들은 특별히 뚫은 구멍을 통해 발사할 수 있었다. 전해지는 이야기에 따르면 그는 오목 거울로 햇빛을 모아 선체에 비추어 적선을 태워버렸다고 한다. 접근전을 위해 그는 쇠고리를 매단 쇠사슬을 막대기에 매달아 적선을 향해 던져 적선을 물 밖으로 끌어냈다고 전해진다. 그는 육지에서도 유사한 기술을 적용해 흔들리는 거대한 막대에 무거운 추를 매달아 로마의 공성전차를 부수는 데 활용했다.

그러나 기원전 212년, 로마는 아르테미스 축제를 개최하던 시라쿠사이를 완전히 장악했고 아르키메데스는 로마군에게 주살되었다. 전해지는 이야기에 따르면 로마 장군 마르켈루스는 그의 군사적 수완을 활용하기 위해 아르키메데스를 생포하라고 명령했다. 병사들이 그를 발견했을 때, 그는 모래에 도형을 그리며 생각에 골몰해 있었다. 그는 '내가 그린 원을 망치지 마시오'라고 말하며 병사들에게 뒤로 물러서라고 명령했다. 이러한 태도에 분노한 병사들은 그를 살해했다. 기원전 75년, 그리스에 우호적이었던 키케로는 시라쿠사이의 인근의 관목 옆에서 가시나무에 덮인 아르키메데스의 무덤을 발견했다. 그는 가느다란 원기둥을 보고 아르키메데스의 무덤이라는 것을 알아낼 수 있었다. 이 원기둥의 끝에는 돌로 만든 실린더 모형이 놓여 있었고 그 속에는 구가 들어 있었다.

§ 아탈로스 I세(기원전 269년~기원전 197년), 왕, 장군

아탈로스는 어머니 신 키벨레의 말에 온몸을 떨며 이렇게 외쳤다. '…로마는 우리의 유산이
필요합니다.'

— 오비드, 《달력Fasti》, 4.326

로마의 영향력이 그리스에 속한 이탈리아와 시칠리아에서 동방으로 뻗쳐 나가면서 크고 작은 국지전의 위협을 극복하기 위해 로마와 동맹을 맺으려는 왕들이 하나 둘씩 등장했다. 북서부 소아시아의 신생국가, 페르가몬을 다스리던 아탈로스 I세도 이러한 왕들 가운데 한 명이었다.

기원전 301년 힙소스 전투 이후, 페르가몬은 환관 필레타이로스의 통치를 받고 있었다. 처음에 그는 리시마코스를 대신해 페르가몬을 다스렸고(기원전 281년 키루페디온 전투 이전까지), 그 이후로는 소아시아 대부분의 지역을 통치했던 셀레우코스의 계승자들을 대신했다. 그가 주군으로 모셨던 자들이 엄격히 관리하지 않은 탓에 필레타이로스와 그의 조카 에우메네스 I세(그의 재위 기간은 기원전 263년~기원전 241년이었다)는 페르가몬을 마치 그들 개인의 영지인 양 다스릴 수 있었다. 번영을 자랑했던 이 지역은 평화를 얻기 위해 비싼 대가를 치러야 했다. 북쪽으로부터 이주해 오기 시작한 갈리아인의 위협이 지속되었고, 에우메네스는 전쟁을 불사하기보다는 조공을 바치는 편을 선택했다. 반론이 들끓었던 이 정책은 스물여덟 살에 불과했던 그의 조카 아탈로스 I세가 왕위에 오르면서 뒤집히게 된다.

알렉산드로스 III세와 비슷하게 머리를 말아 올린 아탈로스는 결단력이 있고 영웅의 자질을 타고난 인물이었다. 기원전 241년 아탈로스가 이끈 부대는 카이코스 강 상류에서 갈리아인들과 맞붙었다. 대승을 거둔 아탈로스는 '구원자'라는 칭송에 으쓱해 스스로를 '왕'이라 선포했다. 그러나 갈리아인들은 복수를 감행했다. 그들은 안티오코스 더 호크(셀레우코스 II세의 동생이었던 그는 셀레우코스 II세의 적이기도 했다)와 동맹을 맺은 다음, 본거지인 사르데이스에서 페르가몬에 대한 공격을 준비했다. 이는 기나긴 원정의 서곡이었다. 보스포로스에서 카리아에 이르기까지 크고 작은 전투가 이어졌고, 아탈로스는 승리를 거듭한 끝에 기원전 228년 무렵 타우로스 산맥 북방에 자리 잡은 서부 소아시아 대부분을 지배할 수 있었다. 아탈로스의 영향력이 확대되면서 셀레우코스 왕조는 경계를 늦추기 어려웠고 마침내 그들과의 기나긴 전쟁이 시작되었다. 기원전 213년, 아탈로스는 어렵사리 획득한 영토 대부분을 안티오코스 III세에게 양도하는 내용의 조약을 체결했다.

아탈로스는 이에 실망하지 않고 서쪽으로 관심을 돌렸다. 기원전 219년, 그는 그리스 본토의 아이톨리아 동맹에 가입했다. 이 동맹은 범상치 않았던 인물 마케도니아의 필립 V세(그는 평화로운 시절에는 '그리스인들이 사랑하는 인물'로 알려져 있었다)와 전쟁을 벌인 결과 기원전 217년에 참패했다. 2년 뒤 필립은 당시 가장 막강한 세력을 자랑했던 카르케돈과 동맹을 체결했다. 그러나 승리에 대한 미련을 버리지 못했던 아이톨리아 동맹은 기원전 211년, 보란 듯 로마와 동맹을 체결다. 아탈로스는 로마의 대의명분을 끌어안았고 기원전 210년에는 아이기나 섬을 차지하는 데 성공했다. 이듬해 그는 로마의 장군과 이 섬에서 만나 다음 전략을 논의했다. 그러나 전쟁은 계획대로 흘러가지 않았고 아탈로스는 페르가몬으로 돌아왔다. 비티니아의 프루시아스 I세는 페르가몬을 위협하고 있었다. 4년간 아탈로스는 분쟁에 온 정신을 쏟아야 했고, 기원전 205년에 평화조약이 체결되고 나서야 안도할 수 있었다.

같은 해 로마에서는 또 다른 움직임이 시작되었다. 로마의 제사장들은 트로이아 인근 이데 산의 어머니 신이 현존한다면 로마는 무적의 국가가 될 수 있다고 선포했다. 이러한 예언에 고무된 로마는 키벨레 여신의 화신인 커다란 검정색 운석을 프리기아로부터 가져오기 위해 아탈로스에게 도움을 요청했다. 훗날 로마의 시인들은 망설이는 아탈로스를 향해 이렇게 외치는 여신의 모습을 상상했다. '로마는 모든 신들의 안식처가 될 충분한 자격이 있노라.' 기원전 204년, 이 돌은 로마 팔라티누스 언덕에 자리 잡은 위대한 어머니Magna Mater의 사원에 설치되었고, 여신을 기리기 위한 연례 체육 행사가 개최되었다. 여신의 사제들은 황홀경 속에서 거세를 마다하지 않았고, 맨 정신으로 그들을 방문한 로마인들에게 끝없는 황홀경을 선사했다.

기원전 201년 에게 해는 다시 전쟁의 소용돌이에 휘말렸다. 필립이 사모스를 점령하고 키오스와 페르가몬 인근의 섬들을 포위하면서 아탈로스와 그와 동맹을 맺은 로도스인들은 에리트라이 인근의 해상에서 마케도니아인들과 충돌했다. 함대에 몸을 실었던 아탈로스는 큰 부상을 입었고 필립의 함선에 쫓겨 해변을 향해 도망쳤다. 해변에 도착한 그는 왕실의 금고를 부수고 보물을 해변에 흩어 놓아 주의를 흐트렸다. 필립의 병사들은 그래도 포기하지 않고 아탈로스를 페르가몬까지 쫓았다. 그러나 난공불락의 성에 가로막힌 그들은 주변 외곽을 완전히 초토화시켰다. 견디다 못한 아탈로스는 로마에 도움을 청했다. 그러나 로마는 오지 않았고 필립은 이미 행동을 개시한 지 오래였다. 이듬해 필립의 동맹군들은 아티케를 침략했다. 아테나이인들은 필사적으로 아이톨리아 동맹에 도움을 요청했다. 아탈로스는 우연히 아이기나와 가까운 곳에 있었다. 그가 아테나이에 도착하자 사람들은 영웅의 귀환을 환영하는 분위기였다. 수많은 군중들이 성스러운 길을 걸어가는 그를 환호했다. 훗날 아테나이인들은 그를 기념하려는 취지에서 새로이 등장한 주민들에게 그의 이름을 붙였다.

기원전 200년, 카르케돈이 패배하면서 로마는 필립에게 전쟁을 선포했다. 그들은 이 전쟁을 지원하기 위해 나이가 거의 70세에 이른 아탈로스를 불러들였다. 에게 해 전체를 집어삼키려는 기나긴 전투 속에서 그 어느 진영도 결정적인 승기를 잡지 못했다. 기원전 198년 필립과 연합하기로 약속한 펠로폰네소스 아카이아 동맹은 필립과 결별을 고려하고 있다고 선언했다. 협상단이 시기온에서 그들을 만났다. 협상단에 참가했던 아탈로스는 아카이아 측에게 아고라에서는 자신의 거대 석상을 세웠고 자신에게 바치는 세의를 거행하는 한편,

자신이 내세운 대의명분을 위해 군대까지 소집했다는 점을 내세워 깊은 인상을 심어주었다. 그럼에도 그들은 코린토스를 점령하는 데 실패했고, 이듬해 초 대표단은 보이오티아인들의 지원을 얻기 위해 테바이로 건너갔다. 아탈로스가 대표단의 선봉에 섰다. 그는 그리스를 위해 봉사해왔던 무수히 많은 일들을 상기시키며 열변을 토하던 중 뇌졸중이 찾아와 몸 한쪽이 완전히 마비되었다. 그는 페르가몬으로 돌아와 그해 가을 세상을 떠났다. 그는 왕위를 아들 에우메네스 II세에게 평화롭게 물려주었다. 동맹국들이 든든한 방패가 되어주면서 왕국은 번영을 구가했고 예술 또한 융성할 수 있었다.

§ 필로포이멘(기원전 253년~기원전 183년), 정치인, 장군

한 로마인은 필로포이멘을 칭송했다. 그리스라는 이름을 걸 만한 위인은 필로포이멘이 마지막이었다고.

— 플루타르코스, 《필로포이멘의 일생Life of Philopoemen》, 1

로마의 부흥을 목격한 일부 그리스인들은 과거의 영광을 그리워했다. 필로포이멘도 이러한 사람들 가운데 하나였다. 펠로폰네소스의 도시, 메갈로폴리스 출신인 그는 아버지가 세상을 떠난 이후 메갈로폴리스의 다른 가문에 입양되었다. 그는 테바이 장군 **에파메이논다스**를 닮고자 노력했다. 필로포이멘의 아버지 크레우기스가 죽고 나서 키만 크고 **빼빼** 마른 평범한 외모의 소년은 메갈로폴리스의 유력 인사 클레안데르에게 입양되었다. 그는 메갈로폴리스의 철학자 두 명에게 필로포이멘의 교육을 맡겼다.

아카데미가 배출한 두 철학자는 자유와 민주주의를 열렬히 지지했고, 필로포이멘에게 근검절약의 정신과 정직한 노동의 가치를 심어주었다. 그러나 격랑의 시대에 닥친 전쟁의 질곡이 필로포이멘의 삶을 지배했고, 국가의 영웅이 되고 싶었던 그는 전략과 **알렉산드로스 III세**의 원정에 관한 책들을 탐독했다.

기원전 223년 메갈로폴리스는 스파르타의 왕 클레오메네스 III세의 공격을 받았다. 영토를 수복하고 긴축 정책과 군사 개혁을 펼친 끝에 스파르타는 기원전 272년, **피로스**에게 침략당하기 이전의 상태를 회복할 수 있었다. 아카이아 동맹의 펠로폰네소스 지역으로 영역을 넓히고 싶었던 클레오메네스는 야간 공격을 감행해 수도 메갈로폴리스의 광장을 점령했다. 처음으로 역사의 현장에 입문한 필로포이멘은 당황한 시민들 다수를 탈출시킨 것은 물론, 말이 부상당하는 악조건 속에서도 스파르타의 공격을 막아냈다. 그는 인근의 메세네로 피난을 간 시민들에게 클레오메네스의 평화제의를 받아들이면 노예로 전락하는 신세를 면할 수 없다고 말했다.

필로포이멘과 아카이아인들은 마케도니아의 왕 안티고노스 III세 도손이 이끄는 그리스 폴리스들의 동맹과 연합전선을 형성했다. 그들은 파르논 산맥의 아담한 산에 자리 잡은 셀라시아 인근에서 스파르타인들과 맞붙었다. 그러나 그들의 군대는 군기가 빠진 데다 의사소통도 원활하지 못했다. 동맹군의 전세가 위태로워지자 필로포이멘은 명령을 무시하고 기마대를 몰아 진격했다. 그는 말에서 내려 육탄전을 벌이다 허벅다리에 창을 맞았다. 그러나 그는 창을 두 동강 낸 다음 다리에 박힌 조각을 뽑아버리고 재차 전투에 나서 스파르타인들을 무자비하게 참살했다. 그의 용기에 반한 안티고노스는 그에게 직속 부대의 지휘권을 맡기려 했으나 그는 이러한 제안을 거절했다.

대신 필로포이멘은 크레테로 건너가 이후 10년을 용병으로 싸웠다. 그로 말미암아 마케도니아 또한 이 섬에 대한 관심이 높아졌다. 기원전 210년, 그는 귀환과 동시에 아카이아인들이 북쪽의 아이톨리아 동맹뿐 아니라 로마와 전쟁을 벌이는 현실을 목도했다. 이러한 전쟁은 아카이아인들이 안티고노스의 후계자 필립 V세와 동맹을 맺은 데서 비롯되었다. 아카이아의 기마대를 지휘한 필로포이멘은 전쟁터에서 필립을 보좌했다. 그는 엘리스 옆의 라리소스 강둑에서 벌어진 전투에 참가해 적장을 창으로 찔러 죽였다. 온 사방에 명성을 떨친 그는 스파르타의 움직임에 대비해 몇 달에 걸쳐 아카이아 군대를 재편성하고, 무기를 보급하고, 사기를 불어넣었다. 셀라시아 전투에서 패배한 클레오메네스가 알렉산드레이아로 도망친 후 야심에 찬 용병 마카니다스는 스파르타의 헌법을 폐기하고 스스로를 스파르타의 유일한 왕으로 선언했다. 그는 아카이아 동맹을 무너뜨려 펠로폰네소스로 자신의 영역을 확대하는 데 혈안이 되어 있었다. 기원전 207년, 그가 만티네이아를 공격하자 필로포이멘의 군대는 인근에서 그와 대치했다. 두 지휘관은 일대일로 맞붙어 전쟁의 승부를 짓고자 했다. 마카니다스의 말이 도랑에서 빠져나오려 낑낑대는 순간, 필로포이멘은 상대방의 가슴 깊이 창을 찔렀다. 이후 네메아 경기

피에르 장 데이비드 당거의 필로포이멘 조각상은 셀라시아 전투에서 허벅지에 꽂힌 창을 뽑는 모습을 알몸으로 묘사해 영웅적 이미지를 강조하고 있다.

에서 필로포이멘은 그리스의 구원자로 영웅 취급을 받았다. 그의 이름은 자신감의 대명사였고, 훗날 아카이아인들이 배신을 감행하자 필립은 공포에 질려 그를 독살하려 했다. 당시까지 메세네를 목표로 삼았던 필로포이멘은 스파르타를 끊임없이 괴롭혔다. 지루한 전쟁 끝에 기원전 201년, 그는 스파르타의 왕 나비스를 제압해 그들의 야망을 잠시라도 좌초시켰다. 나비스는 전임자 마카니다스와 마찬가지로 두 명의 왕을 예정한 스파르타 헌법을 무시하며 일인 독재자로 군림했다. 기원전 199년, 나비스의 권력욕이 아직 살아 있다는 신호가 다분했으나 필로포이멘은 크레테 섬의 고르틴 시민들의 요청을 거절하지 못하고 다시 한 번 크레테 섬으로 떠났다. 6년 후 그리스로 돌아와 보니 그리스인들의 삶과 정치가 근본적으로 변해 있었다. 아카이아인들은 로마와 동맹을 맺은 상태였고 펠로폰네소스로 들어온 로마군들을 환영했다. 스파르타에서 나비스는 마지막 저항을 계획하고 있었다.

필로포이멘이 크레테로 원정을 떠난 사이에 나비스는 여러 가지 성취를 이룰 수 있었다. 필립에 이어 로마와의 동맹마저 틀어졌으나 기원전 194년에 적들이 한동안 철수한 것에 용기를 얻어 군대를 재편했다. 필로포이멘은 아카이아 동맹의 스트라테고스로 다시 임명되어 그를 제거하는 임무를 맡았다. 필로포이멘은 처음에는 이렇다 할 성과를 내지 못하다가 점차 승기를 잡아갈 수 있었다. 이 과정에서 새로이 부임한 로마의 장군 플라미니우스는 질투심을 이기지 못하고 필로포이멘이 기회를 활용하지 못하도록 막았을 뿐 아니라 스파르타와 평화 조약을 체결했다. 실제로 로마는 신경을 쓸 문제가 따로 있었다. 아이톨리아 동맹은 그리스 본토를 침략 중인 셀레우코스의 왕 안티오코스 III세(로마의 천적 한니발의 보호자)와도 동맹을 맺었다. 그러나 안티오코스는 기원전 191년 테르모필라이에서 참패한 이후 아나톨레로 돌아왔고, 이후 3년간 계속된 패배를 견디지 못하고 항복했다.

기원전 192년, 나비스는 로마와의 조약을 파기하고 아이톨리아인들에게 도움을 요청했다. 그러나 그들은 도움을 주기는커녕 나비스를 살해하고 스파르타를 점령했다. 혼란의 소용돌이 속에서 필로포이멘은 남쪽으로 진군했다. 그는 채찍과 당근을 번갈아가며 활용해 아카이아 동맹을 향한 스파르타의 충성을 유지할 수 있었다. 한동안 필로포이멘은 로마의 간섭에 대항해 스파르타의 명분을 살려주었으나 부활을 시도하는 스파르타의 국수주의만큼은 철저히 제압할 수밖에 없었다. 기원전 188년, 그는 스파르타의 성벽을 파괴하고 헌법과 아고게를 폐지한 것은 물론 가장 다루기 까다로운 3천 명의 시민을 노예로 팔아 넘겼다. 그는 이 대금을 메갈로폴리스의 포르티코를 짓는 비용으로 사용했다.

5년 후 메세네는 아카이아 동맹을 배신했다. 늙고 병든 필로포이멘은 다시 한 번 전쟁에 나섰으나 메세네 인근의 전투에서 말을 타고 싸우다 떨어져 포로로 잡혔다. 그는 독약을 마시고 세상을 떠났다. 슬픔에 잠긴 아카이아인들은 메세네에 쳐들어가 생포한 포로들을 쇠사슬에 묶고 똑같은 복수를 감행했다. 그들은 필로포이멘의 시신을 수습해 화장하고 그의 재를 성대한 의식을 거쳐 고향 메갈로폴리스에 보냈다. 완진 무장을 갖춘 의장 기병이 아카이아 마을을 지나 북쪽으로 행군해 가자 거리는 그를 애도하며 관을 한 번이라도 만지려는 애도자들로 들끓었다. 전쟁 포로들은 국장을 거친 그의 무덤 옆에서 돌세례를 받고 죽어야 했다.

필로포이멘은 로마의 진출을 막을 힘이 없으면서도 로마의 야망을 경계해야 한다고 줄곧 경고했다. 그는 로마가 그리스를 식민지로 만들고 말 것이라 예언했다. 그가 죽은 지 40년도 되지 않아 로마인들은 그리스를 병합했다. 그들은 역사가 폴리비오스가 말리지 않았다면 필로포이멘의 무덤을 파괴했을지도 모른다. 그의 무덤을 보호하려던 폴리비오스의 의지는 단호했다. 젊은 폴리비오스는 리본과 화환에 둘러싸여 메세네로부터 마지막 여정을 시작한 필로포이멘의 관을 운구했다. 폴리비오스는 자신의 마음속 영웅이 예언한 바가 자신이 죽기 전에 일어날 것이라는 사실을 모르고 있었다.

§ **폴리비오스**(기원전 200년~기원전 118년), 정치가, 역사가

(카르케돈이 불타던 당시) 스키피오는 이렇게 말했다. '성스러운 트로이아가 무너지고 프리아모스와 주민들 모두가 도륙당하는 날이 올 것이다.' 폴리비오스가 무슨 말이냐고 묻자, 스키피오는 인간의 운명을 생각할 때 로마를 두려워하게 된다고 터놓고 고백했다.
— 아피아노스, 《포에니 전쟁Punic Wars》, 132

폴리비오스는 정치인의 피를 타고났다. 그의 아버지 리코르타스는 메갈로폴리스의 유력 인사이자 **필로포이멘**과 가까운 사이였다. 기원전 183년 열일곱 살의 폴리비오스는 기병대에

입대해 메세네 전투에 참가했다고 추정된다. 전투가 끝나고 나서 필로포이멘의 유골을 메갈로폴리스로 운구한 사람이 폴리비오스였기 때문이다. 훗날 그는 '필로포이멘의 성취를 다소 과장한 예찬의 글'이라고 고백하며 세 권에 이르는 전기를 집필해 필로포이멘을 우상화했다.

젊은 폴리비오스는 인상적인 인물이었다. 충실한 교육을 받은 그는 세련된 처세를 자랑했고, 20세의 젊은 나이에 두각을 나타내 알렉산드레이아의 대사로 파견되었다. 나이 30세에는 아카이아 동맹의 2인자로 지명받았다. 그가 관직에 있던 기간에 로마가 필립 V세의 계승자 페르세우스의 정책을 불편해하면서 로마와 마케도니아는 다시 한 번 으르렁거리기 시작했다. 기원전 171년에 시작한 전쟁은 기원전 168년, 피드나 전투에 출전한 마케도니아의 팔랑크스가 로마의 정예 부대에 궤멸되면서 종지부를 찍게 되었다.

마케도니아는 분할되었고 애국심이 제일 투철했던 가문들은 추방당하고 페르세우스는 로마의 거리에 끌려나갔다. 이듬해 에페이로스가 멸망하면서 수많은 시민들이 노예로 팔려나갔다. 그러나 아카이아 동맹은 로마인들에게 적극적인 지원이 필요하다는 것을 알고 일부러 분쟁에 개입하지 않았다. 기원전 167년 아카이아 동맹이 자랑하는 최고의 전사 1천 명가량이 차출되어 로마에 노예로 팔려갔다. 폴리비오스 또한 이 행렬에 포함되었다. 그는 중립을 주장한 대가를 톡톡히 치러야 했다.

그러나 그는 괜찮은 대접을 받았다. 영리하고 약삭빠르게 처신한 그는 로마의 엘리트 집안에 접근한 결과, 피드나에서 승리한 아이밀리우스 파울루스 집안의 가정교사로 고용되어 그의 아들 스키피오와 인연을 맺을 수 있었다. 그는 이러한 유대관계가 '이탈리아, 그리스' 전역에 알려져 있다고 자랑했다. 역사를 사랑했던 그리스인으로서는 아주 자랑스러운 친분임에 틀림없었다. 역사 연구에 심취한 폴리비오스는 국립 문서 보관소에 출입할 수 있었고 거대한 문명이 몰락한 과정을 피부로 느낄 수 있었다. 기원전 201년 한니발의 패배 이후 체결된 평화 조약에 따르면, 카르케돈인들은 50년간 한 해도 빠뜨리지 않고 로마에 배상금을 바쳐야 했다. 이 기간이 끝나면서 카르케돈과 로마는 서로를 의심 어린 눈으로 지켜보았다. 기원전 149년, 의원 카토가 '카르케돈은 망해야 한다'고 주장하면서 로마는 오랜 숙적을 공격할 명분을 만들 수 있었다. 초반에는 불안했으나 기원전 147년에 이르러 스키피오 아이밀리우스가 새로운 지휘관으로 파견되면서 전쟁은 새로운 국면을 맞게 되었다. 폴리비오스 또한 이 원정에 동행했다.

폴리비오스는 전쟁에 참가하기 전부터 스키피오에게 합당한 정치적 조언을 아끼지 않았다('새로운 친구를 만들기 전에는 포럼을 떠나지 마십시오'). 폴리비오스는 전략가로서의 재능도 탁월했다. **아르키메데스**를 흠숭했던 그는 아르키메데스와 마찬가지로 군사 전략을 고안하는 데 탁월한 소질을 보여주었다. 그는 암호책과 횃불을 활용하는 원거리 신호 체계를 개발했다. 기원전 146년, 힘겨운 포위 끝에 카르케돈이 무너졌다. 스키피오의 옆을 지켰던 폴리비오스는 하스드루발 장군이 항복하고 그의 아내가 비참히 자살하는 장면은 물론 도시 전체가 파괴되는 광경을 목격했다[치욕을 견디지 못한 그녀는 불타는 에쉬몬(치유의 신) 사원에 몸을 던지기 전, 자신의 손으로 아이들의 목숨을 거뒀다]. 살아남은 카르케돈인들은 노예로 팔려나갔고 조각상, 값비싼 가구와 원단 등 자부심이 만발하던 도시국가의 모든 보물은 로마의 배에 실려 나갔다. 이러한 약탈은 카르케돈이 불에 타기 전까지 17일간 계속되었다. 로마인들이 남김없이 떠나는 시점에 자부심이 만발했던 도시국가 카르케돈은 아무런 흔적도 남기지 않은 채 완전히 사라졌다.

그리스 또한 멸망을 면치 못했다. 카르케돈을 파멸시킨 로마는 더 많은 재물을 얻기 위해 아카이아 동맹을 자극하기 시작했다. 겨울이 다가오면서 동맹은 전쟁을 준비했다. 이에 질세라 집정관 뭄미우스는 그리스 본토에서 가장 부유한 코린토스로 진군했다. 로마군과 맞붙은 아카이아 기병대는 꼬리를 내리고 도망쳤다. 보병대는 좀더 버틸 수 있었으나 로마군이 그들의 전선을 깨뜨리는 것은 예정된 사실이나 다름없었다. 코린토스는 카르케돈과 똑같은 운명을 맞아야 했고, 폴리비오스는 엄청난 양의 그리스 예술품들이 약탈당해 나무상자에 담겨 로마로 이송되는 광경을 목격해야 했다. 그 어떤 폴리스도 반항할 엄두를 내지 못했다. 그리스 시민들은 독립을 위해 무수히 많은 전쟁을 치러 왔으나 그들이 그토록 소중히 생각했던 가치는 과거의 기억으로 사라지고 말았다. 아테나이와 여러 아카이아 국가들에게 그해는 문자 그대로 마지막을 의미했다. 과거의 기록 또한 이듬해를 '1년도'로 기록하고 있다.

양 진영 모두로부터 존경을 받던 폴리비오스는 로마의 과도한 조치를 제한해 점령지의 부담을 덜어주면서 점령 과정을 연착륙시키는 데 이바지했다. 이를 감사하게 생각한 최소 6개의 도시국가들은 그의 조각상을 세웠다. 그러나 이미 그는 최고의 지위에 오른 로마의 성장 이야기를 다룬 《세계의 역사Universal History》를 계획하고 있었다. 기원전 144년 그는 다시 한 번 그리스를 떠나 연구에 심취했다. 로마의 공식 기록을 섭렵하고 참전 용사와 장군, 정치인들로부터 자료를 수집하였으며 전쟁터를 답사하면서 지리적 조건이 어떻게 역사의 얼개를 형성했는지 파악했다. 사르데이스로부터 알렉산드레이아를 지나 알프스 건너서까지(한니발이 이탈리아를 공격하러 갔던 길을 그대로 밟아보려 했다) 폴리비오스는 '당시 현장에 있던 사람들에게 직접 이야기를 듣고 지형을 몸소 관찰했다.'

이러한 연구의 결과물로 탄생한 40권의 책(40권 가운데 겨우 다섯 권만이 온전히 전해진다)은 역작이라는 말을 듣기에 손색이 없었다. 내용의 핵심은 기원전 220년(2차 포에니 전쟁이 발발하기 직전)에서부터 기원전 168년의 피드나 전투까지 총 53년의 기간에 집중되어 있었으나 여기에 국한되지 않고 다양한 내용을 다루고 있었다. 카르케돈의 패배를 목격한 자의 진술, 로마 헌법에 대한 분석, 지리학에 대한 여담, 동료 역사가들에 대한 신랄한 비판을 비롯해 작가의 초점은 역사가 왜 이렇게 흘러갈 수밖에 없었는지를 설명하는 데 맞춰져 있었다. 폴리비오스는 로마의 '복합적 헌법' 및 군주제, 참주제, 귀족정체, 과두정체, 민주정체, 중

우정치로 이어지는 정치적 쇠락을 면한 데서도 원인을 찾을 수 있다고 말했다. 이는 헤시오도스의 '시대의 순환'과 유사한 퇴보의 과정이다. 폴리비오스에게 방법론적 연구에 바탕을 둔 진실은 매혹적인 문체나 흥미로운 연설, 재담보다 훨씬 중요했다. 신화나 신들은 그의 《세계의 역사》에서 아무런 비중을 차지하지 못했다. 하지만 당시 시대의 분위기를 볼 때 행운의 여신 티케만큼은 예외였던 것으로 분석된다. 크세노폰이 《키루스의 교육》에서 시도한 것처럼(또는 리시마코스가 《아탈로스 I세의 교육The Education of Attalus I》 연구에서 시도한 것처럼) 그는 스키피오의 어린 시절을 깊이 파고들어 그의 위대함이 어디에서 비롯되었는지를 연구했다. 당연히 그는 스키피오를 칭송하고 그를 비방하던 사람들을 깎아내렸다. 폴리비오스마저도 당시의 관습을 벗어나지 못했다. 그 스스로 인정한 바처럼 전기는 객관적 역사에 비해 당사자를 예찬하려는 경향을 보여주었다(만일 티마이오스의 《피로스의 인생Life of Pyrrhus》이나 58권으로 구성된 테오폼포스의 《필립 II세의 역사History of Philip II》와 같은 유명 작품이 지금까지 남아 있었다면, 이러한 분석이 더욱 설득력을 얻을 수 있었을 것이다).

폴리비오스는 여든두 살의 나이에 세상을 떠났다. 그는 국내 일주를 마치고 집으로 돌아오던 중 말에서 떨어지는 사고를 당했다. 당시 그는 행운의 여신이 자기편이라고 자랑할 사건을 경험했다. 기원전 133년, 로마의 정세는 점점 불안해지기 시작했다. 아탈로스 III세가 죽은 이후 이러한 분위기는 가속되었다. 사람들은 티베리우스 그라쿠스의 선동에 말려 더 많은 권리와 재산, 국유지를 요구했다. 그러나 귀족의 편에 선 스키피오는 이러한 요구를 받아들이기 어려웠다. 그라쿠스가 암살당했다는 소식에 안도한 그는 폭도들에게 당당히 맞섰다. 그는 중요한 연설이 계획된 날 아침에 시체로 발견되었다. 그가 살해되었다는 사실을 의심하는 사람은 없었다. 카르케돈을 정복한 영웅의 최후는 비참했다. 폴리비오스는 그가 죽었다는 소식을 듣고 그다지 놀라지 않았을 것이다. 왜냐하면 행운의 여신은 항상 제멋대로이기 때문이다. 폴리비오스의 제자였던 그는 《세계의 역사》의 도입부를 몰랐을 리 없다.

공인에게 역사만한 교육은 없다. 변덕스런 운명을 용감무쌍히 견디는 방법을 알려면 다른 사람의 불행한 인생을 습득하는 것이 최고의 방법이다.

분실된 기원전 2세기의 작품을 모방한 로마의 부조에서
의기양양하게 서 있는 폴리비오스의 모습을 엿볼 수 있다.
어깨에는 창을 얹고 발밑에는 방패와 투구를 내려놓고 있다.

Chapter 9

거울 속의 삶

무자비한 정복자에게 정복당한 그리스는 도리어 정복자를 정복해 화려한 예술을 촌스런 라티움에게 전파할 수 있었다.

- 호레이스, 《에피스톨레스Epistles》, 2.1.156~57

아탈로스 III세가 페르가몬을 로마에게 넘긴 기원전 133년 이후 100년간 지중해 국가들 사이에서는 전쟁의 참상이 계속되었다. 제국은 급속히 확장을 거듭하면서 다양한 여파를 초래했다. 이러한 여파에 어떻게 대응할지 혼란에 빠진 의회와 로마 시민들은 처음에는 동맹을 맺었던 이탈리아 국가들과 전쟁에 돌입했고, 이후 권력에 혈안된 야심에 찬 장군들이 각자의 영역을 지키려 들면서 극심한 내전에 시달렸다.

기원전 87년, 폰토스의 왕 미트리다테스가 로마가 지배하는 아시아와 그리스 지역을 위협하면서 로마 장군 술라는 반란의 기치를 든 아테나이로 진군했다. 이듬해, 오랜 포위 탓에 굶주림에 시달린 시민들은 협상을 시도했다. 그들은 술라에게 고대의 영광을 상기시켜 관대한 처분을 받을 심산이었다. 그러나 술라의 마음은 요지부동이었다. 그의 군대는 아테나이의 성벽을 부순 다음, 야음을 틈타 텅 빈 성문 안으로 쇄도했다. 피가 물길을 이뤄 아크로폴리스 인근의 수로를 향했다고 전해진다. 징이 박힌 군화는 피바다를 철벅댔다. 도시의 대부분이 불에 탔고 무수히 많은 예술 작품이 약탈당했다. 보이오티아에서 벌어진 카이로네이아 전투, 오르코메노스 전투에서 술라는 그리스의 저항을 남김없이 제압했고 아시아와에게 해까지 로마의 법을 강요하는 한편 무거운 형벌을 부과했다.

한 세대가 지나 로마의 내전은 그리스로까지 확산되었다. 기원전 48년 파르살로스에서 시저는 그의 라이벌 폼페이를 격파했다. 기원전 42년 필리포이에서 옥타비아누스는 시저의 암살자에게 복수의 쓴 잔을 안겼고, 기원전 31년 그는 악티온에서 숙명의 라이벌 안토니우스와 클레오파트라의 함대를 격파했다. 클레오파트라는 프톨레미 가문의 마지막 왕비이자 독립한 그리스 왕국의 마지막 통치자였다. 기원전 30년, 그녀는 '자살을' 선택했고 그로부터 3년 후 옥타비아누스는 로마 최초의 황제가 되어 아우구스투스라는 이름을 표방하면서 그리스 세계 대부분에 몇백 년간 지속될 팍스 로마나pax Romana, Roman Peace의 시대를 예고

아라 파시스 아우구스타이|Ara Pacis Augustae(아우구스투스의 평화의 제단Altar of Augustan Peace)는 로마 예술을 통틀어 최고의 작품에 속한다. 기원전 9년에 축성을 받은 이 작품은 그리스의 도상학을 차용했고, 로마가 그리스 세상을 지배했다는 것을 선언하기 위해 제작되었다.

했다.

악티온을 떠나 알렉산드레이아에 있던 옥타비아누스는 그에 앞서 등장했던 수많은 유력 인사들과 마찬가지로 소마에 있는 **알렉산드로스 III세**의 시신을 볼 기회가 생겼다. 그는 시신을 향해 몸을 굽힌 다음 시신의 코를 부러뜨렸다. 알렉산드로스의 신비로운 권력에 흠집을 내려는 의도된 행동이었다면, 이러한 시도는 실패로 돌아갔다. 로마가 힘으로 그리스를 정복한 것은 사실이지만 그리스는 수백 년에 걸쳐 로마의 문화에 스며들었다.

아테나이, 페르가몬, 알렉산드레이아와 같은 도시들은 유적지나 대학의 본고장으로 거듭났고, 마케도니아와 같은 독립 국가들도 로마의 속국으로 편입되었다. 로마인들은 그리스의 예술에 매료되었다. 약탈한 조각상, 그림들은 로마의 사원뿐 아니라 유력 인사들의 저택을 장식했다. 그리스의 건축양식은 로마에도 꽃을 피웠고 실용주의를 추구했던 아우구스투스조차 로마 중심지의 건물을 벽돌조에서 그리스식 대리석으로 바꾸며 자존심을 버렸다. 그리스의 기술 또한 로마인들을 사로잡았다. 비록 로마의 위도와 틀리게 설치되어 정확한 시간을 알려주지는 못했으나 카타네에서 '해방되어' 바깥 세상에 등장한 해시계는 로마의 공식적인 시간을 알리는 용도로 사용되었다. 한편 포획한 공성 전차를 개선 행렬에 전시한 다음, 연구와 개량을 거쳐 더욱 치명적인 기계로 활용할 수 있었다. 로마를 그리스화시킨 일등공신은 다름 아닌 율리우스 시저였다. 그 또한 옥타비아누스와 마찬가지로 알렉산드레이아를 방문하고 클레오파트라와 인연을 맺었다. 그러나 두 가지 모두에서 옥타비아누스에 비해 더욱 많은 이야깃거리를 남길 수 있었다. 돌아오는 길에 그는 뮤지엄의 전문가들을 대동해 습지 관개를 위한 전략을 세우고 라틴과 그리스 문학 모두를 관상할 수 있는 도서관도 계획했다.

시저의 시대에 이르기까지 오랜 기간에 걸쳐 로마에는 그리스 문학이 전파되었다. 기원전 3세기 시칠리아 출신 그리스인Sicilian Greek 한 명은 《오디세이아》를 라틴어로 번역하고 그리스 연극을 로마에 소개했다[리비우스 안드로니코스라는 이름으로 알려진 그는 기원전 272년, **피로스**가 타라스를 로마인들에게 넘겨준 지 얼마 되지 않아 포로로 잡힌 것 같다] 글라디올러스Gladiolus(작은 검)와 루디우스Ludius(전사)라는 제목의 연극은 라틴어였으나, 형태는 **메난드로스**의 희극과 유사하고 플라우토스와 테렌티우스와 같은 라틴 작가들에게 지대한 영향을 미쳤다. 리비우스는 그리스 신화(아킬레우스, 아이아스, 트로이아 목마)에서 소재를 차용해 비극을 저술(또는 번역)했다. 이는 로마의 문학이 아티케의 비극과 복잡한 연관을 맺고 있다는 사실을 예고하고 있었다. 그리스인들이 한때 야만인이라 불렀던 이들이 그리스인들의 비극작품을 즐기고 있었던 것이다. 한편 셀레우코스 왕조를 정복하고 에프라티스까지 서진한 파르티아 제국의 왕 오로데스 II세는 기원전 53년, **에우리피데스**의 《바카이》 공연을 마음에 들어했다. 이 공연에서는 그들과 싸웠던 로마의 장군 크라소스의 머리를 소품으로 사용했다.

한편 고대 로마의 시인 엔니우스는 트로이아의 멸망에서부터 로마에 이르기까지 1천 년의 역사를 아우르는 호머 스타일의 서사시 《연감Annales(Annals)》을 기술했다. 《연감》은 호머와 아폴로니오스와 더불어 버질에게 영감을 불어넣은 결과, 로마 역사상 최고의 서사시 《아이네이드Aeneid》를 탄생시켰다. 다른 그리스의 장르 또한 적극적으로 차용되었다. 버질은 테오크리토스의 목가시를 그의 《에클로게스Eclogues》의 본보기로 활용했고, 헤시오도스의 《노동과 하루하루》에 영감을 받아 《게오르기카Georgics》를 창작했고, 서정시 '카툴루스Catullus'에서는 사포의 시를 번역, 차용했다. 그는 사랑하는 존재를 '레스비아'로 언급해 이러한 사실을 밝혔다. 다른 그리스 서정시인들 또한 호레이스, 티불로스, 오비디우스, 아우구스투스의 '예술의 집행자Minister of Arts'의 후예들, 마이케나스에게 영향을 미쳤다. 100년 후 수사학자 퀸틸리안은 '비가(悲歌)에 있어서는 우리가 그리스에 뒤지지 않는다'라고 호언했다.

이러한 경쟁의식은 역사학과 전기에서도 드러난다. 로마의 역사학은 기원전 3세기 후반, 퀸투스 파비우스 픽토르가 로마의 건국에서부터 한니발과의 전쟁에 이르는 역사를 기술하면서 첫걸음을 시도했다. 그는 유익하게도 이 역사를 그리스어로 기술했다. 이후 리비가 로마의 역사를 142권으로 편찬하면서 로마의 역사학은 제 목소리를 찾게 된다. 리비와 총명한 그의 후계자 타키투스는 그리스의 모델에 깊이 의지했다. 그들의 화법에는 연설, 성격분석, 지리학적 여담이 깃들어 있었다. 또한 타키투스는 전기를 기술했다. 그의 장인 아그리콜라 장군의 삶을 추도했던 이 작품은 전기라기보다는 그리스 문학의 형식을 따른 찬가

'너에게는 무모한 저항이 어울리지 않는다.' 미켈란젤로의 프레스코 〈사울의 귀의The Conversion of Saul〉(서기 1542년경 ~1545년)는 다마스코스로 가는 길에 완전히 장님(비록 잠시 동안이라도)이 되고 만 사도의 모습을 묘사하고 있다.

에 가까웠다.

　전기는 천 년이 흘러서야 오늘날의 형태를 갖추게 되었다. 세계의 역사를 연구한 네포스는 그리스 문학을 적극 참조해 《유명인들의 삶Lives of Famous Men》을 기술했다. 이 책은 유명인들의 일화를 언급하는 방식으로 기술되었고, 로마와 그리스의 유명인물 모두를 아우르고 있었다. 서문에서 그는 책을 기술한 목적을 다음과 같이 언급했다. '그리스에 대해 아무것도 모르는 로마인들을 가르쳐 그리스인들의 기준에 따라 모든 사람을 판단하도록 만들고자 한다.' 더욱 큰 영향력을 행사했던 책은 그리스의 철학자이자 석학 플루타르코스가 저술한 전기 묶음이었다. 양 문화를 기념하고 화해시키기 위한 노력의 일환으로 그는 《대등한 인물들의 삶Parallel Lives》을 시리즈로 저술했다. 그리스의 인물과 로마의 인물을 하나로 묶은 이 전기는 비슷한 성향을 지니고 비슷한 성취를 이룬 두 사람을 비교했다. 알렉산드로스

III세와 율리우스 시저, 데모스테네스와 키케로, 리산드로스와 술라 등이 그 대상이었다. 플루타르코스는 이러한 인물들 대부분을 비교하는 간단한 에세이를 기술했다. 또한 초기 로마와 초기 아테나이의 왕이었던 로물루스와 테세우스와 같은 신화 속 인물 또한 등장했다.

그리스다워진다는 것은 그리스어를 말할 수 있는 것과 일맥상통했다. 실제로 그리스 문화를 전파하는 데 가장 큰 역할을 담당한 것은 널리 전파된 그리스어였다. 알렉산드로스 이후 코이네는 그리스 동방의 링구아 프랑카lingua franca(공통어)로 자리 잡았고, 디오니소스를 숭배하는 관습은 지중해 동부를 하나로 통합시켰다. 기원전 1세기, 로마가 그리스를 동경하면서 그리스어는 엘리트들이 선호하는 언어로 자리 잡았다. 실제로 시저의 전기를 기술한 수에토니우스는 로마의 핵심 인물이 암살자의 검에 쓰러지는 모습을 묘사하면서 셰익스피어의 라틴어 'et tu, Brute'(부르투스, 너마저)가 아닌 그리스어 'Kai su, o pai'('내가 아꼈던, 너마저?Even you, my son?)로 기술했다.

최초의 기독 서적은 널리 전파하려는 의도에 따라 코이네로 기술되었다. 복음과 찬미가 담긴 예수 그리스도의 전기뿐 아니라 바울의 편지와 초기 기독교의 확산을 기술한 간략한 역사 《사포의 여정Act of the Apostles》이 대표적이다. 이내 새로이 등장한 기독교는 다양한 그리스의 발상들을 차용하고 그리스의 신들과 영웅들에서 성인들의 모습을 찾는 한편, 그들이 불편하게 느낀 그리스인들의 진리와 발견을 억누르고 투키디데스의 이성적 사유뿐 아니라 헤로도토스의 신성의 개입이 결부된 역사관으로 회귀했다.

사울(또는 바울)은 다마스쿠스로 가는 길에 기적을 경험하고 기독교로 귀의했다. 이 일화는 그로부터 500년 전, 이 책의 초반부에 언급한 에피젤로스의 세상으로 우리를 이끈다. 권위를 자랑하는 킹 제임스 성경의 구절을 소개해 본다.

> 사울이 길을 떠나 다마스쿠스에 가까이 이르렀을 때, 갑자기 하늘에서 빛이 번쩍이며 그의 둘레를 비추었다. 그는 땅에 엎어진 다음 "사울아, 사울아, 왜 나를 박해하느냐?"라는 목소리를 들었다. 사울이 "당신은 누구십니까?" 하고 묻자 그분께서 대답하셨다. "나는 네가 박해하는 예수다. 너에게는 무모한 저항이 어울리지 않는다…" 사울은 땅에서 일어나 눈을 떴으나 아무도 보이지 않았다.

의도한 것인지는 모르겠으나 예수의 말은 그리스의 비극을 직접적으로 암시한다. '무모하게 저항하기보다는 기도를 바치고 희생을 하는 편이 좋을 것이오. 당신은 유한한 존재이나 디오니소스는 신성한 존재이기 때문이오.' 다마스쿠스 밖에서 부활한 예수의 피는 포도 속에 성화되었고, 이 이야기는 에우리피데스의 《바카이》를 참조했다. 변형된 미래를 향했던 그리스의 세상은 거울을 통해 숭고한 발걸음을 내디뎠던 것이다.

로마

프라이네스토스

칸나이

베네벤툼
(말레벤툼)

캄파니아

키메

네아폴리스

이스키아

아드리아 해

아풀리아

타리스

메타폰티온

헤라클레이아

시리스

시바리스

투리오이

크로톤

티레니아 해

시칠리아

메갈레

로크리스

파노르모스

솔로에이스

레기온

헤게스타

히메라

릴리바이움

셀리누스

낙소스

카타네

아이트네

레온티노이

아크라가스

메가라 히블라이아

겔라

시라쿠사이

카마리나

카르케돈

지중해

피드나 ●
포티다이아 ●
아토스 ▲

테살리아

에게 해

라리사 ●
●페라이
크라논 ●
파르살로스 ●
키노스케팔론 ●
●아르테미시온

라미아 ●
테르모필라이 ●

포키스
보이오티아
에우보이아
로크리스
카이로네이아
나우팍토스 ●
●오르코메노스
에레트리아 ●
델포이 ●
코로네이아
●테바이
할리아르토스 ●
레욱트라
마라토노스 ●
플라타이아
데켈레이아
엘레우시스 ●
콜로노스
메가라 ●
아테나이
엘리스 ●
코린토스
페이라이에우스
팔레론
브라우론
라우리온
네메아
이스트미아
살라미스
올림피아 ●
스킬루스 ●
미케나이 ●
아이기나
메갈로폴리스 ●
아르고스 ●
에피다우로스 ●
수니온
만티네이아 ●
테게아 ●
헤르미오네우스
케오스

셀라시아 ●
메세네 ●
이토메 ▲
스파르타 ●
파르논
필로스 ●
타이게토스 ▲

멜로스

펠로폰네소스

100 kilometres

50 miles

2.

레스보스
키오스
이오니아
카리아
입소스
에우리메돈
팜필리아
시디
리키아
시드라
텔로스
린도스
로도스
키프로스
키티온
크레테
지중해
티로스
가자
알렉산드레이아
나우크라티스
이집트
멤피스
나일 강
시와

500 kilometres
300 miles

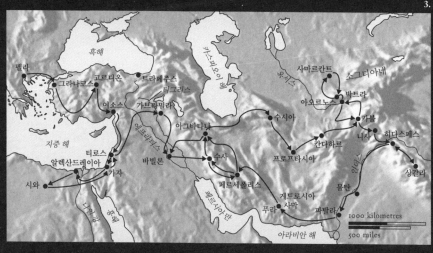

3.

흑해
카스피 해
펠라
그라니코스
고르디온
트라페주스
티그리스
옥수스
사마르칸트
소그디아네
박트라
아오르노스
이소스
가브카밀라
수시아
카불
유프라테스
아그바타나
니사
히다스페스
지중해
티로스
바빌론
수사
프로프타시아
칸다하르
알렉산드레이아
가자
상갈라
페르세폴리스
인더스 강
시와
게드로시아
사마
물탄
나일 강
푸라
파탈라
아라비안 해

1000 kilometres
500 miles

용어 설명

4부작Tetralogy
하루에 공연된 4막극(비극 3막과 사티로스 희극 1막으로 구성되었다)

게루시아Gerousia
스파르타의 '상원'. 30명의 원로로 구성된 협의체로, 의회에서 안건을 제출하거나 반대할 권한을 보유했다.

김노소피스타이Gymnosophist
문자 그대로 해석하면, '벌거벗은 철학자'라는 뜻으로 알렉산드로스 III세가 원정 중에 만난 인도 사두스sadhus들의 단수 표현

도편추방제Ostracism
돈, 기타 재산, 명예를 박탈하지 않고 10년간 정치 지도자를 추방했던 아테나이의 제도

델로스 동맹Delian League
주로 이오니아 폴리스로 구성된 동맹, 아테나이가 맹주 역할을 담당했다. 페르시아 전쟁의 여파로 기원전 5세기에 결성되었다.

데모스Demos
시민을 지칭하며, 종종 하층민을 완곡히 표현하는 언어로 통용된다.

디오니시아Dionysia 또는 시티 디오니시아City Dionysia
3월/4월에 아테나이에서 열린 디오니소스의 연극 축제. 다른 도시국가들 또한 참여했다.

디티람보스Dithyramb
디오니소스에게 바치는 찬가

레나이아Lenaea
1월/2월에 아테나이 시민들을 상대로 열린 디오니소스 연극 축제

로고그라포스Logographos(복수형: Logographoi)
기원전 6세기 당시 활동한 연대기 작가나 골동품 수집가를 가리킨다. 그 이후로는 연설문 작가를 지칭했다.

메트로폴리스Metropolis
'어머니의 도시'라는 뜻으로 식민지를 창설한 도시국가를 의미함.

메틱Metic
아테나이에서 살고 아테나이에서 일했던 외국인

범그리스적 경기Panhellenic Games
특정 도시국가에 국한되지 않고 모든 그리스인에게 개방된 범그리스적인 체육 행사. 올림피아, 델포이, 네메아, 이스트미아에서 개최된 경기들이 가장 높은 명성을 자랑했다.

보이오타르케스Boeotarch
테바이와 주변 영역을 다스리도록 매년 선출된 관리들 가운데 한 명을 지칭하는 단수 표현

불레Boule
아테나이의 입법 기구, 제비뽑기로 선출된 500명의 시민들로 구성되었다.

사트랍Satrap
페르시아 지역의 영지를 다스렸던 총독

사티로스 연극Satyr play
신화에 바탕을 둔 가벼운 희극으로 희극에서의 합창은 디오니소스를 추종한 천둥벌거숭이 반인반수, 사티로스를 묘사했다. 3막으로 구성된 비극이 공연되고 나서 마지막 막으로 공연되었다.

소마Soma
문자 그대로는 '인체Body'를 의미하며, 알렉산드레이아에 있는 알렉산드로스의 묘를 지칭한다.

소피스트Sophist
철학자이자 선생님으로 여러 곳을 두루두루 돌아다니며 학생들을 가르치는 대가로 돈을 받았다. 원래 이 단어는 지금처럼 경멸적인 의미를 담고 있지 않았다.

스토아 포이킬레Stoa Poikile
'색칠한 스토아Painted Stoa'라는 의미로 아테나이에서 흔히 볼 수 있었던 기둥이 죽 늘어선 아케이드를 의미한다. 역사와 신화에 나타난 유명한 일화들을 표면에 그린 것으로 유명하다.

스트라테고스Strategos(복수형: Strategoi)
고대 아테나이Classical Athens(기원전 508년~기원전 322년 당시 전성기를 구가하던 아테나이를 의미함—옮긴이)에서 매년 열 명씩 선출된 장군을 의미함. 훗날 아카이아 동맹을 선도하는 관리로 자리 잡았다.

승리의 송가Epinicean ode
범그리스적인 경기에서 승리자를 찬양하는 시

아카이아 동맹Achaean League
펠로폰네소스 국가들의 동맹, 주로 기원전 280년~기원전 146년에 존재하였음.

아크로폴리스Acropolis
문자 그대로 '높은 도시'를 의미함. 적의 방어에 용이한 바위투성이 노두에 자리 잡은 사원 부지를 지칭하며, 아테나이의 아크로폴리스가 가장 유명하다.

아고게Agoge
스파르타 남성들을 훈련시킨 혹독한 교육 체계

아고라Agora
폴리스 주민들의 사회생활을 관장하고 시장으로도 쓰임.

아울로스Aulos(복수형: Auloi)
플루트를 의미함.

알크마이오니다이Alcmaeonid
아테나이에서 가장 부유하고 강력했던 가문 가운데 하나로, 페리클레스와 알키비아데스를 배출했다.

아르테미시온Artemision
에페소스에 있는 아르테미스 신전

아타락시아Ataraxia
불안으로부터의 자유

아테나 폴리아스Athene Polias
도시국가 아테나이를 보호하는 역할을 맡았던
아테나 여신

아테나 프로마코스Athene Promachus
'최전선에서 싸우는' 아테나 여신

야만인Barbarian
문자 그대로 해석하면 양이 끽끽대는 것 같은
언어를 구사하는 이를 의미하는데, 그리스어가 아닌
다른 언어를 사용하는 이들을 가리킨다.

에포로Ephor
다섯 명의 스파르타 '감독관' 가운데 한 명을
의미하거나, 매년 선출되는 원로 법관을 가리킨다.
원로 법관은 왕마저 넘어서는 권력을 지니고
있었다.

윤회Metempsychosis
한 인간의 혼이 사후에 다른 몸으로 옮겨가는 것

에포니모스 아르콘Eponymous archon
아테나이의 유력한 정치 관료. 그의 이름을 따
연호가 정해졌다.

엘렝코스Elenchos
질문과 답변을 통해 진리를 추론하는 철학적 방법론

이소노미아Isonomia
문자 그대로는 '법 아래 평등'을 의미함. 종종
'민주주의'라는 뜻으로 번역된다.

중장 보병Hoplite
둥그런 대형 방패hoplon를 든 중무장한 보병

찬가Encomium
죽은 자를 찬양하는 말 또는 글

참주Tyrannos
기원전 6세기 또는 기원전 5세기 초반 폴리스를
다스린 통치자로 '왕'과 거의 유사한 지위를
보유하고 있었다. 기원전 5세기 후반부터는
오늘날과 마찬가지로 독재자라는 뜻을 담게 되었다.

코이네Koine
문자 그대로는 '평범한'을 의미하며, 마케도니아의
필립 II세 궁전에서 비롯된 그리스어를 가리킨다.
헬레니즘 세계에 널리 전파되었다.

쿠도스Kudos
커다란 성취에 대한 영광 또는 칭찬

크소아논Xoanon
신성을 형상화한 고대의 나무 조각상으로 성물로
취급된다.

키리오스Kyrios
가문의 장(남성), 가문의 여성들을 수호했다.

파나테나이코 축제Panathenaic Festival
아테나이의 종교 행사이자 체육 행사로, 아테나이

여신을 기념하기 위해 아크로폴리스까지 행진하는
절차도 준비되었다. 아테나이인들은 4년 주기로
개최되는 그레이터 파나테나이코 축제Greater
Panathenaic Festival가 범그리스적 경기로 자리
잡기를 열망했다.

팔랑크스Phalanx
전시에 직사각형 모양의 진을 구성한 중무장한 보병

폴리스Polis(복수형: Poleis)
도시국가를 지칭함. 농경지와 이를 다스리는 중앙
도시로 구성됨

포르네Porne
평범한 창녀를 가리킴

프로보울로이Probouloi
기원전 411년, 아테나이에서 지명된 특별한 권력을
지닌 감독관으로 펠로폰네소스 전쟁을 위기
상황으로 선포했다.

프로스키네시스Proskynesis
그리스에서는 신들에게 복종하는 의식으로
통용되었으나, 페르시아에서는 황제Great King에게
복종하는 의식으로 통용되었다.

프록세노스Proxenos
타인의 이해관계를 대변하는 역할을 맡았던
폴리스의 시민을 지칭함.

프리타네이온Prytaneum
폴리스의 시청 또는 중앙 행정 기관

탈란톤Talent
아테나이에서 통용된 화폐/중량 단위. 26킬로그램에
해당한다. 숙련된 장인이 9년을 일해야 은화
1탈란톤을 벌 수 있었다.

트리에레스Trireme
세 줄로 배열된 다수의 노를 탑재한 그리스 전함.
뱃머리에 금속 '부리'를 달아 적선을 파괴했다.

하데스Hades
저승의 신. 더 넓은 의미로 저승 그 자체의 의미로
쓰이기도 한다.

헤일로테스Helot
스파르타의 하층민 노예

헤타이라Hetaera(복수형: Hetaerae)
창녀(교육을 받은 여성들로, 후원자를 상대로
성매매에 나섰으나 단순한 창녀로 보기는 어렵다-
옮긴이)

호모이오이Homoioi
'동등한 자'라는 의미로 스파르타의 엘리트 시민
계층이었다.

히어로Hero
영웅적인 업적을 인정받아 반인반신의 지위를
부여받은 인간으로, 존경의 대상이었다.

연대기

이 책에 소개된 50명의 인물이 처음 등장하는 부분은 **굵은 글씨**로 처리했다.

770년	올림픽 경기 개최
710년경	크로톤 창건
688년	겔라 창건
657년경	비잔티온 창건
632년	사일론이 아테나이에서 쿠데타를 일으켰으나 실패로 돌아감. 알크마이오니다이가 추방당함.
630년경	키레네 창건
630년 후반	**사포 출생**
605년경	**페이시스트라토스 출생**
600년경	마살리아 창건
594년	알크마이오니다이가 아테나이로 복귀함.
582년	피티아 경기와 이스트미아 경기 개최
573년경	네메아 경기 개최
570년경	**사포 사망. 피타고라스 출생**
570년	클레이스테네스 출생
561년~556년	페이시스트라토스가 아테나이의 첫 참주로서 임기를 개시함.
556년	그레이터 파나테나이코 경기 개최
555년경	페이시스트라토스가 아테나이의 참주로서 두 번째 임기를 개시함. 밀티아데스 디 엘더가 케르소네소스의 참주로 취임함. **밀론 출생**
554년경	**밀티아데스 출생**
547년	페르시아 황제 키루스가 리디아의 크로에소스를 무찌르고 이오니아의 지배권을 장악함.
546년	알크마이오니다이가 다시 한 번 아테나이에서 추방당함. 페이시스트라토스가 아테나이의 참주로서 세 번째 임기를 개시함.
540년경	밀론이 올림피아에서 소년 레슬러로 첫 우승을 차지함. 폴리크라테스가 사모스의 참주에 취임함. **레오니다스 출생**
536년경~520년	밀론이 성년 레슬러로 올림픽 경기에서 첫 우승을 차지함.
534년	시티 디오니시아 연극 축제가 아테나이에서 처음 개최됨.
530년	폴리크라테스가 페르시아의 캄비세스와 동맹을 체결함. 피타고라스가 사모스에서 크로톤으로 탈출함.
528년	페이시스트라토스가 사망함. 히피아스가 아테나이의 참주를 승계함.
525년	스파르타인들의 도움을 받아 사모스인들이 폴리크라테스를 몰아내려 하지만 실패에 그침.
525년/524년	**아이스킬로스 출생**
524년	키메가 이탈리아-에트루리아인들의 군대를 무찌름. **테미스토클레스 출생**
522년경	**핀다로스 출생**
522년	**폴리크라테스 사망**
521년	다리우스 I세가 페르시아의 왕위에 오름.
520년경	클레오메네스 I세가 스파르타의 왕위에 오름.
516년	**밀티아데스 더 영거가 케르소네소스의 참주에 취임함.**

514년	히파르코스가 암살당함.
513년	다리우스 I세가 스키타이로 원정을 떠남.
510년경	**키몬 출생**
510년	크로톤이 시바리스를 무너뜨림. 스키타이인들이 케르소네소스를 침략함. 카르케돈이 헤게스타에서 그리스를 무찌름. **히피아스가 아테나이로부터 추방당함. 히스티아이오스가 페르시아에 갇힘.**
508년	스파르타가 아티케를 침범하고 아크로폴리스를 일시적으로 장악함.
507년	**클레이스테네스가 아테나이에서 민주정체로 개혁을 시도함.** 아테나이가 사르데이스에서 페르시아에게 흙과 물을 바침.
507년경	**클레이스테네스 사망**
506년	스파르타가 아테나이에서 태동하던 민주주의를 말살하려 아테나이를 침략했으나, 무위로 돌아감.
499년	그리스의 이오니아 폴리스가 페르시아를 상대로 반란을 일으킴.
498년	이오니아와 아테나이 군대가 사르데이스를 불태움. **페르시아의 포로로 잡혀 있던 히스티아이오스가 탈출에 성공함. 핀다로스의 첫 번째 승리의 송가가 공연됨.**
497년/496년	**소포클레스 출생**
495년	**페리클레스 출생**
494년	**페르시아가 히스티아이오스를 처형함.**
494년	밀레토스가 초토화되면서 이오니아 반란이 진압됨. 스파르타가 세페이아 전투에서 아르고스를 상대로 승리를 거둠.
493년	**밀티아데스가 아테나이로 탈출함. 테미스토클레스가 에포니모스 아르콘으로 선출됨.**
492년	페르시아가 그리스를 처음으로 침략함(실패에 그침).
491년	**겔론이 겔라의 참주로 취임함.**
490년경	**엠페도클레스 출생**
490년	페르시아가 그리스를 두 번째로 침략하나 마라톤 전투에서 패퇴함. **밀티아데스가 스트라테고스에 선출됨. 히피아스 사망. 프로타고라스 출생**
489년	클레오메네스 I세 암살. **밀티아데스가 기소되어 처형당함. 레오니다스가 스파르타의 왕위를 물려받음.**
487년경	아테나이에서 도편추방제가 시행됨.
486년	시티 디오니시아에서 처음으로 희극이 공연됨.
485년경	**피타고라스 사망. 고르기아스 출생. 에우리피데스 출생**
485년	크세르크세스가 페르시아의 왕위에 오름. 크산티포스가 도편추방당함. **고르기아스 출생**
484년경	**헤로도토스 출생**
483년	겔론이 통치하던 시라쿠사이가 인접 도시국가들의 지배권을 확보함. 아테나이가 새로운 함대를 결성함.

480년경	**페이디아스 출생**
480년	페르시아가 그리스를 세 번째로 침략함. 테르모필라이 전투에서 페르시아군과 그리스 전사들이 맞붙음. 아테나이가 페르시아에 장악당해 화미에 휩싸임. 그리스가 살라미스에서 페르시아를 무찌름. 그리스가 히메라에서 카르케돈을 무찌름. **테르모필라이 전투에서 레오니다스가 사망함. 소포클레스가 아테나이에서 승리의 행사를 주도함.**
479년	그리스가 플라타이아 전투와 미칼레 전투에서 페르시아를 무찌름. 아테나이가 페르시아로부터 세스토스를 수복함.
478년	파우사니아스가 페르시아와 내통했다는 이유로 기소당함. 델로스 동맹 창설. **겔론 사망. 히에론이 시라쿠사이의 참주를 계승함.**
476년	키몬이 '테세우스의 유골'을 스키로스에서 '발견'함.
474년	에트루리아인들이 키메 전투에서 시라쿠사이인들과 남부 이탈리아의 그리스인들에게 패배함.
472년	아크라가스에서 참주 트라시데우스가 왕위를 잃음. 아테나이가 낙소스의 델로스 동맹 탈퇴를 방해함. **페리클레스가 아이스킬로스의 《페르시아인》 첫 공연을 기획함.**
471년	테미스토클레스가 도편추방당해 페르시아로 탈출함.
470년경	**아스파시아 출생**
470년	핀다로스가 히에론을 위해 히메라, 키메, 살라미스, 플라타이아에서 승전한 그리스를 기념하는 승리의 송가를 작곡함.
469년경	**소크라테스 출생**
468년	키몬이 소포클레스의 시티 디오니시아 첫 우승을 기획함.
467년경	에우리메돈 전투에서 그리스가 페르시아를 무찌름.
467년	**히에론 사망**
466년	시라쿠사이에 민주정체가 들어섬.
465년	크세르크세스가 암살당하고 아르탁세르크세스 I세가 왕위를 계승함.
464년	스파르타에서 지진이 일어남. 키몬이 스파르타를 도와 헤일로테스 반란을 진압함.
463년	페리클레스가 키몬을 임무태만으로 기소하나 무죄로 방면됨.
462년	아테나이가 아레이오스파고스 의회 개혁을 단행함.
461년	**키몬이 도편추방당함.**
460년경	**제욱시스 출생**
460년	제1차 펠로폰네소스 전쟁 발발. 아테나이의 이집트 원정 개시
459년	마그네시아에서 페르시아 총독을 맡고 있던 테미스토클레스가 사망함.
458년	**아이스킬로스의 《오레스테이아》가 처음으로 공연됨.**
457년	타나그라에서 전투에서 스파르타가 아테나이를 무찌름.
456년/455년	**겔라에서 아이스킬로스가 사망**
455년경	**투키디데스 출생**

454년	마케도니아가 이집트에서 아테나이를 무찌름. 델로스 동맹의 재정권이 아테나이로 이양됨.
451년	아테나이와 스파르타 사이에 5년 기한의 동맹이 체결됨. **도편추방당했던 키몬이 복귀함.**
450년경	**알키비아데스 출생**
450년	아테나이가 페르시아를 무찌르기 위해 키프로스로 원정을 떠남. 아테나이에서 시민의 권리를 제한하는 입법이 완료됨. **키프로스 원정에서 키몬이 사망함. 아스파시아가 아테나이로 돌아옴.**
449년	델로스 동맹과 페르시아가 칼리아스 평화조약Peace of Callias을 체결함.
448년	델포이의 지배권을 두고 스파르타와 아테나이 사이에 제1차 신성 전쟁Sacred War이 벌어짐.
447년경	**헤로도토스가 아테나이에 정착함.**
447년	아테나이가 코로네이아 전투에서 보이오티아에 패배함. 아버지를 코로네이아 전투에서 잃은 알키비아데스는 고아로 전락함.
446년경	**아리스토파네스 출생**
446년	스파르타와 아테나이 사이에 30년 평화조약 체결. 페리클레스가 투리오이에 '범그리스적' 식민지를 창안함.
445년경	**리시아스 출생**
445년	페리클레스가 아스파시아를 살리기 위해 아내와 이혼함. 리시아스 출생
442년경	**핀다로스 사망**
442년	아테나이에서 레나이아 희극 축제가 개최됨. 페리클레스의 라이벌이자 밀레시아스의 아들이었던 투키디데스가 도편추방됨. 페리클레스는 델로스 동맹의 재정을 전용했다는 죄목으로 기소당하나 무죄로 방면됨. 소포클레스는 10명의 헬라노티마이 가운데 한 명으로 지명됨. 에우리피데스가 시티 디오니시아에서 처음으로 우승함.
441년경	**소포클레스의 《안티고네》가 처음으로 공연됨.**
441년~431년	페리클레스가 한 해도 거르지 않고 스트라테고스로 선출됨.
441년	소포클레스가 스트라테고스로 선출됨.
440년	아테나이가 델로스 동맹의 일원이었던 사모스의 반란을 진압함. 페리클레스와 소포클레스가 사모스 원정을 주도함.
438년	파르테논 신전과 페이디아스의 아테나이 여신 조각상이 성화(聖化)됨. 에우리피데스의 《알케스티스》가 처음으로 공연됨.
435년경	**엠페도클레스 사망**
432년	아테나이가 메가라에 무역 금지 조치를 발동함. 아테나이가 포티다이아 전투에서 코린토스를 무찌름. 소크라테스가 포티다이아에서 알키비아데스의 목숨을 구해줌.
431년	제2차 펠로폰네소스 전쟁 개시. 에우리피데스의 《메데이아》가 처음으로 공연됨.
430년경	페이디아스 사망. 리시아스가 투리오이로 이주함. 크세노폰 출생. 엠페도클레스 사망
430년	아테나이에서 역병이 창궐함. 페리클레스가 스트라테고스 재선에 실패함. 페리클레스가 추도 연설을 발표함.
429년	페리클레스가 역병으로 사망함. 소포클레스의 《오이디푸스 참주》가 처음으로 공연됨. 투키디데스 또한 역병에 걸리나 살아남음.

428년	에우리피데스의 《히폴리토스》가 처음으로 공연됨.
427년경	플라톤 출생
427년	아테나이가 레스보스의 반란을 진압함. 코르키라에서 내전이 발발함. 고르기아스가 아테나이에 도착해 시라쿠사이에 대항하는 레온티노이를 도와달라고 청원함. 아리스토파네스의 처녀작 《연회의 사람들》이 공연됨.
426년	아테나이의 역병이 가라앉음. 아리스토파네스의 《바빌로니아인》이 처음으로 공연됨. 클레온이 아리스토파네스를 기소함.
425년	아테나이가 필로스에서 스파르타를 무찌름. 클레온이 스팍테리아 전투에서 스파르타의 호모이오이를 무찌르고 포로로 잡음. 에우리피데스의 《헤카베》와 아리스토파네스의 《아카르나이인》이 처음으로 공연됨.
424년	아테나이가 델리온 전투에서 보이오티아인들에게 패배함. 스파르타가 아테나이의 암피폴리스를 장악함. 스파르타가 헤일로테스인들을 무차별 학살함. 소크라테스가 델리온 원정에 참가함. 투키디데스가 스트라테고스로 선출되나 암피폴리스에서의 손실을 막지는 못함. 아리스토파네스의 《기사》가 처음으로 공연됨.
423년	투키디데스가 아테나이에서 추방됨.
422년	스파르타가 아테나이의 암피폴리스 탈환을 방해함. 암피폴리스에서 클레온이 사망함. 소크라테스가 암피폴리스 원정에 참가함.
421년	아테나이와 스파르타가 평화조약을 체결함(니키아스 평화조약).
420년	프로타고라스 사망. 헤로도토스 사망.
419년	아리스토파네스의 《구름》이 처음으로 공연됨.
418년경	에파메이논다스 출생
418년	만티네이아 전투에서 스파르타가 아테나이를 무찌름.
416년	아테나이가 멜로스를 무찌름. 아테나이에서 마지막 도편추방이 이루어짐. 올림픽 기마 경주에서 알키비아데스가 우승함. 에우리피데스가 승리의 송가를 작곡함.
415년	아테나이의 시칠리아 원정. 알키비아데스가 스파르타로 탈출함. 에우리피데스의 《트로이아 여성》이 처음으로 공연됨.
414년	아리스토파네스의 《새》가 처음으로 공연됨.
413년	아테나이의 시칠리아 원정이 실패로 돌아감. 트라케인들이 미칼레소스를 침략해 소년들을 학살함. 아르켈라오스 I세가 마케도니아의 왕위에 오름.
412년	알키비아데스가 페르시아로 탈출함. 리시아스가 아테나이로 돌아옴.
412년/411년	소포클레스가 아테나이의 전쟁 준비를 감독하는 10명의 프로보울로이로 선출됨.
411년	아테나이가 민주주의 헌법을 폐기하고 과두정으로 회귀함. 스파르타가 페르시아와 조약을 체결함. 이오니아의 아테나이 군대가 알키비아데스를 스트라테고스로 선출함. 아리스토파네스의 《리시스트라테》와 《테스모포리아 축제의 여인들》이 처음으로 공연됨.
410년	키지코스 전투에서 아테나이가 스파르타 함대를

	무찌름. 아테나이가 민주정을 회복함.
408년	고르기아스가 올림픽 경기에서 그리스의 단합을 부르짖음. 에우리피데스의 《오레스테스》가 처음으로 공연됨. 에우리피데스가 마케도니아의 아르켈라오스 I세 왕궁으로 가기 위해 아테나이를 떠남.
407년경	플라톤이 소크라테스의 문하에 들어감.
407년	알키비아데스가 아테나이로 돌아와 엄청난 권한을 행사함. 에페소스에서 리산드로스가 스파르타의 스트라테고스로 지명됨.
406년	아르기누사이 전투에서 아테나이가 스파르타 함대에 승리를 거둠. 아테나이 스트라테고스 8명이 재판에 회부되어 처형당함. 카르케돈 군대가 시칠리아로 돌아옴. 리산드로스가 에페소스에서 아테나이 함대를 무찌름. 알키비아데스가 케르소네소스로 탈출함. 마케도니아에서 에우리피데스가 사망함.
405년	아이고스포타모이 전투에서 아테나이 함대가 스파르타에 패배함. 디오니시오스 I세가 시라쿠사이의 참주에 등극함. 소포클레스가 에우리피데스의 죽음을 애도하는 합창을 진행함. 에우리피데스의 《바카이》와 아리스토파네스의 《개구리》가 처음으로 공연됨. 소포클레스 사망.
404년	아테나이의 패배로 펠로폰네소스 전쟁이 마무리됨. 아테나이의 장벽Long Walls이 파괴됨. 민주주의가 압살당하고 30인이 참주의 통치체제가 자리 잡음. 아르탁세르크세스 II세가 페르시아의 왕위에 오름. 소크라테스가 30인의 참주체제에 협력하기를 거부함. 리시아스가 30인의 참주체제를 피해 메가라로 탈출함. 알키비아데스가 프리기아에서 사망함.
403년	아테나이에서 30인의 참주체제가 무너지고 민주정체가 들어섬. 리시아스가 아테나이로 돌아옴.
402년/401년	아기스 II세가 사망하면서 스파르타의 왕위 계승에 잡음을 일으킴.
401년	키루스 더 영거가 아르탁크세르크세스를 무찌르기 위해 원정을 떠남. 키루스가 쿠낙사 전투에서 패배 후 전사함. 크세노폰의 지휘 아래 1만 명이 진격함. 크세노폰이 키루스 더 영거의 원정에 합류함. 소포클레스의 《콜로노스의 오이디푸스》가 처음으로 공연됨.
400년경	아스파시아 사망
400년	아게실라오스 II세가 스파르타의 왕위에 오름.
399년	마케도니아의 아르켈라오스 I세가 사망함. 소크라테스가 재판에 회부되어 처형당함.
397년	디오니시오스 I세가 카르케돈의 도시 모티아를 포위함.
396년	스파르타가 사르데이스에서 페르시아를 무찌름.
395년경	투키디데스 사망
395년	코린토스 전쟁 발발. 할리아르토스 전투에서 테바이가 스파르타를 상대로 승리를 거둠. 리산드로스가 할리아르토스에서 사망
394년	코로네이아 전투에서 스파르타가 아테나이를 무찌름. 코로네이아에서 스파르타와 맞붙은 크세노폰이 아테나이에서 쫓겨남.
393년	아테나이가 장벽Long Walls을 재건함.
392년경	아리스토파네스의 《의회의 여성들》이 처음으로 공연됨.

392년	리시아스가 전사한 아테나이 병사들을 위해 추도 연설을 진행함.
388년	아리스토파네스의 《플루토스》가 처음으로 공연됨. 올림픽 경기에서 리시아스가 그리스의 단합을 부르짖음. 플라톤이 시라쿠사이의 디오니시오스 I세 왕궁을 방문함.
386년경	아리스토파네스 사망
386년	아르탁세르크세스 II세가 체결한 평화조약(제왕의 평화King's Peace)은 이오니아를 페르시아의 지배 하에 넘기는 대가로 코린토스 전쟁에 종지부를 찍었다.
384년경	아리스토텔레스 출생
384년	데모스테네스 출생
382년	스파르타가 테바이를 점령함. 마케도니아의 필립 2세 출생
380년경	리시아스 사망. 고르기아스 사망
378년	펠로피다스와 그의 동맹군이 테바이를 해방시킴. 새로운 아테나이 동맹이 창설됨.
375년	올림피아스 출생
371년	레욱트라 전투에서 테바이가 스파르타를 무찌름. 메갈로폴리스 창건. 크세노폰이 코린토스에서 테바이인들로부터 대피함.
370년경	범아카디아 동맹 창건
370년	페라이의 이아손이 그리스를 침략하나 무위로 돌아감.
370년/369년	테바이가 라코니아를 침략함.
369년	메세네 창건. 마케도니아의 필립 2세가 테바이로 인질로 잡혀감. 에파메이논다스가 지휘권을 행사하며 월권했던 일을 사과함.
368년	펠로피다스가 페라이의 알렉산드로스에게 포로로 잡힘.
367년	시라쿠사이의 디오니시오스 I세가 사망함. 에파메이논다스가 펠로피다스를 풀어줌. 플라톤이 시라쿠사이의 디오니시오스 II세 왕궁을 처음으로 방문함. 아테나이로 간 아리스토텔레스가 아카데미에 들어감. 프톨레미 I세 출생
366년	데모스테네스가 아테나이 법정에서 첫 연설을 진행함.
364년	스파르타와 엘리스가 올림픽 경기에서 범아카디아 동맹을 공격함.
362년	테바이와 범아카디아 동맹이 만티네이아 전투에서 아테나이와 스파르타를 무찌름. 만티네이아에서 에파메이논다스가 사망
361년	플라톤이 시라쿠사이의 디오니시오스 II세 왕궁을 두 번째로 방문함.
360년	이집트에서 아게실라오스 II세가 사망
359년	필립 II세가 마케도니아의 왕위에 오름.
357년	디온이 디오니시오스 II세를 쫓아내고 시라쿠사이의 지배권을 회득함. 필립 II세가 암피폴리스와 피드나를 장악함. 필립 II세와 올림피아스가 혼인함.
356년	에페소스의 아르테미스 신전이 파괴됨. 마케도니아의 알렉산드로스 III세 출생
354년경	크세노폰 사망
354년	디온 암살
351년경	데모스테네스가 유명 연설, '퍼스트 필리픽'을

	진행함.
348년	필립 II세가 올린토스를 무너뜨리고 장악함.
	알렉산드로스가 자신의 날 부케팔로스를 얻음.
348년/347년	플라톤 사망. 아리스토텔레스가 아소스의 헤르미아스 왕 밑으로 들어감.
347년경	팔레론의 데메트리오스 출생
347년	데모스테네스가 필립 II세와의 평화 조약을 방해함.
346년	필립 II세가 피티아 경기의 개최권을 회수함. 디오니시오스 II세가 시라쿠사이의 참주로 복귀함.
344년	디오니시오스 II세가 시라쿠사이의 참주에서 물러남.
343년	디오니시오스 II세가 유배 중에 사망
343년/342년	아리스토텔레스가 알렉산드로스 III세의 가정교사가 됨.
342년	메난드로스 출생
341년	아테나이가 데모스테네스의 지도 하에 있던 비잔티온을 탈환함. 페르시아가 아소스의 헤르미아스를 처형함. 에피쿠로스 출생
340년	섭정을 행하던 알렉산드로스 III세가 북방민을 정벌하고 알렉산드로폴리스를 창건함.
338년	마케도니아가 카이로네이아 전투에서 그리스 폴리스를 무찌름. 필립 II세가 클레오파트라와 혼인함. 데모스테네스가 추모 연설을 통해 카이로네이아 전투에서 전사한 아테나이인들을 애도함.
337년	필립 II세와 그리스 동맹이 페르시아 전쟁을 선포함.
336년	필립 II세가 암살당함. 알렉산드로스 III세가 마케도니아의 왕위에 등극함. 아리스토텔레스가 아테나이로 돌아와 리시엄을 창설함.
335년	데모스테네스가 마케도니아의 통치에 반기를 들도록 그리스의 반란을 종용함. 알렉산드로스가 트라케, 일리리아, 그리스의 반란을 진압하고 테바이를 파괴함.
334년	마케도니아가 그라니코스 전투에서 페르시아를 무찌름. 마케도니아가 페르시아를 상대로 이오니아 해변 도시를 장악함. 알렉산드로스가 페르시아를 침략함.
333년	마케도니아가 이소스 전투에서 페르시아를 무찌름. 알렉산드로스가 고르디우스의 매듭을 칼로 벰.
332년	알렉산드로스가 가자와 티로스를 포위함.
332년/331년	알렉산드로스가 멤피스에서 파라오의 왕관을 쓰고 아문-라의 아들로서 추앙받음.
331년	알렉산드레이아 창설. 마케도니아가 가우가멜라 전투에서 페르시아를 무찌름. 바빌론과 수사가 정복됨. 알렉산드로스가 시와에서 신탁을 받음.
330년	페르세폴리스가 점령당함. 다리우스 III세가 살해당함. 필로타스의 음모가 밝혀짐. 파르메니오가 처형당함. 알렉산드로스가 스스로를 페르시아의 황제로 선포함.
329년	마케도니아가 스키타이를 무찌름. 알렉산드로스가 힌두 쿠시와 옥서스 강을 횡단함.
328년	알렉산드로스가 클레이토스를 살해함.
327년	소그디아나 점령. '수행원'의 음모'Pages'

	Conspiracy 이후 칼리스테네스가 처형당함. 인도 침략. 알렉산드로스가 록사네와 혼인함.
326년	아오르노스 정복. 마케도니아가 히다스페스 전투에서 포로스를 무찌름. 알렉산드로스의 애마 부케팔로스가 세상을 떠남. 히파시스에서 마케도니아의 군대가 항명한 결과 히다스페스와 인더스 강 서쪽으로 진로를 변경함. 알렉산드로스가 물탄에서 중상을 입소함.
325년	게드로시아 사막 횡단. 사트랍들을 일소함.
324년	마케도니아인들과 페르시아인들이 수사에서 단체 결혼식을 올림. 헤파이스테이온 사망. 하르팔로스가 아테나이로 탈출함. 그리스 본토가 마케도니아를 상대로 반란을 일으킴. 알렉산드로스가 올림픽 경기에서 자신이 신성을 선언함.
323년	알렉산드로스 III세가 바빌로니아에서 사망함. 아리스토텔레스가 에우보이아로 도망침. 알렉산드로스 IV세와 아리다이오스가 마케도니아에서 공동으로 왕위를 계승함. 페르디카스가 섭정을 맡음. 데모스테네스가 횡령으로 수감된 이후 아테나이를 탈출함.
322년	아테나이와 그리스 연합군이 크라논 전투에서 안티파트로스에게 패배함. 아리스텔레스 사망. 데모스테네스가 자살함.
321년	프톨레미 I세가 알렉산드로스의 시신을 이집트로 운반함. 메난드로스의 처녀작 《오르게》가 처음으로 공연됨.
320년	페르디카스가 이집트 원정에 실패함. 페르디카스가 암살당함.
319년	안티파트로스 사망. 피로스 출생
318년	카산드로스가 그리스 본토를 장악함.
317년	올림피아스가 아리다이오스를 살해함. 팔레론의 데메트리오스가 카산드로스에 의해 아테나이의 총독으로 지명됨.
316년	카산드로스가 마케도니아를 장악하고 올림피아스에게 사형선고를 내림. 오갈 데 없는 신세가 된 어린 피로스가 일리리아의 글라우키아스 왕궁에 안착함. 메난드로스가 《디스콜로스》로 레나이아에서 처음으로 우승함.
313년	프톨레미 I세가 알렉산드레이아를 수도로 지정함.
311년	에피쿠로스가 미틸레네에 학교를 세움.
310년경	카산드로스가 록사네와 알렉산드로스 IV세를 살해함.
310년	에피쿠로스가 람프사코스에 학교를 세움.
307년	데메트리오스 더 비시저가 아테나이를 장악함. 피로스가 일리리아의 글라우키아스의 도움으로 에피루스의 왕위에 복귀함. 팔레론의 데메트리오스가 권좌에서 내려와 테바이로 추방당함.
306년	데메트리오스 더 비시저가 로도스 해전에서 프톨레미 I세를 무찌름. 에피쿠로스가 아테나이에서 학교를 세움.
304년	데메트리오스 더 비시저가 로도스를 포위함.
303년	데메트리오스 더 비시저가 피로스의 누이 데이다메이아와 혼인함.
302년	피로스가 에페루스에서 추방당해 데메트리오스 더 비시저에게 몸을 맡김.

301년	힙소스 전투에서 애꾸눈 안티고노스와 데메트리오스 더 비시저가 리시마코스와 셀레우코스 I세에게 패배함. 안티고노스 사망. 필레타이로스가 페르가몬에서 통치를 개시함. 피로스가 힙소스 전투에서 패배함.
300년경	키티온의 제논이 아테나이의 스토아 포이킬레에서 학생들을 가르침.
298년	프톨레미 I세와 데메트리오스 더 비시저가 동맹을 체결함. 피로스가 프톨레미 I세 측에 '인질'로 머물며 그의 의붓딸 안티고네와 혼인함.
297년	카산드로스 사망. 팔레론의 데메트리오스가 알렉산드레이아에 정착함. 프톨레미 I세가 피로스를 에페루스의 왕으로 복귀시킴.
295년경	아펠레스 사망
295년	피로스의 아내 안티고네 사망
294년	데메트리오스 더 비시저가 마케도니아의 왕위를 찬탈함.
293년	그리스 본토의 폴리스가 데메트리오스 더 비시저를 상대로 반란을 일으킴.
291년	키메와 캄파니아의 나머지 지역이 로마에 합병됨. 메난드로스가 페이라이에우스에서 익사함.
288년	피로스가 데메트리오스 더 비시저로부터 마케도니아를 수복하고 리시마코스와 함께 통치함.
287년경	아르키메데스 출생
286년	피로스가 안티고노스 고나타스를 무찌르고 테살리아를 병합함.
285년	프톨레미 I세가 차남 프톨레미 II세를 후계자로 지명함. 프톨레미 II세가 팔레론의 데메트리오스를 가택 연금함. 셀레우코스 I세가 데메트리오스 더 비시저를 체포함.
284년	피로스의 군대가 리시마코스에게 항복함. 피로스가 에페이로스로 도망침.
283년경	팔레론의 데메트리오스 사망
283년	포로로 잡힌 데메트리오스 더 비시저가 사망함. 리시마코스가 에페이로스를 약탈함. 로마가 투리오이, 로크리스, 크로톤, 레기온과 연합해 레우카니아에 대항하면서 로마가 타라스와 충돌함. 프톨레미 I세 사망
281년	셀레우코스 I세가 키루페디온 전투에서 리시마코스를 무찌름. 리시마코스가 전사함. 셀레우코스 I세가 마케도니아의 왕위에 오른 프톨레미 더 선더볼트를 살해함. 타라스가 로마를 상대하기 위해 피로스에게 도움을 청함.
280년	헤라클레이아 전투에서 피로스가 로마를 무찌름. 로마의 평화 협상안이 거절당함. 피로스의 군대가 로마를 향해 북진하나 이내 후퇴함. 피로스가 이탈리아에 당도함.
279년	피로스가 아스쿨룸 전투에서 로마를 무찌름. 마케도니아에서 프톨레미 더 선더볼트가 갈리아인들에게 목숨을 잃음.
278년	피로스가 시라쿠사이를 포위한 카르케돈을 물리침. 피로스가 시칠리아에 당도함.
277년	피로스가 시칠리아의 대부분을 카르케돈의 지배에서 해방시킴.
276년	피로스가 이탈리아로 돌아옴.
275년	베네벤툼 전투에서 로마와 피로스가 교착 상태에 빠짐. 히에론 II세가 시라쿠사이의

	지휘관으로 지명됨. **피로스가 에페이로스로 복귀함.**
274년	**피로스가 마케도니아와 테살리아의 대부분을 장악함.**
272년	**스파르타가 피로스의 침략을 격퇴함. 피로스가 아르고스 전투에서 전사함.**
270년	로마가 남부 이탈리아의 그리스 도시들을 완전히 병합함. 히에론 II세가 시라쿠사이의 참주에 등극함. **에피쿠로스 사망**
269년	**아탈로스 I세 출생**
263년	히에론 II세가 로마와의 평화 조약을 체결함. 페르가몬의 필레타이로스가 사망하고 에우메네스 I세가 왕위를 승계함.
253년	**필로포이멘 출생**
241년	페르가몬의 에우메네스 I세 사망. **아탈로스 I세가 페르가몬의 통치자로 등극함. 아탈로스가 카이코스 강에서 갈리아인들을 무찌름.**
238년	**아탈로스 I세가 왕위를 차지함.**
235년경	**로도스의 아폴로니오스 사망**
235년	에라토스테네스가 로도스의 아폴로니오스로부터 알렉산드레이아의 도서관장 자리를 물려받음.
228년	**아탈로스 I세가 안티오코스를 무찌르고 소아시아 서부로 페르가몬의 지배권을 확장시킴.**
223년	스파르타의 클레오메네스 III세가 메갈로폴리스를 점령함. **필로포이멘이 메갈로폴리스의 소개 작전을 단행함.**
222년	아카이아 동맹과 마케도니아가 셀라시아 전투에서 스파르타를 무찌름. **필로포이멘이 셀라시아에서 부상을 입음.**
221년	**필로포이멘이 용병을 이끌고 크레테에 당도함.**
217년	마케도니아의 필립 V세가 아이톨리아 동맹을 격파함.
215년	시라쿠사이의 히에론 II세 사망. 히에로니모스가 할아버지인 히에론 II세로부터 참주직을 승계함. 시라쿠사이와 마케도니아는 카르케돈과 동맹을 맺고 로마와 싸움.
214년	로마의 시라쿠사이 공격이 개시됨.
213년	**페르가몬의 영토가 아탈로스 I세와 셀레우코스 III세가 체결한 조약에 의해 셀레우코스 왕조로 이관됨.**
212년	로마가 시라쿠사이를 점령함. 시칠리아가 로마의 일부로 편입됨. **아르키메데스가 로마 군인들에게 목숨을 잃음.**
211년	아이톨리아 동맹이 로마와 동맹을 체결함. **아탈로스 I세가 아이톨리아 동맹의 스트라테고스로 선출됨.**
210년	**아이톨리아 동맹과 아탈로스 I세가 아이기나를 장악함.**
209년	아카이아 동맹과 마케도니아가 라리소스 강 전투에서 아이톨리아 동맹을 무찌름. **필로포이멘이 라리소스 강 전투에 참가함.**
207년	아카이아 동맹이 만티네이아 전투에서 스파르타를 무찌름. **필로포이멘이 만티네이아에서 벌어진 일대일 대결에서 스파르타의 왕 마카니다스를 쓰러뜨림.**
205년	아카이아 동맹과 마케도니아, 아이톨리아

	동맹과 스파르타가 적대 관계를 종결함.
205년/204년	**아탈로스 I세가 마그나 마테르Magna Mater로 추앙되는 키벨레 여신을 로마에 소개함.**
201년	에라트라이 인근의 해전에서 필립 V세가 아탈로스 I세를 상대로 승리함. 필립 V세가 페르가몬을 공격함. **필로포이멘과 아카이아 동맹이 스파르타의 나비스를 격파함.**
200년	필립 V세가 아테나이를 공격함. 로마가 마케도니아를 상대로 전쟁을 선포하며 페르가몬의 원조를 요청함. **아탈로스 I세가 아테나이에서 영웅으로 환대받음. 폴리비오스 출생**
199년	필립 V세가 용병을 이끌고 크레테로 돌아옴.
198년	**아탈로스 I세가 필립 V세와 결별하도록 아카이아 동맹을 설득함.**
197년	로마가 키노스케팔론 전투에서 마케도니아를 무찌름. 필립 V세가 로마와 동맹을 체결함. 에우메네스 II세가 페르가몬의 왕위에 오름. **아탈로스 I세 사망**
193년	아카이아 동맹과 스파르타가 다시 적대 관계로 들어서나, 로마에 의해 평화를 유지함. **필로포이멘이 아카이아 동맹의 스트라테고스로 재선됨.**
192년	나비스가 살해당하고 아이톨리아 동맹이 스파르타를 점령함.
191년	테르모필라이에서 로마가 안티오코스 III세를 무찌름.
188년	**스파르타가 패배함. 필로포이멘이 스파르타의 헌법을 폐기함.** 안티오코스 III세가 패배하고 소아시아 서부 지역의 대부분을 로마에 이양함.
183년	메세네가 아카이아 동맹을 상대로 반란을 일으킴. **메세네가 필로포이멘을 체포하고 독배를 강요함. 폴리비오스가 필로포이멘의 유골을 메갈로폴리스로 운반함.**
180년	**폴리비오스가 알렉산드레이아의 대사로 파견됨.**
171년	로마와 마케도니아 사이에 전쟁이 발발함.
170년	**폴리비오스가 아카이아 동맹의 부지휘관으로 임명됨.**
168년	피드나 전투에서 로마가 마케도니아를 무찌름. 마케도니아의 영토가 조각나고, 페르세우스 V세가 로마의 포로로 잡혀감.
167년	로마가 에페이로스를 장악함. **폴리비오스가 로마에 인질로 잡혀감.**
146년	로마가 카르케돈과 코린토스를 유린함. 그리스가 로마의 지방으로 편입됨. **폴리비오스가 카르케돈과 코린토스의 몰락을 목격함.**
144년	**폴리비오스가 그리스를 떠나 《세계의 역사》를 연구하기 시작함.**
133년	아탈로스 III세가 페르가몬을 로마에게 물려줌.
118년	**폴리비오스 사망**
87년	로마에 속했던 아시아와 그리스 지역이 로마를 상대로 반란을 일으킴.
86년	그리스의 반란이 진압됨. 아테나이가 유린당함.
31년	악티온 전투에서 옥타비아누스가 클레오파트라 VII세와 마크 안토니우스를 무찌름.
30년	마지막 독립국가로서의 그리스 왕국을 통치했던 클레오파트라 VII세가 사망함. 로마가 이집트를 병합함.

인물 소개

본문에서 나온 50인의 이름은 **굵게**, 신화적인 인물과 신은 *기울임* 서체로 표시하였다.

겔론Gelon
기원전 ?~기원전 478년, 시라쿠사이의
참주, 히에론 I세의 형제

고르기아스Gorgias
기원전 485년경~기원전 380년경,
레온티노이의 철학자이자 수사학자

그뤼로스Gryllus
기원전 362년 사망, 크세노폰의 쌍둥이
아들

글리세라Glycera
약 기원전 4세기 후반, 하르팔로스와
메난드로스의 연인

길리포스Gylippus
약 기원전 5세기 후반, 스파르타의
모탁스이자 장군, 아테나이의 시칠리아
원정을 격파하는 데 일조함.

나비스Nabis
재위기간 기원전 207년~기원전 192년,
스파르타의 왕

나우시파네스Nausiphenes
약 기원전 4세기 중반~기원전 4세기 후반,
테오스의 철학자, 에피쿠로스의 가정교사

네옵톨레모스Neoptolemus (1)
아킬레우스의 아들, 퓌로스라는
이름으로도 알려짐.

네옵톨레모스 (2)
약 기원전 4세기, 에페이로스의 왕,
올륌피아스의 아버지

니키아스Nicias
기원전 470년경~기원전 413년,
아테나이의 평산 거부이자 장군, 시칠리아
원정을 이끈 지도자들 가운데 한 명

니코마코스Nicomachus (1)
약 기원전 4세기 초반, 마케도니아 왕궁의
궁중의, 아리스토텔레스의 아버지

니코마코스 (2)
약 기원전 4세기 후반, 철학자,
아리스토텔레스의 아들

다마레테Damarete
약 기원전 5세기 중반, 시라쿠사이의
겔론의 아내

다리우스 I세 Darius I
재위기간 기원전 522년~기원전 486년,
페르시아 황제, '대왕 또는 '황제'로
지칭됨. 그리스 본토를 침략함.

다리우스 II세 Darius II
재위기간 기원전 423년~기원전 404년,
페르시아 황제

다리우스 III세 Darius III
재위기간 기원전 336년~기원전 330년,
페르시아 황제

데마라토스Demaratus (1)
재위기간 기원전 515년경~기원전 491년,
스파르타의 왕, 클레오메네스 I세와
공동으로 통치함.

데마라토스 (2)
(코린토스의 데마라토스) 기원전 330년
사망, 마케도니아의 조신

데메트리오스 더 비시저 Demetrius the
Besieger
기원전 337년~기원전 283년,
마케도니아의 장군이자 왕, 애꾸눈
안티고노스의 아들

데모케데스Democedes
약 기원전 6세기, 크로톤의 순회 의사,
폴뤼크라테스와 다리우스 I세의 의사,
밀론의 사위

데모스테네스Demosthenes (1)
기원전 413년 사망, 아테나이의 장군

데모스테네스 (2)
기원전 384년~기원전 322년, 아테나이의
웅변가이자 정치인

데모크리토스Democritus
기원전 460년경~기원전 370년경,
철학자이자 원자 과학자, 아브데라 출신

도리에우스Dorieus
기원전 510년 사망, 스파르타의 왕자,
레오니다스의 형제

디오게네스 라에르티오스 Diogenes Laertius
약 서기 3세기, 철학자들의 전기 작가

디오뉘소스Dionysus
술과 연극의 신

디오니시오스 I세 Dionysius I
기원전 432년경~기원전 367년,
시라쿠사이의 참주, 플라톤의 후원자

디오니시오스 II세
기원전 397년~기원전 343년,
시라쿠사이의 참주, 플라톤의 후원자

디오도로스Diodorus (1)
약 기원전 4세기, 크세노폰의 쌍둥이 아들

디오도로스 (2)
약 기원전 1세기, 시칠리아의
역사가(Diodorus Siculus라는 이름으로도
알려짐)

디오스쿠리데스Dioscorides
약 기원전 3세기 후반, 알렉산드레이아의
서정시인

디온Dion
기원전 408년~기원전 354년, 플라톤의
학생, 시라쿠사이의 참주

라마코스Lamachus
기원전 414년 사망, 아테나이의 장군,
시칠리아 원정을 이끈 지도자들 가운데 한
명

레오니다스
약 기원전 4세기 중반, 올륌피아스의 친척,
알렉산드로스 III세의 가정교사

레오니다스 I세 Leonidas I
기원전 540년경~기원전 480년,
스파르타의 왕

레오티키다스Leotychidas
약 기원전 4세기 전반, 스파르타의 왕자,
아기스 II세의 아들(또는 알키비아데스)

로도스의 아폴로니오스 Apollonius of Rhodes
기원전 270년 이전~기원전 235년경, 학자
겸 시인, 알렉산드리아 도서관의 수장

로물루스Romulus
로마를 창건해 초대 황제를 맡았다고
전해지는 전설의 인물

록사네Roxane
기원전 343년경~기원전 310년경,
소그디아네의 공주, 알렉산드로스 III세의
아내

루크레티우스Lucretius
(Titus Lucretius Carus) 기원전
94년~기원전 55년경, 로마의
쾌락주의 서사 시인

루키아노스Lucian
약 서기 2세기 중반, 유머 에세이 작가이자
만담꾼. 사모사타 출신

리그다미스Lygdamis
재위기간 기원전 545년~기원전 524년,
히피아스의 동맹 상대방이자 낙소스의 참주

리산드로스Lysander
?~기원전 395년, 스파르타의 장군

리시마코스Lysimachus (1)
약 기원전 5세기 초반~기원전 5세기 중반,
아리스테이데스의 아들

리시마코스 (2)
기원전 355년경~기원전 281년,
마케도니아의 장군이자 왕, 트라케를
통치함.

리시마코스 (3)
기원전 3세기~기원전 2세기경, 《아탈로스
I세의 교육》을 기술함.

리시아스Lysias
기원전 445년~기원전 380년, 아테나이의
웅변가이자 연설문 작가

메가클레스Megacles (1)
약 기원전 7세기 후반, 아테나이의 정치인,
메가클레스 (2)의 조부

메가클레스 (2)
약 기원전 6세기, 아테나이의 정치인,
페이시스트라토스의 라이벌,
클레이스테네스 (2)의 아버지,
페리클레스의 조부

메난드로스Menander
기원전 342년~기원전 291년, 아테나이의
희극 작가

멤논Memnon (1)
트로이아에서의 에티오피아 영웅,
아킬레우스에게 목숨을 잃음.

멤논 (2)
(로도스의 멤논) 기원전 380년~기원전
333년, 다리우스 III세를 위해 싸웠던 용병
장군

밀론Milo
기원전 555년경~?, 레슬러이자 장군,
크로톤 출신

밀티아데스Miltiades (1)
(Miltiades The Elder) 기원전 524년경
사망, 아테나이의 정치인, 케르소네소스의
참주, 밀티아데스 (2)의 삼촌

밀티아데스 (2)
기원전 554년경~기원전 489년,
케르소네소스의 참주이자 아테나이의
장군, 키몬의 아버지

바킬리데스Bacchylides
약 기원전 5세기 초반~기원전 5세기
중반, 서정시와 찬가를 창작한 시인,
시모니데스의 조카

베소스Bessus
기원전 329년 사망, 페르시아의 사트랍,
다리우스 III세를 암살함.

부케팔로스Becephalus
기원전 322년 사망, 알렉산드로스
III세와 테살리아에서 첫 인연을 맺은
알렉산드로스 III세의 애마

브라시다스Brasidas
기원전 422년 사망, 스파르타의 장군

비잔티온의 필론 Philo of Byzantium
기원전 280년경~기원전 220년경, 기술자
겸 작가

사포Sappho
기원전 630년 후반~기원전 570년경,
레스보스의 서사 시인

세라피스Serapis
그리스와 이집트의 신, 프톨레미 I세가
숭배를 장려함

셀레우코스Seleucus
(Seleucus I세) 기원전 358년경~기원전
281년, 마케도니아의 장군이자 왕, 동부
아시아의 통치자

소크라테스Socrates
기원전 469년경~기원전 399년,
아테나이의 철학자

소포클레스Sophocles
기원전 497년/기원전 496년~기원전
405년, 아테나이의 비극작가이자 철학자

솔론Solon
기원전 638년경~기원전 558년,
아테나이의 시인, 정치인 겸 법률 입안자

술라Sulla
(Lucius Cornelius Sulla Felix) 기원전
138년경~기원전 78년, 로마의 정치인이자
장군, 아테나이를 유린함.

스키피오 아이밀리아누스Scipio Aemilianus
(Publius Cornelius Scipio Aemilianus)
기원전 185년~기원전 129년, 로마의 장군,
카르케돈의 정복자, 폴리비오스의 친구

시모니데스Simonides
기원전 556년경~기원전 468년, 케오스의
서사 시인

시저Caesar
율리우스 시저 참조

아가리스테Agariste (1)
약 기원전 560년, 클레이스테네스의 딸(1),
메가클레스의 아내(2)

아가리스테 (2)
약 기원전 495년, 아테나이의 귀족이자
페리클레스의 어머니

아가멤논Agamemnon
미케나이의 왕, 전설로 전해지는 트로이아
원정의 지도자

아가테 티케Agathe Tyche
티케 참조

아가토클레스Agathocles
기원전 361년~기원전 298년,
시라쿠사이의 참주

아게실라오스 II세Agesilaus II
기원전 444년~기원전 360년, 스파르타의
왕, 크세노폰의 친구

아기스 II세Agis II
재위기간 기원전 427년~기원전 401년,
스파르타의 왕, 아게실라오스 II세의
배다른 형제

아나크레온Anacreon
기원전 582년~기원전 485년, 테오스의
서정시인

아낙사고라스Anaxagoras
기원전 510년경~기원전 428년,
이오니아의 천문학자이자 합리주의
철학자

아리다이오스Arrhidaeus
기원전 359년~기원전 317년, 필립 II세의
아들, 알렉산드로스 III세의 명목상
승계자, 알렉산드로스 IV세(필립 III세)와
함께 마케도니아를 공동으로 다스림.

아르켈라오스 I세Archelaus I
재위기간 413년~기원전 399년,
마케도니아의 왕, 에우리피데스와
제욱시스의 후원자

아르키메데스Archimedes
기원전 287년경~기원전 212년,
시라쿠사이의 수학자이자 발명가

아르타페르네스Artaphernes
약 기원전 497년, 페르시아 사트랍,
다리우스 I세의 형제

아르탁세르크세스 I세Artaxerxes I
재위기간 465년~기원전 424년, 페르시아
황제

아르탁세르크세스 II세Artxerxes II
재위기간 404년~기원전 358년, 페르시아
황제

아르테미스Artemis
대자연, 사냥, 출산의 여신

아리스타고라스Aristagoras
약 기원전 500년, 밀레토스의 참주,
히스티아이오스의 조카이자 사위,
이오니아 반란을 진두지휘함.

아리스타르코스Aristarchus
기원전 310년경~기원전 230년경,
알렉산드레이아의 수학자이자 천문학자,
지동설을 최초로 주장함.

아리스테이데스Aristeides, Aristides
기원전 530년~468년, 아테나이의 정치인
겸 장군, '정의로운 자'라는 별명이 붙음.

아리스토게이톤Aristogeiton
기원전 514년 사망,
'티라녹토노이Tyrannicides(폭군
살해자)'의 일원, 히파르코스를 암살함.

아리스토텔레스Aristotle
기원전 384년~기원전 322년,
철학자이자 석학, 알렉산드로스 III세의
가정교사

아리스토파네스Aristophanes
기원전 446년경~기원전 386년,
아테나이의 희극작가

아리아노스Arrian
서기 86년경~서기 160년경, 그리스의
역사가, 석학, 정치가, 비티니아 출신

아마시스 II세Amasis II
재위기간 기원전 570년~기원전 526년,
이집트의 파라오

아스클레피오스Asclepius
치유와 약제의 신

아스파시아Aspasia
기원전 470년경~기원전 400년경,
밀레토스의 여성 지식인, 페리클레스의
아내라고 전해지나 명확하지는 않음 (1),
페리클레스의 어머니 (2)

아이스키네스Aeschines
기원전 389년~314년, 마케도니아에
우호적이었던 아테나이 정치인

아이스킬로스Aeschylus
기원전 525년/524년~기원전 456년/기원전
455년, 아테나이의 비극작가

아킬레우스Achilles
트로이아 전쟁에 등장하는 그리스의 영웅,
《일리아드》의 핵심 인물

아탈로스 I세Attalus I
기원전 269년~기원전 197년, 페르가몬의
첫 번째 왕

아탈로스 III세Attalus III,
기원전 170년경~기원전 133년,
페르가몬의 왕, 왕국을 로마에게 물려줌.

아테나Athena
지혜의 여신, 도시국가 아테나이를
수호함.

아토사Atossa,
기원전 550년~기원전 475년, 페르시아의
여왕, 다리우스 I세의 아내이자
크세르크세스 I세의 어머니

아펠레스Apelles
기원전 360년 이전~기원전 295년경,
알렉산드로스 III세의 궁중 화가

아폴로Apollo
음악, 예술, 건강, 빛과 예언의 신

아프로디테Aphrodite
성애의 여신

아피아노스Appian
서기 95년경~서기 165년경, 로마 역사를
기술한 알렉산드레이아 출신 작가

안티고네Antigone (1)
오이디푸스의 딸

안티고네 (2)
기원전 317년경~기원전 295년, 프톨레미
I세의 의붓딸이자 피로스의 아내

안티고노스 고나타스Antigonus Gonatas
기원전 319년~기원전 239년,
마케도니아의 왕이자, 데메트리오스 더
비시저의 아들

안티고노스 III 도손
Antigonos III Doson 기원전 263년~기원전
221년, 마케도니아의 왕, 데메트리오스 더
비시저의 손자이자 프톨레미 I세의 증손자

안티오코스 더 호크Antiochus the Hawk
기원전 226년 사망, 셀레우코스 제국에
대항한 내부 반역 세력의 지도자, 아탈로스
I세가 골칫거리로 여긴 인물

안티오코스 III세Antiochus III
기원전 241년경~기원전 187년,
셀레우코스 제국의 통치자, '대왕'이라는
별칭이 붙음.

안티오코스Antiochus
약 기원전 410년, 알키비아데스 (2)의
키잡이

안티파트로스Antipater
기원전 397년경~기원전 319년,
알렉산드로스 III세의 장군, 훗날
마케도니아의 섭정을 맡음. 카산드로스의
아버지

알렉산드로스 III세Alexander III
기원전 356년~기원전 323년,
마케도니아의 왕, '알렉산드로스
대왕'으로 통함.

알렉산드로스 IV세Alexander IV
기원전 323년~기원전 309년, 알렉산드로스
III세와 록사네 사이에서 태어난 아들로
아리다이오스와 마케도니아를 공동으로
통치했다.

알키비아데스Alcibiades (1)
(Alcibiades the Elder), 약 기원전 5세기
초반~5세기 중반, 아테나이의 귀족이자
알키비아데스 (2)의 조부

알키비아데스 (2)
기원전 450년~기원전 404년, 아테나이의
정치인이자 장군

애꾸눈 안티고노스Antigonus the One-Eyed
기원전 382년~기원전 301년, 알렉산드로스
III세의 장군, 훗날 서아시아의 통치자로
군림하며 스스로를 왕이라 선언함.
데메트리오스 더 비시저의 아버지

에라토스테네스Eratosthenes (1)
약 기원전 404년, 아테나이 30인의 참주
구성원, 리시아스에 의해 처형당함.

에라토스테네스 (2)
기원전 276년경~기원전 195년경, 석학,
'베타'라는 별명을 지닌 알렉산드레이아
도서관의 수장

에로스Eros
욕망의 신, 아프로디테의 아들

에우리피데스Euripides
기원전 485년경~기원전 406년,
아테나이의 비극작가

에우메네스Eumenes

기원전 361년경~기원전 316년,
알렉산드로스 III세의 비서이자
역사가(카르디아의 에우메네스로 알려짐)

에우메네스 I세
재위기간 기원전 263년~기원전 241년,
페르가몬의 통치자, 조카 아탈로스 I세가
그의 왕위를 승계함.

에우메네스 II세
재위기간 기원전 197년~기원전 159년,
페르가몬의 왕, 아탈로스 I세의 아들이자
그의 승계자

에우포리온Euphorion (1)
약 기원전 6세기, 부유한 아테나이인으로
아이스킬로스의 아버지

에우포리온 (2)
약 5세기 중반, 아테나이인, 비극작가
아킬레우스의 아들

에파메이논다스Epaminondas
기원전 418년경~기원전 362년, 테바이의
장군

에피젤로스Epizelus
약 기원전 5세기 초반, 마라톤 전투에
참가한 아테나이의 중장 보병

에피쿠로스Epicurus
기원전 341년~기원전 270년, 아테나이의
철학자

엘피니케Elpinice
약 기원전 5세기, 키몬의 누이이자
칼리아스의 아내

엠페도클레스Empedocles
기원전 490년경~기원전 430년경,
시칠리아의 철학자이자 신비주의자

오디세우스Odysseus
이타케의 왕, 《오디세이아》의 주인공

오레스테스Orestes
영웅, 아가멤논의 아들

오로이테스Oroetes
재위기간 기원전 530년경~기원전
520년경, 페르시아의 사트랍,
폴리크라테스를 살해함.

오르페우스Orpheus
신성을 하사받은 음악가이자 신비주의자

오비드Ovid 또는 오비디우스Ovidius
(Publius Ovidius Naso) 기원전 43년~서기
17년, 로마의 시인

오이디푸스Oedipus
테바이의 왕

올로로스Olorus (1)
약 기원전 6세기 후반, 트라케의 왕,
밀티아데스 (2)의 장인

올로로스 (2)
약 기원전 5세기, 아테나이, 투키디데스의
아버지

올림피아스Olympias
기원전 375년~기원전 316년,
에페이로스의 공주, 알렉산드로스 III세의
어머니

율리우스 시저Julius Caesar
(Gaius Julius Caesar) 기원전 100년~기원전
44년, 로마의 장군이자 정치인

이나루스Inarus
기원전 454년 사망, 리비아의 왕

이비코스Ibycus
(레기온의 이비코스) 약 기원전 6세기
후반, 서정시인

이아손Jason
아르고나우타이의 지도자, 메데이아의
배우자

이피게네이아Iphigenia
아가멤논의 딸

제논Zeno (1)
(엘레아의 제논Zeno of Elea) 약 기원전
5세기 초반~5세기 중반, 수학자 겸 철학자

제논 (2)
(키티온의 제논Zeno of Citum) 기원전
333년~기원전 264년, 철학자, 스토아
학파의 창시자

제우스 아몬Zeus Ammon
그리스와 이집트 신들의 융합체, 영향력이
지대한 신탁의 사원을 보유함.

제우스Zeus
그리스 신들의 우두머리

제욱시스Zeuxis
기원전 460년경~?, 헤라클레이아 출신
화가

카산드로스Cassander
기원전 350년경~기원전 297년,
마케도니아의 왕이자 장군,
안티파트로스의 아들

카이레폰Chaerephon
약 기원전 5세기 중반~기원전 5세기 후반,
소크라테스의 친구이자 추종자

칼리스테네스Callisthenes
기원전 360년경~기원전 327년,
알렉산드로스 III세를 예찬한
마케도니아의 역사가, 음모를 꾸민 죄로
처형당함. 아리스토텔레스의 조카

칼리아스Callias (1)
약 기원전 5세기 초반~기원전 5세기 중반,
부유한 아테나이인이자 키몬의 매형

칼리아스 (2)
약 기원전 5세기 중반~기원전 5세기 후반,
부유한 아테나이인이자 칼리아스 (1)의
손자

코드로스Codrus
아테나이의 전설상의 왕

퀸틸리안Quintilian
(Marcus Fabius Quintilianus) 서기 36년경
~서기 100년경, 로마의 수사학자

크라티노스Cratinus
기원전 519년~기원전 422년, 아테나이의
희극 작가

크로이소스Croesus
기원전 595년~기원전 547년경, 키루스
(1)에게 패배한 부유한 리디아 왕

크리티아스Critias
기원전 460년~기원전 403년, 아테나이의
30인의 참주, 플라톤의 삼촌

크산티포스Xanthippus (1)
약 기원전 5세기 초반, 아테나이의 장군,
페리클레스의 아버지

크산티포스 (2)
기원전 429년 사망, 아테나이 출신,
페리클레스의 아들

크세노폰Xenophon
기원전 430년경~기원전 354년경,
아테나이의 장군, 역사가, 문학 혁신가

크세르크세스Xerxes
재위기간 기원전 486년~기원전 465년,
페르시아 황제, 그리스 본토 침략

클레오메네스Cleomenes
기원전 322년경 사망, 알렉산드로스
III세가 이집트의 총독으로 보냈다.

클레오메네스 I세Cleomenes I
기원전 490년경 사망, 스파르타의 왕,
레오니다스의 장인

클레오메네스 III세Cleomenes III
기원전 260년~기원전 222년, 스파르타의
왕

클레오파트라Cleopatra (1)
기원전 336년 사망, 마케도니아의 필립
II세의 아내

클레오파트라 (2)
(Cleopatra VII) 기원전 69년~기원전 30년,
이집트 프톨레마이오스 왕조가 배출한
여왕

클레온Cleon
?~기원전 422년, 아테나이의 정치인이자
장군

클레이스테네스Cleisthenes (1)
재위기간 기원전 600년경~기원전 560년경,
시키온의 참주, 클레이스테네스의
증조부 (2)

클레이스테네스 (2)
기원전 570년~기원전 507년경,
아테나이의 민주주의 개혁을 주도함.

클레이토스Cleitus
기원전 328년 사망. 알렉산드로스
III세의 장군, 알렉산드로스 III세에게
살해당함(클레이토스 더 블랙Cleitus the
Black이라는 이름으로 알려짐).

클리니아스Clinias
기원전 447년 사망, 아테나이의 정치인,
알키비아데스의 아버지

키네아스Cineas
약 기원전 280년, 피로스의 보좌관,
피로스에 의해 대사로 파견됨.

키루스Cyrus
(Cyrus II세) 기원전 530년 사망, 페르시아
제국의 창시자, '대왕' 또는 '황제'로
지칭됨. 크세노폰의 《키루스의 교육》의
모델

키루스 (2)
(Cyrus The Younger) 기원전 401년 사망,
다리우스 II세의 아들, 페르시아의 왕위를
노림

키몬Cimon
기원전 510년~기원전 450년, 아테나이의
장군이나 정치인, 밀티아데스의 아들

키벨레Cybele
아시아에서 추앙되는 어머니 여신

키케로Cicero
(Marcus Tullius Cicero) 기원전 106년~
기원전 43년, 로마의 정치가, 철학자, 작가

킬론Cylon (1)
약 기원전 7세기 중반의 인물, 기원전
632년 아테나이의 야심찬 참주로 실패한
쿠데타를 이끎. 올림픽 우승자.

킬론 (2)
약 기원전 6세기 후반~기원전 5세기 초반
크로톤의 민주파 지도자

테론Theron
재위기간 기원전 488년~기원전 472년,
아크라가스의 참주

테미스토클레스Themistocles
기원전 524년~기원전 459년, 아테나이의
정치인이자 장군

테세우스Theseus
아테나이의 전설적인 왕

테오크리토스Theocritus
기원전 315년~기원전 260년,
시라쿠사이의 서정, 서사, 전원시인

테오프라스토스Theophrastus
기원전 371년경~기원전 287년,
레스보스의 철학자 겸 과학자, 《성격》의
저자

투키디데스Thucydides (1)
약 기원전 442년, 멜레시아스의 아들,
아테나이의 정치인, 페리클레스의 정적

투키디데스 (2)
기원전 455년경~기원전 395년경,
올로로스의 아들, 아테나이의 장군이자
역사가

트라시데오스Thrasdaeus
재위기간 472년, 테론의 아들,
아크라가스의 참주를 잠시 맡음.

티사페르네스Tissaphernes
기원전 395년 사망, 페르시아의 사트랍

티케Tyche
행운의 여신, 아가테 티케Agathe

Tyche(행운)라는 말로 불림. 기원전 4세기 중반부터 숭배됨.

파랄로스Paralus
기원전 429년 사망, 아테나이인, 페리클레스의 아들

파르메니온Parmenio
기원전 400년경~기원전 330년, 마케도니아의 징군, 알렉산드로스 III세를 암살하려는 음모를 꾸미다 처형됨.

파리스Paris
트로이아의 왕자, 헬레네를 납치함. 알렉산드로스라는 이름으로도 호칭됨.

파우사니아스Pausanias (1)
기원전 470년 사망, 스파르타의 섭정자이자 장군

파우사니아스 (2)
재위기간 기원전 409년~기원전 395년, 스파르타의 왕

파우사니아스 (3)
서기 110년경~서기 180년, 여행가, 지리학자, 작가, 마그네시아 출신

파울Paul
(사울) 서기 5년경~서기 67년, 기독교의 사제이자 성인

파트로클로스Patroclus
트로이아 전쟁의 그리스 영웅, 아킬레우스의 친구

판Pan
목가, 짐승, 전원지대의 신, 공포의 씨앗을 뿌린다고 알려짐

팔라메데스Palamedes
트로이아 전쟁의 그리스 영웅, 오디세우스의 악의적인 모함으로 처형당함

팔레론의 데메트리오스Demetrius of Phalerum
기원전 347년경~기원전 283년경 아테나이의 총독이자 학자

팜필로스Pamphilus
약 기원전 4세기, 암피폴리스 출신 예술가, 아펠레스의 가정교사

페라이의 이아손Jason of Pherae
기원전 370년 사망, 테살리아 페라이의 왕이자 장군

페르세포네Persephone
저승의 여신, 데메테르의 딸이자 하데스의 연인

페리클레스Pericles (1)
기원전 495년~기원전 429년, 아테나이의 정치인이자 장군

페리클레스 (2)
기원전 406년 사망, 아테나이의 장군으로 페리클레스 (1)와 아스파시아 사이에 출생함

페이디아스Pheidias (1)
기원전 480년경~기원전 430년경, 아테나이의 조각가

페이디아스 (2)
약 기원전 3세기 초반, 시라쿠사이의 천문학자, 아르키메데스의 아버지

페이시스트라토스Peisistratus
기원전 605년경~기원전 528년, 아테나이의 참주

펠로피다스Pelopidas
기원전 364년 사망, 테바이의 장군, 에파메이논다스의 친구

포세이돈Poseidon
지진, 말, 바다의 신

폴레마르코스Polemarchus
기원전 404년 사망, 리시아스의 형제

폴리비오스Polybius
기원전 200년~기원전 118년, 메갈로폴리스의 정치인이자 역사가

폴리크라테스Polycrates
?~기원전 522년, 사모스의 참주

폴리클레이토스Polycleitus
약 기원전 460년경~기원전 410년경, 아르고스의 조각가

폴리페르콘Poyperchon
약 기원전 4세기 후반, 마케도니아의 장군, 안티파트로스의 계승자

프로타고라스Protagoras
기원전 490년~기원전 420년, 아브데라의 철학자

프리니코스Phrynichus (1)
약 기원전 6세기 후반~기원전 5세기 초반, 아테나이의 비극작가

프리니코스 (2)
약 기원전 5세기 중반~기원전 5세기 후반, 아테나이의 희극 작가

프톨레미 더 선더볼트Ptolemy the Thunderbolt
기원전 279년 사망, 프톨레미 I세의 아들, 마케도니아의 왕

프톨레미Ptolemy
기원전 295년~기원전 272년, 피로스의 아들

프톨레미 I세Ptolemy I
기원전 367년~기원전 283년, 마케도니아의 장군이자 왕

프톨레미 II세
필라델포스Ptolemy II Philadelphus 프톨레미 I세의 아들, 이집트의 왕

프톨레미 III세
재위기간 기원전 246년~기원전 222년, 프톨레미 II세의 아들, 이집트의 왕

플라톤Plato
기원전 427년경~기원전 348년/347년, 아테나이의 철학자

플레이우스의 티몬Timon of Phlius
기원전 320년~기원전 230년경, 극작가, 희극 시인, 회의론자

플루타르코스Plutarch
서기 46년경~서기 120년경, 카이로네이아 출신

플리니 디 엘더Pliny the Elder
(Gaius Plinius Secundus) 서기 23년~서기 79년, 로마의 석학이자 장군

피로스Pyrrhus (1)
네옵톨레모스 (1) 참조

피로스 (2)
(에페이로스의 피로스) 기원전 319년~기원전 272년, 에페이로스의 왕이자 장군

피아Phya
약 기원전 6세기 중반, 아티케의 여성, 페이시스트라토스와 함께 음모를 꾸밈.

피타고라스Pythagoras
기원전 570년경~기원전 485년경, 사모스의 철학자 겸 신비주의자

피티아스Pythias
약 기원전 4세기 초~기원전 4세기 중반, 헤르미아스의 조카, 아리스토텔레스의 아내

핀다로스Pindar
기원전 522년경~기원전 442년경, 테바이의 서정시인

필로타스Philotas
330년 사망, 마케도니아의 장군, 파르메니온의 아들, 알렉산드로스 III세를 암살하려는 음모를 꾸민 죄목으로 처형당함.

필로포이멘Philopoemen
기원전 253년~기원전 183년, 메갈로폴리스의 장군이자 정치인

필립 II세
기원전 382년~기원전 336년, 마케도니아의 왕, 알렉산드로스 III세의 아버지

필립 V세
기원전 221년~기원전 179년, 마케도니아의 왕

하데스Hades
죽은 자들, 나아가 저승의 신

하르모디오스Harmodius
기원전 514년 사망, '티라녹토노이Tyrannicides'의 일원, 히파르코스를 암살함.

하르팔로스Harpalus
기원전 323년 사망, 알렉산드로스 III세의 빗나간 재무담당자

한니발Hannibal
기원전 247년~기원전 183년/182년, 카르케돈의 장군

할리카르나소스의 클레온Cleon of Halicarnassus
약 기원전 400년, 연설문 작가

헤라클레스Heracles
신성을 하사받은 영웅, 최고의 용사

헤라Hera
결혼의 여신, 제우스의 아내

헤로도토스Herodotus
기원전 484년경~기원전 420년대, 할리카르나소스 출신 역사가

헤르메스Hermes
여행과 소통의 신, 죽은 영혼을 하데스에게 인도함.

헤르미아스Hermias
기원전 342년 사망, 플라톤의 제자, 거세를 당한 몸으로 아소스를 통치함. 아리스토텔레스의 친구이며, 결혼으로 그와 친척 관계를 맺음.

헤시오도스Hesiod
약 기원전 8세기 후반, 서사 시인

헤카타이오스Hecataeus
기원전 550년경~기원전 476년경, 밀레토스의 혁신적인 역사가이자 지리학자

헬레네Helen
스파르타의 여왕, 트로이아 전쟁의 단초를 제공함.

호레이스Horace
(Quintus Horatius Flaccus) 기원전 65년~기원전 8년, 로마의 시인

호머Homer
약 기원전 8세기 후반, 서사 시인

히스티아이오스Histiaeus
?~기원전 494년, 밀레토스의 참주

히에론 I세Hieron I
?~기원전 467년, 시라쿠사이의 참주, 겔론의 형제

히에론 II세
재위기간 기원전 270년~기원전 215년, 시라쿠사이의 참주, 아르키메데스의 후원인

히파르코스Hipparchus
기원전 514년 사망, 아테나이인, 페이시스트라토스의 아들, 히피아스의 형제

히포크라테스 (2)
기원전 491년 사망, 겔라의 참주, 겔론이 그 뒤를 승계함.

히포크라테스 (3)
(코스의 히포크라테스) 기원전 460년경~기원전 370년경, 의사로서 의학 서적을 기술함.

히포크라테스Hippocrates (1)
약 기원전 7세기 후반, 아테나이의 귀족, 페이시스트라토스의 아버지

히피아스Hippias
?~기원전 490년, 아테나이의 참주, 페이시스트라토스의 아들

참고문헌

하기 리스트를 싣는 것은 독자들의 기운을 빼려는 의도가
아니며, 장군에서부터 특정 분야의 전문가에 이르기까지
고대 그리스의 인물들을 더 자세히 알고 싶은 독자들에게
도움을 주기 위해서다. 주 참고 서적으로 소개된 영문
서적들은 쉽게 구할 수 있다. 로엡 고전 도서관Loeb Classical
Library은 번역과 원어를 병기한 작품을 소장하고 있으며,
온라인을 통해 다양한 영문판과 원어판을 접할 수 있다.

GENERAL
....

Primary Sources

*Ancient Greece: Social and Historical Documents from
Archaic Times to the Death of Socrates*, ed. M. Dillon and
L. Garland, New York, 2000

Early Greek Philosophy, trans. J. Barnes, London, 2002

The First Philosophers: The Presocratics and Sophists, trans.
R. A. H. Waterfield, Oxford, 2009

*Greek Lyric Poetry: The Poems and Fragments of the
Greek Iambic, Elegiac, and Melic Poets (Excluding Pindar
and Bacchylides) down to 450 BC*, trans. M. L. West,
Oxford, 2008

Pausanias, *Guide to Greece*, trans. P. Levi, 2 vols,
London, 1979

Plutarch, *The Age of Alexander*, trans. T. Duff and
I. Scott-Kilvert, London, 2012

———, *Greek Lives: Lycurgus, Pericles, Solon, Nicias,
Themistocles, Alcibiades, Cimon, Agesilaus, Alexander*, trans.
P. Stadter and R. A. H. Waterfield, Oxford, 2008

———, *On Sparta*, trans. R. Talbert, London, 2005

———, *The Rise and Fall of Athens*, trans. I. Scott-Kilvert,
London, 1973

*Translated Documents of Greece & Rome: Archaic Times
to the End of the Peloponnesian War*, ed. C. W. Fornara,
Cambridge, 1983

Overviews

Aubet, M. E., *The Phoenicians and the West: Politics,
Colonies and Trade*, Cambridge, 2001

Boardman, J., J. Griffin and O. Murray (eds),
The Oxford History of the Classical World, Oxford, 1986

Boys-Stones, G., B. Graziosi and P. Vasunia (eds),
The Oxford Handbook of Hellenic Studies, Oxford, 2009

Cartledge, P., *Ancient Greece: A History in Eleven Cities*,
Oxford, 2009

———, *The Greeks: A Portrait of Self and Others*,
London, 2002

———, *The Spartans: An Epic History*, London, 2013

Ehrenberg, V., *From Solon to Socrates*, London, 1968

Fine, J. V. A., *The Ancient Greeks: A Critical History*,
Cambridge, MA, 1983

Finley, M. I., *The Ancient Greeks*, London, 1963

Hornblower, S., and A. Spawforth (eds), *The Oxford
Companion to Classical Civilization*, Oxford, 2004

Hornblower, S., A. Spawforth and E. Eidinow (eds),
The Oxford Classical Dictionary, Oxford, 2012

McEvedy, C., *Cities of the Classical World*, London, 2011

Pomeroy, S. B., *Ancient Greece: A Political, Social, and
Cultural History*, New York, 1999

Political and Military

Bury, J. B., and R. Meiggs, *A History of Greece*,
London, 1975

Campbell, B., and L. A. Tritle (eds), *The Oxford Handbook
of Warfare in the Classical World*, Oxford, 2013

Garlan, Y., *War in the Ancient World: A Social History*,
London, 1975

Hammond, N. G. L., *A History of Greece to 322 BC*,
Oxford, 1959

Lazenby, J. F., *The Defence of Greece*, Warminster, 1993

Salkever, S., (ed.), *The Cambridge Companion to Ancient
Greek Political Thought*, Cambridge, 2009

Shipley, G., *A History of Samos, 800–188 BC*,
London, 1987

Social and Cultural

Beye, C. R., *Ancient Epic Poetry: Homer, Apollonius,
Virgil*, Ithaca, NY, 1993

Budelmann, F., (ed.), *The Cambridge Companion to Greek
Lyric*, Cambridge, 2009

Easterling, P. E., *The Cambridge Companion to Greek
Tragedy*, Cambridge, 1997

Easterling, P. E., and B. M. W. Knox, *The Cambridge
History of Classical Literature*, Cambridge, 1985

Fantham, E., *Women in the Ancient World*, Oxford, 1954

Gagarin, M., and D. Cohen (eds), *The Cambridge
Companion to Ancient Greek Law*, Cambridge, 2005

Garland, R., *The Greek Way of Life*, Bristol, 1996

Gerber, D. E., *A Companion to the Greek Lyric Poets*,
Boston, MA, 1997

Graziosi, B., *Inventing Homer: The Early Reception
of Epic*, Cambridge, 2002

Habinek, T. N., *Ancient Rhetoric and Oratory*,
Oxford, 2004

Hornblower, S., *Thucydides and Pindar: Historical Narrative and the World of Epinikian Poetry*, Oxford, 2004

Howatson, M. C., *The Oxford Companion to Classical Literature*, Oxford, 2013

Jenkins, I., *Greek Architecture and Its Sculptures*, London, 2006

Lesky, A., *Greek Tragedy*, London, 1979

Luce, J. V., *An Introduction to Greek Philosophy*, London, 1992

Luce, T. J., *The Greek Historians*, London, 1997

McDonald, M., and M. Walton (eds), *The Cambridge Companion to Greek and Roman Theatre*, Cambridge, 2007

Neer, R. T., *Art and Archaeology of the Greek World*, London, 2012

Page, D., *Sappho and Alcaeus: An Introduction to the Study of Ancient Lesbian Poetry*, Oxford, 1979

Parker, R., *Athenian Religion: A History*, Oxford, 1996

Revermann, M., (ed.), *The Cambridge Companion to Greek Comedy*, Cambridge, 2014

Rowe, C. R., *An Introduction to Greek Ethics*, London, 1976

Sedley, D., (ed.), *The Cambridge Companion to Greek and Roman Philosophy*, Cambridge, 2003

Sommerstein, A. H., *Greek Drama and Dramatists*, London, 2002

Woodford, S., *The Art of Greece and Rome*, Cambridge, 1982

FROM HOMER TO THE BIRTH OF DEMOCRACY
(CHAPTERS 1–3)
....

Primary Sources

Aeschylus, *Oresteia*, trans. C. Collard, Oxford, 2008

———, *Persians and Other Plays*, trans. C. Collard, Oxford, 2009

Hesiod, *Theogony and Works and Days*, trans. M. L. West, Oxford, 2008

Homer, *The Iliad*, trans. B. Graziosi and A. Verity, Oxford, 2012

———, *The Odyssey*, trans. G. S. Kirk and W. Shewring, Oxford, 2008

Pindar, *The Complete Odes*, trans. S. Instone and A. Verity, Oxford, 2008

Sappho, *Stung with Love: Poems and Fragments of Sappho*, trans. A. Poochigian, London, 2009

General

Andrewes, A., *The Greek Tyrants*, London, 1956

Boardman, J., *The Greeks Overseas: Their Early Colonies and Trade*, London, 1999

Murray, O., *Early Greece*, London, 1993

Shapiro, H. A., (ed.), *The Cambridge Companion to Archaic Greece*, Cambridge, 2007

Snodgrass, A., *Archaic Greece: The Age of Experiment*, Berkeley, CA, 1992

Political and Military

Dunbabin, T. J., *The Western Greeks: The History of Sicily and South Italy from the Foundation of the Greek Colonies to 480 BC*, Oxford, 1948

Lavelle, B. M., *Fame, Money and Power: The Rise of Peisistratos and Democratic Tyranny at Athens*, Ann Arbor, MI, 2004

McGlew, J. F., *Tyranny and Political Culture in Ancient Greece*, Ithaca, NY, 1993

Osborne, R., *Greece in the Making, 1200–479 BC*, London, 1996

Podlecki, A. J., *The Political Background of Aeschylean Tragedy*, Ann Arbor, MI, 1966

Social and Cultural

Burkert, W., *Lore and Science in Ancient Pythagoreanism*, Cambridge, MA, 1972

Fisher, N. R. E., *Social Values in Classical Athens*, London, 1976

Guthrie, W. K. C., *The Greek Philosophers: From Thales to Aristotle*, London, 1960

———, *A History of Greek Philosophy*: Vol. 1, *The Earlier Presocratics and the Pythagoreans*, Cambridge, 1979

———, *A History of Greek Philosophy*: Vol. 2, *The Presocratic Tradition from Parmenides to Democritus*, Cambridge, 1979

Hall, J. M., *A History of the Archaic Greek World, ca. 1200–479 BCE*, New York, 2013

Long, A. A., (ed.), *The Cambridge Companion to Early Greek Philosophy*, Cambridge, 1999

Rosenmeyer, T. G., *The Art of Aeschylus*, Berkeley, CA, 1982

Sommerstein, A. H., *Aeschylean Tragedy*, London, 2010

West, M. L., *Early Greek Philosophy and the Orient*, Oxford, 1971

Lives

Bowra, C. M., *Pindar*, Oxford, 1964

duBois, P., *Sappho Is Burning*, Berkeley, CA, 1995

Greene, E., *Reading Sappho: Contemporary Approaches*, Berkeley, CA, 1996

Kahn, C. H., *Pythagoras and the Pythagoreans*, Indianapolis, IN, 2001

Kurke, L., *The Traffic in Praise: Pindar and the Poetics of Social Economy*, Berkeley, CA, 1991

Murray, G., *Aeschylus: The Creator of Tragedy*, Oxford, 1978

Reidwig, C., and S. Rendall, *Pythagoras*, Ithaca, NY, 2005

Primary Sources

Aristophanes, *Birds and Other Plays*, trans. S. Halliwell, Oxford, 2008

———, *Frogs and Other Plays*, trans. D. Barrett, London, 2007

———, *Lysistrata and Other Plays*, trans. A. H. Sommerstein, London, 2003

Aristotle, *The Art of Rhetoric*, trans. H. Lawson-Tancred, London, 1991

———, *The Athenian Constitution*, trans. P. Rhodes, London, 1984

———, *The Eudemian Ethics*, trans. A. Kenny, Oxford, 2011

———, *The Metaphysics*, trans. H. Lawson-Tancred, London, 1998

———, *The Nicomachean Ethics*, trans. L. Brown and D. Ross, Oxford, 2009

———, *Physics*, trans. D. Bostock and R. A. H. Waterfield, Oxford, 2008

———, *Poetics*, trans. A. Kenny, Oxford, 2013

———, *The Politics*, trans. R. F. Stalley and E. Barker, Oxford, 2009

Demosthenes, *Selected Speeches*, trans. C. Carey and R. A. H. Waterfield, Oxford, 2014

Demosthenes and Aeschines, trans. A. N. W. Saunders, London, 1975

Euripides, *The Bacchae and Other Plays*, trans. J. Davie, London, 2006

———, *Bacchae and Other Plays*, trans. E. Hall and J. Morwood, Oxford, 2008

———, *Electra and Other Plays*, trans. P.E. Easterling and D. Raeburn, London, 2008

———, *Heracles and Other Plays*, trans. J. Davie, London, 2002

———, *Medea and Other Plays*, trans. E. Hall and J. Morwood, Oxford, 2008

———, *Orestes and Other Plays*, trans. J. Morwood, E. Hall and R. A. H. Waterfield, Oxford, 2008

———, *Three Plays: Alcestis, Hippolytus, Iphigeneia in Tauris*, trans. P. Vellacott, London, 1972

———, *The Trojan Women and Other Plays*, trans. E. Hall and J. Morwood, Oxford, 2008

Greek Political Oratory, trans. A. N. W. Saunders, London, 1970

Herodotus, *The Histories*, trans. T. Holland, London, 2013

———, *The Landmark Herodotus*, trans. Andrea L. Purvis, London, 2007

Plato, *Early Socratic Dialogues*, trans. C. Emlyn-Jones and T. Saunders, London, 2005

———, *Gorgias*, trans. R. A. H. Waterfield, Oxford, 2008

———, *The Last Days of Socrates*, trans. H. Tarrant and C. Rowe, London, 2010

———, *The Laws*, trans. T. Saunders, London, 2005

———, *Meno and Other Dialogues*, trans. R. A. H. Waterfield, Oxford, 2009

———, *Phaedrus*, trans. R. A. H. Waterfield, Oxford, 2009

———, *Protagoras*, trans. C. C. W. Taylor, Oxford, 2009

———, *The Republic*, trans. M. Lane and D. Lee, London, 2007

———, *Republic*, trans. C. Rowe, London, 2012

———, *Symposium*, trans. R. A. H. Waterfield, Oxford, 2008

———, *Theaetetus*, trans. L. Brown and J. McDowell, Oxford, 2014

———, *Timaeus and Critias*, trans. A. Gregory, and R. A. H. Waterfield, Oxford, 2008

Sophocles, *Antigone, Oedipus the King, Electra*, trans. E. Hall and H. D. F. Kitto, Oxford, 2008

———, *The Three Theban Plays*, trans R. Fagles, London, 1984

———, *Electra and Other Plays*, trans. P. E. Easterling and D. Raeburn, London, 2008

Thucydides, *The Landmark Thucydides*, trans. Richard Crawley, London, 1998

———, *The Peloponnesian War*, trans. P. J. Rhodes and M. Hammond, Oxford, 2009

Xenophon, *Conversations of Socrates*, trans. H. Tredennick, London, 1990

———, *Hiero the Tyrant and Other Treatises*, trans. R. A. H. Waterfield, London, 2006

———, *A History of My Time (Hellenica)*, trans. R. Warner, London, 1979

———, *The Landmark Xenophon's Hellenika*, trans. John Marincola, London, 2011

———, *The Persian Expedition*, trans. R. Warner, London, 2004

General

Burn, A. R., *Pericles and Athens*, London, 1948

Hale, J. R., *Lords of the Sea: The Triumph and Tragedy of Ancient Athens*, London, 2010

Miller, M., *Athens and Persia in the Fifth Century BC*, Cambridge, 1997

Samsons, L. J., (ed.), *The Cambridge Companion to the Age of Pericles*, Cambridge, 2007

Tritle, L. A., *The Greek World in the Fourth Century*, London, 1997

Political and Military

Anderson, J. K., *Military Theory and Practice in the Age of Xenophon*, Berkeley, CA, 1970

Cartledge, P., *After Thermopylae: The Oath of Plataea and the End of the Graeco-Persian Wars*, Oxford, 2013

de Ste Croix, G. E. M., *The Origins of the Peloponnesian War*, London, 1972

Hansen, M. H., *The Athenian Democracy in the Age of Demosthenes*, Norman, OK, 1999

Jones, A. H. M., *Athenian Democracy*, Oxford, 1957

Kagan, D., *The Fall of the Athenian Empire*, Ithaca, NY, 1987

———, *The Outbreak of the Peloponnesian War*, Ithaca, NY, 1969

———, *The Peace of Nicias and the Sicilian Expedition*, Ithaca, NY, 1981

———, *The Peloponnesian War: Athens and Sparta in Savage Conflict, 431–404 BC*, New York, 2003

———, *Pericles of Athens and the Birth of Democracy*, New York, 1991

McGregor, M. F., *The Athenians and Their Empire*, Vancouver, 1987

Meiggs, R., *The Athenian Empire*, Oxford, 1972

Mossé, C., *Athens in Decline*, London, 1973

Phillips, D., *Athenian Political Oratory*, London, 2004

Rhodes, P. J., *The Athenian Empire*, Oxford, 1985

———, *A History of the Classical Greek World, 478–323 BC*, New York, 2010

Strauss, B. S., *Athens After the Peloponnesian War*, Ithaca, NY, 1986

Vidal-Naquet, P., and P. Leveque, *Cleisthenes the Athenian: An Essay on the Representation of Space and Time in Greek Political Thought from the End of the Sixth Century to the Death of Plato*, Atlantic Highlands, NJ, 1996

Social and Cultural

Barnes, J., *The Presocratic Philosophers*, London, 1982

Boardman, J., *Greek Sculpture: The Classical Period*, London, 1985

———, (ed.), *The Oxford History of Classical Art*, Oxford, 1977

Dewald, C., and J. Marincola (eds), *The Cambridge Companion to Herodotus*, Cambridge, 2006

Dover, K. J., *Aristophanic Comedy*, Berkeley, CA, 1992

———, *Greek Popular Morality in the Time of Plato and Aristotle*, Berkeley, CA, 1974

Guthrie, W. K. C., *A History of Greek Philosophy*: Vol. 3, *The Fifth Century Enlightenment*, Cambridge, 1969

———, *A History of Greek Philosophy*: Vol. 4, *Plato: The Man and his Dialogues: Earlier Period:*, Cambridge, 1986

———, *A History of Greek Philosophy*: Vol. 5, *The Later Plato and the Academy*, Cambridge, 1986

———, *A History of Greek Philosophy*: Vol. 6, *Aristotle: An Encounter*, Cambridge, 1990

Hermann, G., *Morality and Behaviour in Democratic Athens*, Cambridge, 2006

Kerferd, G. B., *The Sophistic Movement*, Cambridge, 1981

Kirk, G. S., J. E. Raven and M. Schofield, *The Presocratic Philosophers*, Cambridge, 1983

Kraut, R., (ed.), *The Cambridge Companion to Plato*, Cambridge, 1992

MacDowell, D. M., *Aristophanes and Athens: An Introduction to the Plays*, Oxford, 1995

Morrison, D. R., (ed.), *The Cambridge Companion to Socrates*, Cambridge, 2010

Neils, J., (ed.), *The Parthenon from Antiquity to the Present*, Cambridge, 2005

Pickard-Cambridge, A., *The Dramatic Festivals of Athens*, Oxford, 1988

Rist, J. M., *Epicurus: An Introduction*, Cambridge, 1972

———, (ed.), *The Stoics*, Berkeley, CA, 1978

Stuttard, D. A., *Parthenon: Power and Politics on the Acropolis*, London, 2013

———, *Power Games: Ritual and Rivalry at the Greek Olympics*, London, 2012

Thomas, R., *Herodotus in Context*, Cambridge, 2000

Wardy, R., *The Birth of Rhetoric: Gorgias, Plato and Their Successors*, New York, 1996

Warren, J., (ed.), *The Cambridge Companion to Epicureanism*, Cambridge, 2009

Webster, T. B. L., *The Tragedies of Euripides*, London, 1967

Lives

Adcock, F. E., *Thucydides and His History*, Cambridge, 1963

Anderson, J. K., *Xenophon*, London, 2001

Cartledge, P., *Aristophanes and His Theatre of the Absurd*, Bristol, 1991

Dillery, J., *Xenophon and the History of His Times*, London, 1995

Dover, K. J., *Thucydides*, Oxford, 1973

Ehrenberg, V., *Sophocles and Pericles*, Oxford, 1954

Ellis, W. M., *Alcibiades*, London, 1989

Henry, M. M., *Prisoner of History: Aspasia of Miletus and Her Biographical Tradition*, Oxford, 1995

Herington, C. J., *Aeschylus*, New Haven, CT, 1986

Kagan, D., *Thucydides: The Reinvention of History*, London, 2010

Podlecki, A., *Pericles and His Circle*, London, 1998

Rhodes, P. J., *Alcibiades*, Barnsley, 2011

Taylor, C. C. W., *Socrates: A Very Short Introduction*, Oxford, 2001

Tracy, S. V., (ed.), *Pericles: A Sourcebook and Reader*, Berkeley, CA, 2009

Vlastos, G., *Socrates, Ironist and Moral Philosopher*, Ithaca, NY, 1991

THE HELLENISTIC AGE AND ROME
(CHAPTERS 7–9)
....

Primary Sources

Apollonius, *Jason and the Golden Fleece*, trans. R. Hunter, Oxford, 2009

Arrian, *Alexander the Great: The Anabasis and the Indica*, trans. J. Atkinson and M. Hammond, Oxford, 2013

———, *The Campaigns of Alexander*, trans. A. de Selincourt, London, 1971

———, *The Landmark Arrian: The Campaigns of Alexander the Great*, trans. P. Mensch, New York, 2012

Curtius Rufus, *The History of Alexander*, trans. J. Yardley, London, 1984

Epicurus, *The Art of Happiness*, trans. J. K. Strodach, London, 2013

Greek Pastoral Poetry, trans. A. Holden, London, 1973

Menander, *The Plays and Fragments*, trans. P. Brown and M. Balme, Oxford, 2008

Polybius, *The Histories*, trans. B. McGing and R. A. H. Waterfield, Oxford, 2010

Theocritus, *Idylls*, trans. R. Hunter and A. Verity, Oxford, 2008

General

Austin, M. M., *The Hellenistic World from Alexander to the Roman Conquest*, Cambridge, 1981

Bugh, G. R., (ed.), *The Cambridge Companion to the Hellenistic World*, Cambridge, 2006

Burn, A. R., *Alexander the Great and the Hellenistic World*, New York, 1962

Cary, M., *A History of the Greek World from 323 to 146 BC*, London, 1963

Erskine, A., (ed.), *A Companion to the Hellenistic World*, Oxford, 2003

Green, P., *Alexander the Great and the Hellenistic Age*, London, 2007

———, *Alexander to Actium: The Historic Evolution of the Hellenistic Age*, London, 1990

Shipley, G., *The Greek World After Alexander 323–30 BC*, London, 2000

Walbank, F. W., *The Hellenistic World*, London, 1992

Political and Military

Allen, R. E., *The Attalid Kingdom: A Constitutional History*, Oxford, 1983

Beck, H., *Central Greece and the Politics of Power in the Fourth Century BC*, Cambridge, 2008

Goldsworthy, A., *The Punic Wars*, London, 2000

Grimal, P., *Hellenism and the Rise of Rome*, London, 1968

Walbank, F. W., *Polybius, Rome and the Hellenistic World: Essays and Reflections*, Cambridge, 2002

Waterfield, R. A. H., *Dividing the Spoils: The War for Alexander the Great's Empire*, Oxford, 2012

———, *Xenophon's Retreat*, London, 2006

Wood, M., *In the Footsteps of Alexander the Great*, Berkeley, CA, 1997

Social and Cultural

Algra, K., J. Mansfeld and M. Schofield (eds), *The Cambridge History of Hellenistic Philosophy*, Cambridge, 1999

Bett, R., *The Cambridge Companion to Ancient Scepticism*, Cambridge, 2010

Clauss, J. J., and M. Cuypers (eds), *A Companion to Hellenistic Literature*, Oxford, 2010

Feldherr, A., (ed.), *The Cambridge Companion to the Roman Historians*, Cambridge, 2009

Hadas, M., *Hellenistic Culture: Fusion and Diffusion*, New York, 1959

Lewis, N., *Greeks in Ptolemaic Egypt: Case Studies in the Social History of the Hellenistic World*, Oxford, 1986

Martin, L. H., *Hellenistic Religions*, Oxford, 1987

Lives

Cartledge, P., *Alexander the Great: The Truth Behind the Myth*, London, 2013

Champion, J., *Pyrrhus of Epirus*, Barnsley, 2009

Ellis, W. M., *Ptolemy of Egypt*, London, 1993

Garoufalias, P., *Pyrrhus, King of Epirus*, London, 1979

Green, P., *Alexander of Macedon, 356–323 B.C.: A Historical Biography*, Berkeley, CA, 1991

Hammond, N. G. L., *Alexander the Great*, London, 1981

Lane Fox, R., *Alexander the Great*, London, 1973

Stoneman, R., *Alexander the Great*, London, 2004

이미지 출처

감사의 말

돋보이는 인물들의 삶을 통해 그리스의 역사를 꿰뚫어보자는 이 책의 발상은 Thames and Hudson 출판사의 헌신적인 편집자, 콜린 리들러에게서 비롯되었다. 그가 이러한 아이디어를 풀어낼 작가로 나를 선택해준 것을 크나큰 영광으로 생각하며, 이처럼 멋지고 즐거운 도전을 안겨준 그에게 깊이 감사한다. 이 결과물이 그의 마음에 들었기를 진심으로 바란다. 또한 부편집인 앨리스 리드에게도 깊이 감사한다. 그녀는 아낌없는 격려와 정확한 통찰력으로 나를 인도하는 끈기를 보여주었다. 그녀의 도움이 없었다면 이 책의 집필이 너무나 힘든 작업이 되고 말았을 것이다.

거장이라 표현할 수밖에 없는 키트 셰퍼드 편집인에게도 감사한다. 그는 엄청난 열정을 발휘해 내 글의 부족한 부분을 파악하는 한편, 유머와 매력으로 이러한 부분을 지적해 주었다. 책의 표지를 아름답게 디자인한 케이트 슬로토버와 본문의 삽화를 완벽하게 배치한 샐리 니콜스, 우아하고 명확한 지도를 제공한 마르틴 루비코우스키, 늘 특별한 수완을 발휘해 책의 제작 과정을 효율적으로 감독한 셀리아 팔코너와 로잘리 맥팔레인에게도 감사의 마음을 표시하고 싶다.

이 책의 집필 과정은 너무나 즐거운 작업이었으나, 그와 동시에 오랜 시간을 은둔해야 하는 너무나도 힘든 여정이었다. 이러한 기나긴 여정을 인내하고 뒷받침해 준 친구와 가족들, 특히 굳센 의지로 나를 지지해 준 아내 에밀리 제인에게 경의를 표한다. 아내가 아니었으면 이 책이 세상에 나올 수 없었을 것이다. 이 모든 감사의 마음을 담아 아내에게 이 책을 바친다. 마지막으로 항상 내 옆을 지켰던 고양이 두 마리, 스탠리와 올리버 또한 이 책에 대한 신선한 시각을 유지하는 데 큰 역할을 담당했다는 사실을 아울러 전하고 싶다.

찾아보기